云南民族文化大观丛书

AN OVERVIEW OF THE DAI CULTURE

云南民族文化大观丛书

傣族
文化大观

云南省民族事务委员会　编

云南民族出版社

图书在版编目（CIP）数据

傣族文化大观 / 岩峰主编；云南省民族事务委员会编. —2 版.
—昆明：云南民族出版社，2013.11
（云南民族文化大观丛书）
ISBN 978-7-5367-5880-3

Ⅰ.①傣…　Ⅱ.①岩…②云…　Ⅲ.①傣族—民族文化—云南省
Ⅳ.①K285.3

中国版本图书馆 CIP 数据核字（2013）第254169 号

云南民族文化大观丛书

傣族文化大观

DAIZU WENHUA DAGUAN

云南省民族事务委员会　编

岩　峰　主编

责任编辑：岩　化　封面设计：贺　涛　责任校对：刀碧芬

云南民族出版社出版发行

（昆明市环城西路 170 号云南民族大厦 5 楼　邮编：650032）

昆明富新春彩色印务有限公司印刷

2013 年 11 月第 2 版　2013 年 11 月第 1 次
开本：889mm×1194mm　1/32
印张：17　字数：420千字

ISBN 978-7-5367-5880-3/K·1534　定价：68.00 元

傣族村寨

美好时光

傣家女

贝叶经

古经文

傣佛塔

傣白象

佛　寺

拜　佛

赶摆仪式

做摆仪式

嘎光舞

孔雀舞

象脚鼓舞

纺 线

织傣锦

竹编工艺

传统造纸

传统榨糖方式

捕 鱼

傣家水井

婚礼拴线仪式

赛龙舟

泼水节

内容提要

　　《傣族文化大观》从历史渊源、语言文字、宗教信仰、风俗习惯、天文历法、伦理道德、文学艺术、医药卫生、经济生产、商业贸易、交通通信，以及教育、科技、建筑、旅游等各方面，全方位系统地论述了傣族人民在整个历史发展过程和当代社会中所创造的精神文明和物质文明。内容涉及傣族文化和当代文化的方方面面，涵盖面广，资料翔实，观点新颖，文字流畅，实为了解傣族最难得的珍贵教科书。

Synopsis

The book explores various aspects of the Dai culture, including the history, language and writings, religious beliefs, folk traditions, calendar, ethical values, literature and art, medicine, econimic activities, commerce and trade, transportation and communication, education, technology, architecture and tourism of the Dai people, and gives a full display of the material and non-material culture the Dai people have created over time. It is comprehensive in content, with substantial materials and original ideas that may be of great interest to those who wish to learn about the Dai culture.

再版说明

云南是祖国西南边疆一个多民族的省份。勤劳勇敢的云南各族人民,不仅用自己的双手耕耘祖国边疆美丽富饶的大地,而且用自己的才智创造、继承和发扬了绚烂多彩的云南民族文化。

文化是民族的血脉,是人民的精神家园。云南民族出版社始终以繁荣发展云南民族文化事业为己任。在 20 世纪 90 年代,云南民族出版社组织各民族的专家、学者和民族文化工作者,编撰了"云南民族文化大观丛书""云南少数民族文化史丛书""云南少数民族文学史丛书"三套丛书。这三套丛书的出版,既满足了云南各民族人民群众精神文化需求,也为建设云南民族文化大省做了一件扎扎实实的最基础的工作。三套丛书对民族文化积累有重要价值,得到了社会好评。其中,"云南民族文化大观丛书"荣获第十二届中国图书奖。

中华民族的伟大复兴决定了中华文化的繁荣兴盛。在开创中华民族美好未来的历史进程中,党中央对繁荣发展中国社会主义文化作出了全新的战略部署,对深化文化体制改革、推动社会主义文化大发展大繁荣,努力建设社会主义文化强国提出了新的要求。云南省委、省政府提出了推动云南民族文化大省向民族文化强省迈进的战略思路,云南民族文化迎来了一个新的繁荣发展的历史时期。

新的形势、任务、目标，要求民族出版工作者增强责任感、使命感和紧迫感，抓住机遇，在新的历史起点上深化体制改革，推动云南民族文化大发展大繁荣，丰富各民族的精神生活，增强民族凝聚力，提高民族创造力，为加快建设民族文化强省作出新的贡献。为满足读者需求，决定再版三套丛书，以新的面貌奉献给广大读者。

此次再版的三套丛书未作大的修订，保持原版的思想观点、学术观点、编写体例乃至书中的数据、地名等原貌，仅对原版书以国家最新实施的标准进行规范，调整了部分图片。三套丛书的再版，是云南民族出版社的一件大事、一件令人欣喜的事，也是云南省出版界的一件引人注目的事。

在再版过程中，尽管我们作了大的努力，付出了辛勤的劳动，但由于水平有限，再版的三套丛书，难免有错漏，敬请读者指正。

再版编辑委员会

2013 年 11 月

总　序

　　云南是中国民族种类最多的省份，世居5 000人以上的少数民族有彝、白、哈尼、傣、壮、苗、傈僳、回、拉祜、佤、纳西、瑶、景颇、藏、布朗、布依、阿昌、普米、怒、基诺、德昂、蒙古、水、满和独龙25个。少数民族人口有1 460万，占全省总人口的35.7%。全省有8个民族自治州、29个民族自治县，民族自治地方土地面积占全省总面积的70.2%。

　　在云南这块神奇的土地上，长期以来，各民族人民交错杂居，和睦共处，生息繁衍，用他们的劳动与智慧，创造了丰富多彩的物质文明和光辉灿烂的精神文明。云南民族文化是云南各民族人民物质文明和精神文明的结晶，是云南各民族人民赖以生存、自强不息的精神支柱和知识源泉。

　　为了全面继承、发扬云南少数民族文化，增强民族凝聚力，加强民族团结，维护祖国统一，从1991年起，云南省民族事务委员会组织各民族专家、学者，通过深入调查研究，利用丰富的资料，编纂了彝、白、哈尼、傣、傈僳、拉祜、佤、纳西、景颇、布朗、阿昌、普米、怒、基诺、德昂、独龙16个民族的文化大观。每个民族的文化大观，都全面涵盖了本民族的历史渊源、语言文字、宗教信仰、风俗习惯、伦理道德、天文历法、文学艺术、科学技术、教育体育、哲学思想、商业贸易、经济生产、建筑名胜等各个领域，系统地反映了云南少数民族所处的自然地理、人文地理环境和与之相联系的生产、生活方式，充分展示了多姿多彩的云南少数民族文化在整个中华民族文化中的地位。在一定意义上说，这是一项建设民族文化大省的最基础的工程，也是一项带有填补学术空白的工作。

为此，云南省民族事务委员会决定出版"云南民族文化大观丛书"，作为云南各少数民族向中华人民共和国成立50周年献上的厚礼。这一举措，得到1999年4月17日在云南省民委召开的省长办公会议的认可和支持。同时，列入了"云南建设民族文化大省规划"项目。

特别需要说明的是，"云南民族文化大观丛书"，前称为"中国民族文化大观·云南卷"，系国家"八五"期间社会科学重点研究课题。总编委会主编关东升、副主编陈连开等诸位先生及国家民委有关领导，做了组织、联络、协调、指导等前期工作；孙雨亭、王连芳等民族工作的老前辈、老领导给予热情关心，并担任过顾问；黄惠焜、沈其荣、杨德鋆、巫凌云、高宗裕、乌谷、李昆声、郭思九、和丽峰、李光云等同志先后担任过编委或办公室工作人员。一些有关单位、部门的领导和同志，曾参与过前期的组织协调工作。在此，一并致谢！

由于总编委会人事变动和各种原因，1999年4月16日经总编委会同意，重新调整云南编委会，并把该书易名为"云南民族文化大观丛书"，决定由云南民族出版社以最好的质量、最快的速度，作为精品出版，向中华人民共和国成立50周年献礼，为建设民族文化大省贡献力量，对此我们深感欣慰。

"云南民族文化大观丛书"16卷虽然经过9年努力，但许多方面仍会有不足之处，有待再版时补充完善。

编辑委员会

1999年6月

目　录

引　言

　　傣族是我国55个少数民族之一，主要聚居于云南省西双版纳傣族自治州、德宏傣族景颇族自治州、孟连傣族拉祜族佤族自治县、景谷傣族彝族自治县、耿马傣族佤族自治县，以及景东、思茅、普洱、江城、镇元、墨江、澜沧、双江、镇康、腾冲、龙陵、沧源、元江、新平、金平、元阳、河口、文山、大姚等地区。人口1 025 128人①。

　　汉朝以来的史书称傣族先民为"滇越""掸"；唐朝以来的史书称傣族先民为"黑齿""金齿""银齿""绣脚""白衣""百夷""摆夷"，但均属他称；从古至今，傣族一直自称为"傣"②。

　　"傣"有两个含义：一是"谷仓"，古时傣族自称"滚傣"，意为"谷仓人"，见面则以"毫丁傣"（意为谷满仓）相问候祝福；另一种解释是："傣"即傣语中的"犁"的谐音，傣族自称"滚傣"，意即"犁田的人"。两种解释都说明傣族的族称与水稻有密切关系，傣族自古善植水稻，是一个水稻民族。

　　傣族有本民族的语言和文字。傣语属汉藏语系壮侗语族壮傣语支，方言以支系划分。居住在西双版纳地区的傣族属傣泐支系，讲傣泐方言；居住在德宏地区的傣族属傣那支系，讲傣那方言；居景谷、双江、耿马等地区的傣族，是傣泐与傣那两个支系

①根据1991年人口普查公布的数字。
②刀国栋：《傣族历史文化漫谭》，第20页，民族出版社。

的结合部，故通用两种方言。傣文属拼音文字，主要有西傣文和德傣文两种。西傣文又称傣泐文，主要通用于西双版纳地区；德傣文又称傣那文，主要通用于德宏地区。此外，还有傣绷文和傣雅文两种较为古老的文字，但不普及，未能通用于社会。

傣族历史悠久，创造过丰富多彩的古代文化，曾为中华民族的古代文明做出贡献。傣族人民勤劳善良，诚实守信，长期与周边各民族和睦相处，互助互爱，结下了深厚友谊。傣族人民热爱祖国、热爱家乡的每寸土地，历史上曾多次与帝国主义入侵者进行英勇斗争，把保卫祖国边境视为自己的神圣职责。

傣族地区大都属于热带雨林区，雨量充足，植物茂盛，森林密布，素有"植物王国"和"动物王国"之称，矿产资源、水利资源、生物资源和旅游资源都十分丰富，是正在开发中的一块宝地。

中华人民共和国成立50年来，傣族地区发生了翻天覆地的变化，城市建设突飞猛进，交通四通八达，工农业生产大发展，民族团结，社会稳定，一片欣欣向荣。在迎接中华人民共和国成立50周年的大喜日子里，傣族人民意气风发，决心奋发图强，把傣族地区建设成国际性的旅游基地和云南向东南亚开放的窗口，创造更辉煌的成就，迈入新的世纪。

第一章 历史渊源

傣族历史悠久，人民勤劳。大量的考古新发现，证实了早在4000 多年前，傣族先民便在云南的澜沧江流域、金沙江流域、怒江流域、瑞丽江流域、威远江流域和元江流域一带生息繁衍，并创造了光辉灿烂的古代文化和现代文明。

第一节 考古发现

近代的考古事业，正在飞速发展。数十年来，在傣族聚居的西双版纳、德宏、景谷、孟连、临沧、元江、新平等地区，先后发现和出土了数百件新石器时期文化遗址的文物，为复原傣族古代文化面貌，研究傣族远古时期的历史，提供了丰富而有力的实物证据。

一、西双版纳新石器时代文化遗址

西双版纳的新石器时代文化遗址，主要分布在澜沧江下游景洪县的曼蚌囡、曼景兰、曼运、曼厅、曼阁，以及南腊河、南果河流域的勐腊县大树脚等地区。

景洪县澜沧江沿岸的新石器文化遗址，堆积层较厚，文化内涵有陶器、石器、骨器和贝壳等。其中，陶器有泥质黄褐陶、夹砂灰陶和夹砂褐陶。器形多种多样，有罐、钵、碗、器盖、网坠等；主要是轮制品，也有个别是手制品。陶器的纹饰有划纹、绳纹、波浪纹等。曼蚌囡遗址发现的一件夹砂红陶圆筒状网坠，形状颇为特殊。

石器多数是采集江畔砾石打制而成；少数石器局部或通体磨光，较为锐利。器形有石斧、石磗、尖状器、盘状器、研磨棒、敲砸器、石核、石片、网坠、石环等。富于特征的石器是网坠。曼运文化遗址发现的石网坠，制法很简单，仅在扁长形的砾石上打去两腰即成。器物形体硕大，最大者长达 25.6 厘米，宽达 11.8 厘米。

曼运文化遗址发现的 7 件贝壳，上面均有人工磨制的小孔，表明居住在澜沧江流域的早期傣族先民有饰贝习俗，已产生了审美观念。至今，澜沧江流域一带的部分傣族或布朗族仍有饰贝习俗之残余，说明出土的贝壳，确实是古代傣族和其他少数民族先民的饰物。

勐腊县大树脚文化遗址发现的出土石器共 6 件：计有长把石斧 1 件，长 18 厘米，刃宽 5 厘米，黄砂岩质；石矛 1 件，长 23.3 厘米，紫色岩质；扁平石斧 1 件，两面磨光，侧面呈弓形。发现的陶器有罐，形状与现在傣族使用的陶罐相似。

西双版纳地区新石器时代文化遗址所反映的社会生活状况，以渔猎为主。遗址中的有肩石斧，以及石网坠的制作方法、形体特征，与我国台湾省大垄坑文化和福建省一些新石器遗址中出土的同类器物相似，表明澜沧江流域的傣族先民与我国沿海地区的先民有较多的渊源关系。

二、德宏地区新石器时代文化遗址

德宏位于澜沧江和伊洛瓦底江上游，瑞丽江、盈江直贯全境，是远古人类活动的主要地区之一。1984 年底，在现在的瑞丽市弄岛乡的南姑河畔，发现了一颗古人类牙齿化石，经有关专家鉴定，是一颗青年人的右上门牙，地质构造属于晚更新世晚期，时间约距今 1 万年以上。1982 年，又发现陇川芒胆和瑞丽芒约雷庄相两个新石器时期的文化遗址。陇川芒胆遗址在王子树乡芒胆村边，东临龙江，东北为萝卜坝河和勐养坝，背靠王子树大山，整个遗址面积约有 700～800 平方米，文化层厚 50～100 厘米，出土的文物有磨制的石磅、石斧等新石器，以及大量陶器碎片。瑞丽芒约雷庄相遗址，位于姐相乡芒约村北的小山坡上，面临瑞丽江古道，遗址面积长约 200 米，宽约 60 米，沉积的文化层较厚，出土的文物有新石器和夹砂碎陶片，其中有一件石英石质的石斧。

此外，潞西市芒蚌文化遗址、梁河县勐养乡芒回文化遗址、盈江县新城和芒璋文化遗址、陇川县引谷寨文化遗址、瑞丽县姐勒区广贺罕山文化遗址，也先后发现一批新石器时期的文物。其中，潞西市芒蚌文化遗址发现 28 件新石器，全系石斧，最长为 14 厘米，最短为 2.6 厘米，最宽为 6.8 厘米，最窄为 2.5 厘米；梁河县芒回、芒轩等地遗址发现了多种石斧、石锥、石刀、石矛和有肩石磅；瑞丽市姐勒乡广贺罕山的文化遗址长 500 余米，宽约 300 米，文化层较厚，曾出土新石器和黑红色夹砂陶片。

德宏地区的新石器文化遗址，分布广，种类多，文化层厚，说明了远在新石器时代，古人类便在这块富饶的土地上生息繁衍，并创造了灿烂的新石器文化[1]。

三、澜沧江中游地区新石器时代文化遗址

澜沧江中游泛指云县、临沧、双江、景东、景谷、镇沅一

---

[1]上述资料，除引自文物展览资料外，还参照引用了《德宏傣族景颇族自治州概况》的部分资料。

带，这一地区也是傣族先民生息繁衍之地。近数十年来，文物工作者也在这一地区发现了 10 多处新石器时代的文化遗址，其中以云县忙怀的遗址最为著名。

忙怀新石器文化遗址是 1973 年云南省地质局区调队发现的。遗址位于云县城东 48 公里的顺甸河与澜沧江汇合处、忙怀村半山腰的河流高阶地上。1974 年 6 月，云南省博物馆在旧基地遗址进行试掘，证实遗址范围大，面积在 15 000 平方米左右，文化层厚约 1 米。

该遗址的文化内涵，以大量的打制双肩石斧为主，另外，还有石网坠、石印模和石砧。陶器仅发现 11 片陶片，无完整器，质料以夹砂灰陶为主，红陶次之。能辨认出器形的有罐、钵、釜，纹饰有绳纹，附加堆纹和素面。

双肩石斧有 150 多件，石料均系采自顺甸河和澜沧江边的砾石。器形有三种：一种器身扁薄，呈靴形；另一种呈钺形，刃部有平刃和弧刃两种；第三种是长条形，多平刃，少弧刃。石网坠两件，石质均为砾石，将两腰打出缺口而成，形体较大。经有关文物专家鉴定，其器形与制作方法，跟福建建瓯、建阳，台湾大坌坑同类器物相同。

跟忙怀同类型的新石器文化遗址，在澜沧江中下游及其支流地区分布极广，景东、景谷、镇沅、澜沧、孟连等县已发现 10 多处。这些地方，都是傣族生息繁衍之地。"忙怀"的"忙"即傣语中的"寨"，西双版纳地区译为"曼"，景谷、双江地区译为"蛮"，德宏地区译为"芒"，临沧、云县地区译为"忙"，虽然由于发音的不同而译音有所区别，但其内容都是一样，说明了都是傣族先民居住过的地名。因而，这些文化遗址，无疑是新石器时代傣族先民与其他少数民族先民共同创造的古代文化，为我们研究傣族的古代社会提供了丰富的实物证据。

四、傣族地区的青铜文化

按照人类文化发展阶段的客观规律，最先是学会制造石器，然后才学会制造陶器，再次才发明冶炼术，学会制造铜器和铁器。据美国著名人类学家摩尔根的研究，制陶术的发明和铜器、铁器的制造，是人类文化发展的两个阶段的标志，制陶术的发明始于"高级蒙昧社会"时期，冶炼术的发明和铜器、铁器的使用，始于"同级野蛮社会"时期①。人类的这两项伟大创举，既有机相连又标志着两个不同的发展时期。在傣族古代先民生息繁衍的澜沧江流域、伊洛瓦底江流域、瑞丽江流域、威远江流域和元江流域，不仅出土了大量石器和陶器，同时，还有一批青铜器物，其中有铜斧、铜刀、铜盒、铜鼓、铜铃等珍贵文物。这批出土的青铜器，以几何纹饰而言，有圆圈纹、短平行纹、网纹、菱形纹、乳钉纹；以形体纹饰而言，有人面、虎头、鹿、猫头鹰与动物纹饰。特别引起傣学专家重视的是：无论从纹饰或器形来看，铜刀、铜盒都富有傣族特色。

上述出土文物，不仅说明了当今傣族聚居区是云南古代文化的发祥地之一，同时，还为研究傣族族源和社会演变提供了丰富的实物证据。

第二节 族源与傣民族的形成

大量的考古资料和历史文献，证实了傣族是古越人——"滇越"的后裔。也就是说，傣族来自古越人。

---

① 摩尔根：《古代社会》，第11页，商务印书馆，1983年。

古越人是我国东南和南部古代民族的总称，因部落众多，地域宽广，又有"百越"之称。而"百越非一种，若今言百蛮也"。"历代的史家和注家均一致指出百越民族系分布在我国东南和南部地区，并认为它不是单一民族的族称，而是多个民族的泛称"①。

远在新石器时代，这个被称为"各有种姓"的族群便已经有了自己的共同文化特征。在浙江、福建、广东、江西出土的印纹陶器、有肩石斧、有段石碎等古越人共同文化的典型器物，在今傣族聚居的河谷平坝，均有这类文化遗物的发现和出土。

考古学者在云南全省考古发掘中，发现"滇池、滇东北、滇东南和西双版纳等地方出土文物有印纹陶、有肩石斧、有段石碎、有肩有段石碎等器物，其年代在3000～4000年前，认定这些新石器文化与我国东南沿海地区关系密切。这些文化的主人，均以古代百越先民为主。同时，从洱海地区、金沙江中游以及滇西北地区的新石器文化与黄河流域几种主要新石器文化相比较，又可知这些地区的文化族属与氐羌系统，尤其是羌族系统有较多关系，但又不完全是氐羌文化②。这些论断，说明早在三四千年前的新石器时代，在云南这块土地上，百越族群、氐羌族群和百濮族群早就交错杂居，形成与今日各民族居住现状大体一致的大分散、小聚居的显明特点。

青铜时代，考古学者研究成果表明，云南的百越先民及百越部族的文化特征是：除种植稻谷和喜食异物是新石器时代遗留下来以外，在青铜时代产生的共同文化有使用铜钺、青铜农具、精

①蒋炳钊等：《百越民族文化》，第1页，学林出版社，1988年。
②李昆声：《云南文物考古四十年——代序言》，及《论云南与黄河流域新石器时代文化的关系》，载《云南省博物馆学术论文集》，云南人民出版社，1989年；阚勇：《云南印陶文化初论》，载《云南文物》1982年第11期。

于纺织、居住干栏、铜鼓文化、以图代文、文身、习水操舟、跣足佩环、贵重海贝、崇拜孔雀、一字格剑、羊角纽钟、性崇拜、猎首祭祀等 15 项特征①。居住在滇池区域、红河流域的百越先民已进入发达的定居农耕民族文化区；居住在澜沧江中下游和滇西的滇越属不发达的农耕民族文化区②。

古越人从事农耕，栽培水稻的历史十分悠久。河姆渡出土的栽培稻谷种，时代距今 7000 年；在南方越人的分布区，先后发现都有栽培稻谷的遗址。滇池新石器时代遗址出土的典型器物红陶碗、钵，器底往往有稻壳印痕，说明遗址主人（越人）种植稻谷③。滇池附近，以及元谋、宾川、剑川、普洱等地，曾相继出土了古稻种，经放射性碳素测定，宾川白羊村出土的古稻种，距今大约 4000 年；普洱凤阳出土的古稻种，不晚于 2000 年前④。上述出土稻种的地区，傣族先民都曾居住过。古籍文献《越绝书》记载亦十分清楚，吴越两国都以种植水稻为立国之本；傣族文献记录勐卯果占璧就是因出产香软米而得名。傣文文献《雅焕毫》记载着母系氏族时代傣族祖先谷奶奶栽培水稻的传说故事；今日傣族人民每逢秋收来临，户户都要先祭祀供奉在谷仓里的谷奶奶后，才开始开镰割稻。栽培水稻的首要条件是水利灌溉，傣族自古以来就掌握了一套水利灌溉知识和世代相传的管理水渠制度及其民约法规。这一切都证明了今日的傣族和古越人的渊源

①李昆声：《云南考古材料所见傣族先民文化考》，载《贝叶文化论》，云南人民出版社，1990 年。

②王大道：《云南青铜文化的五个类型及其与泰国班青、越南东山文化的关系》，载《云南文物》，1988 年第 24 期。

③李昆声：《建国以来云南文物考古工作的主要收获》，载《云南文史丛刊》，第 152 页，1985 年第 3 期。

④李昆声：《云南在亚洲栽培稻起源研究中的地位》，载《云南社会科学》，1981 年第 1 期；转引自秦家华：《傣族古代稻作文化》，载《思想战线》，1988 年第 5 期。

关系。

在众多的越人族群形成自己的共同习俗的同时，傣族亦不例外地形成了自己的习俗。据《战国策·赵策》记载：古越人有"披发文身""黑齿雕题"习俗，而这一古老习俗，傣家人一直保持至今。唐代史学家常把傣族先民的文身饰齿习俗作为族称，并记载在史书里，用以区别于其他民族。出土文物和文献古籍记载的越人"干阑"式住宅建筑，与今日傣家竹楼是一脉相承，甚为典型。古越人光辉的铜鼓文化，当时是财富及权威的象征，今日在滇南、滇西南，以及西双版纳等地区均有发现，这也说明了傣族渊源于古越人。

民族语言学者从语言上也找到了傣族源于古越人的论据。他们用许多资料证实古越语和今日的壮傣语，不仅语法相同，而且词汇读音也相同或近似。例如，《说苑》中记载的越女歌，和今日壮傣语对照，在54个字的歌词中，有10多个字和壮语全同，语法构造则完全与壮傣语一样。有的学者从语言系统上发现：傣、泰、壮3种语言的声母比较简单，韵母比较复杂；在声调上，3种语言的调类对应整齐；在语法上，3种语言都和汉语一样，词序和虚词是表达语法意义的主要手段；量词比较丰富；使用主—谓—宾的语序；修饰或限制成分在被修饰的中心词之后，指示代词在整个修饰词组的最后。从词汇中对比，在约2 000个常用词中，傣、泰、壮3种语言都相同的词有500个，傣语和泰语相同的有1 500个，其中3种语言都相同的词汇绝大多数属于最为基本的单音词根。从而，根据这些情况得出结论：3种语言源于共同的母语、源于一个祖先，即越语。另外，还从3种语言都没有"冰""雪"这类词，而有"船""田""稻""谷""芭蕉"等词情况，可推论其祖先不是生活在寒冷的北方，而是生活于温暖靠水、可种植稻谷的南方。

根据上述资料，史学界认为：傣族渊源于古越人是历史的真实；同时，他们早在新石器时代就已经居住在云南这块土地上。傣族是骆越、滇越的后裔。

"越"是史学家对古越人族群的族称。常见的文献记载有："于越""东越""闽越""瓯越""南越""山越"等等。这些都是对越人冠以地名或地理方位的族称，正如今日傣家人常讲的"傣腊""傣养""傣海""傣卯""傣换"，译意即是勐腊傣族、勐养傣族、勐海傣族、勐卯（瑞丽）傣族、勐换（芒市）傣族。"越"作为族称始于春秋，吴、越建国以后才在史书上通用。在此之前，对这一族群的通用族名是"瓯""骆""濮"；春秋以后，直到秦汉时期，除通用越以外，尚有瓯、骆两族称之说，有时两者兼而有之，称"骆越""瓯越"。两汉以后又称为"俚""僚""乌浒"等，都是指越人的族名。

傣族在不同的历史时期，有不同的称谓。

"滇越"是汉晋时期对傣族先民的称呼。《史记·大宛列传》记载的百越部落有活动在"昆明"（大理至金沙江一带是昆明族部落居住的地方）以西千余里，被称为"滇越"的"乘象国"。"滇越"部落不仅其聚居区域和今日德宏、腾冲、保山一带傣族，以及缅甸北掸邦的掸族聚居区域相符，而且养象助耕和出巡、征战乘象的习俗一直保持至明清时代。

"骆越"是滇南傣族、壮族、布依族、水族和越南北部岱族、泰族、侬族、侗族，以及老挝北部的佬族、泰族的先民。"濮""僚"是晋时壮傣语各族的先民。

汉文史书中的"僚""鸠僚"，也是纯指壮傣语系中的各族先民，至今仍保持这种族称的，不仅有散居于滇、桂、黔3省内的仫佬族，而且境外老挝的佬族也有这样的自称，只是音译不同罢了。"僚"这个族名，始见于晋人的著作，如张华的《博物志》说："荆州极西南界至蜀，诸民曰僚子。"常璩写的《华阳国志》《蜀志》说蜀土的少数民族有"滇僚賨僰"；又说"帝攻青衣，雄长僚僰"。同书《南中志》称永昌郡有"鸠僚"，兴古郡多"鸠僚濮"。"僚"就是古代的"骆越"，魏晋以后，不称骆越而统称为"僚"。这种历史渊源，古人早已著识。顾炎武曾说："峒僚者，岭表溪峒之民，古称山越。"① 这话也适用于对永昌郡、兴古郡的"僚"，即古称"滇越"的乘象国。

隋唐以后，定居在各地的百越或僚，由于历史的各种因素，已逐渐形成单一的部族，于是文献中出现了不同的族名。作为形成傣民族的早期先民来说，有线索可追寻的，是唐文献记载的"黑齿蛮""金齿蛮""银齿蛮""漆齿蛮""绣脚蛮""绣面蛮""雕题""僧耆"等，以及"茫蛮""生僚""白衣"都是傣族这一族系的早期部落。

其实，这些称谓都是根据保存至今的傣族先民独特的习俗，并用以区别其他民族的他称。"蛮"是对少数民族的统称，"黑齿""金齿""银齿""漆齿"等是对傣族先民有饰齿、染齿习俗的称谓，这种极为简便的称呼，是适应当时的历史条件，见面不用介绍，就知道是属哪一个民族了。

大量文献均可证实：唐代的黑齿、雕题，就是今日的傣族。元李京《云南志》记金齿白夷说："男女文身。"又说："金裹两齿谓之金齿蛮，漆其齿者谓之漆齿蛮，文其面者谓之绣面蛮，绣其足者谓之花脚蛮。"明钱古训《百夷传》载："小百夷，其俗刺额、黑齿、剪发。"《新元史·八百媳妇传》载："民皆僰种。刺花样于眉目间，雕题也。"《景泰云南图经志》记姚州有"黑齿百夷"。记木邦军民宣慰使司有"金齿蛮、黑齿蛮、绣面蛮、花脚蛮""男子皆文身"；记车里军民宣慰使司，"其民皆百夷，额上刺一旗为号"；记八百大甸军民宣慰使司，"其民皆百夷，刺花样于眉目间"；记老挝军民宣慰使司，"其民皆百夷，身及

① 见《天下郡国利病书》《广东》下《峒僚》条。

眉目皆刺花"；记孟定府，"其民皆百夷，黑齿"。这些记载说明了唐代的金齿、黑齿、雕题，就是元明时期的白夷或百夷，也就是傣族的先民。

到了清代，则把"百夷"称之为"摆夷"，这在乾隆、嘉庆时就较为普遍，《四库全书总目提要》史部地理类存目七对《百夷传》一书的提要说："百夷即麓川平缅宣慰司，案百夷即今摆夷，译语对音，故无定字。"倪辂《明野史》载："麓川即古百夷也，其种类有大百夷、小百夷……以其诸夷杂处，故曰百夷，犹百越、百濮。今作伯、僰，又俗作摆，皆夷音无正写也。"檀萃《滇海虞衡志》卷12《志蛮》说："僰夷，一名摆夷，又称白夷，盖声近而讹也。"

历史上，对傣族的上述他称，最初并无贬义，只是从傣族的某种特有习俗，给予一定称谓以区别于其他民族。后来，由于历代统治阶级推行民族歧视政策才使这些他称融入了歧视的内涵。

中华人民共和国成立后，中央人民政府根据本民族的意愿，经过民族公众领袖和广大人民充分协商讨论，正式确定"傣"为傣民族的族称。傣家人对这一族称甚为满意。

第三节　社会制度的演进与发展

傣族的历史演进，既与人类社会发展规律一致，又有自己的特点。

一、傣族的原始社会

远古的傣族原始社会，延续了相当长的时间，除传说中的史前时期部分外，还递相存在过氏族公社、家族公社和农村公社，其社会结构较为完整。

传说中的史前时期，傣语称为"滇腊萨哈"。"萨哈"是时代或时期，"滇腊"是食绿叶或果实，因而根据其含义，某些古籍文献又称为"绿叶时期"或"橄榄时期"。有关这一时期的传说很多；例如，创世史诗中的"迁徙篇"说，有两个女王率领着傣族先民在大森林里从北往南迁徙，一路上跋山涉水，以野果为食；所谓的"女王"，很可能是傣族母权制时期的女首领。又例如，《沙都加罗》在谈到这一时期的社会生活时说："我们最早的祖先，住在寒冷的山洞里，十人一个洞，九人一个穴，天黑睡一处，天亮去觅食。"这些传说跟傣族古歌谣中的《摘果歌》所反映的一样，都说这一时期的傣族先民居住在山洞，主要以采摘野果为食，但同时也用石器和弓弩猎取野兽。根据这些传说，以及当今发掘出来的新石器文化遗址推论，这一时期的傣族先民，已从单纯依靠野果为生逐渐过渡到狩猎经济时代。

狩猎经济的特点：是先民们已获得了用火的知识，发明了石刀、石斧，以及弓箭、棍棒等用以捕捉或防御野兽的武器，这与采集经济时期，无疑是一个进步。

到了有史书记载的桑木底时代，傣族先民开始走出山洞，到河谷平原"建寨种瓜"，亦逐渐从狩猎转入农耕。在这一时期里，桑木底不仅建立了"建寨种田"的各种规矩，还建立了"一男配一女"的婚姻制度，因而开始出现较为稳定的家庭、家族，并以血缘为纽带形成了史书上所说的家族公社、氏族公社和农村公社。

（一）家族公社和氏族公社

以血缘为纽带的傣族家族公社和氏族公社，离今虽然久远，但我们仍然可以从古文献、出土文物和傣族社会残存的历史痕迹中，看到它的基本概貌。

傣族的家族，是以血缘为联系组成的，一般由同一祖先的五代内的子孙构成，其中又以独立生活的夫妻分为若干个个体家庭。在这一历史时期，家族内部禁止通婚，只有血缘在五代以外并另立家族的，方可通婚。每个家族都共同占有一部分土地，外家族不得侵犯。

家族公社的共同土地，平均分配给本家族的成员使用；若外迁他村，必须归还。

家族公社有家族长，称"诰哈滚"，由长者担任，其职责是对内管理家族田的分配，组织领导生产活动，平均分配食物和其他生活资料，调解家族内纠纷，执行族规；对外代表本家族。遇到重大问题，如分配调整土地和纠纷等等，由家族长召集家族成员共同协商。吉庆节日，每户必须用蜡条向家族长"苏玛"（祈祷），表示祝福。

家族公社的名称，多以居住村寨的地理位置和特征而定。如景洪曼广凹寨的4个家族分别称为"哈滚贺曼"，意为居住村头的家族；"哈滚很松"，意为高脚楼家族；"哈滚很帕雅"，意为帕雅家家族；"哈滚悍曼"，意为寨尾家族。很明显，第一、四家族是以家族长居住的地理位置命名，第二家族是以家族长住的竹楼特征命名；第三个家族是以族长的等级命名，用以区别其他家族。

家族有家族神，称为"披哈滚"，是共同血缘关系的家族成员的祖先。披哈滚供奉在家族成员中的老户家里，设灵屋。逢年节，由家族长主持，全体成员参加祭祀，其目的是为了维持后裔之间的联系。

家族成员有相互保护和帮助的义务。如遇罚款，个体家庭成员无力偿还时，家族长有责任按习惯分摊给各户成员共同凑钱偿付。从傣族婚姻习俗中，还能分清一个个体家庭，分属于不同的两个家族。傣语称为男主人家族、女主人家族；从彩礼的分配中，更能清楚地看到无嗣户财产分割继承的合法联系，以及族规的严肃性。

随着社会生产力的发展，家长制的个体家庭变成社会生产的基本单位。这时，随着公共事务的增多，诸如挖沟、搭桥、修路等等，不是一个家族力量所能及的，于是新的首领、新的社会组织，以地域联系的农村公社，便取代了以血缘关系为纽带的家族公社。

（二）傣族的农村公社

傣族的农村公社是原始公社的一种类型。马克思曾经指出："并不是所有的原始公社都是按着同一形式建立起来的。相反，它们有好多种社会结构，这些结构的类型，存在时间的长短彼此都不相同，标志着依次进化的各个阶段"①。"（农村公社）既然是原生的社会形态的最后阶段，所以，它同时也是向次生形态过渡的阶段，即以公有制为基础的社会向以私有制为基础的社会的过渡。不言而喻，次生形态包括建立在奴隶制上和农奴制上的一系列社会"②。马克思的这些论述说明，原始公社在发展上具有一个演进序列，而农村公社是处于这个演进序列的最后阶段，它适应于无阶级社会，也适应于阶级社会——奴隶制和农奴制。由于西双版纳傣族农村公社的不少因素，在奴隶制社会、农奴制社会里，均仍有保存。所以，我们才能幸运地透过封建领主制社会去探索原生形态农村公社的奥秘。

在农村公社时代，每个傣族村寨都有自己的地界。建寨时，就划下了包括山川、河流、池塘、牧场、荒地、耕地等大片土地，属于村寨集体占有或所有，凡经过村寨"议事会"和"民众大会"

---

①马克思：《给维·伊·查苏利奇的复信草稿》，载《马克思恩格斯全集》，第19卷，第448页。

②马克思：《给维·伊·查苏利奇的复信草稿》，载《马克思恩格斯全集》，第19卷，第450页。

批准的，都可以分得一份土地；若有人迁离村寨，必须把土地交还村寨，不再具有土地占有权和使用权。村社的土地在村社成员中定期分配，分散经营。取得村社成员身份是占有和使用土地的前提，单独的个人不可能具有私有权。这样，家族田和家族公社便被保存了下来，成为农村公社的一个组成部分。

村社成员一直把寨内各项公共事务视作自己应尽的义务。这些被视为"古规"的公共事务，有规模较大的修路、架桥、开渠、筑坝等等；其次是一般带有原始互助性质的帮村社成员盖新居、为死者伴灵、料理丧事等。此外，还有服兵役、祭鬼、斋僧赕神，以至战争，亦是每个村社成员应尽的天职。

村社之间有着严格的地界，村社成员要使用土地，必须征得村寨头人的同意，并履行一定的手续。维护和管理村社地界，不仅是村寨头人的职责，也是每个社员的义务。寨神护寨的神灵，入居或迁居的村社成员，都必须先祭祀寨神，求得寨神的认可。

村社成员都要在自己村社范围内劳动和生活。产品的分配，除了留做公共事务开支的"毫当来"（即公谷）外，其余则平均分配给各个单户。可以说，原始公社时期，经济上具有共耕的特点，政治上具有原始民主的特色。傣族农村公社内有各种社会分工：村社头人"波曼"（寨父）、"咪曼"（寨母），负责管理村社居民迁徙，代表村社接受新成员，管理村社土地的分配及公有财产，征收各种负担，管理宗教、家庭婚姻及调解争端等行政和宗教事务，并代表村社办理一切对外事宜。寨父、寨母之下，设有司理文书的"昆欠"一人，助理"昆滇"数人；负责管理武装的"昆悍"一人；负责上传下达、对外联络和村社文娱活动的"陶格"一人；负责办理一般事务的"波伴"一人；负责管理社神的"波么"一人；负责管理佛寺的"波占"一人；负责领导男青年的"乃冒"和负责领导妇女的"乃少"各一人。此外，大一点的村社，还分别设有管理水利的"伴闷"、金银匠"张恨"、铁匠"张列"、木匠"张梅"、酒师"张芳"、医生"摩雅"、兽医"摩雅麻"、歌手"章哈"、卜卦师"摩虎拉"等，但都不脱离农业生产。

村社内部设有原始的"村社议事会"和"村社成员大会"。村社议事会由"咪曼""昆滇""陶格"等人组成，权力是负责处理一切日常事务；议事会由"咪曼"召集，"波曼"一般不出席，但要听取议事会召集人"咪曼"的请示和报告，并拥有否决权。这个否决权，同时也为议事会所有，二者相互否决、相互制约，在争执不下的时候，可提交民众大会。村社民众大会，由全体村社成员组成，会议由"陶格"或者"波曼"召开。村社内的所有重大问题，如分配调整土地、兴修水利、选举或更换头人、接受和开除村社成员等，均要通过召开村社民众大会做出决定。村社头人的产生，是通过原始民主的形式，由全体成员推举有办事能力的人物担任；选出的村社头人，若对办事不公、对职责消极怠慢，村社成员有权要求罢免。村社里的"陶格"便是为群众所公允的领袖人物，他不仅可以代表村社成员行使罢免头人的权利，而且村社内部的一切会议他都必须参加，他若不表示赞同，会议做出的决定在村社成员中往往无效。

在土地所有制方面，家族公社时代的"家族田"已不占主要地位，以地域划分的村庄"寨公田"已成为农村公社的经济基础。只有自称为"傣勐"村社里，家族田方能继续在该家族内世袭传递占有和使用。据1954年的调查资料表明：家族田在西双版纳傣族全部耕地面积中占19%。勐混"傣勐"老寨曼蚌，全寨共有2 000余亩耕地，全部是家族田，分布于6个区域，为该寨同属一个祖先的6个家族（104户）分别占有和使用。"寨公田"是村社土地的主要部分，傣语称为"纳曼"，又叫"纳当来"（意为大家的田）。从家族田到寨公田的演变，从以血缘为纽带的原始家族公社向以地域做纽带的农村公社过渡，均以从事公共事务的行为做动力。当村社成员要求分土地时，其申诉的理由是："先有水沟后有田，水沟是大家开的，坏了由大家修，水沟灌溉到的田，应该分给大家种。"分配土地的方法是：占有了家族田者，就不能再占有寨公田；倘若占有家族田分量较少，则补给部分寨公田。随着时间的推移和社会的发展，进入阶级社会后，家族田和寨公田都发生质变，为奴隶制社会所取代。

二、傣族的奴隶社会

傣族社会发展史，是否经历过奴隶制社会，史学界有不同看法。确认傣族的社会发展曾经历过家长奴隶制社会的学者，提出如下四点依据：

（一）掸国已出现阶级分化，形成阶级社会

汉文史书所记述的"掸国"，是傣族先民最早的政权。据傣文古籍《勐果占璧及勐卯古代诸王史》① 一书载：在伊洛瓦底江流域，傣那（德宏傣族）先民最早建立的政权是"达光王国"，史书称为太公国，都城先在罕萨，后迁达碧、达光。据考，达碧和达光实为一地，即伊洛瓦底江边的鼓渡镇，达碧指西岸，达光指东岸。若按其地名意译，"达"为渡口，"碧"为竹筏，"光"为鼓，"达碧"即竹筏渡，"达光"即鼓渡。"达光王国"的地域，包括今德宏地区和今缅甸中部与北部的部分地区，跟汉文史书记载的"昆明之西千余里，有乘象国，名曰滇越"，以及东汉时期永昌缴外的"掸国"，时间、地点都相吻合。因此，《勐果占璧及勐卯古代诸王史》中所记述的"达光王国"，无疑是傣族先民所建立的"掸国"。

根据史书记载，公元 2 世纪时的"掸国"，内部已经发展成为一个比较稳固的部落联盟，有大君长、小君长之分，大君长即史

---

①《勐果占璧及勐卯古代诸王史》，为清乾隆时期傣族史学家召帕雅坦玛铁·卡章夏的专著，龚肃政、杨永生译，云南民族出版社，1988 年。

书中记载的雍由调。并已经有了很长久的农耕历史，社会生产已经能够创造出剩余商品，专供统治者享受和维系社会上一批脱离生产的人从事其他文化活动。由于生产力的提高，剩余商品的出现，私有观念的加深，"掸国"（也就是"达光王国"）的社会已出现阶级分化，形成早期阶级社会的基础，"因而可以说至迟在公元一二世纪，掸国已由原始农村公社向阶级社会过渡"。换言之，也就是向奴隶制社会过渡。

（二）受南诏奴隶制和周边民族的影响，同南诏和周边民族一起步入奴隶制社会

唐代的金齿、黑齿、茫蛮、白衣等傣族各部落，当时曾隶属南诏统辖。在这一时期，傣族先民已有长期的农耕经验，积累了种植水稻的丰富知识，各部落的社会经济都有了较快的发展。农业上已实行犁耕，以兽力牵引，即《蛮书》所说的："开南以南养象，大于水牛，一家数头，养以代牛耕也。"在手工业方面，当时的傣族已能冶炼金属，用做制造兵器、农具，或以金银饰齿。家庭纺织业也有了一定发展。樊绰《云南志》卷7说："自银生城、拓南城、寻传、祁鲜以西，蕃蛮种并不养蚕，唯收娑罗树子，破其壳，中白如柳絮，组织为方幅，裁之笼头，男子妇女通服之。"可见，唐代的傣族先民已能用攀枝花纺纱织布。由于农业和手工业的进步，以土特产品为主的商品交换也有了较大的发展。《后汉书》说："永昌西通大秦。"当时，傣族聚居的永昌不仅是商品出产地，同时也是内地商货通往国外的集散地，由永昌经怒江、芒市、盈江等地而到缅甸、印度的通道，都经过傣族地区。由此可见，当时的傣族社会经济、南诏的社会经济，以及哀牢地区的彝族社会经济，基本处于同一发展水平。既然南诏的社会经济属奴隶制社会，周边彝族也属奴隶制社会，那么，受南诏奴隶制和周边民族奴隶制影响极深的傣族社会，不可能不发生变化。

（三）从傣族古籍英雄史诗《厘俸》和《勐泐王族世系》
##　　　中也可找到佐证

傣族英雄史诗《厘俸》[①] 是一部以描写傣族历史上的"海俸大战"为主线的、反映傣族奴隶战争的史诗。史诗中的两个主要人物——海罕与俸改，是典型的奴隶主，都拥有大量奴隶，并以宫廷里有多少女奴和兵营里有多少大象，来显示自己的富有和权威。他们发动战争的目的，都是为了掠夺妻妾、奴隶和大象，以满足大小奴隶主的欲望。当海岸的军队攻破勐冈老、勐冈桑时，战败了的俸改与士卒急忙下跪，顺手拾起地上的杂草、树枝，含于口中，苦苦向对方求饶说："砍树要留根发芽，不要把我们杀光。留下'普囡宾海'（意为留下小奴做奴隶），日后为你们砍柴割草。"当勐景罕城陷落时，那里的情景也是一样，求饶自愿当奴隶，为新的奴隶主守火塘、服侍、割草、采冬叶等等；另一方面，作为胜利者，"忙着抢大象，有的一人俘虏大象两三头，有的牵着俘虏一串串"。后来，首领只得发布命令："掠到的金银要集中堆放，大象和马匹谁抢到归谁所有，不要互相争夺争抢。"这种掠夺性的奴隶战争场面，充满了史诗的整个篇幅。每次战役一打响，"城外百姓纷纷逃，妇女牵着儿女喊，男子腰带满地丢，各色背巾铺满地"。但战胜的一方却以此为荣耀，下令放出铁骑去追杀，于是"满田满坝死无数，人似牛群乱如麻。活着的举手来投降，群群俘虏一串串"。接着再令烧村寨，"烈火熊熊烟万丈"。这和南诏奴隶主政权允许所有参加征战的属下，在离开本土后可以任意劫掠的情形如出一辙。

这种以掠夺的方式获得财富的手段，在当时被视为一种光荣的行径。于是，力量和勇敢成为这个时代的道德风尚，形成了整

---

①《厘俸》：傣文原版藏于景谷傣族彝族自治县曼费村，译本为周凤祥、刀永明译，云南民族出版社，1990 年。

个社会崇尚武力和英雄的风俗。当大奴隶主俸改战败被擒，海罕以胜利者的姿态趾高气扬地要他投降当奴隶时，俸改誓死不肯受辱，并对海罕说："快快动手莫心慌。"充分表现了奴隶主不愿沦为奴隶的心态。

《厘俸》与世界上其他民族的英雄史诗一样，所描写的战争都是由抢劫妇女为诱发。在《伊利亚特》中，由于海伦被拐骗而引起大战；在《罗摩衍那》中，罗摩则为了悉达被抢走而战；在《厘俸》中，海罕、桑洛为其妻被抢走，而联合发动了对俸改的战争。几乎所有的英雄史诗都尖锐地提出了妇女问题。随着母权制的被推翻，男子在家庭、社会中逐步取得了对妇女的支配地位。进入英雄时代后，对妇女的掠夺成了战争的内容之一。"被俘虏的年轻妇女都成了胜利者肉欲的牺牲品。军事首长们按照他们的军阶依次选择其中最美丽者"①。在《厘俸》中，俸改身旁，有芸芸数百妻妾，成了其炫耀权力及财产的标志。海罕也常把战败国首领的妻子、女儿分配给有功的军事首长。如攻下勐冈老、勐冈桑以后，把战败了的布冈桑首领的3个女儿，分配给下级军事首长桑洛、混黑南和冈晓。攻陷勐景罕城后，将俸改的妻妾、女儿分配给桑洛、桑本。还有成群的年轻女俘虏，成了冈晓等军事首领的随军妻子。妇女终于不可避免地沦为了财产的一部分。然而，这在当时却是一种无可非议的社会风尚。

由于"掠夺战争加强了军事首长及下级军事首长的权力"②，这些军事首领已形成了一个握有实权的特殊社会集团——奴隶主阶级。海罕占领了勐景罕后，自称为景罕王，他把所占领的土地及奴隶分赐给部下，这些部下的将领原先就管理一个小区域，既是这个区域的军事首领，也是该地的行政长官。海罕赐予他们金幡幢，作为经济、统治阶级的标志，统称为"混召庄"（即金幡幢

①见《马克思恩格斯选集》第四卷，第58页。

②见《马克思恩格斯选集》第四卷，第160页。

官员），王与混召庄共同形成了一批奴隶主。在这一批奴隶主的统治下，出现了作坊奴隶、奴隶和家奴了。男奴们要为奴隶主养马、养象、割草、砍柴、种田和出征；女奴们要充当舞女、妻妾、织布、织锦和从事家务劳动的奴仆。被征服者成了征服者的奴隶。

从傣文文献《勐泐王族世系》中，还可以看到奴隶主内的等级十分严密。召玛哈卡先于公元 7 世纪回到勐泐，用计将不信奉佛教、不愿归顺的当地最高军事首领奴隶主贵族帕雅真悍杀死，然后封赐 12 位有功者为："首席官名叫巴达玛阿戛麻哈协纳，他就是帷雅几达沙里；第二位官名叫独底牙阿戛麻哈协纳帕雅龙，他原是阿腊维（景洪的古称）的召勐，即阿占峯；第三位官，达底牙阿戛麻哈协商，他原是勐兰掌的协纳龙，名叫怀朗曼轰；第四位官，杂都塔麻哈协纳，他是舞孔雀羽的首领，名叫怀朗专往；一位是专管宫廷的大象；一位是专管宫廷的马匹；一位是'混乃悍'，叫右榜元帅，他专门从事打仗；一位专管丢无拉真悍神社；一位叫协纳先赛（左榜元帅）是出征头目的先锋；一位专管丢无拉帕雅双闷神社；一位专管金矛、银矛的官，叫纳管；还有一位专管宝剑和金银刀的官，名叫帕雅贺怀。"于是原先以谁的武艺高强，被称之为"真悍"作为标准，经过农村公社成员原始民主选举为"帕雅"（酋长或首领）的传统习俗，让位给世袭的"召玛哈卡先""召卡先"或者"召片南片领"（又称召片领）、"道俸勐""帕雅召勐"，即唐樊绰《蛮书》称之为"茫""茫诏""道双王""道勿川"同类。上述傣语官称，和"普天之下，莫非王土"含义相同，意为"广大土地万物之主"，跟内地称之为"天子"或"君王"具有同等含义。

这种世袭制度，据《泐西双邦》①记载，始于公元一二世纪时的素米塔和召法龙磨罕首领。勐泐王的世袭制度规定，从玛哈

① 参见康朗庄收藏的傣文《泐西双邦》，岩罕、刀荫祥翻译的《泐西双邦》，载《版纳文史资料选辑》（三辑），1988 年。

卡先到召勐的等级是：第一等级玛哈卡先（王），第二等级召勐（明清以后称为土司），第三等级混（官或头人），第四等级百姓（傣语称为"丕勐"）。

总之，上述两部傣文古籍，较为详细地记述了傣族奴隶社会的各种现象，为研究傣族奴隶社会提供了一个新的依据。

（四）近代傣族社会还保留着某些奴隶制的残迹

从 20 世纪 30 年代起，便有一些民族学或社会学家到傣族地区进行实地调查。中华人民共和国成立后，国家民委为了更好地推动民族地区的工作，又组织有关部门，再次做了多方面的大规模调查。这一系列实地调查，发现近代傣族社会还保留着许多奴隶制的残迹。例如：

1. 到了 20 世纪 40 年代"景洪宣慰街的大小领主仍畜有家奴 129 人，勐笼土司畜有家奴 20 余人。遗留……成文法规普遍记载有关于奴隶身份、逃奴处理的规定"①。

2. "奴隶逃跑，不论躲藏在谁的家里，主人明知他是逃亡奴隶，还要留宿，并继续指使、怂恿其再逃跑，作窝藏奴隶罪论处"②。

3. "奴隶的子女，他们在主人家里出生的，父母是奴隶，子女也是奴隶"③。

4. "因借债无力偿还者，可作抵债奴隶；犯了法被判死刑者，可以赎身当奴隶；生命垂危，无钱医治者，可自愿卖身当奴隶"④。

5. "在这里，奴隶属于'滚很召'这个等级。'滚很召'原

①人大民族委员会办公室编：《西双版纳社会调查材料》之一。
②③云南省少数民族古籍整理出版规划办公室编：《芒莱干塔莱法典》，载《孟连官抚司法规》，第 11 页、第 12 页，云南民族出版社，1986 年。
④云南省少数民族古籍整理出版规划办公室编：《芒莱干塔莱法典》，载《孟连官抚司法规》，第 11 页、第 12 页，云南民族出版社，1986 年。

意是'主人家内的人'，在西双版纳农业总人口中约占39%，这是历史发展遗留下的一个等级。……他们为统治者负担着各种传统的专业劳役，乃至于他们称谓的本身（卡），都一再显示着在奴隶制时期，他们所处的被剥削、被压迫的地位。在'滚很召'中，以'卡很'（家庭奴隶）、'卡召'（官家奴隶）的社会地位最低，所服劳役最卑贱。……他们为领主负担的专业劳役，包括炒菜、做饭、打伞、讴歌、养象、养马、榨糖、熬盐、围篱笆、修房子，乃至于提绣鞋、削便棍……初步了解，这种专业性劳役仅在景洪地区残存下来的，就有106种"。

近代傣族社会遗留下来的奴隶制残迹还很多，诸如"所有的土地都是召片领的""百姓上山打着野兽，落地的一半要交给召片领或者头人""召（主人）死后，他身前的家奴要着白衣守尸，给死者献饭献酒，表示他还继续在服侍主人"。奴隶虽不殉葬，但火化主人尸体时，要将他们身上的孝服投放火中，表示已跟主人同死，到了阴间仍然是主人的奴隶。

根据上述4个方面推论，有的学者认为：傣族历史上曾经历过不成熟的家长奴隶制社会，其特点是带有某些原始农村公社的躯壳，并仅以奴役家内奴隶为主，还没有发展到发达的奴隶占有制，便很快就朝着封建领主社会过渡。也就是说，傣族社会经历过的奴隶制，具有时间不长、发育不成熟的特征。当然，这只是一部分学者的见解，今后仍要进行更深入扎实的考察和研究，才能得出最终结论。

三、傣族的封建社会

傣族的封建社会，大约形成于公元12世纪前后，即麓川地方政权以及景陇金殿国兴起时期。这是一个充满生气而又激烈动荡的年代，军事征战与土地兼并交织在一起，延续了很长的时间，并且发展极不平衡。因而就整个傣族社会而言，各地区进入封建化的过程也不一样，有的地区快、有的地区慢，在不同的地区，分别形成了封建领主制与封建地主制两种政治、经济形态。

西双版纳傣族地区，属于封建领主制的政治、经济形态，其特点是：从众多的小奴隶主相互兼并成强大的封建领主，并以统一的大封建领主取代分散的小奴隶主的统治；但社会结构和经济形态却仍然带着奴隶制乃至原始社会农村公社的某些躯壳，所有土地都属于最大的领主召片领所有，再由召片领分封给其他小领主，并以此形成封建领主阶层，共同统治所管辖的地区。

公元 11 世纪初的德宏傣族地区，也有类似的现象。"麓川思氏的兴起、发展和壮大，象征着德宏傣族地区封建关系的产生"[①]。麓川思氏使用武力，"每兼并一地，都派其亲属头目去统治，这样就出现了分封现象，形成封建领主集团，思氏是最高的封建领主，其大小头目以分封采邑的方式存在。领主对属民的剥削，是按户收取差发银，'房屋一间，大者征银一三两，小者一两则止'，此外，尚有对领主的无偿劳役。这当然不是奴隶主对奴隶的关系，而是封建式的剥削，但也不是地主对佃农的剥削，而是领主对农奴的经济以及超经济剥削"[②]。

傣族地区自进入封建社会后，就长期停滞在领主经济阶段，西双版纳地区尤为突出，直到 20 世纪中期，基本上仍处于领主经济阶段。西双版纳的最高领主召片领，就是元朝所封的世袭彻里府总管，明清所封的车里宣慰。从公元 11 世纪起，便逐渐建立了一套完整的封建领主制度，统治所属的地域，这便是西双版纳封建领主经济得以长期保存的原因。

西双版纳的封建领主制，概括起来，有如下几个特点：

1. 建立了较为完整的封建领主土地所有制。在原始社会时期，土地分别属于家族公社、氏族公社或农村公社；在家长奴隶

---

①②江应梁：《傣族史》，第263页，四川民族出版社。

制时期，土地分别属于大小奴隶主；进入封建领主制时期后，封建领主阶级以颁布"封建领主法典"的形式，废除了早期遗留下来的原始土地所有制和奴隶社会土地所有制，宣称最高领主召片领是"广大领主之主""所有的水和土都是召（即封建领主）的"。这样，便逐步建立了完整的封建领主土地所有制。

2. 制定了严密的封建等级。从整个社会而言，形成了领主与农民两大对立的等级。在领主内部，属于世袭贵族的，又分为孟、召、翁3个等级：召片领及其与召片领有血缘关系的称为孟；在召片领之下的各勐土司称为召；召片领的家臣、亲属或世袭的波朗，称为翁。翁虽是领主阶层中最低的等级，但却多被分封为大小头人，享有薪俸田。

在农民阶层内部，又分为"召庄""傣勐""滚很召"3个等级。"召庄"又称"鲁朗道帕雅"，因他们是贵族的后裔，属农民阶级中的最高等级。召庄分散到农村建寨，拥有自己的土地，但必须与城里的翁级子弟共同承担对宣慰的侍卫。"傣勐"，又称"滚本勐"，人数最多，政治地位比"召庄"低，比"滚很召"高。"滚很召"，意即主子家的人，又分别称为领图冒仔、洪海等。他们是被授权到农村建寨，拥有少量份地的家奴，其政治地位最低。

3. 建立了完整的封建领主政权。宣慰司署是最高的统治机构：主持议事庭的庭长叫"召景哈"；掌管行政、财务和税收的称为"都龙稿"；执掌粮米杂务的大官员叫"怀朗庄往"；管理司法和税收的官员叫"怀朗曼烘"。以上4人统称为"四大卡贞"。另有内务大臣叫"召龙帕萨"，总管司署中的家臣和侍卫，直属召片领。宣慰司署以下设勐、陇、火西、村寨等政权机构。

领主政权系统中的军事组织是：在宣慰司署和各勐司署内，设有侍卫，由召庄及翁级子弟轮流充当，傣语称为"滚贺"（侍卫）。各村寨设有专管军事的"昆悍"，被领主授予帕雅、鲊、先等官衔。宣慰司署中设有"召龙纳花""召龙纳赛"和"真悍"等官职。"真悍"的含义是最勇敢的军事头人,战时由他统率昆悍(士兵)出征。军队中的士兵没有固定的编制,但可随时招民为兵,即所谓"战时为军,平时务农"。

封建领主通过这一套完整的封建领主政权来统治和剥削广大农奴。

随着社会的不断发展和演变,特别是清代不断地进行改土归流之后,盏西、梁河、盈江、莲山和芒市等傣族地区,其社会经济形态已从封建领主制向封建地主制过渡;景谷、新平、元江以及金沙江流域一带的傣族地区也随之进入了地主制经济。

在盏西,地主拥有土地已占总耕地面积的 60% 左右,农民自耕的私田为总耕地面积的 20%,领主所有则仅占 20% 弱。梁河的土地类型与盏西一致。在盈江更为显著,芒棒寨的调查表明,地主土地占总耕面积的 52% 强,富农土地占 13%、中农、贫农土地约占 34%。这些地区阶级分化十分明显,贫富差别极大,实物地租、雇工剥削和牛租剥削已占支配地位,而劳役地租已逐渐消失。由此可见,这一带傣族地区,封建领主的政治、经济体制已逐渐被封建地主的政治、经济体制所取代。到了清末和民国初期,由于强行"改土归流"的结果,土司政权受到极大冲击。1932 年,国民党政府在潞西(今芒市、遮放)、梁河、陇川、莲山、盈江和瑞丽设置了 6 个设治局,与当地的土司衙门公开对立,其结果虽削弱了土司的权力,但却加深了民族矛盾。

无论是清代的流官或是民国初期的流官,都是封建地主阶级的政治代表,都在维护封建地主制的社会制度,他们削弱傣族土司政权的目的,是为了扩张自己的权力;而傣族的土司虽然失去了一部分政治权力,但经济上仍然占有大量土地,仍然在利用出租土地的形式进行剥削。因此,傣族封建地主制的社会性质并没有变,它仍然是制约傣族生产力发展的主要障碍。这种现象,一直延续到20世纪40年代。

1949年10月1日，中华人民共和国的成立，结束了帝国主义、封建主义和官僚资本主义对中国的统治。从此，傣族人民和全国各族人民一样，翻了身，做了国家的主人，开始迈入了社会主义新时期，朝气蓬勃地从事社会主义的伟大建设。

第二章　语言文字

第一节　语言系属

　　傣语属于汉藏语系壮侗语族壮傣语支，分西双版纳傣语（简称"西傣"）方言区、德宏傣语（简称"德傣"）方言区和金平方言区。在我国傣族主要分布在云南省的西双版纳傣族自治州、德宏傣族景颇族自治州、耿马傣族佤族自治县、孟连傣族拉祜族佤族自治县、金平县。还有一些傣族散居在云南的临沧、双江、镇康、沧源、澜沧、西盟、景谷、景东、保山、腾冲、龙陵、昌宁等30余个县，也讲傣语。使用傣语的人约100万。

　　傣语具备汉藏语系其他语言的一般特点：词或语素的每个音节都有一个固定的声调，声调有辨别词义的作用；单音节词和单音节语占绝大多数；词序和虚词是表达语法意义的主要手段；有许多表示事物的量词。

　　傣语也具备壮侗语族其他语言的共同点：元音分长短；一般有 –i、–u、–m、–ŋ、–p、–t、–k、–n 8 个韵尾；修饰语通常置于中心语之后；有许多具有共同来源的基本词汇。

　　傣语和壮语、布依语、临高话的关系最接近，共同归入壮傣语支。傣语和壮语、布依语之间的许多同源词与壮侗语族其他语支不同。例如：

词例	壮傣语支			侗水语支				黎语支
	西傣	壮	布依	侗	仫佬	水	毛南	黎(通什)
猴子	$liŋ^2$	$liŋ^2$	$liŋ^2$	mun^6	$mə^6lau^6$	mon^6	$mu:n^6$	nok^7
蛇	$ŋu^2$	$ŋɯ^2$	$ŋɯ^2$	sui^2	tui^2	hui^2	$zu:i^2$	da^2
肚子	$tɔŋ^4$	$tuŋ^4$	$tuŋ^4$	$loŋ^2$	$lɔŋ^2$	$loŋ^2$	$lɔŋ^2$	pok^7
肉	$nə^4$	no^6	no^6	$na:n^4$	sik^8	$na:n^4$	$na:n^4$	gam^6
背脊	$laŋ^1$	$laŋ^1$	$laŋ^1$	$la:i^2$	$la:i^2$	$la:i^2$	$la:i^2$	$tshun^3$
根	$ha:k^8$	$ɣa:k^8$	$za:p^8$	$sa:ŋ^1$	$ta:ŋ^1$	$ha:ŋ^1$	$sa:ŋ^1$	van^4
走	$ja:ŋ^6$	$pja:i^3$	$pja:i^3$	$ɬha:m^3$	$tsha:m^3$	$sa:m^3$	$sa:m^3$	fei^1
坐	$naŋ^6$	$naŋ^6$	$zaŋ^6$	sui^5	tui^6	hui^6	$zu:i^6$	$tsoŋ^3$
高	$suŋ^1$	$sa:ŋ^1$	$sa:ŋ^1$	$pha:ŋ^1$	$foŋ^1$	$va:ŋ^1$	$voŋ^1$	$phe:ʔ^7$
饱	im^5	im^5	im^5	$ɬaŋ^5$	$kɣaŋ^5$	$tjaŋ^5$	$tjaŋ^5$	$khɯ:m^1$
二	$sɔŋ^1$	$so:ŋ^1$	$suan^1$	ja^2	$ɣa^2$	$ɣa^2$	ja^1	dau^3
五	ha^3	ha^3	ha^3	$ŋo^4$	$ŋo^4$	$ŋo^4$	$ŋo^4$	pa^4

动物名词表示性别的附加语素的位置，傣语和壮语、布依语是一致的，放在主要语素之后；其他壮侗语族的语言有些放在前，有些前后都可以。例如：

	西傣	壮	布依	侗语	仫佬
公鸡	kai^5pu^4	kai^5pou^4	kai^5pu^4	$sai^{31}a:i^5$ $a:i^5sai^{31}$	ci^1tai^3
母鸡	kai^5me^6	kai^5me^6	kai^5me^6	$mai^4a:i^5$	ci^1mai^4

	水语	毛南	黎（通什）
公鸡	hai³qa：i⁵	ka：i⁵sai³	pha³khai¹
母鸡	ni⁴qa：i⁵	ka：i⁵ni⁴	pi⁶khai¹

傣语和壮语、布依语还有其他一些共同点，显示了傣语和壮语、布依语在发声学上有更亲密的关系。所以，把傣语和壮语、布依语一同归入壮傣语支。

第二节　语言演变与发展

远在汉代以前，傣语的基本面貌就已经形成。在与其他民族的接触中，傣语发生了许多变化，分出了西双版纳傣语和德宏傣语。总的趋势是语言系统的简化。德宏傣语比西双版纳傣语变化更大。

一、语音的变化

古傣语中有一套浊塞音声母 b、d，在西双版纳傣语中还保留着，在德宏傣语中已分别并入 m 和 l 声母。

古傣语中 n 和 l 是两个对立的音位，西双版纳傣语还保留了这种对立，德宏傣语大部分地区已并入一个声母。

古傣语的单元音韵母 ɔ 和 ɛ 在德宏傣语中基本上已消失，分别归入 o 和 e，在西双版纳傣语中还保留着。

除 a 分长短外，古傣语中其他元音的长短对立已经消失，转化为调值的对立。

古傣语中有 -i、-u、-n、-m、-ŋ、-t、-p、-k 8 个韵尾，在傣语许多土语中，韵尾正在丢失，个别土语只剩下一两个鼻音韵尾了。

二、词汇的变化

西双版纳傣语和德宏傣语由于处于不同的地域环境，与不同的民族接触，出现了一些词汇上的分化。例如：

西傣	德傣	西傣	德傣
尘土 fun^5	$moŋ^6 mot^8$	兔子 $ka^1 ta:i^5$	$pa:ŋ^6 ta:i^2$
北　$hun^1 nə^1$	$la^3 hɔŋ^5$	蜻蜓 $i ʔ^7 bi^3$	$mɛŋ^2 mi^3$
旁边 $pa:i^2 paŋ^6$	him^2	现在 $bat^7 deu^5$	$ja:m^2 lai^3$
从前 $tɛ^5 ɔn^1$	$mə^6 tsau^4$	拳头 kui^2	$ta^6 mu^2$
$loŋ^6 lɛu^4$			
今后 $thi^2 na^3$	$luk^8 lai^4 ka^5$	裤子 teu^5	kon^6
$mə^2 na^3$			

傣语和汉语在历史上一直保持了密切的接触，在发展过程中吸收了不少汉语借词。早期的汉语借词渗透很深，涉及生活的各个方面。例如：

	西傣	德傣		西傣	德傣
凳	$taŋ^5$	$taŋ^5$	市(买)	$suɯ^4$	$suɯ^4$
胖	pi^2	pi^2	秤(~东西)	$tsaŋ^6$	$tsaŋ^6$
银子	$ŋuun^2$	$ŋən^2$	象	$tsa:ŋ^4$	$tsa:ŋ^4$
铜	$tɔŋ^2$	$tɔŋ^2$	三	$sa:m^1$	$sa:m^1$
铁	lek^7	lek^9	四	si^5	si^5

现代的汉语借词大多是在中华人民共和国成立以后发展起来的，主要涉及政治、经济、科学、文化、军事等方面。借词的来源主要是云南汉语方言。按借用方式分以下几种：

1. 音译

	西傣	德傣
农业	$noŋ^4ne^4$	$loŋ^4je^3$
科学	$xo^6sɔ^4$	xo^6so^3
卫生	$vəi^5sən^6$	$voi^5sən^6$
政治	$tsən^5tsɯ^5$	$tsən^5tsɯ^5$
技术	tsi^5su^4	tsi^5su^3
革命	$kə^4min^5$	$kə^3min^5$
报告	$pa:u^5ka:u^5$	$pa:u^5ka:u^5$
任务	$jən^5vu^5$	$jən^5vu^5$

2. 半音译半意译

西傣： $tsa:ŋ^6 hin^1$ 石匠　　　$phɐu^5 xau^3$　粮票
　　　匠　石　　　　　　票　粮

德傣： $tsaŋ^6 pha:ŋ$盘秤　　　$taŋ^5ŋoŋ^2$　靠椅
　　　秤　盘　　　　　　凳　靠

3. 音译加释义

西傣： $xau^3 koŋ^6 leŋ^4$ 公粮　　　$mɔ^1ja^1 tsoŋ^6ji^6$ 中医
　　　粮　公　粮　　　　　　医生　中医

德傣： $phak^7 pə^3sa:i^5$ 白菜　　　$ma:k^9 phi^3pha^6$ 枇杷
　　　菜　白菜　　　　　　果子　枇杷

4. 意译

西傣： $nam^4daŋ^5 phuŋ^1$ 洗衣粉　　　$tsit^7 tsai^1$ 思想
　　　肥皂　粉　　　　　　命　心

德傣： $tsa:k^8 hap^8 seŋ^1$ 收音机　　　$ka:n^6 tsa:k^3$ 工业
　　　机器　承接声音　　　　工作　机器

除汉语借词外，由于傣族在历史上受南传上座部佛教影响较深，从巴利语或缅语中吸收了一些词语。例如：

西傣	德傣	西傣	德傣
年龄 a^2ju^2	a^6ju^4；$a^6sa:k$	命 $ka:m^5$	$ka:m^5$
电 $tha:t^2$	$tha:t^8$	轮船 $hə^2sa\text{ʔ}^7pa:u^2$	$hə^2sa:\text{ŋ}^2pho^2$

三、语法的变化

古傣语到现代傣语的语法变化主要表现在人称代词上。古傣语的人称代词比较复杂，社会地位的差异、僧侣与俗家的差异、辈分的差异、长幼的差异、有无姻亲关系的差异等等，都要由人称代词的变化体现出来。现代德宏傣语人称代词已经简化，普遍用通称。西双版纳傣语还保留了许多古傣语人称代词的痕迹（见语法部分的人称代词）。

第三节 语言结构

一、语 音

（一）声 母

傣语声母较少，没有复辅音声母。以景洪话为代表的西双版纳方言有 21 个声母，其中 19 个是单辅音声母，2 个是唇化声母，即 p、ph、b、m、f、v、t、th、d、n、l、ts、s、j、k、kw、x、xw、ŋ、h、ʔ。以芒市话为代表的德宏方言有 16 个声母：p、ph、m、f、v、t、th、l、ts、s、i、k、ŋ、x、ʔ、h。西双版纳的 b 在德宏并入 m，d、n 并入 l，kw、xw 并入 k 和 x。声母举例如下：

	p	ph	b	m	f	v	t	th
西傣	pi¹	phak⁷	bon³	ma²	fan¹	vɛn¹	toŋ⁴	tha³
德傣	pi⁶	phak⁷	mon³	ma²	fan¹	vɛn¹	toŋ⁴	tha³
	年	菜	水獭	来	梦	手镯	肚子	等候

	kw	x	xw	d	ts	s
西傣	kwa:ŋ³	xa⁵	xwa:i²	da⁵	tsap⁷	se¹
德傣	ka:ŋ³	xa⁵	xa:i²	la⁵	tsap⁷	se¹
	宽	嫁	水牛	骂	射中	唱歌

	l	n	j	h	k	ŋ	ʔ
西傣	la³	na³	ja³	hət⁸	ka⁵	ŋau²	ʔa¹
德傣	la³	na³	ja³	hət⁸	ka⁵	ŋau²	ʔa⁶
	晚	脸	草	臭虫	去	影子	姑母

（二）韵 母

傣语的韵母比较多，西双版纳方言有91个，德宏方言有84个。两个方言都有 a、e、ɛ、u、o、ɔ、ɯ、ə、i 9 个元音，其中只有 a 在带韵尾时有长短的对立。部分土语的 ɛ 和 ɔ 已分别并入 e 和 o，ɛ 在德宏傣语中单独做韵母时，一般也归入 e。两个方言除了共有 - i、- u、- m、- n、- ŋ、- p、- t、- k 8 个韵尾外，西双版纳方言多一个 - ʔ 韵尾，德宏方言多一个 - ɯ 韵尾。傣语的韵母有比较严整的格局（方括号中的韵母为德宏傣语所独有，圆括号中的韵母为西双版纳傣语所独有）。例如：

	a	i	e	ɛ	u	o	ɔ	ɯ	ə
				〔ua〕					
a:i	ai				ui	oi	ɔi	ɯi	əi
a:u	au	iu	eu	ɛu					əu
	〔aɯ〕								
a:m	am	im	em	ɛm	um	om	ɔm	ɯm	əm
a:n	an	in	en	ɛn	un	on	ɔn	ɯn	ən
a:ŋ	aŋ	iŋ	eŋ	ɛŋ	uŋ	oŋ	ɔŋ	ɯŋ	əŋ
a:p	ap	ip	ep	ɛp	up	op	ɔp	ɯp	əp
a:t	at	it	et	ɛt	ut	ot	ɔt	ɯt	ət
a:k	ak	ik	ek	ɛk	uk	ok	ɔk	ɯk	ək
	(aʔ)	(iʔ)	(eʔ)	(ɛʔ)	(uʔ)	(oʔ)	(ɔʔ)	(ɯʔ)	(əʔ)

这些韵母的例词如下：

	a	i	e	ɛ		u	o	ɔ	
西傣	na³	pi¹	pe¹	bɛ³		pu¹	ho¹	kɔ⁴	xɔ¹
德傣	la³	pi⁶	pe⁶	(me³)lɛ²		pu⁶	ho¹	kɔ⁴	xɔ¹
	脸	年、岁	绕(线)	羊	吧	螃蟹	头	也、都	锄头

	ɯ	ə	ua	a:i	ai	ui	ɔi
西傣	sɯ⁴	kə¹		pa:i¹	pai¹	kui²	tɔi⁵
						拳头	
德傣	sɯ⁴	kə⁶	xua²	pa:i⁶	pai⁶	hui¹	tɔi⁵
	买	盐	(计)划末梢		走	开	敲

	ɯi	əi	a:u	au	iu	eu	ɛu
西傣	kɯi¹	pəi¹	da:u¹	sau¹	piu¹	neu¹	lɛu¹
	纤维	赤裸					

德傣	ɯi	tsəi⁴	la：u¹	sau¹	piu¹	leu¹	lɛu
	赶牛声	这样	星星	柱子	飘	沾	坏

	əu	aɯ	a：m	am	im
西傣	səu⁶	（tsai¹）	sa：m¹	tam¹	im⁵
德傣	səu⁶	tsaɯ⁶	sa：m¹	tam¹	im⁵
	收	心	三	春	饱

	em	ɛm	um	om	ɔm	ɯm
西傣	tem²	lɛm²	pum¹	xom⁶	jɔm⁴	xɯm³
	比较			范围		
德傣	tem⁶	lɛm¹	pum⁶	lom²	jɔm⁴	xɯm³
	满	尖	胃	风	染	上

	əm	a：n	an	in	en	ɛn
西傣	təm⁴	ka：n²	fan²	sin³	len⁶	lɛn⁶
	底下				平滑	
德傣	thəm¹	ka：n²	fan²	sin³	len¹	lɛn⁶
	填	爬	砍	裙子	曾祖	跑

	un	on	ɔn	ɯn	ən	a：ŋ
西傣	xun¹	bon³	tɔn¹	tɯn³	hən²	xɯa：ŋ¹
德傣	xun¹	mon³	tɔn¹	tɯn³	hən²	xa：ŋ¹
	官	水獭	阉(公鸡)	浅	家	横

	aŋ	iŋ	eŋ	ɛŋ	uŋ	oŋ
西傣	tsaŋ⁶	piŋ¹	peŋ²	lɛŋ²	tsuŋ¹	loŋ¹

| 德傣 | tsaŋ⁶ | piŋ⁶ | peŋ² | lɛŋ² | tsuŋ¹ | loŋ¹ |
| | 称 | 水蚂蟥 | 平 | 亮 | 牵(牛) | 大 |

	ɔŋ	ɯŋ	aŋ	a:p	ap	ip
西傣	kɔŋ¹	nɯŋ³	laŋ¹	ja:p⁹	lap⁸	tip⁷
德傣	kɔŋ⁶	lɯŋ³	laŋ¹	ja:p⁹	lap⁸	tip⁷
	堆	蒸	黄	韧	磨(刀)	狭窄

	ep	ɛp	up	op	ɔp	ɯp
西傣	kep⁷	kɛp⁹	sup⁷	kop⁷	kɔp⁹	xɯp⁸
德傣	tsep⁹	kɛp⁹	sup⁷	kop⁹	kɔp⁹	xɯp⁸
	拾	粗糠	戴	田鸡	捧	拃(母指与中指张开的长度)

	əp	a:t	at	it	et	ɛt
西傣	əp⁹	pa:t⁹	mat⁸	mit⁸	tset⁸	dɛt⁹
德傣	əp⁹	pa:t⁹	mat⁸	mit⁸	tset⁸	lɛt⁹
	盒子	割	捆	小刀	擦	晴

	ut	ot	ɔt	ɯt	ət	a:k
西傣	sut⁷	fot⁸	jɔt⁹	tɯt⁸	lət⁸	ha:k⁸
德傣	sut⁷	fot⁸	jɔt⁹	tɯt⁸	lət⁸	ha:k⁸
	蚊帐	沸	滴	拉、扯	血	呕吐

	ak	ik	ek	ɛk	uk	ok
西傣	nak⁷	sik⁹	lek⁷	tɛk⁸	luk⁸	tok⁷
德傣	lak⁷	sik⁹	lek⁷	tɛk⁸	luk⁸	tok⁷
	重	撕	铁	量(量布)起		掉

	ɔk	ɯk	ək	aʔ	iʔ	eʔ
西傣	ɔk⁹	puɯk⁷	lək⁸	tsaʔ²⁸	niʔ²⁸	peʔ²⁷
	调皮			脏	这	湿
德傣	ɔk⁹	muɯk⁸	lək⁸			
	出	墨	藏			

	ɛʔ	uʔ	oʔ	ɔʔ	ɯʔ	əʔ
西傣	peʔ²⁷	tuʔ²⁷	poʔ²⁷	pɔʔ²⁷	kuɯʔ²⁷	pəʔ²⁸ paʔ²⁸
	谄媚	粗	掺和	套(牛)	吻	笨 拙

（三）声　调

傣语有 6 个舒声调、3 个促声调。调类和调值的关系是：

调类	调　值		例　词		
	西傣	德傣	西傣	德傣	词义
1	˥55	˦35	xan¹	xɔn¹	啼
2	˥˩51	˥55	luŋ²	loŋ²	下（山）
3	˩˧13	˧˩31	xau³	xau³	进（出）
4	˩11	˥˧53	hu⁴	hu⁴	知道
5	˧˥35	˩11	xa⁵	xa⁵	嫁
6	˧33	˧33	nuŋ⁶	luŋ⁶	穿

续上表

调类	调值		例词		
	西傣	德傣	西傣	德傣	词义
7	˥55	˦35	sup^7	sup^7	戴
8	˧33	˥53	mat^8	mat^8	捆
9	˦35	˩11	xut^9	xut^9	刮

在西双版纳傣语方言中，促声调7、8、9可分别归入舒声调1、6、5中。在德宏傣语方言中，促声调7、8、9可分别归入舒声调1、4、5中。7、9两调在古傣语中原属同一个调类，因元音的长短不同，分为两个调值。现代傣语除 a 外，其他元音的长短对应已消失，但调值仍然保留下来了。

（四）现代汉语借词读音

傣语中有很多汉语借词，分早期汉语借词和现代汉语借词。早期汉语借词借的时间长，已基本适应了傣语的语音结构规律，有些词，现在还难以分清是借词还是同源词。

傣语中的现代汉语借词是近几十年借入的，而且是按傣语所在地区的汉语方言读音（都属于云南话）借入的，各地借词读音基本上没有什么差别。这些借词在声、韵、调上都有一定的规律，可以识别出来。

声母方面，云南话的 kh、x，傣语都读 x；ts、tʂ、tɕ，傣语都读为 ts；tsh、tɕh、s、ʂ、ɕ，傣语都读 s；ʐ（z）、j，傣语都读 j。例如：

汉语云南话原来的读音	借词读音		西傣	德傣
	西傣	德傣		
kh x	x	x	xo⁶so⁴ 科学 sə⁵ xui⁵ 社会	xo⁶so³ 科学 sə⁵ xui⁵ 社会
ts tʂ tɕ	ts	ts	tsaːn⁵jaːŋ⁴ 赞扬 tsən⁵ tsɯ⁵ 政治 tsi⁵su⁵ 技术	tsɯ⁵jeu⁴ 自由 tsən⁵ tsɯ⁵ 政治 tsi⁵su⁵ 技术
tsh tʂh tɕh	s	s	tsən⁵ sə⁴ 政策 koŋ⁶ saːŋ² 工厂 koŋ⁵ sin⁶thon⁴ 共青团	tsən⁵ sə³ 政策 koŋ⁶ saːŋ³ 工厂 koŋ⁵ sin⁶thon⁴ 共青团
s ʂ ɕ			sɯ⁶seŋ² 思想 sə⁵xui⁵ 社会 so⁴ sɯu⁵ 学校	sɯ⁶seŋ² 思想 sə⁵xui⁵ 社会 so³ sɯu⁵ 学校
ʐ (z) j	j	j	jən⁵vu⁵ 任务 jin⁵toŋ⁵ 运动	jən⁵vu⁵ 任务 jin⁵toŋ⁵ 运动

其他声母的读音借词和被借词是一致的。

韵母方面，傣语中没有带介音的韵母，汉语中带介音的音节，傣语利用唇化声母或近似的音节表达。例如：

汉语云南方言	西傣借词	德傣借词
觉悟tɕio³¹vu¹¹	tsɔ⁴vu⁵	tsɔ⁴vu⁵
思想sɿ⁴⁴ɕiã⁵¹	sɯ⁶ seŋ²	sɯ⁶ seŋ²
计划tɕi¹¹xua¹¹	tsi⁵ xwa⁵	tsi⁵ xua⁵

光荣 kuä⁴⁴ jioŋ³¹　　　　　　kɯa:ŋ⁶ joŋ⁴

挂帅 kua¹¹ʂuɛ¹¹　　　　　　　kɯa⁵sɔi⁵

　　德傣中的韵母 ua 专门用于拼写汉语借词。西傣中的韵母 əu 也多用于拼写汉语借词。

　　声调方面，现代汉语借词在西双版纳傣语中分属 4 个声调，在德宏傣语中分属 5 个声调。分属情况如下：

	借词调类		借词调值		例　字	
汉语调类	西傣	德傣	西傣	德傣	西傣	德傣
阴平	6	6	˧ 33	˧ 33	koŋ⁶sa:ŋ²	koŋ⁶sa:ŋ² 工厂
阳平	4	4	˩ 11	˥˧ 53	noŋ⁴ne⁴	loŋ⁴je³ 农业
古入声	4	3	˩ 11	˧˩ 31	kə⁴min⁵	kə³min⁵ 革命
上声	2	2	˥˩ 51	˥˥ 55	min⁴ tsu²	min⁴ tsu² 民主
去声	5	5	˧˥ 35	˩ 11	tsi⁵ xwa⁵	tsi⁵ xua⁵ 计划

二、词　汇

（一）构　词

　　傣语的词汇可以分为单纯词和合成词两类，单纯词由一个语素构成，合成词由两个或两个以上的语素构成。

　　1. 单纯词

　　单音节单纯词。这类词在傣语中较多，也是构成合成词的基础。许多最常用的词都是单音节单纯词。例如：

	天	水	山	火	脚	血	心	飞	死
西傣	fa⁴	nam⁴	dɔi¹	fai²	tin¹	lət⁸	tsai¹	bin¹	ta:i¹
德傣	fa⁴	lam⁴	bi⁶	fai²	tin⁶	lət⁸	tsaɯ⁶	men⁶	ta:i⁶

多音节单纯词。这类词多来自巴利语、缅语借词，每个音节没有固定的意义。例如：

西傣	no¹ne¹ 商量	tse²ne² 细致	se⁵se⁵ 经常		xaʔ⁷tsɛ¹ 锁
德傣	lo⁵li⁵ 卡车	a⁵la⁵ 疾病	saŋ¹saŋ¹ 东西		xa⁵la⁵ke⁵ 高傲

2. 合成词

傣语中的合成词已不是两个语素的简单相加，其意义往往有了新的引申，成为一个整体。按语素的结合方式，傣语合成词可以分为联合式、偏正式、动宾式、主谓式、附加式几种。

联合式：两个意义相近或同类的语素并列在一起，形成一个与原义有关的新概念。例如：

西傣　　　　　　　德傣

na³ta¹　面子　　li⁶ŋa:m²　美好
脸眼睛　　　　　好美丽

təm⁵tsɔi⁶　帮助　　ha:ŋ⁶li⁶　漂亮
帮　助　　　　　样子好

偏正式：一个语素为修饰成分，一个语素为被修饰成分。同汉语相反，修饰成分在被修饰成分后。例如：

西傣　　　　　　德傣

nam⁴ta¹　眼泪　　lam⁴ta⁶　眼泪
水 眼睛　　　　水 眼睛

　　　　西傣　　　　　　　德傣

kə¹va：n¹　味精　　　kə⁶va：n¹　白糖
　盐　甜　　　　　　　　盐　甜

kɔŋ³pau⁵　吹火筒　　　xɔn⁴po⁴　洗衣棒
　筒　吹　　　　　　　　棍　打

ma：k⁹xɔŋ⁵　桃子　　　ma：k⁹mɔŋ⁶　芒果
果　粉红色　　　　　　　果　松软

动宾式：前一个语素支配后一个语素。例如：

　　　　西傣　　　　　　　德傣

bi²nam⁴　游泳　　　xai³tsɯ⁶　思考
　游水　　　　　　　想　心

mɔn¹ho¹　枕头　　　het⁵ha：ŋ⁶　假装
　垫　头　　　　　　做　样子

主谓式：后一个语素表述前一个语素。例如：

　　　　西傣　　　　　　　德傣

fa⁴hɔŋ⁴　打雷　　　tsɯ⁶iŋ⁶　依靠
　天　叫　　　　　　心　靠

tsai¹nim¹　稳重　　　tsɯ⁶pha：i¹　灵巧
　心　平静　　　　　　心　快

　　附加式：由前加成分和能自由运用的语素组成。前加成分本来是有实在意义的，但和动词、形容词结合在一起时，便失去了本来的意义，成了名词的标志（或词头）。西傣的前加成分有 ta：ŋ²、nam⁴、ta¹ 等，德傣的前加成分有 ta：ŋ²、lɔŋ⁶ 和表示人称名词的 pu¹。例如：

西傣		德傣	
ta:ŋ²kin¹ 吃	食物	ta:ŋ²kin⁶ 吃	食物
ta:ŋ²di¹ 好	好处	ta:ŋ²li⁶ 好	好处
nam⁴nak⁷ 重	重量	loŋ⁶suɯ⁴ 买	买的
nam⁴hu⁷ 懂	知识	loŋ⁶li⁶ 好	好处
ta¹lə¹ 多余	余额	pu¹tsa:i² 男	男人
ta¹joi⁶ 碎	零头	pu¹jiŋ² 女	女人

傣语中还有一个后附的语素 kan⁶，表示"相互"的意思。例如：

西傣		德傣	
theŋ¹kan¹ 狡辩	争吵	phit¹kan⁶ 吵	争吵
peŋ²kan¹ 平	平等	muɯn¹kan⁶ 平	平等

（二）傣语的词汇特点

傣语和傣族文化相适应，有如下特点：

①傣语词汇中单音词和双音节的合成词占绝大多数。3 个以上的单纯词很少，限于巴利语借词。

②汉语中的有些词在傣语中被细分成很多不同的词，反映了傣语词汇系统的独特性。汉语的"洗"，傣语根据所洗的不同对象，有不同的说法。例如：

西傣		德傣	
saʔ⁷	洗（头）	tok¹	洗（头）
saʔ⁸	洗（菜）	sok⁴	洗（菜、脸、手）
sak⁸	洗（衣服）	sak⁴	洗（衣服）
soi⁶	洗（脸、手）	ap⁵	洗（澡）
a:ŋ⁴	洗（碗）	la:ŋ⁵	洗（碗）

③傣语中有很多四音结构的固定词组，用以加强语言表达的生动性。例如：

西傣		德傣	
la:i¹hɔi⁴la:i¹pan² 多 百 多 千	成千上万	ku⁶pa³ku⁶la³ 各 方 各 面	四面八方
sɔŋ¹tin¹sɔŋ¹mɯ² 二 脚 二 手	指手画脚	kin⁶mot⁵sot⁴keŋ³ 吃 完 喝 干净	吃完用尽
po⁶hai⁶mɛ⁶na² 父 地 母 田	农民	kin⁶lilɔn²va:n¹ 吃 好 睡 甜	生活愉快
nam¹nam¹ŋa:m²ŋa:m² 美 美 漂亮漂亮	漂漂亮亮	xo³ləŋ⁶sɔŋ¹kam² 句 一 两 口	三言两语

三、语 法

（一）词 类

傣语的词可分为名词、量词、数词、代词、形容词、动词、副词、连词、介词、助词、叹词11类。每一类词和其他语言相比，有自己的独特性。

1. 名词

傣语中好些名词前面都有一个类别词，以表示该名词所属的种类。例如：

西傣		德傣	
$məŋ^2loŋ^2$ 地方	勐笼	$məŋ^2xɔn^1$ 地方	芒市
$ba:n^3li^6$ 寨	曼里寨	$ma:n^3lɔm^6xai^5$ 寨	松树寨
$luk^8tsa:i^2$ 子女	儿子	$luk^8pauɯ^4$ 子女	儿媳
mai^4xai^4 木	柳树	$mai^4sə^6mu^3$ 木	杉树
nok^8tu^3 鸟	斑鸠	$lok^8ɔn^5ɛn^5$ 鸟	燕子
$məŋ^2mun^2$ 虫	苍蝇	$məŋ^2hin^4$ 虫	蠓（小飞虫，黑色)
pa^1fa^1 鱼	鳖	pa^6xi^2 鱼	沙丘鱼
$ma:k^9it^9$ 果	葡萄	$ma:k^9ŋo^6$ 果	柚子
tho^5din^1 豆	花生	tho^5iau^2 豆	蚕豆

一般名词没有单复数之分。指人的名词可加 $taŋ^2la:i^1$（大家）表示复数。

名词一般不直接受数词修饰，要有量词才能受数词修饰。

名词不能重叠。

2. 量词

傣语的量词包括名量词和动量词。名量词用于表示事物的类别、性状、单位。动量词表示行为动作的计量。表示名词的数量和动作行为的数量都要用量词，每一个量词和一类特定的事物或行为搭配。如 to^1 只能用于动物。傣语有很多量词，但和汉语的量词不对应。汉语的"只（一只鸡）"、"条（一条牛）"、"头（一头猪）"、"匹（一匹马）"等傣语都用 to^1 表示，而傣语的 kɔ^4（一个人）、noi^5（一个碗），汉语只用"个"表示。西傣量词和德傣量词有时也不对应。傣语的量词不像汉语量词那样可以重叠。常见的量词有：

	西傣	德傣
个（一个人）	kɔ^4；phu^3	ko^4
只（一只鸡）	to^1	to^6；tə^6
匹（一匹马）	to^1	to^6；tə^6
头（一头猪）	to^1	to^6；tə^6
个（一个碗）	noi^5	hoi^5
棵（一棵树）	kɔ^1	ton^3
把（一把刀）	then^5	maɯ^6；mɛn^6
把（一把米）	kam^1	kam^6
条（一条绳子）	sin^3	sen^3
张（一张纸）	bin^3	ma:ŋ^6
根（一根棍子）	lim^3	lon^3
本（一本书）	noi^5	pap^8
片（一片树叶）	xip^9	maɯ^9
粒（一粒米）	met^8	mɛt^8
滴（一滴水）	tɔm^5	tɛn^2；mɛt^8
件（一件衣服）	phɯn^1	ha:ŋ^6
双（一双鞋）	ku^6	ku^6
庹（两臂横伸之长度）	va^2	va^2
拃（拇指与中指张开的长度）	xɯp^8	xɯp^8

趟（去一趟）　　pok⁸　　　　　　　pok⁸

下（看一下）　　tə⁶　　　　　　　tha：p⁸

3. 数词

傣语的基本数词有：

	零	一	二	三	四	五	六	七
西傣	pa：i¹	nɯŋ⁶；et⁷	sɔŋ¹	sa：m¹	si⁵	ha³	hok⁷	tset⁷
德傣	pa：i⁶	ləŋ⁶；et	sɔŋ¹	sa：m¹	si⁵	ha³	hok⁹	tset⁹

	八	九	十	二十	百	千	万
西傣	pɛt⁹	kau³	sip⁷	sa：u²	hɔi⁴	pan²	mɯn⁵
德傣	pɛt⁹	kau³	sip⁷	sa：u²	pa：k⁹	heŋ¹	mun⁵

表示"一"的数字有 nɯŋ⁶（ləŋ⁶）、et⁷（et⁹）两个。nɯŋ⁶（ləŋ⁶）只用在量词或具有量词功能的名词之后，et⁷（et⁹）只用在十以上的数字组合之后。

傣语数词组合的规则和汉语相同，如 sip⁷et⁷ "十一"、hok⁷sip⁷sɔŋ¹ "六十二"。

傣语分数的表达方式是：

	西傣	例
	分母 + pun¹dai¹ + 分子 + pun¹	ha³pun¹dai¹sɔŋ¹pun¹ 五分之二
或	pha⁵ + 分母 + mi² + 分子 + pun¹	pha⁵ha³mi²sɔŋ¹pun¹ 五分之二

	德傣	例
	lau² + 分母 + pun⁶lai⁴ + 分子 + pun⁶	lau²ha³pun⁶lai⁴sɔŋ¹pun⁶ 五分之二

西傣数词提问用 tau⁶dai "多少"、xa⁶dai¹ "多少"、ki⁵ "几"；德傣数词提问用 xaɯ⁶ "多少"、xaɯ⁶ləŋ⁶ "多少"、ki⁵ "几"、la：i "几"等。

4. 代词

傣语中的代词分人称代词、疑问代词、指示代词 3 种。

a. 人称代词

西傣和德傣的人称代词有较大的差别。德傣的人称代词系统相对简单一些，不同身份的人之间通常都用相同的人称代词。德傣人称代词分单数、双数和多数：

人称	单数	双数	多数
1	kau⁶ 我	ha:ŋ²xə¹ 我俩	tu⁶ 我们
		ha:ŋ²ha² 咱俩	hau² 咱们
2	mɯɯ² 你	sɔŋ¹xə 你俩	su¹ 你们
3	man² 他	sɔŋ¹xa¹ 他俩	xau¹ 他们

德傣泛指代词有 pən⁶ "别人、人家"、taŋ²la: i¹ "大家"，反身代词有 pu¹tsau³ "自己"。

西傣的人称代词根据所称对象的不同身份，分为通称、谦称、卑称、敬称、非敬称、亲密称等。例如：

	第一人称	第二人称	第三人称
通称	hau² 我、我们、咱们	su¹ 你、你们	xau¹ 他、他们
谦称	to¹xa³ 我		
	tu¹xa³ 我们		
卑称	xɔi³ 我		
	to¹xɔi³ 我		
	tu¹xɔi³ 我们		
敬称		to¹tsau³ 你	ta: n⁶ 他
		su¹tsau³ 你、你们	xau¹tsau³ 他、他们
非敬称	ku¹, kau¹ 我	mɯŋ² 你	
	tu¹ 我、我们	tsau³man 你们	man² 他
亲密称	ha² 我	xiŋ² 你	

现代西双版纳傣语人称代词的使用也在逐渐简化。

西傣的泛指人称代词有 pən⁶ "别人、人家"，taŋ²la: i¹ "大家"，phai¹man² "他自己、各自、各人"，ta: m¹to¹ "自己、亲自"，to¹xiŋ² "你自己"。

无论是西傣和德傣，人称代词的领属表示法都是直接加在名词后面。例如：

西　傣　　　　　　　　德　傣

vɛn¹to¹xa³ 我的手镯　　　vɛn¹kau⁶ 我的手镯

b. 疑问代词

两个方言在疑问代词上不尽相同。例如：

	谁(问人)	什么(问物)	如何(问方式、原因)	哪儿(问地方)
西傣	phai¹	bau⁵saŋ¹; saŋ¹	su⁵hɯ²; daŋ⁵hɯ²	ti⁶nai¹; nai¹
德傣	phaɯ¹	ti⁶saŋ¹	het⁹hɯ¹; hɯ¹	thaɯ¹

c. 指示代词

西傣指示代词比较复杂，指人和指物的指示代词为 3 种，分别用 niʔ⁸ "这"、nan⁴ "那"（较近）、nan⁶ "那"（较远）表示。这些指示代词在前面加上 fuŋ¹ 或 mu⁵ "群"、tsaʔ⁸ "种、类"就表示多数。例如：

指　物　　　　　　　　　　　指　人

to¹niʔ⁸ 这个　to¹fuŋ¹niʔ⁸ 这些个　kun²niʔ⁸ 这人　kun²fuŋ¹niʔ⁸ 这些人

to¹nan⁴ 那个　to¹fuŋ¹nan⁴ 那些个　kun²nan⁴ 那人　kun²fuŋ¹nan⁴ 那些人

to¹nan⁶ 那个　to¹fuŋ¹nan⁶ 那些个　kun²nan⁶ 那人　kun²fuŋ¹nan⁶ 那些人
　（较远）　　　（较远）　　　（较远）　　　　（较远）

西傣指地点的指示代词为 8 种，分别用 ni³、han³、na³、nai²、nan⁴、nan⁶、nan⁴pun⁶、nan⁶pun⁶ 表示。例如：

1. ti⁶ni³ 这儿　　　　　　5. ti⁶nan⁴ 那儿（更远）

2. ti⁶han³ 那儿　　　　　6. ti⁶nan³ 那儿（比 5 远）

3. ti⁶nai² 那儿（远一点）　7. ti⁶nan⁴pun⁶ 那儿（比 6 远）

4. ti⁶nai² 那儿（再远一点）　8. ti⁶pun⁶ 那儿（最远）

常用的是前 4 个，后 4 个不怎么用。

德傣的指示代词有 2 种，近指为 lai⁴ "这"，远指为 lan⁴ "那"，可以指人、事物和处所。复数形式是在指示代词前加 tsə² "些"。德傣的指示代词经常和前面的量词发生音变，用代词的韵尾取代量词的韵尾，或加在量词的韵母上，形成了许多合音代词。例如：

近　指		远　指	
原形	合音形式	原形	合音形式
pok^5lai^4 这次 次　这	poi^4 这次	pok^5lan^4 那次 次　那	pon^4 那次
$tə^6lai^4$ 这只 只这	$təi^4$ 这只	$tə^6lan^4$ 那只 只　那	$tən^4$ 那只
hu^2lai^4 这边 边　这	hui^2 这边	hu^2lan^4 那边 边　那	hun^2 那边
$kɔ^4$　　lai^4这个人 个(指人)这	$kɔi^4$ 这个人	$kɔ^4$　　lan^4那个人 个(指人)这	$kɔn^4$ 那个人
ti^6　　lai^4 这儿 地方这	$thai^3$ 这儿	ti^6　　lan^4 那儿 地方那	$than^3$ 那儿
$tsə^2lai^4$ 这些 些　这	$tsəi^2$ 这些	$tsə^2lan^4$ 那些 些　那	$tsən^2$ 那些

这些合音代词比原形更常用。

5. 形容词

傣语形容词后边可以加两个重叠音节或叠韵音节，以表示程度更深、状态更生动。例如：

　　西　傣　　　　　　　　　　德　傣

ba:ŋ^{1}jɔ$^{?8}$jɔ$^{?8}$　很白　　　ha:ŋ^{5}phɛu^{1}phɛu^1　很稀
白　　　　　　　　　　　　稀

dɔŋ^{1}tən^{2}tən^2　很红　　　jɔm^{1}tɛp^{1}tɛp^1　很瘦
红　　　　　　　　　　　　瘦

ba:ŋ^{1}thɛ$^{?7}$lɛ^7　很白　　　phɔk^{5}sot^{1}lot^1　很白
白　　　　　　　　　　　　白

dɛŋ^{1}tsa:ŋ^{2}ha:ŋ^2　很红　　　lɛŋ^{6}tsa:ŋ^{2}ha:ŋ^2　很红
红　　　　　　　　　　　　红

有些单音节形容词可以重叠，表示程度更深。例如：

　　　西　傣　　　　　　德　傣

pai^{1}vai^{2}vai^2　快快去　　ka^{5}luai^{6}luai^6　慢慢去
去 快 快　　　　　　　去 慢 慢

hok^{7}suŋ^{1}suŋ^1　跳高高　　kin^{6}im^{5}im^5　饱饱吃
跳 高 高　　　　　　　吃 饱 饱

　　西傣形容词后加 tɛ^4，德傣形容词后加 te^{4}te^4 是很常见的表示
程度深的方式。例如：

　　　西傣　　　　　　德傣

nak^{7}tɛ^4　很重　　　xɛŋ^{1}te^{4}te^4　很硬
重　　　　　　　　　　硬

lɛŋ^{2}tɛ^4　很亮　　　ka:ŋ^{3}te^{4}te^4　很宽
亮　　　　　　　　　　宽

　　傣语形容词的比较结构用介词 lə^1（si^1）表示。例如：

西傣　　to^{1}xa^{3}suŋ^{1}lə^{1}su^{1}tsau^3　我比你高
　　　　我　高　比　你

德傣　　kau^{6}suŋ^{1}si mauɯ^2　　我比你高
　　　　我　高 比 你

6. 动词

　　傣语动词大部分是单音节的。这些单音节动词可以改变音节

的主要元音再附加在原音节上，以表示动作的迅速和随便。
例如：

西 傣	德 傣
luk^8 起→luk^{8}lak^8 起来一下	luk^8 起→luk^{8}lak^8 起来一下
sak^8 洗→sak^{8}sik^8 随便地洗	sok^8 洗→sok^{8}sak^8 洗一下

动词一般不能重叠，但两个意义相近或相反的单音节动词，可以构成 AABB 式。例如：

西 傣	德 傣
pai^{1}pai^{1}ma^{2}ma^2 来来去去	ka^{5}ka^{5}ma^{2}ma^2 来来去去
去 去 来 来	去 去 来 来

动词没有"时、体、态"的变化，表示这些概念时要借助副词、助词等。

傣语和汉语相似，也有一套趋向动词。例如：

	西傣	德傣
来	ma^2	ma^2
去	pai^1	ka^5
上来	xɯɯn^{3}ma^2	xɯɯn^{3}ma^2
下来	luŋ^{2}ma^2	loŋ^{2}ma^2
进来	xau^{2}ma^2	xau^{2}ma^2
回来	pok^{8}ma^2	pok^{8}ma^2
出来	ɔk^{9}ma^2	ɔk^{9}ma^2
上去	xɯɯn^{3}pai^1	xɯɯn^{3}ka^5
下去	luŋ^{2}pai^1	luŋ^{2}ka^5
进去	xau^{3}pai^1	xau^{3}ka^5
回去	pok^{8}pai^1	pok^{8}ka^5
出去	ɔk^{9}pai^1	ɔk^{9}ka^5

这些趋向动词既可以单用，也可以附在其他动词后表示趋

向，实际是放在动词和助词之间。例如：

西 傣	德 傣
xau^{1}ɔk^{9}ma^{2}lɛu^4	man^{2}ɔk^{9}ma^{2}au^4
他 出 来 了	他 出 来 了
xau^{1}lɛn^{1}ɔk^{9}ma^{2}lɛu^4	man^{2}lɛn^{6}ɔk^{9}ma^{2}au^4
他 跑 出 来 了	他 跑 出 来 了
xau^{1}suɯ^{4}pa^{1}pɔk^{8}ma^{2}lɛu^4	man^{2}suɯ^{4}pa^{6}pɔk^{8}ma^{2}au^4
他 买 鱼 回 来 了	他 买 鱼 回 来 了

傣语有一套能愿动词，放在其他动词前表示情态。例如：

	会	敢	愿(想、肯)	应该	必须
西傣	tsa:ŋ^6	hat^7	dai^3	mɛn^6	
德傣	mo^1	ka:n^2	lai^3	kɯŋ^5	su^3

7. 副词

傣语中的副词用来修饰动词和形容词，多数位于被修饰语前。常见的副词有：

种类	西傣	修饰位置	德傣	修饰位置
否定副词	bau;m^5 不、没	前	am^5 不	前
			jaŋ^6 不、没、未	
	ja^5 不要	前	ja^5 不要	前
	pai^1 别	前	pai^5 别	前
	ja^{5}pai^1 别、勿	前	ja^{5}pai^5 别、勿	前
程度副词	tɛ^4 很、真	后	tɛ^{4}tɛ^4 很	后
	xwɛn^4 更	前	pheu^1 太	后

种类	西傣	德傣
表示否定	bau^5 ja:u^2	am^5 lɛŋ^6
	不 长	不 红
	m̥ het^8	jaŋ^6 ma^2
	不 做	不 来

$\underline{ja^5}\ pai^1$
不要 去

$\underline{ja^5}\ tan^3$
不要 说

$\underline{ja^5pai^1}\ ma^2$
别 来

$\underline{ja^5pai^5}\ ko^6$
别 怕

$\underline{pai^1}\ ket^8$
别 生气

$\underline{pai^5}\ ho^1$
别 笑

表示程度 　$bau^1\ \underline{tɛ^4}$很轻
　轻 　很

$lɐŋ^2\ \underline{tɛ^4tɛ^4}$很亮
亮 很

　$\underline{xwɜɯ^4}\ nɔi^4$
　更 　少

$xa:u^1\ \underline{phɐu^1}$太白
白 　太

　$tsa:t^8\ \underline{pɐŋ^2}$
　很 　贵

　$\underline{na:u^1}\ ha:i^4$太冷
　冷 　太

表示范围
$\underline{kɔi^2}\ tha:m^1$
只 　问

$phai^1\ \underline{kɔ^4}\ \underline{m^5}\ pai^1$
谁 也 不 去

$phaɯ^1\ \underline{kɔ^3}\ jaŋ^6\ kin^6$
谁 也 不 吃

$hu^4\ \underline{sam^4}$全懂
懂 完全

$het^1\ \underline{mɛn^4}$全做
做 完全

表示时间 　$tɛm^3\ \underline{taŋ^2van^2}$整天写
　写 　整天

$ka^5\ \underline{kan^3laŋ^1}$后去
去 　后

　$fɐn^4\ \underline{se^5se^5}$常常跳舞
跳舞 常常

$ma^2\ \underline{se^5se^5}$常常来
来 常常

　$pai^1\ \underline{ɔn^1}$先去
　去 　先

$kin^6\ \underline{ɔn^6ta:ŋ^2}$先吃
吃 　先

　$po^2\underline{da:i^1ta:i^1hən^3}$已经死了
　已经 死 　了

$\underline{pu^2}\ ka^5hau^4$已经去了
已经 去 了

　$\underline{tɯk^8}\ lɐn^6$
　正在 跑

表示声貌	$ma^2\ \underline{buut^8buut^8}$ 低着头来来（低头貌）	$pai^6\ \underline{kɔm^5kɔm^5}$ 埋头走走（低头貌）
	$sik^7fa\colon i^3\ \underline{pha\colon t^8pha\colon t^8}$撕 布 （撕布声）	$het^9\ \underline{sɔk^8sɔk^8}$ 勤恳地干做（勤恳貌）
	$kək^9pai^1\ \underline{uun^1uun^1}$ 乱滚着滚 去（乱态）	$xo^1\ \underline{ɔk^7ɔk^7}$ 开心地笑笑（好听声）
	$xau^3tim^1je^2vai^4\ \underline{am^3pam^3}$ 粮食粮 满 仓 存（多状）满仓	$lɛn^6\ \underline{teu^1teu^1}$急忙地跑跑（跑态）
	$ma^1hau^5\ \underline{ŋɔk^7ŋɔk^7}$ 狗汪汪叫狗 叫 （狗吠状）	$hai^3\ \underline{oi^2oi^2}$ 伤心地哭哭（哭态）

8. 连词

傣语连词起连接词与词、词组与词组、句子与句子的作用。常见的有：

连接方式	西傣	德傣
并列	$lɛ^{?8}$；kap^7 和	$taŋ^2$ 和
选择	bau^5tsai^6……$kɔ^4pin^1$……不是……就是……	am^5tsau^6……$tseu^5tsau^6$……不是……就是……
递进	bau^5tau^6……$xuun^2jaŋ^2$……不但……而且……	am^5ka^2……$jaŋ^2$……不仅……还……
	$tsuu^1xuun^2$ 并且	am^5ka^2……su^3sam^4……不仅……而且
条件	kan^2va^2 如果、假如	$thuuŋ^1va^6$ 假若、如果
	se^1va^6 要是、假若	am^5va^2……$kɔ^3su^3$……无论……都要……
	bau^5va^6 无论、不管	vai^4si^1 除了、除外
	$nɔk^8se^1$……$jaŋ^2mi^2$……除了……还有……	

因果	$jɔn^4pə^6$……$het^8daŋ^5ni?^8$……	$kɔp^8pə^6$……$pə^6lai^1$……
	因为……所以……	因为……所以……
转折	han^1va^6……$tau^6va^6dai^3$……	han^1va^6……$kɔi^2va^6$……
	虽然……但是……	虽然……但是……

9. 介词

傣语介词由动词转化而来。介词放在代词、名词和名词性词组前，组成介词结构，用来修饰或补充动词、形容词。常见的介词有：

种类	西傣	德傣
地点、时间、趋向	nai^2；ju^5nai^2 在……内	ti^6 于……；在……
	$taŋ^3tɛ^5$……$thɯŋ^1$……	ju^5 在……
	自从……到……	
	luk^8　从……	luk^8　从……
	$hɯ^3$　给予……	$tsem^6$ 从……,于……,
		始自……
	$tɕ^5$ 对……,向……	to^5 对……,向……
	sai^5　施予……	
原因、目的	$pə^6$ 为……,以……	$kɔp^8$ 为……,
		为了……
	ha^1 为……	$kɔp^8lai^3$；$kɔp^8an^8$
		为了……,由于……
		hau^3 为……
相互关系	$tsɔm^2$ 跟……,跟随……	$tsɔm^2$ 跟……
	$naŋ^3$ 跟……,和……	$tə^4$ 跟……,和……
		hom^6 同……
被动	tso^3 被……	tso^3 被……
	se^1 被……	

比较	lə¹ 比……	si¹ 比……
	mən¹ 像……	ta：n⁵；mən¹ 像……
	mən¹daŋ¹ 好像、如同	
工具	au¹ 用……,以……	au⁶ 用……,以……

10. 助词

傣语的助词较多,现分述如下:

结构助词。daj³（1ai³）用于动词和补语之间,相当于汉语的"得"。

西傣　　　　　　　　德傣

tɛm³dai³di¹ 写得好　　　　tɛm³lai³li⁶ 写得好

写　得　好　　　　　　写　得　好

西傣的 xɔŋ¹、an²、hɛŋ⁵、kɛ⁵,德傣的 an⁶,用在其他词或词组前,使整个词或词组名词化。例如:

西傣　to¹ni²⁸pin¹ xɔŋ¹phai¹　这个是谁的

　　　个这 是 的 谁

德傣　mi²an⁶kin⁶　有吃的

　　　有 的 吃

时态助词。西傣有 lɛu⁴"了"、hən³"了"、lɛ⁴hən³"过了",表示行为动作的完成。ju⁵、vai⁴"着",放在句末,表示行为、状态的持续。德傣有 hau⁴、jau⁴"了",表示动作行为的完成。ju⁵、hai⁴、vai⁴"着",放在句末,表示动作状态的持续。例如:

ma²lɛu⁴来了(完成)　　　　ma²hau⁴来了(完成)

来 了　　　　　　　　来 了

tɛm³to¹ ju⁵在写字(动作持续)　tɛm³la：i²hai⁴在写字(动作持续)

写 字在　　　　　　　写 字 着

naŋ¹ vai⁴坐着(状态持续)　　lon²ju²睡着(状态持续)

坐 着　　　　　　　睡 着

语气助词。傣语的语气词很丰富,放在句末,表示不同的语气。常见的有：

	西傣	德傣
一般询问	ma^2 $\underline{a^6}$ 来 吗	ma^2 $\underline{hu\mathrm{ɯ}^1}$　ka^5 $\underline{lai^1}$ 来 吗　去 吗
特殊询问	$su\mathrm{ɯ}^4$ $\underline{sa\mathrm{ŋ}^1}$ $\underline{a^2}$ 买 什么 呢	$su\mathrm{ɯ}^4 ti^6\underline{sa\mathrm{ŋ}^1}$ $\underline{li^1}$ 买 什么 呀
委婉询问	$su\mathrm{ɯ}^4$ $\underline{sa\mathrm{ŋ}^1}$ $\underline{tsa^5}$ 买 什么 呀	$su\mathrm{ɯ}^4 ti^6\underline{sa\mathrm{ŋ}^1}$ $\underline{hai^1}$ 买 什么 呀
对完成情况发问	$su\mathrm{ɯ}^4$ $\underline{l\mathrm{ɛ}^5}$ 买 了吗	$su\mathrm{ɯ}^4$ $\underline{hau^5}$ 买 了吗
推测询问	pin^1 $\underline{xau^1}$ $tsam^2$ 是 他 吧	pen^6 man^2 $\underline{p\mathrm{ɔ}^2}$ 是 他 吧
肯定已经如此	ma^2 $\underline{l\mathrm{ɛ}^2}$ 来 了	ma^2 $\underline{hau^4}$ 来 了
祈使	$su\mathrm{ɯ}^4$ $\underline{d\mathrm{ɔ}^2}$ 买 吧	$su\mathrm{ɯ}^4$ $\underline{l\mathrm{ɛ}^3}$ 买 吧
命令	$su\mathrm{ɯ}^4$ $\underline{do\mathrm{ʔ}^8}$ 买 吧	ka^5 $\underline{l\mathrm{ɔ}^4}$ 去 嘛

11. 叹词

傣语叹词也较丰富。西傣常见的有 $a\mathrm{ʔ}^8lo^6$ "呵唷"、a^2 "哎"、$\mathrm{ə}^2$ "好"、$h\mathrm{ə}i^5$ "呀"。德傣常见的有 $au\mathrm{ɯ}^2$ "呀"、a^6lo^2 "哎哟"、ma^2 "哎呀"、$\mathrm{ə}^4$ "好"、$\mathrm{ɔ}^2$ "哦"。

西傣	德傣
$a\mathrm{ʔ}^8lo^6 pa^1to^1ni\mathrm{ʔ}^8jai^5t\mathrm{ɛ}^4k\mathrm{ə}n^5ni\mathrm{ʔ}^8$ 呵唷 鱼条这 大　真　呵	$au\mathrm{ɯ}^2ha{:}\mathrm{ŋ}^6li^6pen^6ts\mathrm{ə}i^4$ 啊　漂亮　成 这样
这条鱼真大	这样漂亮
$\mathrm{ə}^2van^2phuk^8k\mathrm{ɔ}i^6ma^2$ 好明 天　再 来	$a^6lo^2mau\mathrm{ɯ}^2ta\mathrm{ŋ}^6ti^6thau\mathrm{ɯ}^1ma^2$ 哎哟你　从　哪儿 来

po⁶loŋ¹həi⁵son¹ju⁵nai¹a²   ma²jɔm¹pen⁶tsəi⁴
大伯呀园子在哪儿呢   哎呀瘦成这样

ə⁴kam²ləŋ⁶kau⁶ka⁵

好一会儿 我 去

（二）词　组

傣语词和词的组合靠虚词和词序。从组合关系看，词组分为并列词组、偏正词组、动宾词组、主谓词组。

1. 并列词组

同类的词按并列关系连在一起构成并列词组。名词和名词、代词和代词的连接用连词，如果是两个以上的词相连接，一般在最后两个词之间加连词。西傣和德傣使用的连词不一样。

西傣	德傣
sop⁷lɛ⁸xeu³	sop⁹taŋ²(tsaŋ²)xeu³
嘴 和 牙齿	嘴 和　　　牙齿
sop⁷xeu lɛ⁸hu²daŋ¹	sop⁹xeu³taŋ(tsaŋ²)hu²laŋ⁶
嘴 牙齿 和 鼻子	嘴 牙齿 和　　　鼻子

动词之间、形容词之间也可用"和"连接，但更多是用"又……又……""……也……"或重叠形式。

西傣	德傣
kin¹lɛ⁸non²	kin⁶taŋ²(tsaŋ²)lɔn²
吃 和 睡	吃 和　　　睡
	sam³kin⁶sam³lɔn²
	又 吃 又 睡
	kin⁶kin⁶lɔn²lɔn²
	吃 吃 睡 睡
	sam³suŋ¹sam³jaɯ⁵
	又 高 又 大

jai⁵ kɔ⁴ jai⁵, suŋ¹ kɔ⁴ suŋ¹　　　suŋ¹ kɔ³ suŋ¹, jaɯ⁵ kɔ³ jaɯ⁵
大　也　大　高　也　高　　　高　也　高　大　也　大

　　　　　　　　　　　　　　suŋ¹ suŋ¹ jaɯ⁵ jaɯ⁵
　　　　　　　　　　　　　　高　高　大　大

2. 偏正词组

偏正词组中一个是中心词，一个是限制或修饰这个中心的修饰语。两个成分之间一般不用助词。名词、量词做中心语时，修饰语一般在后，动词、形容词做中心语时，修饰语有时在前，有时在后。例如：

	西傣	德傣
名词中心语	tsin⁴ ho² 牛肉 肉　牛	lə⁴ ŋo² 牛肉 肉　牛
	xau³ nuɯŋ³ 蒸的饭 饭　蒸	xau³ luɯŋ³ 蒸的饭 饭　蒸
动词中心语	ma² doi³ hip³ 立刻来 来　立　刻	ma² xan¹ ləŋ⁶ 快来 来　快　点
	sak⁷ kam² ma² 刚刚来 刚　刚　来	xan¹ lən⁶ ma² 快来 快　点　来
形容词中心语	tsat⁸ jai⁵ 真大 真　大	jaɯ⁵ te⁴ 真大 大　真
	jai⁵ ha:i 太大 大　太	

量词做中心语时，除"二"以上的数词在中心语前外，其余都在中心语后。例如：

	西傣	德傣
修饰语在后	to¹ nuɯŋ⁶ 一个 个　一	to⁶ leŋ⁶ 一个 个　一
	to¹ niʔ⁶ 这个 个　这	to⁶ lai⁴ 这个 个　这

	西傣	德傣
	to^1 jai^5 大的那个 个 大	to^6 jau^5 大的那个 个 大
	to^1 nɔi^4 小的那个 个 小	to^6 ɛn^1 小的那个 个 小
	bin^3 nuuŋ^6 一张 张 一	mn^6 lɘŋ^6 一张 张 一
修饰语在前	sɔŋ^1 to^1 二个 二 个	sɔŋ^1 to^6 二个 二 个
	sa:m^1 to^1 三个 三 个	sa:m^1 to^6 三个 三 个

3. 动宾词组

宾语位于动词之后。例如:

西傣	德傣
suu^4 pa^1 买鱼 买鱼	suu^4 pa^6 买鱼 买鱼
pok^8 hən^2 回家 回 家	pok^8 hən^2 回家 回 家

4. 补充词组

一个词对另一个词做补充说明。被补充的词语在前,一般是动词或形容词,补充语在后。例如:

西傣	德傣
kin^1 im^5 吃饱 吃 饱	kin^5 im^5 吃饱 吃 饱
sak^8 di^1 洗好 洗 好	sak^8 li^6 洗好 洗 好

5. 主谓词组

主语在前,谓语在后,谓语对主语做出陈述。例如:

西傣　　　　　　　　德傣

xau^1　ja：ŋ^{6}leu^4　　　　kau^6　ka^{5}au^4

他　　走　了　　　　　我　去　了

主语　谓语　　　　　　主语　谓语

（三）句　子

傣语的句子构造和汉语的句子构造相似，有主语、谓语、宾语、补语、定语、状语6种成分，有一定的语调和语气词（连词类语气词），同时也存在连动式和兼语式这样的复杂谓语。连动式由两个或两个以上的动词连在一起做谓语，表示行为发生的先后。例如：

西傣　　　　　　　　德傣

to^{1}xa^{3}pai^{1}suɯ^{4}ma：k^9　　　kau^{6}ka^{5}suɯ^{4}pha^1

我　去　买　水果　　　　我　去　买　菜

兼语式也由两个或两个以上的动词按时间先后连成，前一个动词的动作对象做后一个动词的动作发出者。例如：

西傣　　　　　　　　德傣

xau^{1}hoŋ^{4}muɯŋ^{2}pai^1　　　man^{2}hoŋ^{4}muɯŋ^{2}ka^5

他　叫　你　去　　　　他　叫　你　去

傣语的句子类型也分单句和复习，复句由连词连接（见词类连词部分）。

傣语的句子从功用上也可分成陈述句、疑问句、祈使句和感叹句。兹分述如下：

1. 陈述句

陈述句对事物事件做描述或陈述。例如：

xau^{1}ma^{2}le^2　　　　　　xan^{2}ma^{2}hau^4

他　来　了　　　　　　他　来　了

fun^{1}tok^{7}hən^3　　　　　fun^{1}tok^{9}hən^4

雨　下　了　　　　　　雨　下　了

2. 疑问句

疑问句是对事物提出疑问。其表示方法有以下几种：

a. 特殊问句

用疑问代词提问，有时也加语气词。例如：

西傣	德傣
xau^1 suɯ^4 saŋ^1	man^2 suɯ^4 saŋ^1
他 买 什么	他 买 什么
xau^1 suɯ^4 saŋ^1 a^2	man^2 suɯ^4 saŋ^1 ai
他 买 什么 呢	他 买 什么 呢

b. 是非问句

谓语的肯定否定连用。例如：

西傣	德傣
xau^1 ma^2 bau^5 ma^2	man^2 ma^2 am^5 ma^2
他 来 不 来	他 来 不 来

c. 选择问句

西傣	德傣
xiŋ^2 ma^2 a^6 xau^1 ma^2 a^2	bin^6 maɯ^2 ma^2 bin^6 man^2 ma^2
你 来呢 他 来呢	是 你 来 是 他 来
你 来还是他来	你 来还是他来

d. 一般问句

用语气词或语调提问。例如：

西傣	德傣
xau^1 ma^2 lai	man^2 ma^2 a：i^5
他 来 吗	他 来 吗
xiŋ^2 ko^4 ka^5	maɯ^2 ko^3 ka^5
你 也 去	你 也 去

3. 祈使句

表示请求、命令、祈使等。通常不用主语，常用表示祈使的语气词。例如：

西傣　　　　　　　　　德傣
ka⁵dɔ²　　　　　　　　ka⁵a²
去　吧　　　　　　　　去　吧
au¹ka⁵dɔ²　　　　　　au⁶ka⁵lɛ²
拿　去　吧　　　　　　拿　去　吧

4. 感叹句

表示感叹或惊奇，经常在句末加感叹词。例如：

西傣　pa¹to¹niʔ⁸jai⁵fɛ⁴kən⁵niʔ⁸ 这条鱼真大呵

鱼条这　大真呵

pɔ⁶xɔi³mɛ⁶xɔi³jai⁵tsi⁴niʔ⁸kən⁵ 我的妈呀这么大呵

父我　母我　大这样　呵

德傣　pa⁶to⁶lai⁴sauɯ⁵xai⁴ 这条鱼真大

鱼 条这 大　呀

ɔ¹pen⁶man²au⁶ka⁵lai¹ 啊是他拿去了

啊是 他　拿去了

第四节　傣语方言

傣语可以分为西双版纳方言（简称"西傣"）和德宏方言（简称"德傣"）。西双版纳方言主要分布在西双版纳傣族自治州。澜沧、普洱、墨江、江城等地的傣族也讲西双版纳方言。西双版纳傣族自称 tai²lɯ⁴ "傣泐"，所以，西双版纳方言又称"傣泐语"。德宏方言主要分布在德宏傣族景颇族自治州和耿马、双江、沧源、镇康、景谷、景东等县。该方言的傣族多数自称 tai²lə¹ "傣纳"，意为"上傣"；少数自称 tai²tauɯ³ "傣德"，意为"下傣"。

两个方言在语音、词汇、语法上都存在差别。语音、词汇上的差别较大，语法上的差别较小，一般不能通话。

一、语　音

语音的差别主要有以下几点：

1. 西双版纳一部分地区还保留浊塞音声母 b 和 d；德宏没有 b 和 d 声母。b 在德宏的大部分地区并入 m、d 并入 l。

2. 德宏绝大部分地区 n 和 l 不构成对立的音位，现行文字在音节开头用 l，在音节末尾用 n。西傣中 l 和 n 是对立的两个音位。

3. 西傣中还保留着单元音韵母 ɔ 和 ɛ。德傣芒市话中只有极少数的虚词还保留 ɔ 和 ɛ 韵，其他地区已没有单元音韵母 ɔ 和 ɛ 了，一般是 ɔ 并入 o、ɛ 并入 e。

4. 德傣有 aɯ 韵母，西双版纳大部分地区没有 aɯ 韵母，凡是德傣读 aɯ 韵的字，在西傣中读 ai。

5. 西傣有一套带 –ʔ 韵尾的韵母，德傣没有。

6. 西傣一部分读第 1 调的字，德傣读为第 6 调。

西傣和德傣的语音特点列表比较如下：

声母比较表

语音变化	西傣	德傣	例　　词		
			西傣	德傣	词义
浊塞音声母的变化	b	m	ba:n³	ma:n³	寨子
			be³	me³	羊
			bɛk⁹	mɛk⁹	扛
	d	l	da⁵	la⁵	骂
			di¹	li⁶	好
			da:u¹	la:u⁶	星
n 与 l 声母的分、合	n	l	nu¹	lu¹	鼠
			na²	la²	田
			nam⁴	lam⁴	水
	l		la³	la³	晚、迟
			lu⁴	lu⁴	坏
			lau³	lau³	酒

韵母比较表

语音变化	西傣	德傣	例词 西傣	例词 德傣	词义
单元音韵母 ɔ 与 o、ɛ 与 e 的分、合	分韵	合韵	xɔ¹	xo¹	锄头
			hɔ¹	ho¹	宫廷、衙门
			xo¹	xo¹	笑
			ho¹	ho¹	头
	分韵	合韵	mɛ²	me²	修理
			kɛ⁵	ke⁵	老
			me²	me²	妻子
			ke⁵	ke⁵	（多）少
aɯ 韵母的变化	ai	aɯ	kai³	kaɯ³	近
			mai⁵	maɯ⁵	新
			pai⁴	paɯ⁴	媳妇
塞辅音韵尾 -ʔ 的有无	有	无	saʔ⁷paʔ⁸thaʔ⁷	sa⁴pa⁴tha⁴	一切
			saʔ⁷la⁵	sa⁵la⁵	师傅

声调变化表

声调变化	词义	西傣	德傣	词义	西傣	德傣
1 调:1 调	丈夫	pho¹	pho¹	你们	su¹	su¹
	犁	thai¹	thai¹	愁	xi¹	xi¹
	狗	ma¹	ma¹	输	se¹	se¹
1 调:6 调	鱼	pa¹	pa⁶	好	di¹	li⁶
	螃蟹	pu¹	pu⁶	盐	kə¹	kə⁶
	怕	ko¹	ko⁶	（一）棵	kɔ¹	kɔ⁶

二、词　汇

两个方言中的词汇大部分是同源的，但也存在着一些差异。例如：

汉语	西傣	德傣	汉语	西傣	德傣
镜子	vɛn⁶	tsam⁶	梯子	kən¹	tsa：t⁸
棉花	fa：i³	kui⁶	石灰	pun¹	thun¹
苦瓜	ma：kʰ⁹hɔi⁵	tɛŋ⁶luɯ¹	纸	kaʔ⁷da：t⁹	tse³
蒜	ho¹hɔm¹	phak⁷lo¹	土布	fa：i³ham²	man³
汤	xɛ²	tha：ŋ⁶	裤带	sa：i¹haŋ⁴	sa：i¹ho¹kon³
拳头	kui²	ta⁶muɯ²	活	pin¹	je²
裤子	teu⁵	kon⁶	戏	si⁵	tsən²

三、语　法

两个方言的语法结构基本上是相同的，但也存在着一些差别。两个方言之间人称代词的使用情况差别较大，德傣的人称代词系统相对简单一些，不同身份的人之间通常都用相同的人称代词。西傣的人称代词根据所称对象的不同身份，分为通称、谦称、卑称、敬称、非敬称、亲密称等等。现在西傣人称代词的使用也在逐渐简化。西傣一般使用表示多数的人称代词兼表单数，德傣是单数、双数和多数用不同的词表示。例如：

	德傣	西傣
我	kau⁶	hau²，to¹xa³
你	mauɯ²	su¹，su¹tsau³
他	man²	xau¹，xau¹tsau³
咱们	hau²	hau²

我们	tu⁶	hau²，tu¹
你们	su¹	su¹，su¹tsau³
他们	xau¹	xau¹，xau¹tsau³
我俩	ha:ŋ²xə¹	
咱俩	ha:ŋ²ha²	
你俩	sɔŋ¹xə¹	
他俩	sɔŋ¹xa¹	

西傣书面语里，有一些助词，如 kɛ⁵、hεŋ⁵ 相当于汉语的"的"，在句子中表示领属和限制关系。德傣不用。例如：

西傣　kam²pa:k⁹lik⁸to¹hεŋ⁵pha²sa¹phai¹man²　各民族自己的语言文字
　　　语言　文字　的　民族　　自己

德傣　xa:m²to⁶la:i²a⁶meu²pu¹tsau³　各民族自己的语言文字
　　　语言 文字 民族 自己

两个方言的有些词序有差别。例如：

西傣　to¹xa³tsep⁷ho¹ 或 ho¹to¹xa³tsep⁷　我头痛
　　　我　痛头　　头 我 痛
　　　（前一种用得多）

德傣　kau⁶ho¹xai³　我头痛
　　　我 头 病

以上是西双版纳和德宏两个方言的主要特点。两个方言的详细差别请参看第二节和第三节。

第五节　文字的产生

傣文分老傣文（又称"古傣文"）和新傣文两种，老傣文是随着佛教的传入而产生的，是从婆罗米字母或巴利文字母演化而来的。

傣文又细分为4种。通行在西双版纳的称"傣泐文",字母呈圆形状。通行在德宏傣族地区,以及景谷、沧源、双江、镇康、耿马等县傣族地区的傣文称"傣纳文",字母呈长方形状。瑞丽、澜沧、耿马的一部分傣族使用的傣文叫傣绷文,字母呈圆形。金平县傣族使用的傣文叫傣端文,字母形状方圆兼备。德宏傣纳文使用地区最广,西双版纳傣泐文次之。这两种文字保存的文献资料比较丰富。傣绷文和傣端文使用范围较窄,保存的文献资料较少。

西双版纳的傣泐文相传是由一个名叫督英达的佛爷于傣历六三九年(1277年)创造的,当时用这种文字在贝叶上刻写佛经。后来西双版纳傣族用这种文字翻译了大量汉文书籍、印度经文和印度文学,记录了大量本民族的历史、传说、天文历法、农田水利、数学、医学。明代,西双版纳傣文就为当时中央王朝文牍往来所通用。最早的傣泐文罕本是傣历九七六年(1614年)的《论傣族诗歌》。

中华人民共和国成立后,对西双版纳的老傣文进行了改进,产生了新傣文。

德宏的傣纳文创制和使用的时间要晚一些,大约在14世纪。明初李思聪著《百夷传》,记载滇西傣族"小事刻竹木,大事作缅书,皆旁行为记"。由于傣文字母与缅文字母同属一个体系,看起来十分相似。因此,汉籍记载中常将傣文称作缅文。《百夷传》所记之"缅文"实际上就是傣纳文。傣语与缅语属于不同语族,语言差别很大,虽然傣语中有一部分缅语借词,但傣族历史上未曾有过哪一个时期、哪一个阶层曾用缅语、缅文作为交际工具。至于"旁行为记"的习惯,在现今傣文抄本中仍习用不变,如段落要点、小节标题等都斜书于正文之侧,与《百夷传》所记的相同。只是当时民间还盛行"刻竹木"的记事方法,使用傣文还不广泛。李思聪偕钱古训去滇西的时间是明洪武二十九年（1396 年），那时傣纳文已在官方使用。那么傣纳文的创始年代，当然比这个时间还要更早一些。

傣绷文与缅甸掸邦的掸文基本相同。掸邦是缅甸最大的一个自治邦，是缅甸的第三大民族，在 1287～1531 年近 250 年间，在缅史上称为掸族统治时期，而且也有较高的文化。因此，傣绷文的起源也一定很古老了。至于金平傣文，与越南莱州一带的傣族文字很相似，因资料少，其创始年代还不清楚。

中华人民共和国成立后，曾选择傣泐文和傣纳文进行了改进，改进后的新傣文现已在有关地区推广使用。

第六节　文字类型与特点

老傣文和老挝文、泰文、缅甸文、柬埔寨文同属一个体系，书写字序从左到右，行序从上到下。在文字结构上基本上属于拼音文字中的音位文字，即用字母来表示音位的读音，但 4 种傣文又各有自己的一些特点。下面对西双版纳老傣文和德宏老傣文的特点作些介绍：

一、西双版纳老傣文

西双版纳老傣文有 56 个字母，其中有 7 个是元音字母，1 个元音兼辅音字母，48 个辅音字母。这些字母用于拼写声母和韵母。

48 个辅音又分为高音组和低音组，高音组字母拼写阴类调，低音组字母拼写阳类调，再加上两个声调符号，正好拼写 6 个不同的声调。方法是高音组字母和低音组字母不加符号时，可拼写两个调；分别加符号"丨"时，又可拼写两个调；分别加符号"="时，又可拼写两个调。共拼写 6 个调。

这套字母基本上能拼写出以景洪话为代表的西双版纳方言，但也存在一个不足，即同一个音位可以用不同的几个字母拼写，同一个字母也可以拼写几个不同的音位。比如 s 音位的拼写多至5 个字母。

二、德宏老傣文

德宏老傣文辅音字母 19 个，元音字母 9 个。声调没有符号表示。德宏老傣文在拼写以芒市话为代表的德宏方言时，字母和音位不对应的情况较明显。具体表现在：

1. 德宏老傣文没有符号表示声调，读什么调要根据词的意义来确定。

2. ph 和 f，aː 和 a，i、e 和 ɛ，u 和 o，ɯ 和 ə 都只用同一个符号表示，读什么音也要根据意义来确定。

3. 表示 s、j 和 h 音位的分别有两个字母。

西双版纳傣文和德宏傣文的不足之处，有些是因为语音变化造成的，有些是在创制文字的时候就不完善造成的。

第七节　文字的发展与改革

中华人民共和国成立后，为适应社会发展的需要，对西双版纳老傣文和德宏老傣文进行了改革，使字母和读音一致起来，形成了西双版纳新傣文和德宏新傣文。改进后的新傣文在保留原来字母形式和表音特点的基础上，根据实际语言增删了若干字母，改变或增添了声调符号，并对字母的读音、附加符号的使用和书写规则做了规范。具体改革如下：

一、西双版纳新傣文

西双版纳新傣文在原老傣文的基础上，用 42 个字母表达 21 个辅音音位，分高低两组，每个音位用两个字母表示。有 90 个代表元音及复合韵母的字母或字母的组合形式。在韵母方面废除了在字母上下加符号的办法，完全改为从左到右拼写。在声调方面把原来的声调符号改成两个字母，放在每个音节的后面。在书写上取消了原来的合体字，但还保留了原来的一些省略形式。

二、德宏新傣文

德宏新傣文在原老傣文的基础上，仍保留 19 个辅音字母，但其中更换了 3 个，这 3 个字母是为了较准确地拼写汉语而设计的。在韵母方面，将 a：和 a，i、e 和 e，u 和 o，以及 ɯ 和 ə 都用不同的符号区别开。在声调方面，用 5 个声调符号将 6 个不同的声调区别开（其中有一个声调不用符号表示）。有 84 个表示元音及复合韵母的字母或字母的组合形式，取消了原来的合体字。

两种改革后的新傣文，能更准确地反映现代傣语的实际读音，使字母和读音的关系更整齐。

从 20 世纪 50 年代起，新傣文开始使用，报纸、教材、广播都用新傣文，新傣文在文化传播中起了不少作用。

第三章　宗教信仰

　　傣族最早信仰原始宗教，佛教传入后，形成了两种不同的现象：西双版纳、德宏、孟连、景谷、耿马、双江等地区的傣族人民，以信仰南传上座部佛教为主，但也没有完全放弃对原始宗教的信仰，俗称"既拜佛又祭鬼"，即"双重信仰"；元江、新平、金平、元阳、大姚等地区的傣族，因佛教势力没有传入，没有佛寺、和尚、佛爷，至今仍然保留着原始宗教信仰，"只祭鬼不拜佛"，即"单一信仰"。因此，要想全面地了解傣族的宗教信仰，必须要注意到全民信仰佛教和全民信仰原始宗教两种地区。当然，这只是从总体上讲，实际上原始宗教与南传上座部佛教经过争斗与融合，形成一种相互渗透、相互吸收的局面，难以截然分开。

第一节　原始宗教的产生

　　傣族的原始宗教，是傣族早期的原始信仰，它经历了一个从诞生到发展、从发展到完善的漫长过程。

　　在原始社会的采集经济时期，人类的思维极其简单，生产力极其低下，生活极其艰苦。在这一时期里，傣族先民在与大自然搏斗中，一方面想战胜大自然获得更多的物质，另一方面又感到自己软弱无力，在大自然面前感到十分恐惧，对日出日落、雷鸣闪电、森林火灾、洪水泛滥等各种自然现象难以理解，从而产生了万物有灵的意识，认为在大自然的背后有一种看不见的神灵在支配着万物。这种万物有灵论意识，亦是产生傣族原始宗教的基础。

据傣文古籍《谈寨神勐神的由来》一书载，傣族的原始宗教，产生于傣族原始社会采集狩猎时期的沙罗时代。沙罗原是采集狩猎时期的氏族首领，由于他聪明能干，发明了弓箭，创造出一种狩猎的新方法，被傣族先民们崇拜为狩猎英雄。他死后，先民们仍然想借助他的智慧和力量，获取更多的猎物，于是在一棵大树下搭起一个木架，四周插上鲜花和绿叶，把他的尸体放在木架上，将他的灵魂奉为猎神，将大树和木架立为猎神殿，每次上山打猎，都要先在大树下祭祀沙罗猎神。从此，傣族先民便开始有了祭神仪式和祭神习俗，傣族原始宗教从而诞生。

到了农耕初期，傣族先民中又产生了一个率领大家"定居农耕"的首领桑木底。由于在采集或狩猎时期，先民们为了寻找野菜和追捕猎物，"经常东奔西跑，哪里天黑便在哪里住宿，没有固定的家"，要从流动的游猎生活变为固定的农耕生活，很不习惯，有的先民仍然想流动。因此，为了巩固定居农耕，制止流动乱跑现象，桑木底制定了一个规矩："每个新建立的寨子都要立一个寨心，这个寨心任何人都不准搬动；每个寨子都要设四道寨门，所有的人都要从这四道寨门出入，不得乱走。"① 这实际上是原始的户籍管理制度，对制止流动游猎，巩固定居农耕起到了很大作用。从采集狩猎到定居农耕，不仅是傣族社会生产力的一个飞跃，同时也是傣族先民思维能力的一个飞跃。由于桑木底在农耕初期，创造了盖房技术，建立了村寨的管理制度，巩固和推

---

① 见《谈寨神勐神的由来》，载《论傣族诗歌》（附录），中国民间文艺出版社。

动了傣族农耕经济的发展，使傣族先民从依赖天然食物迈入了能自己生产食物的新阶段，先民们都很尊敬他、崇拜他，称他为建房的祖师和建寨的始祖。他死后，先民们为了纪念他，便拥立他的灵魂为房神和寨神。从这以后，谁家盖新房，都必须要先祭祀桑木底；哪个氏族要新建寨子，也必须要先祭祀桑木底。这样，需要祭祀的神越来越多，将傣族原始宗教向前推进了一大步。嗣后，随着农耕经济的不断发展，傣族先民的思维和视野由近及远，逐渐从自己身边的对象扩及宇宙万物，于是又产生了一系列与农业祭祀有密切关系的神，诸如谷神、牛神、象神、山神、水神、树神、雷神、风神、天神、地神、日神、月神等等。至此，傣族原始宗教便趋于完善和成熟。

傣族原始宗教是傣族先民最初的信仰，是傣族先民最初的世界观，最初的道德伦理和风俗习俗的集中表现。根据傣文古籍的上述论述，它产生于采集狩猎时期的沙罗时代，成熟和完善于农耕初期的桑木底时代，沿袭发展了千余年，直到佛教传入傣族地区，并在精神上占据了统治地位之后，才逐渐衰弱，但却没有完全消亡。

第二节　佛教的传入

佛教是人为宗教，由古印度净饭王太子悉达多·乔达摩创立于公元前 6 世纪至公元前 5 世纪。悉达多后来被佛教徒尊称为释迦牟尼，或简称为佛。释迦牟尼涅槃（逝世）后，由于众弟子对佛的思想、教义、戒律有不同的理解，从而分裂为上座部和大众部两大派。后来，人们为了方便表述，称上座部为小乘佛教，称大众部为大乘佛教。我国傣族地区信仰的佛教，是南传上座部佛教。

对于南传上座部佛教传入中国傣族地区的时间与路线，学术界有三种说法：

一是"西汉论"。认为南传上座部佛教于公元1世纪前后，即西汉时期便从斯里兰卡经缅甸传入中国傣族地区。持这一观点的学者认为：研究傣族的历史和文化，不但要查阅有关的汉文史籍，而且更重要的还要查阅傣文史籍和进行实际调查。他们从新发现的傣文古籍《帕萨坦》的记载中，找到新的论据，认为："小乘佛教传入西双版纳是很早的，至今已有两千年的历史了。从当时的历史条件推论，也绝不会晚于佛教传入中国内地的西汉末期。"① 最近，南京艺术学院副教授阮荣春，通过对佛教造像南传系统的长期研究，认为："早在三世纪前后，即存在着佛教文化的南传系统，由中印度传入缅甸、云南，沿长江流域传入内地，并东传日本。已发现的146处佛像造像，其风格不同于北方'犍陀罗系统'，而近似中南印度流行的'秣菟罗系统'，同时发现内地公元三世纪前后从吴地传入的佛饰线，比'北方丝绸之路'和'海上丝绸之路'还要早。"北方丝绸之路在公元1世纪前后。阮荣春在研究佛教造像南传系统方面所得出这一结论，又为南传上座部佛教在公元1世纪前后传入中国傣族地区的"西汉论"提供了新的依据。

二是"隋唐论"。认为南传上座部佛教传入中国傣族地区的时间是隋末唐初，即公元7~8世纪前后。理由有二：一是以汉文史籍为据，《新唐书·南诏传》说："自南诏叛，天子数遣使至其境，酋龙不肯拜，使者遂绝。骈以其俗尚浮屠法，故遣浮屠景仙摄使往，酋龙与其下迎谒且拜，乃定盟而还。"《资治通鉴》

---

①王军：《小乘佛教及其对傣族文化的影响》，载《傣族文学讨论会论文集》，第204页，民间文艺出版社，1982年。

也说:"西川将吏入南诏,骠信皆坐受其拜。骈以其俗尚浮屠,故遣景仙往。骠信果率其大臣迎拜,信用其言。"蜀僧景仙入滇,系在唐僖宗乾符三年(876年)。此时,南诏已"俗尚浮屠",故知佛教当传入已久。持这一观点的学者认为,傣族与南诏、骠国关系极为密切,彼此有文化交流,故佛教传入南诏的时间与佛教传入傣族的时间大体相同。另一个依据是傣文史籍,《泐史》在记载帕雅真建立景陇金殿国的登基典礼时说:"举行了隆重的滴水仪式,造有一座高达十五拿的范厦(用竹和纸制成的佛塔)。"滴水是佛教仪式,范夏佛塔是佛教的建筑,这说明在帕雅真之前,佛教便传入傣族地区,并有了较为广泛的传播。否则,帕雅真在建立景陇金殿国时,便不会举行滴水仪式和制作范夏佛塔。

第三种说法是"明代论"。认为:"德宏地区普遍信奉小乘佛教,是明代中期(15世纪)以后的事,至于西双版纳傣族地区普遍信仰佛教,大概较德宏为早。"[①]

上述三种说法,反映学术界对"佛教传入傣族地区的时间和路线"这一课题,还未取得共识,应该继续深入探讨。但根据现有的资料可以肯定:傣族地区的南传上座部佛教,不是一次传入,而是多次传入,因其中遇到原始宗教的强烈抵制,导致传入的过程十分漫长。据傣文史籍《帕萨坦》记载:"佛遗体火化后,将留下的四颗佛牙即右上牙留在大哇舍山,右下牙留在龙国勐邦,左上牙留在敢塔腊塔,左下牙留在兰夏(斯里兰卡),其余的骨灰由印度、东南亚诸国及中国西双版纳在内的一百一十个勐去分别保存建塔。佛历四一九年(公元前115年),西双版纳首次派代表前往缅甸景腔和愿贡两地迎接佛像和佛经。佛历六三〇年(76年),西双版纳首领叭格那派十二个僧侣路经缅甸、泰国,前往哈地彭宰亚那广观摩取经,后又到兰夏(斯里兰卡)

---

① 江应梁:《傣族史》,第345页,四川人民出版社,1983年。

布塔火鲜听寺庙学习了六年。"① 这些记载虽然还需要进一步考证，但已说明了公元 1 世纪前后，确实有个别的佛教僧侣从斯里兰卡经缅甸到中国傣族地区传教。只是数量不多，难以立足，不得不采取来后又走，走后又来的办法。这种情况，大约延续了两三百年，原因是傣族的原始宗教十分强大，不允许佛教在村寨里传教。有关这方面的史实，傣文古籍《谈寨神勐神的由来》一书有这样一段记载：正当傣族先民在桑木底神的保佑下，年年风调雨顺，人欢畜旺的时候，村外来了一个披着黄背袈裟，手拿纸扇，身背土龛的怪老头，自称是帕召（即佛陀）派来的和尚，说要给人类授佛。可是，还未挨近寨子便被人们捉来质问："你是哪路来的货物，竟敢窜进我们的森林？"怪老头忙低头哈腰："我是野和尚，不让我进寨子，就让我住在野外吧。"佛教最初到傣族地区传教的艰辛及其遇到的反抗，由此可见一斑。

　　由于傣族原始宗教顽强反抗，不轻易让出阵地，所以，3～5世纪这段时间，佛教虽然多次派遣僧侣进入中国地区传教，但收效甚微，只有部分村寨或部分地区开始信奉佛教。然而，尽管如此，佛教已在傣族地区某些村寨站稳了脚跟，有了立足之地，于是便开始修建佛寺，逐步扩大势力。从近年出土的文物"曼拉闷佛寺大殿柱脚底部银片"中②，便可知道原来的勐海曼拉闷佛寺，亦是公元 6 世纪时西双版纳地区的第一批佛寺。

　　到了公元 7 世纪末公元 8 世纪初，勐泐王国崩溃，西双版纳及其周围的傣族地区，出现了没有统一政权的混乱局面，各地的

----

①傣文史籍《帕萨坦》藏于勐海政协委员康朗庄家，全书未译成汉文出版。上述属部分译文，转引自王军：《小乘佛教及其对傣族文化的影响》，载《傣族文学讨论会论文集》，第 202 页，中国民间文艺出版社，1982 年。

②"曼拉闷佛寺大殿柱脚底部银片"，是 20 世纪 80 年代初清理该佛寺古迹地基时出土的，现存西双版纳州文物管理站。银片上刻有傣文"祖腊历十三年开始动工，三十三年落成"等字。祖腊历十三年即公元 651 年。

召勐占领着一部分地盘，割据为王，混战不休。此时，势力强大的首领都想利用佛教作为统一傣民族的精神武器，便转而放弃了原始宗教，欢迎佛教的传入。由于统治者的信奉和提倡，佛教便迅速地在傣族地区传播，很快便成为澜沧江流域一带傣族的主要信仰。

根据上述推论，佛教传入中国傣族地区曾经历了极其漫长的过程，最初的传教大约始于公元二三世纪，最后形成于公元七八世纪，前后历时约 500 年。当然，这里所说的"形成于七八世纪"，也只是说，到了此时佛教已基本上成为西双版纳地区傣族人民的主要信仰，而不是说它已进入昌盛时期。它在傣族地区的昌盛时期到了公元 13 世纪以后才形成。其昌盛的标志是："村村有佛寺，寨寨有僧侣，朝佛诵经活动终年不绝。"

第三节　从信仰原始宗教到信仰佛教的演变

按照一般的发展规律，凡是宗教都有排他性，同一个地区，绝不允许有两种相互对立的宗教存在。占优势的宗教，总要排斥弱小的异教。而弱小的宗教，也不会不经过争斗便把自己的领地让给另一个宗教。这是一切宗教战争的根源。傣族原始宗教之所以要顽强抵抗佛教的传入，从根本上讲，也基于不愿自动退出历史舞台。就具体而言，又可归纳为如下三个原因：

第一，傣族原始宗教是土生土长的自然宗教，与傣族原始社会、原始先民有着不可分割的血肉联系，傣族先民称它是"我们傣族祖先的灵魂"，傣族先民当然不会轻易放弃它，而去信奉佛教，因为放弃它就是背弃自己的祖先，这是原始宗教强烈反对佛教传入，不愿把自己的领地交给佛教的最主要原因。

第二，傣族原始宗教的教义与佛教的教义格格不入。傣族原始宗教主张杀生，认为"只有用快刀子剥麂子皮（泛指要猎取一切野兽），人类才能生存"；佛教则相反，反对杀生，认为"一切有生命之万物都应和睦相处，不能相互残杀"。傣族原始宗教没有统一的神，主张自我为主，寨有寨神，勐有勐神，万物有万物的神，各个神只能管辖自己的势力范围，不能互相侵犯，没有上下隶属关系，不能相互指挥；佛教则不同，要"唯我独尊"，所有的人都只能信佛拜佛，一切都要按照佛的旨意办事，也就是要统一信仰。此外，傣族原始宗教没有严格的戒律，认为神和人的一切欲望都应该得到满足；佛教则有严格的戒律，认为人的欲念是产生邪恶的根源，多欲则苦，少欲则乐，提倡"禁欲"或少欲。由于教义的尖锐对立，谁都不愿放弃自己的主张，当然只有争斗。这是傣族原始宗教顽强反抗佛教传入的第二个原因。

第三，傣族原始宗教的首领和负责祭祀活动的祭司，在原始宗教昌盛时代，具有不可侵犯的政治权力和较高的社会地位，并可通过祭祀活动获得一定的物质利益，倘若让佛教轻易传入，他们必然要丧失原有的政治权力、社会地位和某些物质利益。这也是原始宗教顽强反抗佛教传入的又一个原因。

然而，由于傣族原始宗教是傣族采集经济和狩猎经济的精神产物，是落后生产关系的代表，佛教虽是印度种姓制度斗争的精神产物，到了东南亚和中国傣族地区，却成了较为先进的农耕经济的代表。因此，无论傣族原始宗教如何顽强反抗，都阻挡不了佛教的传入。佛教经过漫长的艰苦争斗之后，终于战胜了原始宗教的阻拦和反抗，在西双版纳、德宏、孟连、景谷、双江等傣族地区逐渐传开，并日益强盛，成了上述地区傣族人民的主要精神支柱和共同信仰。

　　但另一方面，傣族原始宗教虽然受到极大冲击，开始从兴盛转为衰退，却仍然保持着一定势力，加之它是"傣族祖先的灵魂"，傣族先民对它有一定的感情，不愿让它消亡。因此，佛教虽然取得了胜利，但也无法消灭原始宗教。在这种情况下，佛教也采取了某些调和的策略，并做了某些相应的让步，不仅采纳了傣族原始宗教的某些主张，允许在佛寺的大殿外立原始宗教的神（俗称"丢拉瓦"），允许人们拜完佛之后去祭祀原始宗教的神。换言之，只要原始宗教不反对佛教并承认佛教的统治地位，佛教便允许原始宗教继续存在，允许人们在信仰佛教的同时，继续祭祀原始宗教的各种神灵。

　　这就是西双版纳、德宏、孟连、景谷、双江等地区的傣族人民，以全民信仰佛教为主，但又继续保留着原始宗教，形成了"既信佛又祭鬼"的双重信仰的原因。

第四节　原始宗教虽衰落但未消亡

　　傣族原始宗教被佛教取而代之之后，丧失了统治地位，失去了支配傣族社会的作用。在佛教尚未传入以前，傣族先民的生产活动和日常生活，都由原始宗教支配，原始宗教首领的权力很大。佛教传入后，人们更只相信佛教"行善积德能得到幸福"的道理，大都到佛寺拜佛，原始宗教的影响力便逐渐缩小。

　　但是，原始宗教仍然保留着它的祭祀活动，尽管祭祀的次数越来越少。在原始宗教最兴旺时期，凡是本寨子的人要迁到别处，或者其他寨子的人要迁入本寨子，都要举行祭寨神、祭寨心仪式，祭祀活动十分频繁，几乎每月都有。佛教传入后，不允许它频繁祭祀，加之人们对祭祀的兴趣越来越冷淡，故祭祀活动逐渐减少，一般是 1 年祭 1 次寨神，3 年祭 1 次勐神，甚至最大的勐神（即大披勐）9 年才一祭。有趣的是：祭寨神时，严禁和尚、佛爷和其他佛教僧侣参加、观看，若违背便要严惩。祭勐神时，要以最先建寨的土著部落即"傣勐"寨子为主，并把召勐（即土司）关在房子里，杀牛祭献勐神时不许他说话、不许他走动。否则，"傣勐"寨子的人可以打他的耳光。这些现象，说明了原始宗教虽然失去了统治傣族社会的地位，但仍然顽强地在显示着自己的存在。

此外，傣族原始宗教丧失了对傣族社会的支配权力后，除 1 年 1 次或 3 年 1 次的祭寨神、勐神外，难以进行其他全民性的宗教活动，于是便朝着巫术活动方面发展，原来负责祭祀的"波摩""咪摩"，也随之演变为巫术职业者。这样，傣族民间的巫术活动便日益增多，这亦是原始宗教演变、发展的结果。傣族原始宗教的巫术活动，种类繁多。归纳起来，主要有如下几种：

一、驱　鬼

驱鬼，傣语叫"吕披"，带有将"鬼"赶出或驱出人的势力范围之意，与"祭神祭鬼"的性质不同。原始宗教产生初期，在傣族先民的意识中，神与鬼具有同等含义，鬼就是神，神也是鬼，都是生命死亡后的灵魂。所以，"家神"也可以称为"家鬼"，"寨神"也可以称为"寨鬼"。以此类推，一切鬼神都是人类死去的祖先，因而只会保护人，不会伤害人。甚至认为："人与鬼可以交朋友，人与鬼可以偶配。"① 从这一观念出发，这一时期的"祭神祭鬼"活动，是出于对鬼神的尊敬和对祖先的怀念，当然也包含着祈求鬼神保护的含义，但不出于怕鬼或恨鬼。

---

① 见《谈寨神勐神的由来》，载《论傣族诗歌》（附录），第 114 页，中国民间文艺出版社，1981 年。

到了后期则不同，特别是佛教传入之后，人们的神鬼观念发生了很大变化，认为除少数善良的鬼变为神外，大多数鬼都变成了会吃人害人的十分可怕的幽灵，它一进入人居住的寨子，人便会遭殃。所以，必须要驱赶它，把它撵走。这就是"驱鬼巫术"活动的真正含义。

驱鬼的巫法繁多，因地区而异。有些地区请懂得驱鬼咒语的"波摩"驱鬼。"波摩"一手端着盛水的碗、一手拿着绿枝，边念驱鬼咒语、边用绿树枝蘸水洒在地下，以树枝和水驱鬼。有些地方，先将祭鬼的食物放在竹桌上，由"波摩"祭了鬼后，再将鬼赶走。据说，有些鬼是因为饥饿才来人间捣乱，你若不让它吃饱，便无法将它赶走。有的地方认为鬼附在人的身上，或者说某某人就是鬼的化身，要将鬼附的人活活烧死，才能将鬼撵走。这种意识，常被有权势的人利用作为迫害劳动人民的一种手段，西双版纳地区过去曾流行的赶"琵琶鬼"（傣语叫"吕披波"）就属于这种情况。

二、占　卜

占卜是傣族地区最普遍的一种巫术活动，用老百姓的俗语说即是"卜算日子"。需要占卜的事物很多：盖新房需要占卜，要选好吉日才能盖房，不是吉日不能盖房；结婚需要占卜，要是吉日才能举行婚礼，不是吉日不能举行婚礼；出行需要占卜，不仅要占卜吉日，还要占卜出行不能走的方向。据占卜者说：人的命根与地理的4个方位有密切关系，如果你的命根不能到东方做生意，你若去了便会被人杀死，或者患病身亡。迁居也要占卜，否则就不能迁走。总之，占卜巫术涉及傣族生产、生活的各个领域，对傣族的意识和习俗仍有深刻影响。

占卜方法也很多，通常有如下三种：第一种是"鸡蛋占卜法"，这是一种最原始的占卜方法，流行于最偏僻、最落后的村寨，占卜的巫师不需要更多的工具，只将鸡蛋拿在手里，念一阵占卜词，计算一下被占卜人的出生年月，便可占卜出凶吉；第二种是"兽形图占卜法"，即以一个井田形的八类兽形图为依据，结合占卜者的出生年月和十二属相进行推算，以占卜凶吉，这种占卜法比鸡蛋卜卦较为复杂，只有资历较深的巫师才能应用；第三种是"虎拉图占卜法"，"虎拉图"是相似于八卦的一种图案，上面用傣文写着各种符号，占卜时，以图为依据，结合占卜人的出生年月推算，便可占卜出凶吉。

从事占卜活动的人，一般是负责祭祀的"波摩"。也就是说，是村寨里的原始宗教首领。佛教最先是反对占卜的，认为这是异教的邪说，因而佛寺里的僧侣和负责管理佛事活动的"波占"，都不从事占卜活动。但到了后期，为了适应群众仍然相信占卜的心理和获得经济收入，一些和尚、佛爷和波占也从事占卜活动。由此也可以看到佛教与原始宗教相互吸收、相互融合的痕迹。

三、巫　医

人患了疾病，要请巫医来"治病"。巫医，实际上也就是从事祭祀和占卜的"波摩"或"波占"。由此可见，"波摩"是融祭祀、占卜和巫医为一体；"波占"是融拜佛、占卜和巫医为一体。两种宗教职业者都在"巫医"这条渠道上得到了汇合。

巫医"治"病，首先是占卜生病的"根源"。所占卜出来的"患病根源"，无非有两条：一是"撞着恶鬼"；二是"受惊落魂"。如果属于"撞着恶鬼"，那么，治病的方法，首先要祭鬼、撵鬼、送鬼，做完这些仪式后，再给患者一副象征性的草药；如果属于"受惊落魂"而生病，那么，首先要"叫魂"，把落荒而走的灵魂叫回来。叫魂的方式也很多：有的用竹盒盛上0.5千克左右的白米，白米上放1个鸡蛋，带到病人落魂的路边，一边喃喃地念"叫魂词"、一边将鸡蛋直立于地上,待鸡蛋立稳后,又将白米撒在蛋上,若落在蛋上的米粒是偶数,便认为魂已经叫回来了;另一种是用泥土捏成几种兽类模样,置于方圆1尺左右竹篾片,另加上一些简单的食物,送到村口路边,然后摘一枝绿叶,一边摇动、一边念"叫魂词",念毕便说魂已经叫回来了。总之,叫魂的方式五花八门,有数十种之多。巫师以巫术行医,对人民群众的健康和安全具有极大的威胁,有关部门已采取措施禁止,但仍禁而不绝。

四、诅 咒

诅咒是一种相互攻击的巫术活动,在傣族古代流传极广,到了近代仍然残存。诅咒的方式、方法也很多,主要有4种,即:影形诅咒、咒语诅咒、咒片诅咒和放鬼诅咒。

影形诅咒是用纸或晒干了的芭蕉叶,剪成攻击对象的模样(有的地方还暗暗地偷来数根被诅咒者即被攻击者的头发,贴在剪好的人形上,以表示真的是被攻击者本人),然后边用针戳、边念咒语。据说,戳在纸人上的针,会随着咒语落在被诅咒者的心口上,直到将他(她)刺死。这是最原始的诅咒术。傣族著名的叙事长诗《十二头魔王》中,有不少描写这种诅咒术相互攻击的详细情节。

咒语诅咒,不使用任何工具,只要学会咒语即可。咒语实际上也很简单,无非是一些攻击性的恶言,如"某某人违反天意,触犯神灵,让他妻离子散,死于乱刀之下"等。这种诅咒法,在傣族某些文学作品中均有描述,如叙事长诗《乌沙麻罗》中说,相信巫术的召曼诺抢走荷花之女后,帕拉西十分愤怒,发誓诅咒,要让他们生下的儿女是一只癞蛤蟆,还说诅咒变成了现实,召曼诺与荷花之女果然生了一只癞蛤蟆。说明这种诅咒法古已有之。

咒片诅咒，又有竹片诅咒或铜片诅咒之分。竹片诅咒的竹片大都取于围坟地的篱笆，即所谓"鬼篱"。据说这种"鬼篱"具有鬼的神力，只要将所需要的咒语写在上面，便会生效；铜片诅咒的铜片不计较来历，以在坟地上拾到的或死者遗物中找到的最为灵验。诅咒的方法是：先把被诅咒者的名字及诅咒的内容刻在铜片上，再将铜片拴在一条活鱼身上，然后将鱼放入水中。据说，此鱼可变成被诅咒者的化身。如果鱼被铜片刺死，被诅咒人也会跟随鱼而死去。

放鬼诅咒，是将鬼的幽灵放在被诅咒者的身上或家里，让鬼搅得被诅咒者不得安宁。使用这种诅咒方法的大多是自认为与鬼有某种联系或会捉鬼放鬼的人，如果本人不会，则要请别人帮忙。然而，如果请人帮忙，便会暴露自己攻击他人之秘密，并引起对方的防御或反击，因而不很普遍。

五、挂门符和戴护身符

挂门符和戴护身符，也是一种巫术活动。经过演变之后的傣族原始宗教认为，由于人间的争斗越来越复杂，不正常的死亡现象越来越多，有被刀杀死的、被火烧死的、被水淹死的，还有饿死的、冤死的等等。在人间作恶的人，死后也变成恶鬼，仍想伤害人。所以，人一定要防备这些恶鬼。挂门符和戴护身符就是防鬼除邪的主要措施之一。

门符，傣语叫"达了"，是用竹篾编成六角形的一种图案篾片，两端各系一截草绳，用以拴在房门或房外的大门、篱笆门上。最初，此门符十分神秘，只能由具有巫师职能的"波摩"制作，并由他念了防鬼经后方会生效。这样人们都得向"波摩"讨门符，并送上一些财物，"波摩"便可从中获利。但后来，佛教也参与了这种巫术活动，佛寺里的佛爷、和尚也取得了制作"达了"门符的权利。于是，栽秧结束后，人们到佛寺里堆沙赕佛时，便可同时将"达了"门符带回家，挂在自家的房门上。这一现象，不仅说明了佛教时时刻刻都在跟原始宗教争夺群众、争夺阵地，同时也说明了佛教与原始宗教只有在相互争斗中相互吸收，才能共存。据说，"波摩"制作的"达了"门符，与佛寺里的僧侣制作的"达了"门符，都同样灵验、都能防鬼除邪。这种意识，亦是众生既信仰佛教又信仰原始宗教的具体体现。

戴护身符，从性质上讲也是一种巫术活动，但已成为一种社会习俗，因而巫术的因素就逐渐减弱，变成了一种精神的寄托或信仰上的习惯。傣族的护身符，一般用银片或铜片制成，形状如一枚硬币，但也有用白布缝成的小圆包用棉线穿好后，即可戴在脖子上或拴在手上。据说，戴上此护身符后，便可防鬼除邪，免遭灾难。历史上，戴护身符之俗极其兴盛，直到中华人民共和国成立前夕还较为普遍。男女老幼都戴，但男孩或成年男子当了和尚以后，可以不戴。因为和尚是佛的子弟，任何恶鬼都不敢跟佛作对，无须防鬼。

傣族原始宗教的巫术活动，除上述几种外，还有玩弄"刀枪不入""替人圆梦"等等。总之，五花八门，渗透到傣族社会各个领域。这一切，说明了原始宗教虽然失去了对傣族社会的支配能力，逐渐衰落，但仍然以巫术活动方式，以求生存。

第五节　佛教的发展及其对傣族
社会的影响

传入傣族地区的南传上座部佛教，佛学上称"南宗"，西双版纳称"菩塔沙沙纳"，德宏称"菩塔帕沙"。传入傣族地区的佛教与当地的原始信仰融合后，带有自己独特的特点，因它与藏传佛教和汉传佛教有很大区别，故被统称为傣传佛教。

一、傣传佛教的发展

佛教是多派别的宗教，派别之争，有深远的历史根源。早在印度阿育王时代，佛教便有18部派、20部派、24部派之说。传入傣族地区的佛教，受其历史影响，也分成若干派别。传入西双版纳地区的分"摆孙""摆坝"两派。傣语中的"孙"，意为园林或园圃，"坝"意为山林，所以"摆孙"又称为"园林派"，"摆坝"又称为"山林派"。两派的教义基本相同，不同点只是：园林派主张在傣族村寨建立佛寺，可接纳男女教徒并接受他们布施的任何食物；山林派则不主张建立佛寺，认为僧侣应在森林里安静修行，不能接触村寨中的妇女，更不能吃有生命的食物。传入德宏以及其他傣族地区的佛教，最初也分成4派：即"摆庄""摆允""多列""左抵"。摆庄派又称为"耿龙派"，其主张跟摆允派和西双版纳的摆孙派基本相同，都认为应在村寨建立佛寺，晋升僧侣也可以在佛寺内进行，同时还允许杀生，允许教徒养鸡、养猪。多列派和左抵派则相反，不赞成在村寨建盖佛寺，晋升僧侣也不能在村寨里进行，一切活动都应在远离人间的山上进行。此外，还有一点不同：左抵派和多列派允许妇女出家当尼姑，傣语称"雅好"；摆龙派和摆允派则不允许妇女当尼姑，只许男子当和尚。

由于派别多，势力分散，自然就显得软弱。为此，佛教在传入傣族地区的最初阶段，迫于形势的需要，首先要联合起来，才能跟原始宗教争斗，占领傣族的社会阵地。因为那时候原始宗教的势力还很强大，又是土生土长的信仰，与人民群众有密切联系。如果佛教分成众多的派别，我行我素，不仅不能战胜原始宗教，反而会被原始宗教各个击破，赶出茫茫森林。这种局面，无论是园林派或是山林派都看得很清楚。特别是山林派，已逐渐意识到不在村寨建立佛寺，既脱离百姓，又难以生存。为此，各派别都在佛的理想、佛的精神的基础上联合起来，共同对付原始宗教。这亦是佛教传入傣族地区的最初发展阶段。

第二个发展阶段是建立佛寺，输入佛经，完善体制。

各派佛教联合成一体之后，很快便战胜了原始宗教，并取而代之，成为了傣族社会的主要精神支柱。此时，它立即采取各种措施，巩固阵地，发展势力。措施之一是动员众教徒修建佛寺，使之有固定的活动中心。有了佛寺，还得有僧侣，因而措施之二是规定年满7岁的男童都必须出家当和尚，接受佛的洗礼。否则，便被视为"生人"或"野人"，也就是未经教化的人。有了佛寺和僧侣，还得有经书。因此，第三个措施是从印度或东南亚输入大量佛经，并将其中大部分翻译成傣文，这就是傣族地区藏有大量傣文佛经的由来。从此，傣族地区"村村有佛寺，寨寨有僧侣，佛经如山，佛塔如林"，象征着传入傣族地区的佛教已进入极为兴旺的鼎盛时期。

二、傣传佛教的教义

傣传佛教的基本教义，在理论上，仍然是"四谛""轮回""十善"。据傣传佛经载，"四谛"是佛教最初成立时的总纲，以后一直是佛的核心思想。因此，傣传佛教认为，坚持"四谛"的基本真理，就是坚持佛的核心思想。所谓"四谛"，即苦谛、集谛、天谛、道谛。"苦谛"指人生的一切苦难，即所谓的"生、老、病、死四大痛苦"。傣传佛教除了坚持相信人生有"四大痛苦"外，还强调其他一系列痛苦。例如，爱的苦，即得不到自己所爱的人或所爱的东西而产生的苦；恨的苦，即自己憎恨别人或遭到别人憎恨而产生的苦；离别苦，即因妻离子散而产生的苦；求欲苦，即追求功名利禄、金钱美女，但又达不到目的而产生的苦；以及因不明是非误入歧途而产生的迷途苦等等。总

之，人生是苦海。"集谛"是解释产生一切痛苦的原因，这一
点，傣传佛教的解释与其他佛教的解释基本相同，即认为人的欲
望是产生一切邪恶、一切苦恼的原因。"灭谛"是阐述消灭苦
因、断绝苦果的途径和方法；"道谛"是讲述消灭了苦因、断绝
了苦果之后所必然要出现或要到达的理想境界，即永生的"涅
槃"。在这方面，傣传佛教结合傣族人民的心理素质和性格特征，
不仅有新的解释，还有新的创造。它不是单纯地、片面地劝告人
们放弃一切欲念和追求，并以此作为消除一切痛苦的唯一途径。
相反，它吸收了傣族原始宗教所提倡的"人的一切欲望都应该得
到满足"的思想，只是把"一切欲望"改成了"正常欲望"或
"不损害他人的欲望"，即认为"人只应该有自己的正常欲望"，
不应该有"损害他人、给他人制造灾难痛苦的非正常欲望"，并
在这一基础上"行善积德"，便会消除痛苦，得到解脱，进入永
恒欢乐的理想境界。为此，傣传佛教对教徒的要求不严，允许教
徒恋爱、结婚、杀猪、宰牛、喝酒、娱乐，过正常的生活，但要
求教徒不能有危害社会和损害他人的邪恶思想和邪恶行为，只能
有对社会有益、对他人有益的善良思想和善良行为。

　　为了便于宣传和实现上述教义所阐明了的主张，傣传佛教将
"灭谛"中的消灭苦因、断绝苦果的途径，概括为"赕"，即要
"行善、布施、修来世"。

　　根据"众生皆有佛性，众生都可成佛"的思想，结合人间
有富有贫、有智有愚、有强有弱的实际，傣传佛教在宣扬个人的
凶吉祸福完全取决于自己的善恶行为的同时，又将概括善行为的
"赕"分为5种类型：①是抄写经书送到佛寺敬献给佛，也就是
多出版佛的书籍、多宣传佛的思想，称之为"赕坦"，即赕经
书。②是将食物送到佛寺给僧侣享用，或施舍给贫穷者，称之为
"赕豪"，即赕饭或赕食物。③是自愿拿出金钱做善事或救济穷
人，称为"赕恩"，即赕金钱。④是"赕宰赕亮"，直译应是献

心献力。意思是说，当你没有任何物质去敬献佛或帮助他人的时候，也可以用你的心、你的力气和你的智慧去为他人做好事，据说这也是一种最好的行善方式。⑤是"赕帕"，即缝制袈裟敬献给僧侣。这样一来，"赕"便成了一种人人都赞同的社会美德，无论是富人、穷人都可以参加"赕"，"赕"便成了极为普遍的一种宗教活动。佛教的教义之所以能在傣族地区达到家喻户晓的程度，与它在实践中采取因地制宜的灵活宣传措施有密切的关系。

三、傣传佛教的僧侣

傣传佛教在西双版纳、德宏、孟连、景谷、双江、耿马等傣族地区相当普及，在最兴旺的时期，基本上每个村寨都有一座佛寺，只是建筑规模大小不同而已。佛寺的结构大都由佛殿、僧舍、藏经亭或诵经亭（包括僧侣晋升亭）3部分组成，是傣传佛教进行宗教活动的中心。

傣传佛教要求每个男子在一生中要过一段时间的僧侣生活，也就是要进行一次佛的洗礼。如果男人没有当过和尚，便被视为"生人"或"没有教化过的人"，而受到一定程度的歧视，被人看不起，很难找到配偶。因此，傣族的男孩到了六七岁时，都要到佛寺当小和尚。时间可长可短，有的只当半年或一年，有的则到了十七八岁接近结婚年龄才还俗。由于出家当和尚只是履行宗教义务和便于学习傣文，因而还俗的为多数，终身为僧侣的只是极少数。

傣传佛教的僧侣有严格的等级，以及严密的晋升制。其等级因地而异，各地有所不同。

西双版纳地区大都分为13级，即烘勇、小和尚、大和尚、佛爷、瓦借戛、大佛爷、吾巴赛、祜巴、祜巴勐、沙弥、帕召虎、松列拉扎虎、阿戛孟里。有些地方则将小和尚与大和尚合为一级，将佛爷与大佛爷合为一级，将祜巴与祜巴勐合为一级，因而只分10级。

德宏地区较为复杂，虽然各派已经融合为一体，但僧侣的等级仍沿袭各派的习惯而分：原摆允派由低到高，分为8级，即和尚、闷召（佛爷）、厅召、沙弥、桑召（又称"常卡拉乍"）、虎马召、松领、阿戛木里；原摆庄派只分3级，即和尚、闷召、召几；原多列派也只分3级，即召尚（泛指一般和尚）、召长、贡几；原左抵派只分两级，即小和尚、大和尚，其中大和尚又可晋升为主持。所以，实际上也是3级，只是习惯上将大和尚与主持合在了一起。

景谷地区的僧侣等级，与西双版纳、德宏大同小异，共分7级，即帕万（和尚）、帕都（佛爷）、沙滴（大佛爷）、厅召、沙弥、桑召、松列。从称谓上看，可说是综合了西双版纳和德宏两地的称呼，或者说介于两地区之间。

傣传佛教的僧侣，特别是佛爷以上的高级僧侣，一般都不以个人的身份到民间化斋、乞食，他们的日常生活，全部由村寨的群众共同奉养，并按户轮流逐日送到佛寺供其享用。僧侣多的佛寺，可每天指派1~2个小和尚值班，轮流到村寨里化缘，以做备用。社会地位较高或与当地官员、头人关系密切的寺院，则有寺田、寺奴或其他财产收入。寺田，傣语称"纳洼"，有两种来源：一是佛寺里的高级僧侣本身就是土司贵族的亲戚，因而封建领主在分封土地时，划出一部分良田给佛寺，让佛寺收谷租以做修缮佛寺之用；二是在土地已变为私有并可以自由买卖的地区，有的富裕人家为了表示行善，将一部分田地布施给佛寺。佛寺田一般都租给农民耕种，收入归佛寺集体，但有些地区也出现落为佛寺主持者私人财产的情况。

四、傣传佛教的戒律与佛事活动

傣传佛教的戒律，分五戒、八戒、十戒 3 级。

五戒是：1. 戒杀生；2. 戒偷盗；3. 戒奸淫；4. 戒说谎；5. 戒酗酒。

八戒，亦在五戒的基础上，再加上"过午不食"（有的地方称为"戒一日两餐"）、"不歌舞""不恶语（有的地方是'戒修饰打扮'）"三戒，合计为八戒。

十戒，亦在八戒的基础上再加上"戒卧高床"和"戒贪欲"两戒。

对佛教僧侣而言，无论是小和尚或高级僧侣，都要求遵守十戒，若违反便要给予一定的处罚。一般是喝酒者，给予警告，劝其悔过；调戏妇女或奸淫妇女者，撤销其僧职，脱去袈裟，赶出寺门。但是，在实践中，不管教规多严，也很难做到。例如，"不杀生"一戒，按照傣族古老的习惯，要求僧侣不杀生，一般都可以做到；但若要求吃素，不吃鱼、鸡和猪肉、牛肉，则难以做到。因此，傣传佛教对此条戒律做了新的解释：所谓戒杀生者，系指本人不亲自杀生，或指使别人、暗示别人去杀生，至于别人宰杀的有生命之生物，则可以食用。因此，傣传佛教的僧侣，绝大部分都吃荤，只有德宏地区有少数僧侣吃素。又例如，"戒酒"或"戒歌舞"也如此，在平常日子可以做到，在节日期间或非常的日子里便很难做到。在节日期间，便会出现年轻和尚出外唱情歌或在饭店喝酒的现象。因此，从总体上看，傣传佛教的教规不是很严，比较宽松。

对一般教徒，更不强求，只劝其自觉遵守戒律。遵守的戒律越多，对佛就越虔诚，所积的德也就越大。因此，教徒要遵守五戒、八戒或十戒，全由个人决定。一般情况是：50 岁以上的老人，大都自觉遵守十戒，称为"十戒信徒"；多数中年人则只守五戒，称"五戒信徒"；至于广大的傣族群众，却只将戒律的主要精神视为一种高尚的社会道德要求自己。

除抄写经书、诵经拜佛外，组织和参与民间的宗教活动，是僧侣的重要职责之一。

傣传佛教的宗教性活动很多。例如送饭到佛寺给僧侣享用的"宋萨豪"活动，每天都有，一年四季不间断；又如替百姓叫魂、给信徒诵经等活动，也很频繁。但它没有单独吸收信徒的仪式，几乎所有的傣族民众都是它的自然信徒。因此，它的宗教性活动都是集体性的、全民性的，并且集中在几个较大的宗教节日，例如"豪瓦萨""奥瓦萨""赕塔""赕经书""赕白象""堆沙""做帕戛"，以及"升小和尚""晋升佛爷"等。

"豪瓦萨""奥瓦萨"是傣传佛教最隆重的宗教节日，也是影响最深远的宗教活动。傣语中的"毫"是"进入"，"奥"是"走出"，"瓦萨"是"传授佛法期"。因此，"毫瓦萨"的意思是"进入传授佛法期"，采用其意有的地方译为"关门节"；"奥瓦萨"意即"走出传授佛法期"，采用其意有些地方译为"开门节"。传授佛法期始于每年的傣历九月十五日，这一天即是"毫瓦萨——关门节"，历时3个月，于傣历十二月十五日结束，这一天即是"奥瓦萨——开门节"。在传授佛法的毫法萨期间，佛寺里的所有僧侣都不许外出，更不许到村寨住宿；每7天举行一次赕佛诵经活动，傣语称为"宛信"，要求众僧侣和众信徒都参加，信仰五戒、八戒、十戒的信徒还必须在佛寺里用餐，部分人还在佛寺里住宿。因而向众生提示：从此时起应关起世俗之门，进入佛的世界，才能听懂佛经、通晓佛理。因而做了严格规定：在这时期，村寨里不许谈情说爱、不许举行婚礼，但可以敲锣打鼓，在佛寺里举行各种娱乐活动。

傣族地区佛塔林立，赕塔（即朝拜佛塔）也是傣传佛教最隆重的宗教活动之一。但时间不统一，这也是为了让人们能有机会到各地参加赕塔的缘故。以西双版纳为例，从傣历三月十五日至五月十五日（阳历1月15日至3月15日）都是赕佛期，三月十五日先集中在景洪坝子的中心朝拜"塔宰勐"（即全勐中心塔），然后相距5～7日再分别到各地去朝拜其他佛塔。这样，由于时间不冲突，参加的人便比较多，更体现出参加宗教活动的群众性。因为塔是埋藏或保存释迦牟尼骨灰的舍利，所以朝塔实际上也是一种朝佛。其程序是众信徒先自行在佛塔的四周点燃蜡条和献上钱物，然后再请僧侣在塔旁诵经，周围村寨的百姓则要准备各种可口的菜饭，带到塔边送给从远方来朝塔的人享用，最后则要举行赛鼓、跳舞等娱乐活动。在整个朝塔的时期里，没有严格的戒律，商人可以去卖东西、做生意，年轻人可以谈情说爱。因此，实际上是一种世俗化了的宗教活动。

"升和尚"傣语叫"恒录教"，是傣传佛教接收男童出家为僧的一种宗教仪式。在信仰佛教的地区，特别是西双版纳，凡年满7岁的男孩都要削发为僧，到佛寺里当一段时间的和尚，然后，根据家庭状况和本人意愿，或永远留在佛寺，或还俗为民。男孩出家为僧，不是个人的行为，而是全寨的大事，因而大都以村社为单位，集体进行，每次最少也要有3个，并举行集体仪式，集体庆贺。仪式很隆重，一般历时两天。第一天先在男童的家里举行，各地的亲友闻讯都要带上礼物前来祝贺，男童的父母则要杀猪宰牛备办酒席，热情地招待客人，就像办喜事一样，少则四五十桌，多则一两百桌，规模很大。这一天，要给该男孩洗澡、削发，并换上最新的衣服，然后坐在竹楼的正厅里，接受众乡亲的祝贺。第二天，所有前来祝贺的人群，均自愿地排成长队，护送被称为"录教"的男孩到佛寺；护送时，即将成为和尚的男孩骑在马上，其他伙伴则前呼后拥，显得既光荣又高贵。到达佛寺后，先要举行脱凡衣仪式和授袈裟仪式，然后再举行赐佛名仪式。其中以授袈裟仪式最隆重，是所有升和尚仪式的核心，要先由众僧给袈裟念经，然后再由佛寺长老将袈裟交给大佛爷，再由大佛爷将袈裟披在新出家的男孩身上，每一道程序都要念一段佛经，敬3次佛礼。至此，男孩便成为小和尚，再也不是凡人。但整个仪式还没有结束，人们还要在佛寺里住宿一夜，继续诵经祝贺。由此可见，这是傣传佛教最隆重的宗教活动之一，其目的是宣扬"出家为僧"崇高、光荣，造成一种男孩都想当和尚，父母都愿送儿子出家的气氛，以提高佛教在傣族地区的社会地位。

赕经书、赕白象、堆沙、滴水等等，也是傣传佛教经常倡导的佛事活动，规模有大有小，大的有数千人参加，小的最少也有四五百人，场面十分热闹。

五、傣传佛教对傣族社会的影响

佛教传入傣族地区，并成为傣族人民的主要精神支柱之后，对傣族社会产生了多方面的巨大影响，促使傣族社会、傣族习俗、傣族生产生活等各个领域，都发生了变化。

（一）伦理道德的影响

佛教尚未传入之前，傣族社会的伦理道德，基本上属于原始宗教的意识形态范畴，崇拜力量，认为"力就是美，美就是力"。狩猎能手不顾一切地与猛兽搏斗，并战胜了猛兽，这就是美；儒弱者蹲在寨边，连小猎物都不敢捕捉，这就是丑；守卫村寨的英雄能英勇杀敌，即使失去一只手臂，也是美；儒弱者不敢与敌人争斗，被敌人活捉而得以生存，这是丑。善恶也与力的作用为标准，有能力获得食物并分给大伙享用者，即是善；没有能力获得食物而又去抢劫别人的食物者，即是恶。这种以力的功能作为善恶美丑的伦理道德观念，覆盖着整个傣族社会。因此，那时候的傣族民族性格，也很剽悍、刚强。

佛教传入傣族地区并成为了主要的精神支柱后，傣族的意识形态发生了根本的变化。随着佛教思想逐渐渗透到傣族社会的各个领域，佛的主张成了傣族民众共同追求的理想，佛的教义成了傣族社会判断一切美丑、善恶的是非标准。信佛行善，大慈大悲，既是善又是美；不信佛，屠杀生灵，给他人带来灾难，既是丑又是恶。这种善美合一的伦理观念，透过记载佛的言论的各类经书，潜移默化地注入了人们的灵魂，成了人们一切言行的指南。随着时间的推移，傣族的民族精神和民族性格便受佛教影响而产生变化：从剽悍变得温和，主张和平，厌恶战争；提倡忍让，以善待人，人类之间不分民族种族，都应和睦相处。佛教的这一伦理道德观念，不仅对傣族社会影响深刻，还渗透到傣族的每个家庭，傣族的家庭观念、婚姻观念，甚至财产观念，都打上了佛教伦理道德的烙印。

（二）对傣族文化发展的影响

佛教文化，精深博大，丰富多彩。佛教传入傣族地区后，给傣族地区带来了大量的佛教文化、印度文化、东南亚文化，扩大了傣族的视野，促进了傣族对外文化交流，推动了整个傣族文化的发展。

首先，佛教帮助傣族创造和完善了傣文。在佛教传入前，傣族人民便应用自己的智慧，曾几度试图创造自己的文字，先是创造了图案似的象形文，后又创造了近似字母的豆芽文，然而，始终没有形成完整的实用的文字。据傣文史籍《目腊沙利纳竜》记载：佛教传入傣族地区不久，便随着梵文佛经带来的梵文字母，到了傣历六三九年（1277年），一位名叫阿雅坦孙洛的佛教高僧，在梵文字母的基础上，结合傣语的发音，不仅规范了已有的原傣族豆芽文的字母，还增创了15个傣文字母和11个元音符号。至此，傣文便得到进一步充实、提高，形成完整的固定的文字系统。尽管这一说法还需要进一步考证，特别是时间和文字的创造过程方面，学术界仍有不同的说法，但是佛教帮助傣族创造和完善了傣文，这一点却可以肯定。文字是人类交流思想感情和传播生产经验的工具。有了傣文，不仅为傣族文化的发展创造了良好的条件，同时对傣族的政治、经济乃至整个社会都具有极大的推动作用。

有了傣文，傣族社会便出现了一批又一批懂得傣文的知识分子。这些新兴崛起的傣族知识分子，对佛教带来的佛教佛经、佛教文学、佛教艺术，包括佛教绘画、雕塑、音乐、舞蹈等等，都有浓厚的兴趣，他们一边吸收、一边创造，不仅翻译了一定数量的印度文学，还创作出了一部又一部叙事长诗，使傣族文学创作出现了一个新的创作高潮。印度著名的古代史诗《罗摩衍那》的梵文本，就是这一时期传入傣族地区的。傣族歌手随后以这部史诗所描写的故事为题材，重新创作了一部题为《兰嘎西贺》的长诗。应该说，这都是这一时期傣族对外文化交流的成果。

（三）对傣族社会习俗的影响

佛教传入傣族地区并成为傣族的主要精神支柱后，傣族社会产生了三个方面的明显变化：一是佛教僧侣组织系统与当时的傣族地方政权融合成一体，使傣族社会变成了政教合一的地区；二是佛教的佛权体系与原始宗教的神权体系融合成一体，使傣族社会变成了具有双重信仰的神佛世界；三是佛教的宗教仪式与傣族民间的古老传统习俗融成一体，使傣族社会的民间习俗逐渐佛教化。

从此，佛教的礼仪，便是傣族的礼仪，佛教的宗教节日，变成了傣族民间的传统节日。例如，关门节、开门节，原来只是佛教传播佛法的节日，但后来却演变成了传统的民间节日。反之，傣族的某些传统习惯，又被佛教吸收或利用，带上了佛教的色彩。例如，傣族自古爱植树，不少村寨的乡规民约都有"建寨要在寨边植树，修路要在路边植树"等规定。佛教认为这一习惯不错，便加以利用，倡导在寨边、路边，特别是佛寺的四周种植菩提树，并宣传菩提是释迦牟尼成佛的圣树，种植菩提的人，不仅能心明眼亮还能得到佛的保佑，岁岁平安。这样，"种树行善，可得万福"的习俗便代代相传，原来的古老传统习俗，便在相传的过程中带上了佛教色彩。

总之，佛教对傣族社会的影响是多方面的，并且所有影响都是十分深刻的，应该肯定，佛教对傣族的社会进步、文化发展起到了积极的作用。

第四章　风俗习惯

第一节　饮食习俗

一、饮食习俗的形成和发展

傣族饮食习俗的产生、发展，经历了生食、熟食、烹饪3个阶段。

生食。指无论植物的果实、兽肉、鲜鱼、蔬菜等，均不用火烧烤或不用煮，稍加处理，直接食用。傣族的"剁生"，只需把生肉洗净，切碎剁烂，用少许酸醋或酸水浸泡片刻，拌和以食盐、辣椒、姜、蒜、花椒、芫荽等作料制成酱状就可食用。傣族还常把一些生蔬菜制作蘸水吃，如大白菜、卷心白、花菜、香菜、苦瓜等，均可生食。食法是：先做一碗"南秘"（"南秘"有很多种，一般是先把生辣椒和番茄放到火炭上烧，待烧熟后，撕去番茄的皮，接着把辣子、番茄和蒜放到碗里，用木棒研细，再放入切好的葱、芫荽等作料和适量的盐巴，拌匀即可食用），把洗干净的生蔬菜蘸上"南秘"来吃，具有清香、酸辣、鲜嫩的特色，这种吃法能品尝到蔬菜的本味，很受傣族人民的喜爱。吃"剁生"和生蔬菜制作蘸水吃，实际上是傣族古老生食习俗的"遗留"。

　　傣族喜欢吃腌制食物，傣族有腌生肉、腌生鱼、腌酸菜的习俗。傣族的腌酸鱼鲊很有特色，色鲜味美。腌鱼鲊的时间一般是傣历十一月、十二月间，这时气候较凉爽。腌鱼鲊很讲究用鱼，一般都用沙鳅鱼，此鱼形似泥鳅，但比泥鳅小，微白，约有小手指头大，在有沙子的清水河里生长。味鲜，是傣族地区特有的一种小鱼。腌鱼鲊的制作方法是：先把鱼洗净，晾干水分，将糯米蒸熟，趁很热的时候，把鱼倒入拌和，此时鱼已烫得六七成熟，再拌上食盐、辣椒、花椒、八角、茴香籽等作料，及少许酒，搅拌均匀，待热气完全散发后，放入盐水罐内，封盖上水，以防空气进入，待一年半载，即可食用，酸、辣、鲜三味俱全，吃起来十分可口。傣族还喜欢腌制酸菜和酸笋。制作酸菜的方法是：先将青菜晒至七八成干，然后洗净，晾干水分，切成短截，拌入适量的食盐、辣椒粉、苤菜根、茴香籽、八角等作料，用力搓揉后，放入盐水罐，封盖上水，一个月后便可以食用。有些地方还腌制干腌菜，制作方法是：先将青菜或萝卜叶晒得稍干，再用适量的酸木瓜汁或其他酸水煮，使味变酸，然后捞出，晒干存放备用。傣族地区盛产竹子，每年雨季来临，正是采竹笋的时节，人们常常用竹笋制作各种丰美的食品。其中把竹笋腌酸，则是每家每户必不可少的。腌制方法十分简便：将鲜嫩的竹笋采下后，剥皮切成丝，不加入任何东西，放入罐中，让它自然变酸，半个月后即可炒或煮食，色白，其味酸而鲜嫩无比，极其爽口宜人，是傣族常年食用的一道菜。若用酸笋煮肉、鱼、鸡，其味更是美不可言。傣族的腌制食品，能久存久放，不变味、不变质，它是生食古俗的一种变异传承。

　　熟食。分烤食和煮食（蒸食）两类。当火发明之后，首先盛行起来的是烤制食品，生食习俗于是被取而代之。但是在熟食习俗形成后，生食习俗并未就此消失。相反，它以另一种方式传承下来，比如傣族的烤肉，并不将肉完全烤熟，而只烤到六七成熟，即取而食之。烤是最古老的食俗，傣族很善于烤食，有烤鱼、烤肉、烤蘑菇、烤竹笋、烤香竹饭等等。在烤食中用香茅草做作料（香茅草是一种草本植物，含有特殊香味，用来制作香料，傣族常用它为作料，具有独特的风味），凡到傣家做客，端出一盘喷香的夹心香茅草烤鱼，便会食欲大增。夹心香茅草烤鱼的制作方法是：先把鱼的鳞片去掉，用刀把鱼刮开，去掉肚杂物，洗净，然后将准备好的葱、蒜、青辣椒、芫荽切细，与盐巴拌和，放进鱼肚子里，把鱼肚子合拢或顺折起来，用三四片香茅草叶捆好，用竹片夹夹紧，放到火炭上烘烤，待有八成熟时，抹上猪油，继续烘烤 5 分钟左右，即可食用。这种烤法，鱼香味扑鼻，脆、香、鲜三味俱全，回味无穷。由于香茅草具有特殊的香味，把它放到鱼肉里，能起到去腥调味的作用。煮食，在傣族日常生活当中很普遍，凡能吃的东西都可以煮，把煮熟的食物打蘸水吃，鲜香可口，很受人们的喜爱。

　　烹饪。是在熟食基础上发展起来的，由于生产的发展和经验的不断积累，人们在制作各种食物时，越来越精细，工序也越来越复杂，各种调味作料也名目繁多。傣族地区盛产很多天然香料，人们都喜欢用这些香料来烹制各种菜肴，以及傣族对酸辣的特别喜好，再加上傣族独特的烹调技巧，便形成了具有地方风味和傣族特色的食品。

二、饮食类别

　　傣族是我国种植水稻最早的民族之一，具有丰富的种植水稻经验。各地傣族均以食用稻米为主。傣族后来流传的关于谷种来源的神话传说，又为傣族的稻米食俗提供了古代传承线索。傣族虽种植豆类，但不做粮只做蔬菜。西双版纳傣族主食糯米，德宏傣族主食软米（属粳米类，因生长期长，吃起来很柔软，当地故称软米）。傣族地区所产的稻米，不仅颗粒大，而且含油脂极丰富。

过去，西双版纳傣族不食隔夜粮，家庭主妇每天凌晨即起，下楼舂米，每舂一次仅够全家一天食用。米舂好后，先用水洗净浸泡，而后放入甑中蒸之，熟后放在木盆或篾席上，用手揉匀，稍放片刻，便可食用。每日两餐，顿顿糯米。现在村村寨寨有碾米机，每次碾上一两担备用。德宏傣族一般每日四餐，顿顿软米，第一、三餐较简单，相当于早点和晌午，第二、四餐是午饭和晚饭。头天晚上把米淘好，用水浸泡一夜，第二天一大早家庭主妇起来蒸饭。先把浸泡过的米放入甑中蒸，蒸至半熟，揭开甑盖洒入适量的水，再加盖继续蒸，蒸至米粒柔软，便可食用。一般蒸一次饭，吃一天，饭冷了蒸热又吃。

傣族进餐，全家围桌而坐，用碗筷食用。过去傣族有用手抓饭的食俗，凡下田劳动、赶街，就用芭蕉叶包上一团饭或竹篾编的饭盒盛上一团饭和一点腌菜、烤肉之类，食不用碗筷，用手将饭抓成团便吃。傣族食量不大，食谱花样一般不多。

副食主要有猪、牛、鸡、鸭、鱼肉等。傣族不养羊，故不吃或很少吃羊肉。各种肉类喜欢烤食和油煎炸而食或炖至烂熟而食，很少炒食。

傣族地区水产较丰富，可食的东西极多，鱼是最普遍的一种，除此之外，傣族还喜欢吃虾、蚌、螺蛳、螃蟹等水产品。以鱼为主料，采用"蒸鱼""烤鱼"的方法烹制出来的菜肴，肉质嫩而味道鲜美。鱼还可制作成酸鱼或者把它拌上作料和食盐腌起来，能存放很久。螃蟹连壳带肉做成蟹酱，别具一番风味。

傣族常吃的蔬菜有白菜、青菜、萝卜、竹笋、莴苣、豆类、瓜类等等。蔬菜喜欢清煮，打蘸水吃，很少炒食。

三、饮食的制作与风味特点

傣家人不仅热情好客，而且善于待客。凭借着傣族地区丰富的物产资源，傣家人能烹制出各种各样的美味佳肴。诸如香竹饭、烤鱼、烤黄鳝、酸笋煮鱼、煮连壳螺蛳等等，无不富有地方特色和民族风味。凡到过傣家竹楼做客的人们都会对傣味留下美好的回忆。

傣族以稻米为主食，用稻米能制作出很多种食品。如香竹饭、黄米饭、"毫诺索""毫吉""毫松板"等等，现介绍几种稻米加工制作的食品。

香竹饭：用糯米或饭米放在香竹筒里烘烤而成。香竹是一种竹节很长的细竹子，内壁有一层香气扑鼻的竹膜，因此有"香竹"之称。香竹傣语称为"埋毫拉"，意为"煮饭竹"。做香竹饭时，先将香竹从有节的地方断开，每一节保留一个竹节做筒底用，把淘好的米塞进竹筒里，再加入适量的水浸泡约七八小时，然后用芭蕉叶封住筒口，将盛米的香竹筒放在火炭上烤或用小火烧烤，待竹皮烧焦，筒口冒出蒸气10分钟左右，筒里的饭就煮熟了。接着用木棒将竹筒捶软，捶得越软越好，因为筒里的饭越捶越软，越软越好吃。捶软后，把竹片撕开，就露出粘有乳白色竹膜的香竹饭了，连膜带饭一起吃。香竹饭柔软细腻，带有竹子的清香和炭火烘烤的干香，吃起来十分可口，是待客的好食品。

毫诺索："毫诺索"是傣语，"毫"为饭、粑粑，这里指的是粑粑。"诺索"是石梓花，呈褐黄色，有香味。"毫诺索"就是用石梓花粉和糯米粉做成的糯米粑粑，一般是在傣历新年，即泼水节时吃，故有叫"毫闷双南"，意为泼水粑粑。它类似于汉族的年糕。傣族群众这么说："吃了毫诺索，人就长一岁了。"这种粑粑的做法是：先将石梓花晒干，磨细。再将糯米淘净用水泡软，磨细，压成干浆备用。把石梓花粉末与糯米干浆、红糖、芝麻及舂细的花生等拌匀，用芭蕉叶包成3寸宽、4寸长的长方形小包，每包约重半两，然后把它放在甑子里蒸熟即可。要吃时，将芭蕉叶撕开，就露出了酱红色的粑粑，味道香甜，可做点心用。也可以把"毫诺索"晒干，撕掉芭蕉叶后切成薄片，用油炸吃。

毫崩：这也是一种糯米粑粑。它的做法是：将淘好的糯米浸泡十来个小时后，蒸熟舂细，再拌上红糖、蛋黄、芝麻继续舂，舂至匀和，然后做成直径30厘米左右的薄圆饼，再把圆饼晒干备用。要吃时，用两根竹片夹（一端做成巴掌形）把圆饼夹在中间放在火炭上烘烤，左右手各持一根竹片夹的柄子，不停地上下、左右翻动，尽可能使圆饼烤得均匀一些。被烘烤的圆饼受热后就发起泡来，因此，傣家人把它称为"毫崩"。"毫"是饭，饼的意思，"崩"是泡、胀的意思，"毫崩"就是泡饼的意思。这种泡饼具有甜、香、脆的特点。

毫栋贵：是一种糯米做的小粽子，粽心不是肉，而是芭蕉。做这种芭蕉粽子时，先把淘好浸泡过的糯米，用碗舀出一两左右，放在洗净的芭蕉叶上，然后取一条切好的熟芭蕉做心（一个芭蕉切成二等分或四等分），用芭蕉叶包住，再用细绳子扎好，放在锅里煮，煮熟后即可食用，有香甜的芭蕉叶味。"毫栋贵"是傣语，"毫"为饭，"栋"为煮，"贵"为芭蕉，意为芭蕉粽子。

毫吉阿：这是一种用糯米饭和苏麻（芝麻种类中的一种），做成的粑粑。做时，先将苏麻舂细，然后把它和刚蒸熟的糯米饭一起舂，待舂细，拌匀，把它捏成一块块饼子的样子即可。这种粑粑有几种吃法：一是舂好后就吃，有糯米和苏麻的香味；二是冷却后把它放在火炭上烘烤，然后抹上红糖，有糯米、苏麻和红糖糅合的甜香味；三是把它晒干后切成薄片，用油炸吃，有苏麻、糯米脆香味。"毫吉阿"是傣语，"毫"为粑粑，"吉"为烘烤，"阿"为苏麻或芝麻，意为糯米苏麻粑粑。

傣族的菜谱丰富多彩，从制作方法来看，可分为烤、蒸、煮、炸、剁、腌六大类。其中以猪肉为主料，采用"碎片烤、碎肉蒸"的方法烹制出来的菜肴，香甜鲜美，风味独特；以牛肉为主料，采用"烤干巴、剁肉花"的方法烹制出来的菜肴，别具一格；以鸡肉为主料，采用"包蒸、凉拌、碎烤"的方法烹制出来的菜肴，味道鲜美；以鱼为主料，采用"蒸鱼、烤鱼"的方法烹制出来的菜肴，肉质软，香味浓，味道更佳。不同的烹制方法，形成不同的风味。现选出一些傣族风味菜介绍一下，以飨那些渴望了解傣族风味菜肴的人。

用烤的方法烹制的菜肴有香茅草烤鸡肉、香茅草烤鱼、烤黄鳝、烤竹鼠肉、烤牛干巴等。

香茅草烤鸡肉：把宰好的鸡洗净，放在火炭上烘烤至六成熟，然后把肉剔下来，用木棒捶软、捶碎。把事先切好的葱、蒜、芫荽、青辣椒、盐巴等与鸡肉拌合在一起，捏成拳头大小，用洗净的香茅草叶包好捆住，用竹片夹起来，放在火炭上烘烤片刻，再抹上猪油继续烘烤几分钟，去掉香茅草就可以吃了。这道菜肴香辣可口，味道鲜美，颇受人们的欢迎。

烤竹鼠肉：竹鼠生活在竹蓬下面的洞穴里，靠吃竹根为生。一只竹鼠像猫一样大，但比猫肥得多，行动缓慢，它打的洞很深，一般都有二三个洞口，一个洞口在下，一个洞口在上，一个洞口在侧面，也有只打两个洞口的。有经验的猎人采用熏烟、灌水的办法把竹鼠逼出洞，然后把它逮住。烤竹鼠肉别有风味，制作方法与烤鸡肉相同，它除了香甜、肉嫩、可口以外，还带有野味的特点。

烤南瓜花肉馅：这种菜的原料是五花猪肉、南瓜花、葱、蒜、食盐。制作时，将猪肉去皮洗净，用刀剁细，再把南瓜花和肉剁在一起，然后把切好的葱、蒜及适量的盐放入肉里拌匀。把做好的肉馅分成若干份，每份塞进一朵南瓜花包好，用竹片夹住放在火炭上烘烤（不要烤焦），再将滚烫的猪油浇在烤熟的南瓜花上，等油冷却后就可食用。南瓜花肉馅呈深黄色，切开后喷香味甜。

烤干巴：干巴是用肉腌制晒干而成，有牛肉干巴和麂子干巴。先把肉中的骨头剔开，割成重约 0.25 千克或 0.5 千克，宽约 2~3 寸的条状，盛入盆中，撒上适量的花椒、辣椒面、食盐及少许白酒糅合，在盆里腌一昼夜后，用竹篾串起，悬挂在竹竿上，拿到太阳下晒干或风干，这就做成了干巴。烤干巴的制作方法是：把干巴用两三层芭蕉叶包好，放到炭灰中煨，约 10 分钟后从炭灰中拿出，撕去烤焦的芭蕉叶，再用干净的叶子包好，用木棒将干巴捶软、捶松，成肉丝状，即可食用。傣族烹制干巴，不喜欢煎炒，只喜欢烤，用叶子包着烤出来的干巴，的确具有一种特殊的香味，十分可口，用以下酒佐餐，会食欲大增。如果是麂子肉干巴，不仅喷香诱人，而且细嫩滋润，味道优于牛肉干巴。傣族有一句话："不吃烤干巴，不算尝过肉香。"烤干巴的甘美可想而知。

用蒸的方法烹调的菜肴有叶包蒸猪肉、粽包蒸脑花、蒸笋肉、蒸条肉、蒸青苔蛋等数十种。

叶包蒸猪肉：这种菜的原料有猪肉、葱、蒜、姜、青辣椒、花椒粉、香茅草、盐巴等。制作时，将猪肉去皮，洗净，剁碎，放在盆里；将葱、蒜、青辣椒切好，同香茅草结成的小疙瘩一起放入盆内，撒上食盐和花椒粉，与剁好的肉调匀，然后分成若干份（一般约一两一份），用芭蕉叶包好，放在甑子或蒸笼里蒸熟就可以食用。叶包蒸猪肉形状像粽子，肉软鲜美，花椒味香浓，吃起来带有香甜的味道。

粽包蒸脑花：原料有猪脑花、猪舌头、葱、姜、大芫荽、野花椒、蒜、青辣椒、香茅草、盐巴等。制作时，将猪脑花、猪舌头刮洗干净，把猪脑花划成小块，将猪舌头剁细，与切细的作料拌匀，分成若干份，每份放一片香茅草叶（结成小疙瘩），用芭蕉叶包好放入甑子里蒸熟即可食用。这道菜呈乳白色并带有灰色，肉质软嫩，味道鲜美。

　　蒸笋肉：其原料是五花猪肉、甜笋、姜、大芫荽、青辣椒、盐等。制作时，将肉洗净，切成长约8厘米，厚约半厘米的片；将剥去皮的甜笋也切成薄片；把葱、蒜、姜、青辣椒、大芫荽切好后，加上适量的盐拌匀；再把切好的肉片、笋片和适量的盐拌匀，分成若干份，每份用芭蕉叶包起。在包的时候，先将拌好的作料薄薄地铺在芭蕉叶上，再将肉片、笋片铺在作料上，面上再撒上一层作料后，包成长方形的小包，放入蒸笼里蒸熟即可。这道菜呈乳黄色，鲜嫩无比，芳香味中略带甜味。

　　蒸条肉：其原料是猪腿肉、辣椒、八角、草果和适量的盐巴。制作时，将去皮的猪腿肉洗净，用刀切成长约10厘米，厚约3厘米的条状，然后把盐、辣椒、八角、草果等作料撒在肉上拌匀，放置一刻钟后，再用细竹棍把肉串起放到火炭上烤到六成干；将烤干的条肉平放在盘子里，放到蒸笼里蒸熟，把蒸熟的肉拿出横切之后，即可食用。这道菜呈深红色，肉质鲜嫩，味道香甜，色、鲜、香三味俱全。

　　傣族用蒸的方法烹制出的菜肴，最突出的特点是：鲜、嫩、香，吃了不燥火，多吃一点也无妨，很受男女老幼的青睐。

　　用煮的方法烹制的菜肴，在傣族菜谱中是最普遍的一种方法。凡是吃的东西都可以用煮的方法来制作，青菜、白菜、萝卜、豆类、瓜类、莴苣、茄子、笋及鸡、鸭、猪、牛、鱼等肉类都可以煮。煮的方法只要有盐就行，对作料并没有特殊要求，就是无油也可以煮，既省事又简单，男女老少都能操作。所以，煮的方法极为普遍。在煮食中，如果有一碗蘸水，那是再好不过的了。蘸水是根据不同的菜用不同的作料舂合而成。傣族喜欢食用的作料有辣椒、姜、蒜、葱、花椒、八角、草果、芫荽、韭菜，以及傣族地区特产的"帕哈""帕营新""菲欢"等10多种。虽有如此多的作料，却不都喜欢用来与煮食掺配烹调，只喜欢用来制作蘸水。把煮熟的菜，在各种作料配制的蘸水碗中制作蘸水而食，蔬菜的新鲜本味极浓，清甜而又鲜美。假若在一桌肉食丰盛的宴席上缺少一碗丰美的作料蘸水，尽管肉鲜酒香，也将是一件极大的憾事。

傣族煮的烹制方法，很有独特的风味。傣族喜欢酸味，因此，在很多种煮食中都要加入西红柿或者酸水果一起煮，尤其是煮蔬菜。由于傣族地区所处的地理环境和自然气候，西红柿和酸水果长年累月都有，酸能避暑提神，又能解渴生津。因此，在煮食中都喜欢加上酸的东西，这样煮出来的菜既酸甜，又特别鲜。诸如："帕作"，西红柿煮豇豆、四季豆、莴苣、豆腐、茄子、土豆等等，均带酸甜味。

"帕作"："帕作"是傣语，"帕"为菜的意思，"作"为煮的意思。"帕作"意为煮菜，但一般只煮青菜。这菜的制作方法是：先把青菜洗净切成短截，锅中水开后放入菜，同时再放入姜、西红柿、食盐和少许红糖一起煮，直到菜入味，煮粑为止。这道菜若放置一夜更好吃。吃的时候，制作一碗蘸水。把煮熟的菜制作蘸水吃，酸甜鲜美，又带香辣味。如用肉汤煮，味道更佳。"帕作"的烹制方法虽简单，可要煮出傣味来，却不那么容易。它是傣族煮菜中的名菜之一。

酸笋煮鱼：是一道富有地方特色和民族特色的风味菜。制作方法是：将腌制过的酸笋放入锅内，加入适量的冷水和食盐一起煮，水开后揭盖继续煮，随后放入西红柿。酸笋煮好后才放入鱼，一般选用的是沙鳅鱼，因为沙鳅鱼是生长在有沙石的清水河中，故不用刮腹，活着便放入酸笋中，这样特鲜。沙鳅鱼入锅几分钟后即可食用。酸笋煮鱼，味道鲜美，微酸甜，鲜嫩而爽口，是傣族最喜爱的菜肴之一。酸笋煮鸡，那更将美不可言。它与酸笋煮鱼不同的是：鸡同酸笋一起煮，所放作料是一样的。吃煮酸笋，必须有一碗蘸水，蘸水是由大蒜、青辣椒、"帕营新"研细调合成的。酸笋制作蘸水吃，酸甜、清香、鲜美，吃后余味无穷，凡吃过傣族的酸笋煮鱼、酸笋煮鸡者更是终生难忘。

　　煮连壳螺蛳：傣族不论男女老少，都喜食田螺。每年逢撒秧、栽秧、薅秧的时候，人们腰系一只编织精巧的小竹篾箩，捡到螺蛳就往里放。收工回家后，把螺蛳集中放养在大浅缸中，盛上清水，每天换一两次清水，让其吐尽污物，三几天后即可煮食。煮连壳螺蛳工序比较复杂，由开始到吃，每个螺蛳必须三道工序。制作方法是：先把包有脏物的螺蛳屁股用刀面拍去，淘洗数遍后，放入开水锅中撩一下，便及时捞起，剥去螺蛳盖。拍去屁股是为了吃的时候能吸得出螺蛳肉，拿去盖是为了煮的时候能入味。螺蛳淘洗干净后，放锅，倒入油，油热以后放入干辣椒、酱、野姜、大蒜一同炒，炒出香味时再倒入螺蛳"哗啦哗啦"干炒几下后，放入水煮，接着再放入适量的食盐、花椒叶和傣族地区特有的"帕哈"作料一同煮，螺蛳煮熟后，再放入香料"菲欢"继续煮几分钟后，待香气扑鼻，便可上桌食用。吃连壳螺蛳还很讲究方法，用一只筷子把螺蛳肉往壳里轻轻捅进去，嘴接螺蛳口轻轻一吸，一团鲜美的螺蛳肉便滑进嘴里，若用力过猛了，就会把螺蛳肉连同肠肚一起吸进嘴里。如果用力不够，又吸不出来。煮连壳螺蛳，很讲究作料放入的先后顺序，以及煮时间的长短，有些作料煮的时间过长了，就失去香味。用这种方法煮出来的螺蛳，鲜美香甜，回味无穷。保持原汁的螺蛳汤，也是一碗不可名状的美味。

　　用煎炸的方法烹制出的菜肴有油炸牛皮、油炸知了、油炸蛹、油煎知了背肉馅、煎荷包蛋蛹等多种。

　　油炸牛皮：将牛皮煮熟，把毛刮净，用刀划成约半尺长、2寸宽的若干块，中间用刀划出几个条口，洗净、晒干备用。要吃时，把猪油或植物油倒入锅里加热，然后把晒干的牛皮放入（油要多，要将牛皮淹住），几分钟后，牛皮即发泡、变黄，这时用夹子把它取出来，晾冷后可做下酒菜，也可切细用以做米线作料。油炸牛皮香脆可口，很受人们喜爱。

油炸蛹：油炸蛹又分为油炸蜂蛹、油炸竹蛹、油炸粽叶蛹（竹蛹和粽叶蛹是嫩竹和嫩粽叶内生长繁殖的一种蛹）、油炸沙蛹（沙蛹是生长在江边沙土中，为黄褐色的蛹体）等多种。这道菜只需将所获得蛹用油炸黄至熟，撒上食盐即可食用。油炸蛹喷香扑鼻，含有丰富的蛋白质，味美而又具有丰富的营养，一年难得吃上几回。

油炸花蜘蛛：花蜘蛛生活在山林间，常在树林中结网，个儿比一般蜘蛛大，长足大腹，身上有花纹。将它捉回家后，用沸水淋之，去掉头足，取其身体用油炸至黄，撒上食盐即可食用。这道菜比油炸蛹还味香可口。

煎知了背肉馅：先将猪肉洗净、剁细，拌入切好的葱、蒜、辣椒，以及酱油、盐，做成肉馅。再将知了的足、翅膀去掉，用刀从背上划开，把拌好的肉馅夹进知了体内，然后再把知了的背合拢，用细篾子扎好，放进油锅里煎黄。知了背肉馅煎好后，红光油亮，皮脆肉松，味道清香，别有风味。

煎荷包蛋蛹：其原料有鸡蛋、竹蛹、油、盐。制作时，将鸡蛋打入碗里，搁上适量的盐，用筷子调匀，再把竹蛹放入蛋内，轻轻搅拌。油倒入锅里加热后，把蛋、蛹倒进油锅里煎。煎时，要一只一只地煎，让鸡蛋包住蛹，煎黄即可。这道菜脆、香、鲜三味俱全，是傣族的一种特殊菜肴。

用剁的方法烹调的菜肴有猪肉剁生、牛肉剁生、鱼肉剁生、黄鳝剁生、青蛙肉剁生、马鹿肉剁生、麂子肉剁生等几十种，凡是肉类，都可以做剁生。剁生是傣族的下酒名菜，具有香甜可口、味道酸辣的特点。

马鹿肉剁生：原料有鲜马鹿（学名叫水鹿）肉、葱、蒜、芫荽、大芫荽、野花椒、辣椒面、柠檬、盐、生猪皮等。制作时，先用刀把马鹿肉剁细，将切好的作料与剁好的肉拌拢，再撒上适量的盐，放入盆里用特制的小木棒研匀，再放入柠檬水，用筷子调和。把生猪皮刮洗干净后，放在火炭上烧，待皮变得乳白、透明时取出，切成薄片放进剁肉里拌和就可以吃了。

其他动物肉剁生的做法与马鹿肉剁生的做法相同，作料也大体一样。由于动物不同，用它们的肉做成的剁生味道也不尽相同。

剁生的味道是鲜美的，未吃过的人只要吃上几口就会上瘾。但因剁生是生吃，若动物身上有病，人吃了剁生就会染上病。过去因吃剁生而染病的人不少，甚至死去。近年来，人们逐渐改用七成熟的肉做剁生了。

熟肉剁生：原料、作料、做法都和用生肉做的一样，不同的是：将生肉用竹片夹住，放在火炭上烘烤至七成熟，然后把它放在案板上用木棒敲烂，再用刀剁细，拌入各种作料即成。也有用剁生加热至熟而吃的，但这种做法，已失去了剁生本来的鲜美可口的味道。

除了烤、蒸、煮、炸、剁5种以外，傣族还喜欢吃腌制食品，腌又分为熟腌和生腌两种。用腌的方法烹制的菜肴有腌牛脚筋、腌黄牛皮、腌水牛皮、腌猪脚、腌鱼、腌禽蛋、腌笋丝、腌酸菜、腌蕨菜等几十种。

腌牛筋：腌牛筋呈乳黄色，质地软嫩，味道酸香，清凉爽口，别有风味，是下酒名菜之一。制作方法是：将牛的头、脚用开水烫，把毛刮去后放到火塘上烧透，然后放入大盆里用水泡，再用小刀刮洗干净，砍成块，放进大锅里煮烂；再将煮烂的牛头、牛脚放凉，剔去骨头，切成约8厘米长、2厘米厚的条状，装入大盆里，用淘米水浸泡3小时后捞出来，再用冷水淘洗干净，滤干后放入切细的红辣椒，舂细的姜、蒜及适量的盐和花椒叶一起拌拢，装入扑水罐内，封盖，上水，以防空气进入。半个月后即可食用，色鲜味香，吃起来十分可口。

腌猪头：制作方法是将猪头放在明火上烧黄，用水浸泡，刮洗干净，剖开、剔骨后，切成长条状；再将切好的肉块用盐和硝揉透，然后与姜末、蒜泥、辣椒面、野花椒叶拌匀，喷上一点白酒，装进扑水罐内，皮朝上，肉朝下，稍加按压，随即上盖，罐口浸入清水中，过上一个月以后，猪头肉就腌透了，呈深黄色。食用时，取出一碗肉来，用竹片夹起放在火炭上烘烤至熟，切细就可上桌食用了，其味微酸而喷香异常。

腌猪脚：制作方法是先将猪脚前后蹄刮洗干净，去掉蹄壳，放进大锅里煮，待皮能用筷子戳穿时捞起。再将煮好的猪脚去掉骨头，切成长条状，猪蹄砍成小块，放入大盆内，用淘米水浸泡数小时后捞出，再用清水洗净、滤干，然后放入姜丝、蒜丁、野花椒、食盐和少量的热饭，相拌揉匀，装入罐中，把罐口封好，半个多月后即可食用。肉嫩、色白、味香而酸凉爽口，食用时加少量酱油、芫荽更妙。

腌"帕共"："帕共"是傣语，系多年生落叶乔木，高达七八米，树干约碗口粗，叶子似桃叶形状，长约 3～5 厘米，宽 2 指，属自然生长。可入药用，每年春天发芽。傣族喜欢采集刚发芽的嫩枝叶来制作腌菜。制作方法较简单，先将采回来的嫩枝叶洗净，晾干水气，装入瓦罐中，再放入米汤，使腌菜半淹没在米汤中，腌五六天后即可食用。吃的时候，把菜切细，拌上盐、辣椒和芫荽。这种腌菜，味酸很爽口，清香微带一点苦，是清凉饮食的最佳配料，吃起来别有风味。

腌蕨菜：蕨菜是多年生草本植物，生长在山野草地里，根茎长，横生地下，复叶，羽状分裂，嫩叶供食用，根茎可以制作淀粉，全株入药。每年雨季来临，正是采集蕨菜的时节。蕨菜采回来后，放到开水锅中撩一下拿出，再放到清水盆中浸泡两三天，待苦味没有了就可以吃。蕨菜可煮吃、炒吃、凉拌吃和腌酸吃。腌蕨菜的制作方法较简单，把浸泡后没苦味的蕨菜，切成短截，拌上盐、大蒜和剁细的红辣椒后，即装入瓦罐中，再放入米汤，使蕨菜半淹没在米汤中，三五天后即可食用。它的酸味纯正而又爽口是无与伦比的。腌蕨菜不用花多少成本，制作方法又很简便，在炎热的夏季，吃饭桌上有一碗腌蕨菜，无疑地可以大大增进人们的食欲。

傣家人依山傍水，因此很喜欢食用水生藻类植物——青苔。傣语称为"改""捣"。

"改"附生在江河里的鹅卵石上，呈草绿色，丝状，一般是阳历1月、2月、3月间有。傣族妇女把"改"从鹅卵石上捞出来后，把沙子、杂物洗净，加工成"改义""改英"两种干青苔片备用。青苔制作的菜肴有下面几种：

"改义"。将洗净的青苔丝拉开，压成直径1尺左右的薄圆饼晒干后备用。"改义"的吃法有好几种：一种是把"改义"放在火炭上烘烤，然后用手把它揉碎，放在锅里和葱花、油、盐炒拢，即可用来下糯米饭，吃起来有一种清香味；一种是把烤干、揉碎的"改义"放在鸡蛋汤里煮；一种是把揉碎的"改义"和鸡蛋拌拢放入葱、蒜、芫荽、盐、油等作料，调匀，放到蒸笼里蒸，待鸡蛋发泡后即可食用；一种是将烤热、揉碎的"改义"和剁细的猪肉一起煮汤吃，吃法很多，每种吃法都有清香的海味，十分可口。

"改英"。将洗净的青苔压成薄饼，洒上姜汤（姜汤由盐、水、舂碎的姜调成），晒干后而成干青苔片。要吃时，用剪刀把干青苔片剪成巴掌大的小块，放进油锅里煎（刚下锅便及时捞出，因为它又干又薄，时间长了就会烧煳了），捞出即可下饭。一种是把干青苔片用竹片夹住，放在火炭上烘烤半分钟左右，抹上猪油，再继续烤几秒钟后即可食用。这两种吃法，既香脆，又有海味。

傣语称为"捣"的青苔，生长在湖里和鱼塘里。其吃法也有好几种：一种是把"捣"捞出来后洗净，放在大碗里，拌上葱、蒜、姜、盐等作料，加上适量的水调匀，然后放入一块烧红的鹅卵石，碗内的"捣"立刻沸腾起来，就可以用糯米饭团蘸着吃了。一种是把洗净的"捣"拌上盐、姜等作料，压成圆形的薄饼晒干，要食用时，把它放在油锅里炸或放在火炭上烤，抹上油即可食用。

凡在傣家竹楼做过客的人，都会尝到一种傣语叫"南秘"的食物。"南秘"实际上是一种酱，分为"南秘布"（螃蟹酱）、"南秘白"（蔬菜酱）、"南秘麻黑松"（番茄酱）、"南秘诺"（竹笋酱）、"南秘麻批"（辣椒酱）、"南秘巴"（鱼酱）等。制作方法和吃法与内地人们吃的各种酱不同。各种"南秘"（酱）的制作方法是：

南秘布。这是一种螃蟹做的酱。制作方法是：将螃蟹的肉舂细，放在锅里熬，放上适量的盐调匀，熬到水干为止。水干后，将螃蟹晒成干片备用。要吃时，将青辣椒、大芫荽、蒜、葱等作料切细，放在碗里，取一块螃蟹干片放在一起，放入适量开水和盐，用舂盐棒研细，即可用糯米饭蘸着吃。这种"南秘"呈黑色，有特殊的辣味和清香味。

南秘南诺。这是一种用竹笋做的酱。制作方法是：将黄竹笋剥去皮后，切细舂烂，放在锅里加入适量的水熬，水熬干后，捏成小块晒干备用。要吃时，取一块笋酱干片放在碗里，再放入切好的葱、蒜、大芫荽、青辣椒及食盐等作料，加入少许开水，用舂木棒把它们研细、拌匀，即可食用。这种酱，呈乳黄色，有酸辣香味，吃后令人难忘。

从傣族饮食习惯来看，傣族风味菜肴的特点可用"酸、辣、香"3个字来概括。傣族之所以在饮食上形成这种特殊的喜好，是有多方面原因的，它与气候、生产方式、土特产品、食物独特的制作方法和储存方法等都有一定的关系，所以才形成了今天傣族饮食方面的特殊风味。

四、餐具、炊具

古时，炊间在住室中央，火塘上设有三脚架，在火上做炊，就食者围火聚食，这是一直传之后世的聚食古俗。历史上傣族饮食"不用匙筋，以手持而齿之"，使用碗、筷、盘、桌、椅、凳之类，则比较晚。傣族自制炊具多为陶器，如甑、锅、缸、罐、钵等，甚至支锅用的三脚架都是本民族烧制的陶器。至于桌、椅、凳之类，则多就地取材，以竹木制成。

傣族使用的餐桌，多为用竹篾编成的圆形桌面，用藤篾做成的马蹄形桌架，餐桌高约1尺5寸，桌面直径约2尺许，轻巧灵活，平时挂在墙壁上，到用餐时才取下来使用。和餐桌配在一起使用的是圆形的矮凳，这种矮凳也用竹篾编成，形似小鼓，有人叫它鼓凳。餐桌和凳，也有用竹篾编成方形的。餐具有碗、盆、勺、匙、饭盒等。过去多为竹节代替，目前这种现象已没有了，现已普遍使用陶瓷的碗、盆、匙等。但竹篾的饭盒至今沿用，大小不等，大的直径约1尺许，有圆形和椭圆形两种。现在傣族已使用碗筷进餐，用手抓饭的现象逐渐减少。

第二节　服　饰

一、服饰的形成与发展

有关傣族的历史，早在西汉就有文献记载，但非常简略，尚未谈及过傣族的服饰，直到唐代才有这方面的记述。因此，过去对唐以前傣族的服饰很长时间以来是一个谜。1979年《考古学报》第4期上发表的汪宁生《晋宁石寨山青铜器图像所见古代民族考》一文，为我们提供了唐代以前傣族的服饰资料，认为在2000年前，傣族的先民就已经有束发为髻和穿筒裙的习俗。

到了唐代，对傣族的服饰有了比较简略的文献记载。在樊绰《蛮书》中，把居住在德宏地区的傣族先民各部，依据他们服饰习俗特征分别称之为"金齿蛮""银齿蛮""黑齿蛮"，并说："黑齿蛮以漆漆其齿，金齿蛮以金缕片裹其齿，银齿蛮以银。有事出见人则以此为饰，寝食则去之，皆当顶为一髻。以青布为通身袴，又斜披青布条。"《蛮书》还把居住在西双版纳的傣族称之为"茫蛮"，对他们的服饰也有描述："或漆齿。皆衣青布裤，藤篾缠腰，红缯布缠髻，出其余垂后为饰。妇女披五色娑罗笼。"由此看出，唐代两个地区的傣族都有"缠髻"的传统。在服饰上两地有"以青布为通身袴"或"皆衣青衣裤"的描述。这里说的"通身袴"是一种以上至下裹身之物，上衣为"斜披青布条"或"披五色娑罗笼"。《蛮书》把这种衣服不叫"穿"而称"披"，"穿"与"披"之差，则在有袖或无袖之别，"披五色娑罗笼"即是披彩色没有袖的衣服，亦即彩色披风。

傣族服装据《蛮书》记载来看，在唐代以前中心地区的傣族尚无"短袖之衣""斜披青布条""披五色娑罗笼"等才是傣族原有的衣着。

唐代记载的除了傣族的服装和发式之外，还记载了傣族的文身、牙饰等习俗，这些习俗在后世文献中也有记载，至于"金齿"、文身之俗直到现代还比较普遍。

宋代傣族的服饰变化不大，记载亦较阙略。

元明以后记载傣族服饰的文献资料越来越多，并且也比较详细，尤其是明清时期。

元朝至元年间，意大利旅行家马可波罗曾到过滇西傣族等地，后来在他写的游记中对傣族服饰的记述时谈道："此地之人，皆用金饰齿，别言之，每人齿上用金作套如齿形，套于齿上，上下皆然。"与《蛮书》记载的"以金缕片裹其齿，……有事出见人则以此为饰，寝食则去之"的活动金牙套完全一样。由于傣族有用金来装饰牙齿的习俗，故他族便把傣族称之为"金齿"或"金齿百夷"。由此可见，以金饰齿之俗，在元代已成为傣族服饰上的一个突出特点。

到了明代，对傣族的服饰有了比较详细确实的记载。明初钱古训、李思聪等人出使百夷地区在今德宏傣族聚居之地留住时，见到傣族的服饰，故在他们所著《百夷传》(明时称傣族为"百夷")中对当地傣族服饰做了较详细的记述，说傣族"男子皆衣长衫宽襦而无裙，……妇女则绾髻于后以白布裹之，不施脂粉，身穿窄袖白布衫，皂布（即黑色）筒裙。……贵者以锦绣为筒裙"。他们是亲眼目睹，所记当可置信。我们今天看到的傣族妇女的束发为髻和筒裙，窄袖短衫等服饰上的主要特征，至迟在明初就已形成。

明代记述傣族服饰的文献资料非常多，大都有"缠头，衣白衣，窄袖短衫，黑布筒裙"（景泰《云南图经志书》），"窄袖短衫""套项筒裙""黑布筒裙"（《滇志》）等等。清代更是举不胜举，除一些专著外，凡有傣族居住的府、县志书几乎都有这方面的记载，并由于傣族服饰上的这些特征，再加上行动时必须出现的扭动姿态，到了清初，便把傣族通称为"摆夷"。

总之，明清时，傣族妇女的服饰和今天已无多大差异了。

几千年来，傣族的服饰尽管男子有不少变化，而妇女的束发为髻和筒裙、窄袖短衫等主要服饰基本保留了古装的传统。有的是2000年前就有的服饰，有的也有七八百年的历史，经过这样长时间的发展演变，终于形成今天独具一格、特点鲜明、深为本民族和其他民族喜爱的现代傣族服饰，在各民族的服饰艺术中均享有较高的声誉。

二、服饰的类别及其特点

自古以来，男女性别在服饰上有着重要的区别。由民族传统及各民族差别形成装束上的特色，是服饰最鲜明的标志。

傣族由于聚居比较分散，各地服饰有一些差异，妇女服饰差异明显，各地男子的服饰一般差别不大。男子上装一般穿无领对襟或大襟小袖衫，下装一般穿长裤。靠近缅甸一带的，下装也穿"笼记"，形似妇女的筒裙，但稍短，不足3尺长，颜色较素，不起花纹，多为方格或一色。用白布或青布包头，有的戴呢礼帽。过去习惯上赤足，现在多穿革履或鞋。男子文身的习俗还比较普遍。

傣族文身是一种古老的风俗。近代文身，只限于男子，它是属于婚姻关系的成年仪式。认为文了身，才是一个男子。否则，要被女人们讥笑，也就不容易求得女子的爱。文身部位多在胸、腹、四肢，而不及于面部；腹部自小腹而上至腰之周围，胸部在两乳之间及乳之上方，背部在背之正中，上肢自腕以上至肩，下肢自膝以上至臀部。所刺花纹有动物状，多为虎、豹、象、狮、龙、蛇及怪形兽，也有刺飞鸟的，刺家畜如牛、马、鸡、猪者则没有。刺图案花纹，通常为曲线组成的图案，圆形、椭圆形，也有卐形花纹及三角形和方形图案，还有把傣文、缅文、暹罗文的字母或成句的佛经刺在身上的。

凡文身的并不一定全身各部分都要全刺，一般只在四肢之一部略刺少许，有的在某一部位刺几个文字或一束小花，有的刺一个复杂的图案在一只腿或臂上，有的刺一只老虎或狮子在背上，或刺一条蛇（或许是龙）在腕间，全身各部分都刺满花纹的人不多见。

文身并不举行仪式，男子年在十一二岁至 20 岁之间，由父母请一个具有文身技能的人来家施术，施术时用四五根缝衣针并为一束，顶端固定在一块铅饼上，先给被文身人饮以少量生鸦片烟，使之呈麻木状态，卧地上，由数人夹抱，然后进行文刺。施术者将针束拍刺肌肤，血随针流，随即揩去血液，用一种紫黑色的植物液汁涂上，等痊愈后，被刺的部位便出现永不磨灭的紫黑色花纹。凡为人文身的，都具有特殊技能与经验，故不必在文刺部位预绘图案，只需度好位置，放手刺去，便能随心所欲而成花纹。通常每一次文刺，只能及于身体之一部分，或一腿，或一臂，刺后第二三日，全身红肿，或发高烧，卧床不起，需待被刺处伤愈结痂，痂落身体复原，然后再刺另一部位。故若要全身刺满花纹，便需受到这样的痛苦若干次。过去文身也有被感染而死去的，与过去相比，今日傣族文身之风并不是很盛行，只是一种象征性文身了。

傣族妇女服饰较为复杂，很富有民族特色，但各地差异较大。

西双版纳傣族妇女服饰，内穿浅绯色紧身小背心，竖镶有彩色花边，外着大襟或对襟圆领窄袖短衫，有些地方腰身瘦窄，下摆宽大。下身穿美观艳丽的打折花筒裙，结发于顶，常插以梳子、鲜花或覆以花头巾。饰物有耳环、手镯、腰带之类。耳环有金、银，手镯多为圆体银手镯，腰带也是用银打制的，有花纹。

西双版纳傣族妇女服饰很具有独特的民族风格。窄袖短衫，袖管又长又细，细到仅够穿一只胳臂。衫身，除紧身外其长只到腰部，后摆还不及腰，穿着时在筒裙的银腰带上，少许背脊时隐时现，为整个服饰增色不少。筒裙样式也很有特点，不同于其他民族的筒裙，裙长一般都长至脚背，束于乳下，色彩鲜亮，质地柔软单薄，恰到好处地显露了傣族妇女娇柔苗条的体态。

关于傣族穿窄袖短衫和长筒裙，民间流传这样一则故事：很早以前，傣族和偅尼人（哈尼族）是一家。傣族是哥哥，偅尼是弟弟。兄弟俩分家时，嫂嫂和弟媳一起分共同织的布。分衣裳布时嫂嫂一再谦让，把长的一匹布给了弟媳。因此，傻尼妇女总是穿宽大的外衣，傣族妇女总是穿紧身的上衣。分裙子布时，弟媳一再谦让，把长的那匹裙子布分给嫂嫂，把短的那匹布留给自己。因此，傻尼妇女穿短裙，傣族妇女穿长裙。这则故事虽不能说明傣族穿着的由来，但它却反映了傣族装束的特点。

西双版纳傣族未婚少女与已婚少妇，在装束上无分别。妇女束发的发式、筒裙的特长和短衫的修窄都具有浓郁的民族特色，尤其是三者合为一体，再加上傣族妇女既纤细又丰盈的身材，不用任何修饰，本身就是一个优美的舞蹈姿态，无怪乎凡是到过傣族地区的人，都会被她们的服饰所吸引，并把它视为一种美的享受。

德宏傣族妇女服饰，除瑞丽的妇女服饰基本与西双版纳相同外，其他地区未婚少女服饰与已婚少妇服饰是有严格区别的。

未婚少女，上身穿浅色大襟或对襟窄袖衫，衣长过脐，下摆宽大，着深色长裤，束黑色绣花边的小围腰和一条宽约 7 厘米的黑色长飘带，飘带两头绣有彩色花朵图案。束围腰和飘带时，衣前摆压在里，后摆在外，飘带垂于前面微偏则带长及膝。用红头绳结发辫盘绕头一周，插以鲜花，外出常戴竹篾小帽，显得非常大方利索，独具一格。

已婚妇女，上着对襟、下摆宽、长过腹的衣衫，下穿黑色筒裙，分内裙和外裙；内裙长过膝盖，外裙长至脚背。束发盘于头顶，中年以下头缠浅色浴巾，把浴巾垫衬工整地叠成约巴掌宽的长条状，由后至前，交叉于前额上方并分两边垂向后，显得干净整洁。束黑绣花小围腰。中年以上妇女则戴黑布缠成的高筒帽，不束围腰。天冷时，脚至膝下扎以绑腿。

饰物有耳环、项链、手镯、胸花、簪等。戴耳环，少女与少妇有区分，少女一般戴有耳坠的耳环，少妇戴的是贴在耳面的耳环。耳环多为金银制。少妇着对襟衣服时，中间以 4 个银纽扣为饰，直径约 2 厘米，形如半剖圆球，中空，镂刻精致花纹。也有用银制成小鸟或蝴蝶形做纽扣的。大襟衣服多为布纽扣，用布裹边打结，如豌豆大小，缝制在衣服上即成。逢年过节，妇女们都佩戴胸花和头簪，多为银制，贵者用金，并镶有珠宝。

今日，傣族镶金银齿的风俗，仍然较普遍。

居住于元江、新平、墨江、红河等内地的傣族，以妇女衣着精美绚丽，独具一格著称。由于妇女服饰的特点，人们便称他们为"花腰傣"。

内地傣族，居住比较分散，因此，形成不同的支系，每个支系都有自称。傣泐、傣仲、傣雅、傣德、傣涨、傣洒、傣卡、傣郎等等，服饰因支系而异。

傣雅妇女束发盘于头顶，缠镶有用丝线刺绣的花边黑色高筒帕。按过去傣雅习俗，凡头上戴有用银泡镶饰的花边头巾，属未婚女青年，头巾上没有镶银泡的是已成婚。戴细篾竹顶笠帽，耳饰银质大耳环，手戴六方体银手镯，身穿镶花边黑色窄袖短衫，内着花边紧胸短背心，并缀满银饰，犹如软甲，庇护前胸，额上头帕镶有成排的三角形银泡，下着花边黑筒裙，腰束一块小围腰，腿裹黑色帕。外出时，腰间系一只篾编的小巧玲珑的细花"秧箩"。一般妇女身着上衣二三件，一件比一件短小。外面一件镶银泡，挂银扣，花边鲜艳。下部着筒裙三四条，左高右低。妇女的全套服装大都是用花丝线刺绣，绸缎镶花边加工而成。穿上色彩艳丽的短衣和筒裙，具有鲜明的民族特点。

傣仲、傣德、傣涨妇女上衣有两种，即贴身短褂和无纽扣外衣。短褂多用蓝色土布或粉红色、草绿色绸子做成，长及腹胸交接处，短褂前下摆处钉着一排晶莹闪光的细银泡，外罩一件只可遮盖胸部的蓝色或粉红色无领无纽短衣。外衣襟边和摆边以红、黄、绿、白为饰，袖细长可及腕，并以数道彩色布料饰于下截。下穿宽大的青土布筒裙 3 条，分为内筒裙、二筒裙和外筒裙，其中，二筒裙边用红、黄、绿、蓝、白条色丝绒精心刺绣，色彩斑斓，鲜艳夺目。心灵手巧的妇女，在一种颜色中，还要点缀上其他颜色的精细图案，如古方格、花、草等。穿时，第一层穿内筒裙，将裙小头套至腰部，折向左面系上腰带，再将二筒裙穿至比内筒裙稍高 3~5 厘米处，折向左面系上腰带，最后将外筒裙穿至比二筒裙稍高 3 厘米处，由下往上折叠三分之一左右，以一条自织的艳丽多色的彩带绕腰数周，既可系裙，又可束腰，"花腰"即由此而得名。筒裙穿成横斜状，左方略高，右方略低，下腿着青布绑腿。

傣仲、傣涨发式较复杂，安假发、围包头、上头箍，外又围缀有流苏的发巾。傣德发式较简单，不安假发，将长发扭成团，用头带扎稳，包两块头巾，戴银质大耳环和手镯。傣仲、傣涨戴小耳环、手镯和戒指。

傣雅、傣德女子逢喜庆节日离家外出，喜戴一顶边沿上翘的特制篾帽，称"各"。傣仲、傣涨女子打伞不戴帽。她们的共同点是：腰间系着一只色彩浓艳、精巧别致的腰箩，称"秧杆"，属女子的特殊装饰物，女子常用它来比美。

傣卡妇女的服饰与傣雅大体相同。傣洒妇女的服饰花纹刺绣略显古朴。婚后的傣族妇女，发结于脑后，并束有一串串水银珠。头戴精致的锅状小斗笠，是一种美的装饰。发结于头顶的属未婚女青年。

内地傣族男子服饰差异不大，一般穿深色有领或圆领对襟短衣，下穿打折宽裆裤，头缠青布包头或戴黑圆帽。

总之，内地傣族妇女服饰要繁杂得多。边疆傣族妇女服饰的特点：简单、清洁、式样美观、色调柔和，很少有累赘而近乎原始的装饰品，青和白是衣饰的主色，红、黄、绿是装饰色。这种装束，配着傣族白皙的皮肤，清秀的面庞，活泼的姿态，健康的体格，不施脂粉，时或摘几朵野花插在鬓边，看上去确实是很有风韵的。

三、服饰的制作与加工

傣族生活在热带和亚热带地区，由于气候温和，服装样式比较简单，缝制工艺也不复杂。傣族的筒裙，只需用一块布，两头缝合便成，大襟和对襟衣服，样式也较简单，无领、通肩袖，袖与身一道线就可缝合，衣与裙不绣装饰物，最多缝贴几条花边即可，一套衣裙，由裁剪到缝好，不用半天时间就能完成。

德宏少女服装，在围腰的两边和长飘带的两头绣花。民间较早就使用由缅甸进来的缝纫机，因此绣花都采用机绣。绣花很讲究，用彩色丝线绣，并分几层颜色，多绣图案为粉团花、菊花、荷花等，绣工精细、华丽。

内地傣族服装的制作与边疆傣族相比要复杂一些。服装上讲究比较多的装饰物，镶银泡，挂银扣，以及自织的艳丽色彩的花腰带，这些做工都较难。装饰银器在衣物上，都靠手工活。全套服装大都是用花丝线刺绣，绸缎镶花边加工而成。

傣族过去缝制衣物，多用自己织的布。傣族姑娘到了十一二岁，便开始学纺线、弹棉花、织布。织布工具有腰机，织布时先放经线，织时拉平绷紧经线，用梭将纬线穿入，用木板梳扣紧，来回往复，可织各种花纹、图案，也可织入染色彩线。织出的布匹用土法印染成各种颜色，可缝制衣、裤、裙、挎包和被盖等。

傣族使用的耳环、项链、手镯、头簪等金银首饰，均是民间自制的。

四、服饰的功能与作用

服饰的产生和形成，与早期人类出于保暖御寒的功利目的有直接的联系，当服饰民俗形成后，随着生产经济的发展，人们对服饰的性能才有进一步的要求。如质料、做工的经久耐穿，规格、样式的舒适合体，生产、生活的方便，气候冷暖的适应性等等都出于服装的实用价值。

傣族服饰各地差异较大，与民族生存的自然环境有关。地理、气候等自然条件，影响和制约傣族的服饰，以傣族服饰的形式和发展来看，除历史、文化等原因外，还有就是对自然环境进行适应的结果。生活在热带的傣族，服饰简单，料质柔软单薄，上装颜色浅，筒裙色彩鲜艳。内地傣族的服饰要复杂一些，衣裙上镶缀很多银泡，分内外几层，衣服穿二三件，裙子穿三四条，质地较硬，色彩沉着，喜欢穿黑色。各地傣族服饰的不同与所处的自然环境息息相关，也正反映出服饰对自然环境的适应性。

服饰是最直观的标志，它能区别出民族、性别、年龄、职能等。人类最初的服饰雏形，主要是为了护体，并无明显的男女区别。随着社会的发展，男女的分工及生理需要差别的明朗化，才使男女服饰有了差别。生活在德宏瑞丽的傣族，男女同穿裙，裙上靠花纹和色彩也能区别出"雌雄裙"。年龄大小，在服饰上也有反映。德宏傣族幼女编独辫，垂于脑后；少女编发辫盘绕头一周；约 50 岁以前的已婚妇女，头缠浅色浴巾，束围腰；年老的头戴黑布缠成的高筒帽，不束围腰。民族的识别与命名，常常离不开关于服饰的描述。在古代和现代不少民族的自称和他称中，即可看到这种以服饰名之的风习。如古籍中所谓"金齿蛮""黑齿蛮""白衣"等，均是对傣族的古称；与傣族同属一个民族的花腰傣，服饰之艳丽斑斓，为世之少见。花腰傣服饰的"花"，岂止在"腰"上。腰上的装饰，虽为全身最为富丽，除色如彩虹的织绣腰带、裙边、衣角和袖口，还镶缀着许多不同样式的银泡、银饰和璎珞，"花腰傣"便由此而来。职业角色，是人的社会文化角色的一个重要方面。不同职业的人组成各自不同的社会集团，也形成互相区别的职业服饰。在傣族中，从事专职宗教活动的和尚、佛爷，他们的服饰与本民族服饰就带有职业角色区别的色彩。

服饰在发展中，逐渐从实用的基础上派生出审美意识，它受到消费生活水平的严格制约。当人们处于贫困时代，温饱不能解决时，服饰的审美意义几乎完全消失。当人们处于正常的消费生活中时，审美意识会产生巨大的影响力，这些影响力无疑地对社会各阶层在穿着打扮上形成巨大的习俗惯制，料质的差别，素淡与艳丽的对比，长短与宽窄的比例，色调与花纹的搭配等等，往往不单纯出于实用的要求，很多情况下已出于审美功能。民族生活和文化传统形成了各民族在服饰上的审美标准，服饰样式、颜色、质地都按民族惯例形成。傣族服装的秀丽轻柔与绸纱等质地分不开，筒裙色感的鲜明柔和及花纹的明快，配于细薄柔软紧身而裹体的淡雅上衣，便勾画出傣族姑娘婀娜秀美的形象。由此看出，服饰都暗含着与实用价值俱存的审美价值。

服饰的构成即有实用和功利目的，又有审美装饰用意。总之，服饰的继承与革新总是不断进行着，文化的发展，人们生活的改善，无疑地对服饰有着影响。傣族过去衣服尚白，现在除保留白之外，还喜欢用花布料，由原来的小领口趋向大领口，并且领口也开得低，过去只有长袖，现在已发展为长短袖相间，筒裙的色彩花纹更趋向艳丽明朗。现代人们的穿戴或时装已成为一种艺术样式，它的观赏或表现出的审美功能，已大大超出了实用的观念，它按照自己的传承规律逐渐向自觉的美感和社会交往的观赏方面发展，形成了极有特色的服饰习俗。

第三节　婚恋习俗

一、婚恋方式和特点

　　傣族的婚恋习俗，丰富多彩。凡到傣族地区旅游的游人，住在翠竹荫翳的竹楼上，每当风清月白之夜，常可以听到从竹林深处隐约传出的竹笛声，客人们在好奇心的驱使下，寻声而去，原来是年轻人在谈恋爱呢。

　　傣族生性活泼开朗，男女之间的接近便很自然，恋爱饶有风趣。男女青年在婚前有相当充分的社交自由和恋爱自由，傣族把男女社交恋爱叫"列少"，当地汉族称为"串姑娘""串卜少"。其进行的场合和方法多种多样。每逢傣历新年、赶街、纺线、舂米、嫁娶，以及各种节日活动、宗教集会等场合，都是傣族男女青年进行社交恋爱的好机会。一旦由此相识，便可经常往来。每当夜幕降临，夜来香散发出浓郁的芳香时，外寨的男青年吹着柔和、委婉而富有情趣的"筚"，来到姑娘的村寨，徘徊于姑娘楼下，做父母的便依照习惯回避了。在静夜的旷野中，听到这种乐声，别具一种动人的情调。姑娘通过不同的"筚"声，能辨别出意中人，便寻声前往。夜静更深，花前月下，挽臂踏歌，畅叙衷情。

　　在德宏的瑞丽、遮放等地，尚有一种恋爱方式是在夜间的碓房里。在这一带地方，每个村寨都有一两个水碓房，每户人家，晚饭收洗完后，便由妇女们把翌日食用的谷米，携到碓房中碓净。在这时，男青年们便隐蔽在碓房的四周，和着流水与碓杆转动的声音，唱出抑扬委婉的情歌，用来挑动碓房里姑娘们的情意。开始，歌声由远而近，渐渐地碓房里也有对答的歌声飘出，歌声此起彼落，达到高潮，逐渐各自找到自己的对手，形成一对对男女有问有答的对唱。最终男子挽着姑娘走出碾房，消失在黑夜中。

有特色的恋爱方式"丢包"。"丢包"是傣族过春节时的一种娱乐活动，节日来临时，姑娘们就精心制作花包，包成边长约1尺的正方形，内装有棉籽或豆壳，包用漂亮的布缝制，有些还绣有花纹。丢包一般是春节后3天开始，到了这一天，姑娘们打扮得漂漂亮亮，身上戴有各种金银首饰，拿着自己精心制作的花包，由"贺少"（女青年领头）带着来到丢包场，男青年则由"贺冒"（男青年领头）带着也来到丢包场。男女青年分别排列两边，相距10多米相向而立互丢。一般同一村寨的男女青年不丢包。丢包开始，你抛我接，并无固定目标。按丢包习俗，对方接不着包，就意味着输了，就得向丢包人敬献鲜花或其他礼物。不久，花包像有了情意，在一对青年男女之间飞舞，对方有意输掉很多东西，直到输完了所带的礼物或各种首饰，这对青年便悄悄离开丢包场，到村前寨边或僻静的地方谈情说爱。如果情投意合，小伙子便每天晚上无论路途多遥远都要去"串姑娘"。

丢包，各地不尽相同，有些地方是一男一女互丢，一开始就明显地表现出择偶心理。丢包这一天，姑娘梳妆打扮，手拿花包，三五成群前往丢包场，男青年则一群群站在路边观望，见漂亮姑娘来了，他们就搭腔或唱山歌。如姑娘们有意，便会搭话或者对歌；若姑娘们都无意，就会径直走自己的路，不理不睬。姑娘们到了丢包场，这时已有很多男青年在等候。姑娘们拿着包，慢悠悠地来回走着，不时悄悄地审视人群中的男青年，有无自己理想的人选。男青年们时时在答话，有意挑动姑娘们的情意。姑娘们一般不轻易同看不上的人丢包，直到姑娘找到合适的男青年后，两人才开始丢包。每对丢包的青年人之间，有一定的距离。在丢包过程中，谈笑风生，互输礼物，小伙子也乘机了解到姑娘的住址和姓名。丢包一阵之后，两人相约到大青树下或竹林深处相互倾吐爱慕之情。到了晚上，小伙子到姑娘村寨"串姑娘"。如果两人相好，白天互输的礼物，留作纪念；若有一方退礼，当明其意。

傣族一年一度的"泼水节"，很是热闹，节日期间举行各种活动，不仅是娱乐性的，也是青年们寻找对象的好机会。节日这一天，男青年们总是穿上最整洁的服装，敲着象脚鼓，吹着"筚南道"老早就出门了。姑娘们打扮得花枝招展地来到摆场上，人们随着象脚鼓的节拍，舞蹈、欢歌、嬉笑，达到高潮时，人们互相追逐着泼水，用水表达真诚的友谊、用水表达心中的祝福，青年人用水表达纯洁的爱情。若男女青年有意，水泼得越多越好，一盆水从脖颈上浇下来，浇得浑身湿透，并在背上轻轻拍几下，暗含着一种爱慕之情。

在一些傣族地区，节日期间买卖熟鸡肉，也是男女青年寻找对象的好机会。每当傣历新年或其他节日到来的时候，姑娘们便把生蛋鸡或阉鸡杀了，把头、翅膀、大腿、胸脯、脚杆等分块砍下，用肠子把鸡脚杆裹住，配上油、盐、葱、蒜、香茅草等作料，放在炒锅里焖，等焖熟时再撒上切好的葱段，锅里便散发出令人馋涎欲滴的香味。这种熟鸡肉叫"赶摆黄焖鸡"，通常是在节日期间"卖"的。姑娘把熟鸡肉装在一个小盆里带到赶摆场上去"卖"，若来"买"鸡肉的小伙子她不中意，不但要价高，而且连备用的小凳子也不拿出来让小伙子坐，使小伙子十分尴尬。如姑娘喜欢来"买"鸡肉的小伙子，就会主动把备用的凳子拿出来，让他坐在自己身边吃鸡肉，要价也不高，甚至两人相约着离开赶摆场，到僻静的地方去，两人一边品尝美味鸡肉、一边倾诉衷情。当然，姑娘与小伙子以买卖"赶摆黄焖鸡"为媒介的爱情，并不是赤裸裸的表白，而是十分含蓄的。

每年的七月十五日至十月十五日为傣族的"关门节"期间，

正是农忙季节，也是佛教节日集中的时间。过去，在这段时间里严禁青年男女谈情说爱或办婚事，也禁止人们外出，其目的是让人们把精力用在生产上、用在赕佛上，以便求得佛祖赐福，来年人丁兴旺，庄稼有好收成。从十月十五"开门节"到次年的二月间，是农闲季节，人们可以外出和谈情说爱、结婚。每到这时节，天黑之后，姑娘们便开始纺线，有的二三个相约在某家院子里，有的三五成群到村中广场，燃起一堆篝火，围火而坐，目的不是为了御寒，而是试图借火光选择自己理想的对象。姑娘们摆上木制纺车，"呜噜呜噜"地纺起线等待小伙子们到来。她们每人都有两只竹篾凳子，一只自己坐、一只留给情人来坐，备用的这只凳子用筒裙的下摆盖着。这时三三两两的小伙子或吹着"笀"或弹着"荸"，串纺线场来了。他们用优美、抒情的"笀"声或"荸"声向姑娘们求爱，并渐渐靠近自己所喜欢的姑娘。要是姑娘也喜欢来找她的小伙子，就会高高兴兴地拿出备用的凳子请他坐在自己身边，小伙子坐在凳子上，一边挑动篝火，一边与姑娘说笑、谈情。一对对情人越来越靠近，窃窃私语。如果姑娘不喜欢前来找她的小伙子，就不会把备用的凳子拿出来，并拒绝他的追求。

对唱山歌，也是傣族青年男女寻找对象的方式之一。傣族青年从小就会唱山歌，长到十七八岁时，即兴而歌，得心应手。不同村寨的男女青年时常在外出劳动时相遇，便要纷纷对唱山歌、问路、互问姓名、有无对象等等，都可用山歌形式对唱。歌声此起彼落，形成一对对男女有问有答的对唱，委婉动听的语言，生动形象的比喻和发自内心的感情，倾吐出彼此的爱慕之情。通过对唱山歌，使双方相互了解，于是以歌为媒，结成终身伴侣。

内地傣族有一种饶有风趣的恋爱方式，叫"赶花街"。赶花街，是傣族青年男女利用集市贸易的机会相互认识、谈情说爱、选择对象的盛会，因赶街的姑娘个个穿戴得如花似朵而得名。赶花街的时间，因地而异，有的是农历正月十三，有的是春节后第一个属虎日，有的在五月初六。赶花街这一天，天尚未亮，姑娘们就起床，在沐浴净身之后，进行梳妆打扮，穿戴上由上千个银泡镶嵌成精美图案，配之与彩色丝线挑绣的服饰，以村为队，由一位为人厚道的老大妈领着穿越街市而过，步履轻盈缓慢。各村寨的小伙子，早已站立在街道两旁，目不转睛地盯着迎街而过的姑娘，寻找自己的心上人。当姑娘们走完街道，停留于树荫下憩息时，有意的小伙子便会向心爱的姑娘走去，送给姑娘一些礼物，诸如笠帽、毛巾、精致的小细花篾箩等，作为相爱的信物。姑娘也会以亲手绣制的手绢和亲手织染缝制的衣服或布料回赠。这一天，每个姑娘都带有一"秧箩"丰盛午餐——足够两人吃的糯米饭和鸡鹅肉、腌鸭蛋、牛肉干巴及油炸黄鳝等菜。当找到了心上人互赠礼物后（也有先吃饭，后送礼的），两人便一同到僻静处共同品尝，以示心心相印，互相爱慕，并倾吐情言。

傣族的婚恋习俗是：父母虽不刁难阻碍子女的婚姻，但有时因为聘礼索取过高，男方一时无力筹措，也常好事多磨。遇到这种情况，男女要达到结合的愿望，一是以抢婚的方式完成结婚手续，另一种是以逃婚的办法避免女方家的为难。抢婚是一幕有声有色，但颇富滑稽意味的喜剧。事先，男女双方私下约定一个时间和地点，抢婚这一天，男方约集许多身强力壮的亲戚、朋友，手执武器，身边带着散碎的铜钱，潜伏在约定地点的周围。时间到了，姑娘便借故走到约定地点附近，于是一声暗号，"伏兵"四起，抢着姑娘便跑。这时姑娘照例呼救，以便通知家人。家人闻声追赶，村人邻里也帮着追赶。男方在这时并不能用武力抵抗，事实上也用不着用武力抵抗，因为女方家虽然也持枪执刀地来追赶，但目的并不想追上了相打，尤其是邻里们知道是抢婚，便都只是出来演演喜剧而已。所以，在这种场面中，抢婚者只需把带来的铜钱边跑边抛撒在地面，追赶的人们，边追边拾铜钱，终于让男方胜利地抢着姑娘归去。几天后，男方便请媒人到女方求亲。双方约集亲邻、父老、头人。女方抬出一块石头来放在院中，指着说，聘礼银子的重量，要与这块石头相等，才允嫁女。当众衡量，约数十斤，男方表示无力办到。这时，头人首先举起一把铁锤，把大石敲去一块，口里说着："男家穷，这样多的银子实在办不到，请看在我的面子上，减少一点。"于是父老、亲邻依次执锤敲石说情，直到把一块大石头敲得只剩下一小块，女方便坚持不能再敲了，男方也表示可以办到时，便精确衡量石的重量，男方照重量折合银子送到女方。男方付过彩礼，姑娘又回到娘家，男方依照迎娶程序举行结婚仪式，抢婚结束。

抢婚，是古代掠夺婚的遗俗形式。历史上，抢婚不但要受到武力抵抗，而且常常引起战争。到了一夫一妻制时代，抢婚渐渐变为一种仪式，具有模拟和象征意义，成为一种古老习俗的传承。这种抢婚的典型形式终归是历史的陈迹了。至于逃婚，那是男女两人相偕逃到另一境地，或逃到国外，组织家庭，辛勤耕耘，待几年后，积蓄得的钱足够交纳女方聘金时，再相偕回来办理结婚仪式。逃婚也已成为历史的陈迹。

在德宏瑞丽地区，至今还保留着一种独特的"偷姑娘"婚俗，傣语叫"纳少"。男女青年背着父母互许终身，缔结姻缘。男女双方约定时间、地点，姑娘背着父母，趁着夜幕，由小伙子"偷"着姑娘回自己家。既然是"偷"，就不能让别人看见，而且必须在天亮前赶到小伙子家，否则会被人取笑。偷姑娘要很谨慎，如果一次不成，姑娘父母便会对姑娘严加看守，第二次便很难下手。偷姑娘这一天，姑娘照常与平时一样下地干活，不露声色，衣物首饰仍存放在家里，晚上父母睡熟后，悄悄起来，在甑子下放一些钱，意为不忘父母的养育之恩。第二天一早，母亲起来蒸饭，便能及时发现，对女儿的失踪也就清楚了。

不出3天，男方请人前来提亲，来人提着红糖、甘蔗走上竹楼。姑娘父母看到上楼来的穿着整洁的陌生人，早已猜到了来人的用意。"亲家，你家生养的金孔雀，落在我家山茅草的窝里了，请选个吉祥的日子吧，让我们为他们拴线，祝他们幸福。"客人说着这些话的同时，便在姑娘父母递过来的竹凳上坐下，把双手放在膝盖上，做出诚心诚意的样子。姑娘父母开始不同意。客人把姑娘夸奖一番，又把小伙子的勤劳也夸奖一番。这时，姑娘父母再佯装下去，就不太通情达理了。于是，尽管那矜持的态度表面还有，但不再吭气了。客人立刻抓住这个时机，把甘蔗头朝下竖在姑娘父母的面前，主人稍微犹豫一下，然后伸出右手，捏住甘蔗最下端，客人也立即伸出右手，捏住姑娘父母手上方一截，主人再腾出右手，捏住客人手上方。如此反复几次，一直把甘蔗捏到梢，捏一把算作一天。若是捏了10把，那么第10天就是姑娘和小伙子完婚的日子。甘蔗的长短，反映客人完婚的心情和准备情况，对姑娘父母来说，这是毫不在乎的，姑娘结婚所需的东西，姑娘早已背着父母准备停当，并且有些早已捎到男方家，只等着吃喜酒了。

到了结婚那天早晨，新娘和新郎由婆家寨子里的姑娘、小伙子陪同，返回娘家来，新娘拉着新郎见过父母，请他们拴线祝福，共聚一餐。下午，娘家寨子里的姑娘和小伙子又热热闹闹地把新娘、新郎送到婆家去，再聚一顿晚餐。这一顿晚餐，特别丰盛和热闹，还要请歌手来唱"祝福歌"，男女青年随着象脚鼓声翩翩起舞，新娘要给所有参加宴会的小伙子敬酒，那场面真是十分奇特而又有趣。偷姑娘习俗，实际上是"抢婚"习俗的一种变异传承。

西双版纳的傣族，普遍实行"上门"习俗，而且是主要的婚姻形式。"上门"即"入赘"。男女青年结婚，女婿必须到岳父母家上门几年。时间的长短，视双方家庭情况而定。一般是几个月、一两年或终身不等。一般是3年住女家，3年回男家。直到生了孩子，继承了一方的财产后，才定居下来。短期的，到了时间，男方可带妻子回本寨安家。终身上门的又分两种情况：一种是与岳父母共同生活，女婿享有财产继承权；一种是在岳父的寨子另立门户。上门女婿如果在规定的期限未满提出离婚者，要罚酒席，宴请村寨头人、女方亲属。如果要求提前回去，要赔偿一定的钱财。一般是每年出谷20挑（每挑50斤），柴1 000斤，盖房用的草排1 000片等。"上门"婚俗，在封建社会时期，与经济因素紧紧结合在一起了。

中华人民共和国成立以前，内地傣族和德宏地区的傣族，也有"上门"习俗，并都具有明显的经济因素和剥削内容。男子"上门"，差不多都是因为家境贫困出不起彩礼。因此，社会地位极低，被人看不起。女方家招赘通常有两种情况：一种是女方家无子，招婿为嗣，赘婿在习惯上有财产继承权；但是，如果妻死，他随时都有可能被女方父母和亲戚赶走。另一种是女方带子守寡，招赘作为劳动力，这种情况通常是事先约定入赘期限，期满后携妻返家。但是，他同样也有被女方家族赶走的可能。否则，其子女也没有财产继承权。

从傣族的"上门"婚俗看，在封建社会时期，有着明显的"劳役婚"性质。中华人民共和国成立以后，"上门"习俗有了根本的变化，男子在家中已成为这一家的主人了。

在傣族部分地区还保留着"妻姊妹婚"的遗俗，但它的表现形式仅限于姊亡妹嫁给姐夫，并且是在没有男子的家庭中，招"上门"女婿。姊亡后，妹妹续嫁给姐夫，这种婚俗不受任何歧视。形成转房婚的原因有多方面，其中一个很重要的原因是使家族内的财产和劳力不致外流。现代的转房婚是在平等自愿的基础上进行的，得到了合情、合理、合法的发展。

总之，傣族青年男女选择对象是开放式的，方式多种多样，有相当充分的社交自由、恋爱自由，但是决定婚姻的成立与否，还需征得父母的同意。

二、婚恋礼仪

（一）择 偶

傣族是开放式择偶，凡已达到成婚年龄的男女青年，可以自由地选择配偶而不受限制。傣族的串姑娘、丢包、纺线场、赶花街、对歌、节日集会等等，均为未婚青年男女提供了谈情说爱、选择配偶的机会。

（二）定 亲

傣族恋爱自由，但结婚还得经过一定的程序及仪式。青年男女经过各种社交活动，恋爱成熟之后，男方便要请媒人到女方家说亲，有的地方认为最合适的媒人是舅父和姨母。媒人来说亲时，姑娘的父母说："鸭蛋鸡抱，我们的女儿，人家的子孙，还要问家族亲戚哩！你们确定时间再来问吧。"这就算有了答复。到时男方家族长又托媒人前去提亲，女方父母则不发言，由家族长、头人和老人答话。问是否是真心相爱、"上门"几年，以及如何宴请亲戚宾客等等，媒人代表男方一一答复，女方家族长和亲戚同意后就算决定了。

有些地方男方请媒人去提亲时，还需向女方家老小表示男方的心意。去时，用篾饭盒装上糯米饭，内还装上一块方形腌肉、腌蛋、酢肉之类，送到女方家，叫送饭包。女方家如满意这门亲事，就接下饭包；如不愿结亲，则不能受用，得婉言谢绝。亲事说成后，商定一个日子，举行吃小酒礼仪。由男方家的父母提上一只鸡、一只鸭和一瓶酒到女方家，正式定亲，女方家便设宴招待。席间，男女双方的父母互相敬酒，同时，男家还要献上一对银手镯给姑娘的母亲，作为喂奶费，表示感谢养育之恩。也给上一定数额的银币，作为礼银钱，姑娘的父亲和其他长辈过目接收。数额根据男方家境而定，女方家并不苛求。并择定结婚吉日，商定结婚时的肉、米、酒及其他彩礼数量。

中华人民共和国成立前，结婚的彩礼多寡与等级高低有直接关系。一般是等级高的身价就高，等级低的身价就低。不同等级间结婚不仅受到等级界限的限制，所付彩礼金额的多少也不相同。一般说来，高等级男子娶低等级女子为妻时，所付彩礼较少；相反，所付彩礼较多。因此，低等级男子娶高等级女子为妻者较少。有些地区的傣族，婚姻关系具有更浓厚的封建色彩，男女婚姻主要建立在买卖和包办基础上。虽然婚前社交恋爱自由，但婚姻的决定权一般都操在父母手里，有的则完全由家庭包办，索取的聘礼往往很高，形成变相买卖婚姻，除男方送给女方相当数额的彩礼费外，同时还有"回门费""认亲费""媒人费""佛爷费""寨老费""青年头费""拜堂费""厨师费""开门费""关门费""拜鬼钱"等十几种。因此，贫困户往往因结婚而欠债，乃至破产。在这种情况下，就造成了许多终身不得结婚的"少陶"（老姑娘）、"冒陶"（老伙子）。由于封建买卖和包办婚姻盛行，广大青年经常以外逃、偷婚和抢婚等方式进行反抗。

中华人民共和国成立以后，旧的婚俗逐渐废除，婚姻形式将沿着自己的发展道路在社会民俗中相应地变化。

（三）婚　礼

傣族的婚礼是丰富多彩的。有些婚礼不仅保持了原始古朴的特色，而且留有古老文化的痕迹。从婚礼仪式来看，"从妻居"和"从夫居"不同的习俗，男女双方的婚礼仪式是不同的。在实行"从妻居"的西双版纳傣族，男方家的仪式比较简单。婚礼当天，杀猪宰鸡，宴请宾客。到了晚上，新郎穿着新娘亲手缝制的衣服，包上漂亮的头巾，背上"通帕"（背包），带上砍刀，由媒人、亲戚和年轻伙伴陪同，到女方家成亲。一路上鸣枪示意，借以驱除邪魔。而女方家婚礼仪式就比较热闹。首先，当女方家得知新郎来到时，在寨门口、院门口设置一道道关卡，讨喜钱、泼水，阻止新郎进入竹楼；其次，将新娘隐藏起来，男方花钱敬酒才可请出新娘；其三，婚礼上要为新郎、新娘举行拴线仪式。具体过程是：在竹楼堂屋靠里的一端摆上一张圆桌，用芭蕉叶把桌面铺好，桌上放糯米饭团和两只煮熟的雌雄雏鸡，还有酒、蜡条、芭蕉、盐巴、线团、红布、白布等。主婚人就座于桌边首位，亲友们靠近主婚人围桌而坐，新郎、新娘按男左女右地侧跪在主婚人对面。拴线仪式开始时，首先主婚人唱《祝福歌》，向一对新人祝福。在座的人均伸出右手搭在桌子上，低头倾听吟唱。致完贺词，主婚人从桌上拿起一根较长的白线，从新郎的左肩绕到新娘的右肩，把线的两端搭在桌上，表示把两个人的"灵魂"拴在一起，又拿起两根较短的白线，由左至右分别拴在新婚夫妇的手腕上。接着其他长者和亲戚拴线。一般是男方的亲戚先新娘而后新郎，女方的亲戚先新郎而后新娘。一根根洁白的线，将新郎、新娘拴在一起，祝他们心心相连、白头偕老。拴线仪式后，开始婚宴，请民间歌手"赞哈"来唱歌，给整个婚礼又增添了喜庆的气氛。

在实行"从夫居"习俗的德宏傣族，男方家的仪式就比较隆重。举行婚礼这一天，男女两家均备办酒席。女方家请客，新娘闭门不见外人，由父母接待亲戚、朋友。新娘在屋里由相好的姐妹们陪着，梳妆打扮，收拾行装。到了时辰（在择婚日的同时就已请人算好了迎娶时辰），新郎由伴郎（未婚男子）、媒人和三四个已婚男子和已婚妇女陪着前去接新娘，叫"接亲"。接亲人到了女方村寨，鸣炮示意。新娘的兄弟和姊妹闻讯后，便把大门关紧，待讨得"开门钱"后方得开门，院内又设置一道道关卡，"讨喜钱""讨酒钱"等等。待各种关卡过了，才可把新娘接来。新娘这时已梳妆完毕，衣着改穿成少妇装束，但头饰仍是姑娘打扮，编辫盘绕头一周，头蒙一块贴花边的金绒花布，由两个伴娘（未婚女子）相送至男家，叫"送亲"。当新娘由伴娘送出房门时，边哭边唱《嫁别歌》，表示留念家人而不愿离去，越唱越难过，最后由接亲人推推拉拉接走。按过去傣族风俗，新娘出嫁时，哭得不伤心，或不流眼泪，将被世人耻笑。到了新郎家时，天色已黄昏。如男女两家相隔不远，伴娘就此返家，意思是已把新娘送到，她们该做的到此为止。新娘在进入男方家大门前，鸣枪放炮，借以驱除邪魔，进入大门后，在院中敬拜家神，意为是家中一员，请家神保佑，这时才可进入洞房。在此之前，新娘始终头蒙金绒。新娘到男方家的第一顿饭是在洞房里吃，由新郎和两位年轻媳妇相陪。吃饭时，脚要踩着饭桌下的镰刀、剪子、火钳、吹火筒等物，表示这顿饭之后，新娘就是这一家的主妇了，同甘共苦，辛勤耕耘未来生活。当天晚上，男方家宴请各方来宾，酒席办得很丰盛。新娘到婆家之后，全身装束均改为少妇打扮，这时才可以揭去头盖。新娘要给所有参加婚宴的男人敬酒，敬酒很风趣，男人们总要故意失手打翻酒杯，让新娘一次又一次地斟满，想方设法让新娘在自己跟前多停留一下，借此机会，新娘的旧相好也会与新娘开一开玩笑或说些俏皮话。照傣族的习俗，新郎是不能生气的，并为自己的妻子有那么多人喜欢而感到骄傲。新娘每隔一阵，出来一次，每次出来都换一身衣着。婚礼上，要请德高望重的老人为一对新人拴线祝福，唱《祝福歌》，接着年轻人唱《筵席歌》《婚礼歌》，满含赞美之情。婚宴上充满着歌声和欢乐，好一派热闹的场面。

人们说：傣族是一个离不开诗歌的民族。说亲有《说亲歌》，父母同意姑娘的婚事便要当着媒人唱《许配歌》，姑娘出嫁要唱《嫁别歌》，婚礼上要唱《筵席歌》《婚礼歌》《祝福歌》等等。由恋爱到完婚，每个程序都由歌声贯穿始终，这便是傣族婚礼的特色。

在有些傣族地区，举行婚礼一般在子夜。婚礼当天，女方全村每户要有一男一女到新娘家帮忙，备办酒席。新郎要在家中等候。由媒人、陪郎和一个已婚男子、两个已婚妇女前去接领新娘，叫"接亲"。他们挑着酒肉菜肴等物到新娘家筹办酒席，招待亲友。同时又要带去新郎家送去的银链、银泡、衣物等礼品，送至女方家的长辈酒席上过目接收。新娘一方也要有两个男子和两个女青年陪着送新娘，叫"送亲"。接亲队和送亲队要同席就餐。然后视两家村子的距离制定起程时间。规矩是子夜前后才进新郎家门。新娘出门时，要放声大哭，表示姑娘已出嫁了，但忘不了父母的养育之恩，并由兄长从家里背送至村外。这时，接亲和送亲的人挑着新娘家备办的嫁妆和新娘同行。一路上新娘行步较慢，走走停停，要陪娘一再催促，才又继续行程。到男方家时，新娘要先到牛厩喂牛草，然后由婆婆替她戴上娘家带来的篾帽。这时，新娘的女友们抢摘她的篾帽去敲她的头，新娘则设法躲避，进行嬉戏取闹，以助欢乐之气氛。进家后，首先进行拴红线仪式，表示婚姻牢固，白头偕老。接着进行浇水仪式，新娘用右脚踩在门槛上，新郎以左脚踩其面上，抬一根着火的柴棍，用冷水浇熄后让水沿新娘、新郎的脚背流走，表示驱邪消灾。另一种说法是赴汤蹈火紧相随。接下来是吃蛋饭，将熟蛋黄包在糯米饭团内，由媒人祝愿后，分送到新郎、新娘手中，表示黄金白银、五谷六畜，要由夫妻勤劳的双手创造。当晚，新娘和陪送女亲友同宿。次日晨，新娘趁三星未落，提前约着同伴，披星戴月回娘家。隔3天后，新姑爷回门，由新郎、陪娘和新郎之母去接回新娘。到了女方家后，同样要设宴招待。席间，新郎和新娘要给长辈及双方父母下跪敬酒，磕孝敬头，长辈则要给一定的喜庆钱。入夜才把新娘领回家，次日黎明新娘又回娘家了，此后要等丈夫再次前往接回，才断断续续地回男方家与丈夫同居，每次住两三天。要到女方怀孕或生下孩子后，才常居于男方家。

在"从夫居"的婚俗中，无论是嫁姑娘或娶媳妇，都被认为是儿女的终身大事。所以，嫁娶两种仪礼，在男女双方家庭中都受到重视，仪式也最为繁缛冗细，程序五花八门，但都包含着祝吉驱邪的意义。

总之，傣族婚礼因地而异，但都独具风采。

三、婚恋的禁忌

傣族家族内部禁止通婚，无论男女都只能与本家族以外的成员结婚。

禁止未婚青年发生两性关系，如未婚先孕，要罚"洗寨子"，认为这种行为将触怒寨神。因此，要举行祭寨神活动，还需请全村老小吃饭，以得到大家原谅。

第四节　娱乐习俗

一、娱乐活动的产生与发展

傣族娱乐习俗包括的项目很多，民间音乐、民间舞蹈、民间竞技和民间游戏等，是此类民俗事象中比较突出的。

民俗的社会功能之一是娱乐，娱乐性贯穿于许多民俗事象之中。从某种意义上说，正是娱乐性使许多民俗事象流传下来，历久不衰。另一方面我们还看到，娱乐民俗和其他民俗事象不同，它常常伴随其他民俗事象出现，缺乏独立性。这就是说，无论音乐、舞蹈、绘画、竞技、游戏等，在大多数情况下，不是独立开展的一项活动，而是附属于其他民俗事象之中。傣族音乐、舞蹈如同民间歌谣一样，产生得很早。傣族的狩猎歌舞、十二马、跳柳神等，都是借助音乐、舞蹈表现某种情绪。它使我们看到了古老的音乐和舞蹈是一体的。一直到今天，这种古老的传统并未改变。

傣族民间音乐和舞蹈，在其最初产生和流传时，是一种原始艺术。它不仅和生产实践有关，而且和宗教祭祀相联系，劳动舞和仪式舞充分表现了这两方面的内容。原始的劳动舞，是一种模拟式艺术，舞蹈动作多体现飞禽走兽的不同姿态和人们的劳动动作。如傣族的孔雀舞、鱼舞、象舞、棍舞、绳舞、放牛歌舞等等，都属于劳动舞的范畴。仪式性舞蹈，带有巫术和娱神性质，如出猎之前，聚众跳狩猎舞，认为这种舞蹈具有某种魔力，它能保证狩猎的成功。一些祭祀活动，边唱边舞，借用舞蹈形式，驱除四方疫鬼。傣族原始的劳动舞和仪式性舞蹈发展到后来，生产、宗教的成分减弱，随之变成娱乐性质。

二、娱乐的种类、形式、特点

傣族是一个具有高度文化和精深艺术传统的民族，从民间的娱乐活动中可以充分地体现出来。很多娱乐不能看作是单纯的怡情乐性的活动，应当看作是民族文化或民族艺术的表演，这里面既可以看出傣族的传统艺术，又可看到傣族和汉族、东南亚各国及印度等地在历史上长期文化交流的渊源关系。傣族吸收了这些地区和这些民族的艺术精华，结合傣族固有的文化，创造出灿烂而具有民族特色的娱乐活动。

(一) 音乐、舞蹈

傣族的音乐、舞蹈有着悠久的历史，与诗歌有着十分密切的关系，有的很难把它们截然分开。每有集会，都少不了音乐、舞蹈，李思聪《百夷传》记载傣族乐器时说："百夷，乐有三：曰百夷乐、缅乐、车里乐。百夷乐者，学汉人之所作，筝、笛、胡琴、响盏之类，而歌中国之曲。缅乐者，缅人所作排箫、琵琶之类，作则众皆拍手而舞。车里乐者，车里人所作，以羊皮为三五长鼓，以手拍之，间以铜铙、铜鼓、拍板，与中国僧道之乐无异。其乡村饮宴，则击大鼓，吹芦笙，舞牌为乐。"今天傣族的音乐，仍与500年前《百夷传》所记的情形相似。

傣族的音乐别具韵味，为傣族人民普遍喜好，优美动听的歌声在田间寨头随时可以听到，许多人都可以口嚼一片树叶吹奏出悠扬的调子，有的根据固定曲调即兴填词，有的唱一段情歌。相爱着的青年男女经常是以歌声倾吐彼此的爱慕之情。情歌，每一个傣族男女都会唱，而且唱的技巧很高明。在对歌的时候，要把自己的心绪曲折地用比喻手法传递给对方。所以，委婉的曲调与敏捷的造句才干，是每个傣族自幼便学会的。

在西双版纳一带，把有歌唱才能的人称之为"章哈"。每有集会，都必邀请章哈来高歌一曲，以娱嘉宾。若是多个男女章哈同席而歌，则互相竞赛，更是精彩百出。一个有名的章哈，数百里路外的村寨，也都争着来聘去演唱，有的章哈便以此为生。歌唱时席地而坐，用一把扇子半遮着脸，旁边一个男子吹着类似短竹笛的乐器伴奏。章哈唱的调子，一般是五音阶，曲调悠扬，但音量较窄。

傣族的舞蹈，丰富多彩，具有较高的艺术水平和鲜明的民族特色。舞蹈的基本特征是对当地常见动物的模拟，进而提高并艺术化。如著名的孔雀舞、鱼舞、象舞、鹿舞、鹤舞等，已为人们所熟知。傣族民间舞蹈的特点是：以膝部柔美的起伏，身体和手臂丰富多彩的三道弯造型，柔中带刚的动作韵律，小腿的敏捷运用，加上提气、收腹、挺胸和头部、眼神的巧妙配合，使它具有浓郁而独特的民族风格。

孔雀舞：孔雀舞的表演形式，最早比较简单，由二三人跳，舞者居中表演，众人在四周围观，无论是草坪上、院子里、大路边、田间地头均可表演。然而，由于表演者需头戴面具，身穿模仿孔雀制成的衣服（道具），虽然形象优美，但手脚的活动受到了限制，跳起舞来很不方便。中华人民共和国成立后，文艺工作者对民间孔雀舞进行了改造，丢弃了身上沉重的道具，使孔雀舞在表演艺术上有了一个飞跃的发展。现代的孔雀舞，给人以美的享受，它把孔雀的生活形态，用美的舞姿表现出来，千姿百态，观者为之倾倒。

对舞：男女二人对舞，或两男两女对舞，面对面，两胸相距尺许，4手互相交拨，男进则女退，女进则男退，双方以胸部互相推拒姿态很美观，其功夫全仗腰肢的柔软与双手的灵活，据说这种舞姿是从泰国学来的。

除此外，还有团体舞。傣族对舞蹈都嗜之深而习之精，每有宴饮或节日集会，当酒酣耳热之际，铓锣大鼓一敲响，年轻的人们便都翩翩起舞，在锣鼓的伴奏声和"水水水"的喝彩声中，舞兴越来越浓，参加的人也越来越多，往往通宵达旦，彻夜不止。

德宏傣族的"戛央"是逢年过节、宗教集会必跳的一种普及性很广的团体舞，表演性强，舞姿整齐，男女两排围成圆圈，女的在里圈，男的在外圈，随着锣鼓的节拍而前进。手的表演动作很多，身段的变化也很优美，每对男女变换着动作交叉而舞。"戛央"有10多套动作，舞姿优美，体现了男子的刚健有力，少女的婀娜韵味。人们踏着锣鼓的节奏，可以通宵欢舞而不停。

西双版纳的团体舞"依拉荷"，有固定舞曲，傣语叫"甘繁"，意为舞曲。舞蹈时边舞边唱，可以按曲填词，但格律很严，每句必须是3个字，一定要押韵。所以，难度很大，能够随时填词并能带头舞蹈的人并不很多。但是，由于舞蹈动作比较简单，音乐性强，所以，有广泛的群众基础。每逢节日，只要有一两个人填词歌唱，带头起舞，周围的男女老幼，便会陆续地参加到"依拉荷"的行列中来。会唱的在前边带头边唱边舞，不会唱的也跟着手舞足蹈。这种团体舞，手与脚的动作却很有力，但各人的动作不需要一样，只要踏合了锣鼓的节奏，可以自由地施展舞技，变换舞姿。

象脚鼓舞：分为大鼓舞、中鼓舞、小鼓舞、集体舞等几种，可由一人跳，也可由二人对跳，或由许多人一起跳。傣族男青年常挎着象脚鼓进行跳鼓舞比赛，舞者以左肩背鼓，右手击鼓而舞，鼓舞常配以傣族传统的拳术、手舞、脚踢，有曲、蹲、伸、跨、踢、蹬等项，舞姿多变而苍劲有力，显得稳健、豪迈、热情而又潇洒。

（二）傣族乐器

傣族的乐品有打击乐、管乐、弦乐3类。

打击乐主要有大鼓、象脚鼓、锣、铓锣、铙钹等，是集会歌舞时必有的乐器。

傣族民间的鼓一共有5个类型。

象脚鼓：鼓身用木制，一根枕木，中间挖空，形似象腿。大者长4尺许，鼓面直径八九寸，鼓面蒙以牛皮，中间细，刻有花纹，鼓脚圆似象蹄状。奏时，先用蒸熟的糯米饭，做成碗口大的一个环，贴在鼓面正中，握拳击糯饭环上，鼓便发出浑厚之声，可远闻数里。若不加糯饭环，鼓声清脆，不能及远。鼓身上备有挎带，多是挎在肩上拍击，主要是用以娱乐活动。

"光皮里"：光皮里是一种两面鼓。鼓长5尺许，直径约1.5尺，鼓身呈圆柱形，用树木凿成，蒙牛皮。横置于特制的鼓架上，两面同时敲击。这种鼓平时不敲，逢大型宗教节日或高僧去世时才敲击。敲击时数人同敲。一端站有一人为主敲者，其余数人在另一端边舞边敲。谁舞到鼓面前时，背向鼓面，双手交错从肩上向后击鼓一二响，然后离开，让别人敲击。如此反复，至活动结束。

"光兵"："光兵"又名"光宰"，是一种大型两面长鼓，长4尺许，直径2~3尺，用空心树做鼓身，两个鼓面均用牛皮蒙住，这种鼓没有特制的鼓架。凡有重大的宗教活动都要敲击"光兵"。击"光兵"者，多为佛寺僧侣，由一人同时击两面，击鼓者站在鼓架前，一手握弯钩形鼓槌敲击左方鼓面做伴奏，右手按点敲打右方鼓面，善击鼓者，能敲出各种动听的鼓点来。

"光兑"：即配套的鼓。以12只鼓为一套，有12个大小不同的规格。鼓为圆柱形，两方蒙面，一只比一只略小。由于大小不同，蒙制方法也不同。因此，每只鼓各有一种独特的声音。敲击时可按需要配音配点，可以击出许多种鼓点来。"光兑"多用于娱乐活动。但此鼓目前已很少有人制作和使用。

"光多"："光多"是一种小型的双面鼓，鼓身呈圆柱形，长1.5尺左右，用空心树木做鼓身，两面均蒙牛皮，备有挎带，挎在肩上敲击，形似汉族的腰鼓。"光多"主要用于娱乐，常数人同敲，不用鼓槌而用指击和掌击，边敲边跳，似汉族跳腰鼓舞。

傣族的铓锣很像汉族的锣，正面当中突起部分，是敲击点。铓锣、铙钹均是铜制。

傣族击鼓时常配以铓锣、铙钹，敲击出古朴典雅而动听的旋律。

管乐有"筚"，即竹笛和"筚南岛"，即葫芦笙。

筚，分为筚竜（大笛）、筚囡（小笛）两种。筚童长2尺许，多用苦竹做成，竹管上有7个眼，一个舌簧，可吹奏乐章。吹奏时多用筚囡配音伴奏，因此，有人又叫它为"筚孤"，即双笛。筚囡长一尺许，用苦竹管做成，管上有7孔，一端放有一铜质的舌簧。不能单独吹奏乐章，多用于"章哈"演奏时做伴奏。

"筚南岛"，即葫芦笙有单管、双管、三管几种，是当今男女谈恋爱男子所吹奏的一种乐器。傣族的葫芦笙较苗族小巧玲珑。三管葫芦笙，在葫芦底部插入3支竹管，中间一管长约尺许，上有6孔，按六音阶发出7个音律，两旁二管较短，发出和声，以口含葫芦嘴，手指按中管音孔而吹奏，其声悠扬委婉，韵味深长，有一定曲调，每奏一曲，一气吹到底，只用鼻孔呼吸换气。演奏技巧相当高，静夜听之，发人幽思。

傣族的弦乐有三种：一种叫"荸"、一种叫"省"、一种叫

"丙"。

荸：形似板胡，多用半个椰子壳做共鸣器，也有用小葫芦做共鸣器的。不蒙蛇皮，而用竹叶蒙面。像板胡一样安有弦扭和两条弦，用马尾做的小弯弓拉奏，所奏曲调悠扬婉转，声音十分动听。

省：形似四弦琴。琴身和共鸣器都是用木头凿制而成。共鸣器呈椭圆形，有 4 根弦，供弹奏，可弹奏乐曲。

丙：是一种形似三弦的弹奏器乐。琴身与共鸣器都是用木头制作，所弹奏曲调优美动人。

（三）赛龙舟

在西双版纳，每年泼水节的第一天，便要在澜沧江上举行赛龙舟竞技活动。龙舟大多用优质木材制成，船身及头尾多精雕彩绘，舟长大约 30～50 米不等，每舟由数十人划桨，桡手分左右两排并坐，在江面上做速度竞赛。一般由锣鼓开赛、指挥。龙舟比赛的这一天，数百里地内的傣族男女，都打扮得整洁漂亮，在两岸观看，锣鼓喧天，欢声鼎沸，优胜者获得奖品。

（四）丢　包

丢包是春节期间的一项娱乐活动。包由傣族姑娘亲手缝制，为 5 寸见方的花布袋，内装棉籽。男女青年若干人，分两边而立，相距约 10 米，互相抛掷花包，凡接不到而使包落地者受罚，男女互输礼物和首饰。青年男女一边丢包、一边谈笑风生，互相嬉戏。

（五）放孔明灯

凡逢傣族泼水节和重大的宗教节日，都要放孔明灯。孔明灯用傣族自制富有韧性的构树皮纸数十张，糊成一个大球，其大如一间傣族竹楼。下面留有孔，孔之周围垂数尺长粗绳 4 条，绳端系一粗篾圈。先由数人将纸球张开，用柴火在孔外熏之，几分钟后，球便膨胀，产生上升力，于是就把一个十字木架缠上浸透生油的白布，并点燃火，把木架绑在篾圈上，一放手，大球载着一团火便冉冉上升，初看如一个大氢气球，下面带着熊熊的火炬，渐渐便如一盏明灯，最后犹如一颗明星样地闪烁在天际。做孔明灯的纸是用傣族地区特产的构树皮制成，坚固如羊皮。下面的火炬是浸在油中数十天的生布缠成，可以燃烧 10 多小时而不灭。所以，一盏孔明灯放上天，可以到次日清晨火仍不灭。待油尽火灭后，纸糊的大灯球仍可完整地落下，不过已是在数百里外的地方了。制作之精，实令人赞叹。孔明灯的下面，还可以挂上许多火花球，用火线互相牵引，上升时点着线头，升到半空，火球陆续爆开，满天有如群星乱坠。

（六）戏 剧

西双版纳有一种以舞蹈为主，歌唱为辅的综合艺术形式，这种歌舞剧，多在较大的宗教集会场合演出。基本情节一般都是一群男青年分别化装成猎人和穿戴道具的龙、凤、龟、鹤、鹿、蚌、孔雀等各种动物，然后猎人持弓握刀，与各种动物进行搏斗。当舞蹈时，也伴有歌唱，锣鼓声则敲个不停，或疾或徐，随剧情而变化。德宏地区的傣戏，只有几十年的历史，是在傣族民间歌舞的基础上吸收了京剧、滇戏的动作、唱腔、服装和道具发展起来的一种综合性艺术形式。最早只演从汉剧改编移植的剧目，并只在土司衙门内演出，后来逐渐有了一定的群众基础。中华人民共和国成立以后，对傣戏进行了改革，并演出自己的民族剧目。许多村寨组织了业余傣戏团，每逢节日或农闲季节，他们便活跃于村村寨寨，傣戏成为深受傣族人民喜爱的剧种。

以上可看出，傣族娱乐习俗的所有活动，几乎都不是孤立或单独进行的，它们常常配合社会生活及信仰中的仪礼开展。它们的职能十分广泛，在各种民俗生活中几乎无所不及，成为各项重大民俗事象的鲜明标记。

第五章　伦理道德

第一节　家庭的产生、构成与特点

与所有的民族一样，在远古的原始社会初期，傣族先民也曾经历过漫长的群婚制。那时候，"一大群人，居住在一起。只分男女，不分夫妻"，生下的孩子，"只知其母，不知其父"（傣族古歌谣）。显然，这一时期，还没有产生家庭。

随着社会的发展，出现了私有观念和私有制后，群婚制便开始崩溃，并逐渐演变为"以一男一女暂时结合"的对偶婚，使得男子能够确认自己的子女。这便产生了家庭，即所谓的"对偶婚家庭"。

在母权制时代，对偶家庭一般都是从妇而居，即男子跟女子结为夫妻之后，要住在女方氏族那里，生下的子女也属于女方氏族。这种"从妇居"（也称"从妻居"）的对偶婚习俗，在傣族社会沿袭了很长时间，直到中华人民共和国成立前夕，西双版纳地区仍有上门"从妻居"的痕迹。在德宏、景谷、元江一带，虽然"从妻居"现象已经消失，大都是女方嫁到男方，但仍然保留着单纯的小家庭组织：即由夫妻和未成年的子女组成。成年的子女一经结婚，就要分出去自立门户，不再跟父母住在一起。这种现象，傣语称"龙当"，意即"独立成家"。因此，傣族的家庭，一般只由父母和未婚子女构成，没有或很少有三代同堂、四代同堂的大家庭。

这种单纯的小家庭结构，有如下几个特点：

第一，夫妻在家庭中享有平等的地位，妻子有支配家庭事务的权利，丈夫也有支配家庭事务的权利。若发生分歧，只能互相协商，不能由一方单独决定。

第二，夫妻的经济地位平等，双方都有掌握、管理家庭财产的权利。在某些地方，甚至还规定，丈夫的收入归丈夫保管使用，妻子的收入归妻子保管使用，丈夫不能侵占妻子的钱财。

第三，除土司贵族有一夫多妻的特权外，一般百姓家庭都是一夫一妻制。如果感情破裂，或有外遇，可以直率地提出离婚。女方也可以再嫁，另行组织家庭。一个男人不能同时有两个妻子，一个女人不能同时有两个丈夫。

从上述小家庭结构的特点中可以看到：傣族社会一般很少有重男轻女现象，傣族妇女无论在家庭中还是在社会上，都占有一定的地位。当然，在那些较为接近内地，或受内地封建意识影响较多的地方，妇女的地位并不高，甚至还会受到某种压迫，但这毕竟是个别地区的个别现象。

第二节　姓氏与亲属关系

傣族原本没有姓，只有名。傣族的名，分乳名、佛名、还俗名、父母名4种。若是上层贵族，还要加上头人名或官名。

乳名：是刚出生时取的名字。有一定的规矩：西双版纳地区，男性孩子统称为"岩"，女性孩子统称为"玉"或"嫡"，然后再依长子、次子、长女、次女，顺序取名，男性一般是叫岩英、岩燕、岩罕、岩赛、岩腊，女的一般叫玉应、玉窝、玉罕、玉涛、玉腊。也有不按排行而随意取名的。德宏地区则有所不同，喜欢用金、银、珠、宝或鲜花取名，体现了父母对儿女的疼爱和厚望。

佛名：是指到佛寺当和尚时的名字，傣族男性长到七八岁时，都要到佛寺里当和尚，接受佛的洗礼。当和尚时所取的名字，就叫佛名。佛名一般是将世人对小和尚的称呼"帕"，与本人原来的乳名连在一起。例如，原来的乳名叫"岩英"，佛名便叫"帕英"；原来的乳名叫"岩甩"，佛名便叫"帕甩"。也有根据佛教的典故而取的，如"宛细利"（太阳照着的菩提树）、"贺坦"（藏经亭的楼阁）等。由于女性一般不出家，所以，有佛名的人，均为男性。

还俗名：是出家后又还俗为普通人时的名字。由于早已形成社会习俗，不用本人命取，他人自会称呼。但有一个规矩：凡是年未满20岁，尚未升为佛爷的和尚，还俗后只能称"岩底囡"或"岩贺"；若是年满20岁以上，已晋升为佛爷者，还俗后，便称为"康朗"，意为有较渊博知识的人，带有尊敬之意，称呼时，可将乳名连在一起。例如，若乳名叫岩甩，亦可称"康朗甩"；乳名叫岩光，亦可称"康朗光"。跟佛名一样，这也只是男性专有。

父母名：傣族婚后有了孩子，便标志着已成为长辈，他人便不能直呼其乳名。若呼其乳名，便是一种不尊敬，要用其子女的名冠以父或母而称呼，才合乎礼貌。例如，子女是男性，叫岩温，其父便称为"波岩温"（即岩温的父亲），其母便称为"咪岩温"（即岩温的母亲）；若子女是女性，叫玉香，其父便叫"波玉香"，其母便叫"咪玉香"。这类父母名，较为普遍，几乎所有的傣族地区都如此。

严格地说，头人名或官名，只是一种官阶的称呼，而不是名字，类似于国民党时期某乡长、某保长、某甲长。在西双版纳地区，勐级以上的统治者，都尊称为"召勐"，意即土地的主人，汉文史籍大都译作"土司"。土司之下，又分成三等，设"叭""乍""先"3级小官员，俗称"头人"，被委任者，便可随之称为"叭""乍""先"。由于不断地委任，获得"叭""乍""先"官阶的人越来越多，几乎每个自然村寨都有2~3人。为了区分这些头人，预防发生不必要的误会或麻烦，人们又将他们的官阶与他们所管辖的村寨名字连在一起称呼。例如，管辖曼景万村寨的"叭"级头人，便称为"叭曼景万"，管辖曼法寨子的"乍"级头人，便称为"乍曼法"；以此类推，"先"级头人亦可分别称为"先曼迈""先曼告""先曼纳"等等。德宏、景谷、耿马地区，土司之下不设"叭""乍""先"，但也有类似的基层头人，类似的官阶称呼。

上述乳名、佛名、还俗名，大都是民众的习惯，土司贵族则不然。一般地说，土司贵族中的男性，也要礼仪式地出家当和尚，也有佛名，但人们并不以此称呼他们，因为他们大都已有了自己的姓氏和官阶等级。例如，车里宣慰姓刀，勐海的土司姓刀，干崖的土司姓刀，景懂的土司姓召，潞江的土司姓线，耿马的土司姓罕等等。

傣族本无姓氏，为什么土司贵族又有了姓氏呢？应该说，这些姓氏都有其来源。

刀姓之源有两种解释：一说傣族古代尊称统治者为"岛"，是"岛"的谐音或误译；二说宋朝皇帝或明朝皇帝赐予的。据《车里宣慰世系简史》载："岛享龙（车里第五世宣慰——引者注）继父位时，正值理宗皇帝在位时期。朝廷将景陇王的奏文中岛享龙的'岛'译为'刀'，自此以后，景陇王的名都是'刀'字起头。"[1] 这是"刀"从"岛"而来的最具体的解释。另又据

---

[1]见《版纳文史资料选辑》（第一辑），第10页，内部出版。

汉文献载："百夷姓刀，是明太祖所赐。"所以，一般史学家都认为，傣族之刀姓，始于元明时代。

召姓之源较为单纯，但更具有本民族的文化内涵。"召"是傣语译音，意思是主人。"召很"即一家之主，"召勐"即一勐之主，"召法"即天地之主。后来，"召"的含义演变成了对统治者的尊称，凡是土司、贵族、各种官员，以及具有较高的社会地位的人，均可泛称为"召"。到了近代，由于公文、社交来往频繁，这一尊称便演变成了姓氏。

其他姓氏的来源，基本上也属于上述两种，即不外乎是由傣语的尊称演变而成和由皇帝赐予。

由于傣族的命名制度和姓氏来源，有上述不同于他民族的特征，同姓者不一定同宗，同名者也不一定同宗。例如，金平的土司和干崖的土司都姓刀，但这两户刀家不是一个宗族；勐腊的岩腊和孟连的岩腊，也不是出于一个宗族。因此，单以姓氏和名字为依据，难以辨别其宗族血缘。由于这一缘故，傣族不重视同宗，只重视同族；不重视宗亲，只重视族亲。认为凡是傣族，都是一家人，都同属于一个祖先，都是亲亲戚戚，傣语称"彼彼侬侬"。这一观念，对增强内部的凝聚力，促进本民族的团结，具有十分重要的意义。

傣族不重视宗族，没有宗族观念，但有亲属意识，重视亲属关系，特别是母系亲属比父系亲属更为亲密，经常往来，互通有无，相互帮助。凡有红白喜事，都要将父母双方的亲属全部叫来，共同商议。

第三节　家庭道德与伦理

傣族有自己独特的家庭道德伦理观念，并形成了严格的社会规范，有的村寨还为此制定了乡规民约，人人都应自觉遵守，违反者要受到舆论谴责和惩处。

一、婚前的道德伦理

婚姻是组成家庭的重要条件，没有婚姻就没有家庭。而婚前的择偶，又是婚姻的基础，对此，傣族极为重视。一般地说，傣族婚前有充分的社交自由，男女双方可通过对唱情歌、丢包、赶集、串姑娘等形式，自由选择对象。父母只能为子女创造条件，不得干涉。例如，子女在火塘边相恋，父母要主动离开；若不离开，便被视为"不会做老人"。如果父母有干涉子女选择对象的言行，同样会被视为"不懂道理的老人"而受到左邻右舍和亲友的谴责。但另一方面，子女选择好对象后，应征得父母同意方能结为夫妻。如果不征得父母同意而结婚，亦被认为"不懂规矩、礼节，不尊敬老人"，同样要受到社会谴责。在一般情况下，做父母的都会同意子女的选择，不会使用自己的否决权。

婚前虽有充分的社交自由、择偶自由，并允许有各种亲热的举动，但不允许同居。若未婚而孕，便被认为是极不道德之事，要受到严厉惩处。普通的惩处办法是"洗寨子"，意为这对未婚而发生性关系并导致有孕的青年，玷污了寨子的名誉，要让他们洗干净。洗寨子的内容是：由男方拿出钱，买1头小猪和3只鸡，然后，抬着猪鸡周游寨子一圈，边游边自我责备："我做了不光彩的事，弄脏了寨子，我要把它洗干净。寨里的青年千万不要学我……"周游结束后，还要将猪鸡杀好煮熟，请全寨人吃一顿饭。由于人们都怕"洗寨子"，所以，傣族未婚先孕的现象不多。某些史书上有关傣族婚前性乱的记载，大都只从傣族恋爱自由、热烈而推测，并不属实。

二、婚后的家庭道德伦理

男女青年结为夫妻后，便要离开父母，另盖一间房子，组成新的家庭。从此，无论是男方或女方，都要遵守历史上形成的家庭道德。

首先，夫妻间要互敬互爱，不能打骂对方。这是不成文而必须遵守的家规，执行不执行这一家规，要受到村寨头人和左邻右舍的监督。无论是有理或无理，丈夫都不能打妻子，妻子也不能骂丈夫，有矛盾只能请村寨头人、亲友或邻居帮助调解。如果违背这一规矩，就是不道德的行为，轻则要受到众人谴责，重则村寨头人要给予罚款的惩处。

与"互敬互爱"相辅相成的还有一条"尊老爱幼"的规矩。傣族认为"互敬互爱"是维护夫妻关系的基本准则，"尊老爱幼"是维护整个家庭和睦共处的基本准则，只有两方面都做到，才算是有完美的心灵。尊老爱幼的内容，主要包括赡养父母，抚养孩子，礼貌对待老人，不能让老人做重活计等。为此，又有许多细致的规定：如无论在哪里吃饭，都要让父母或老人坐在上座；在老人面前过路，要弯腰搂膝；儿子长大成人后，不能让父亲再下地犁田，只能做看守秧田等轻活计等等。这些虽然很细小，但如果子女做不到，便会受到世人的嘲笑，视为是不懂礼貌的人。赡养老人包括赡养亲生的父母和非亲生的父母；同样，抚养子女也包括亲生子女和非亲生子女。凡是虐待老人和虐待子女的现象，都是不道德行为，要受到村规民约的处分。

结婚自由，离婚也自由，双方都不许相互压制或报复，这也是一条公认的家庭道德。傣族男女青年结婚后，丈夫便有忠于妻子的义务，妻子也有忠于丈夫的义务，都要受到家庭道德的约束，不能乱搞。已婚的男子不能再跟未婚的姑娘谈情说爱，同样，已婚的女子也不能再跟另外的男人调情，双方都不能再到谈情说爱的场所。若有人不遵守规矩，偷偷地与情夫或情妇发生性行为，便是极不道德之事，村寨头人便要给予处分，除罚款外，还要打扫7个寨子，修3~5里左右的村寨道路。但是，如果夫妻间感情破裂，或因某些原因不愿在一起生活，可以提出离婚，对方不能强迫和压制。离婚的手续很简便：若女方提出，只要递给男方一对蜡条，男方接过蜡条，收拾行装离开竹楼，女方有礼貌地送到篱笆门外，说上几句告别话，就算离了婚；若男方提出离婚，则要请村寨头人和双方亲友到家里吃一顿饭，举行一定的仪式。在仪式上，男方当众将一块砍缺了口子的木刻片交给女方，女方得此木刻片，便等于有了离婚证书，可凭此据再嫁他人。离婚时，不能争吵，要好聚好散；离婚后，也只能互相关照，不能相互报复。离婚前夫妻双方共同积累的财产，要公正处理，不许争夺。一般的处理原则是：竹楼、生产工具、生活用具都归女方，因为女方要抚养子女，不要男方出赡养费（当然男方走后，也有自愿送些钱财来给子女的）；也有将所有财产一分为二，夫妻各要一半的，但这种现象比较少。如果发生争执，可请村寨头人和亲友调解处理；若不服从调解，亦是横蛮不讲理的不道德行为，要受到社会的强烈谴责。

此外，在家庭道德伦理中，还有很重要的一条：离了婚的妇女和死了丈夫的寡妇，可以随时再婚，亲友不得刁难，社会不得歧视。相反，凡是不同情孤寡弱女，或者欺辱寡妇，阻挠寡妇再婚的，都是不道德行为。在这方面，傣族没有受到内地"三从四德"的影响，不主张"一女只能嫁一夫"。年轻女子死了丈夫，这当然是不幸的事，但为什么要人家守寡一辈子呢？这岂不是不幸之中的不幸了吗？所以，傣族不歧视寡妇，主张寡妇可以再嫁。事实上，在傣族地区，离了婚的妇女和死了丈夫的寡妇再婚的现象多得很，极为普遍。为此，傣族地方法典除了有寡妇可以再婚的条文外，还有其他有关的细则规定。如孟连《芒莱·干塔莱法典》就明确写道："丈夫出远门，传说已故在外，女方守三年便可改嫁。改嫁后，如果原夫未死归来，不应向（妻子的）新夫问罪。如果女方愿意跟新夫同居，应向原夫道歉谢恩。如果女方愿意回到原夫身边，应向新夫道歉谢恩。"[1] 这当然是一种极为特殊的现象，但它说明了一条重要的道德原则，即整个傣族社会都同情被离弃的妇女和失去了丈夫的寡妇，认为她们有再嫁的权利。

由于离婚比较自由和简便，傣族的离婚现象自然就较为普遍。这又给赡养父母和抚养子女带来了新的问题。一般情况是：离婚的夫妻，其子女不论多少，全都跟随母亲。而母亲再嫁后，继父便要担负起赡养老人和原子女的义务，不得虐待非亲生的子女。这条家庭道德伦理，对保护父母离了婚的子女健康成长起到了积极的作用。在大部分重新组合的傣族家庭里，原有子女和继父的关系都十分融洽。

上述傣族家庭道德伦理，有的已写成了条文，有的已形成一种社会规范。总的来说，它们对维护傣族家庭的稳定和谐，保卫妇女、儿童和老人的权利方面，都起到了积极的作用。因此，傣族家庭很少有打骂和互相虐待现象，夫妻间、婆媳间、姑嫂间、兄弟姐妹间，均能和睦相处。

第四节　社会道德与伦理

傣族认为是一个社会群体，任何人离开这个社会群体都无法生活，只有将个人融在群体之中，依靠群体的力量，个人才会得

---

[1]见《孟连宣抚司法规》，第29页，云南民族出版社，1986年。

到生存的保证与发展的自由。所以，很重视维护社会秩序和社会公德。当然，在阶级社会里，社会公德不可能不打上阶级的烙印。但也并不完全如此。有些社会公德带有阶级的烙印，维护的仅是少数人的利益；有些社会公德却没有阶级的烙印，维护的是全体民众的利益。因而具有广泛的社会基础，人人都自觉遵守。

总的来讲，傣族全民性的社会公德，可分为团结互助公德、宗教信仰公德、爱国爱乡公德3个方面。

一、团结互助公德

从远古时代起，傣族就很重视群体意识，养成了一种全民族都应互相帮助、以求共同生存的习惯，认为能自觉自愿地帮助别人，是最美的公德。这种意识，融化成了一种行为规范，贯穿在整个生产领域和生活领域。

在生产领域方面，首先是"互助建房"。傣族的建筑业，不很发达，基本上还保留着古老的建筑技术和建筑结构，即所谓的干栏式竹楼。除商业和手工业比较发达的城镇外，广大农村地区基本上没有专业建筑队。再说，有些缺乏劳动力和没有经济收入的人家，即使有专业建筑队，没钱雇佣，要想建新房更是难上加难。于是傣族继承和发扬了"互相帮助，共同生存"的传统民族精神，将"一家需要盖房，全寨都来帮忙"列为家家户户都必须自觉遵守的社会公德。寨子里的人，即使是无能力去换工的孤寡人家，需要盖新房时，只要通知大伙一声："我家的竹楼破烂了，再也挡不住风雨，请大伙帮帮忙另盖一间。"全寨人（有的是周围几个寨子）知道后，无论是有亲属关系或无亲属关系，都自带工具，主动地前来帮忙。年轻人自觉地到山上伐木、运木、砍竹子、剖篾笆，老年人负责技术指导和装修，妇女编草排、煮饭菜，人人都很自然地找到适合自己的活计，并且无人怠工，总是尽力而为，而又不要分文报酬。于是，在两三天之内，一幢新竹楼便完成，主人便可搬进新房。这一社会公德，代代相传，已流传了数千年，早已形成家喻户晓、人人都愿遵守的习惯。如果有人听到或遇到村寨里盖新房而袖手旁观，不去帮忙，就会被视为"没有互助精神的缺德人"。缺乏道德，在傣族看来是一种最不光彩的事，无论到哪里都受到鄙视。所以，谁都不愿做这样的人。再说，你帮助了别人，到了自己盖新房时，别人也会来帮助你，对别人、对自己都有好处。

帮助孤儿寡母耕田，是傣族团结互助公德中的又一个内容。傣族是水稻民族，以种植水稻为主。在漫长的历史长河中，都是以户为种植单位，从犁田、插秧到收割，都是一户一户地完成。对孤儿寡母缺乏劳动力的人家来说，这是极大的困难。但遇到这种情况，劳动力强的人家会主动牵着牛来帮助她犁田。应该承认，这带有某些积德行善的意识，认为能帮助别人解除痛苦，是最实实在在的善事，理应乐而多为。但客观上也发扬了团结互助的精神。

"公益事业人人做，打伙挖井有水喝"，这既是傣族的一句俗语，又是傣族团结友爱共同改善生活环境的一条社会公德。为此，乡规民约和地方法规均有规定：人人都有保护寨边的树、路边的树，以及佛寺周围的树的义务，有保护水井和水沟的义务。能自觉自愿地在村边、路边和佛寺周围种树者，是热爱公益事业的高尚行为，也就是有高尚道德的人。破坏道路和桥梁，砍伐村边、路边、水井边和佛寺周围的树木者，是损害公益事业的不道德行为，除必须按照砍伐的数量补种外，还要罚款。这一条社会公德基本上也是人人都自觉遵守的。所以，傣族的村寨，大都是绿树成荫，掩映在万绿丛中。

傣族认为"谷子是养活生命的宝物，耕牛是人类的忠实助手"，不爱护谷子就是不爱护自己的生命，不爱护耕牛就是不爱护自己的双手。因此，无论是自家的或别家的稻田和耕牛，人人都有义务保护。若看见牛马猪羊闯进稻田而不去驱赶者，亦是不爱护谷子的不道德行为，要受到谴责；若骑马、骑象踏坏庄稼者，更是不道德行为，"要罚银币17元"。反过来，如果耕牛吃庄稼，只能问罪于放牛人，不能砍伤耕牛，只能将牛赶出稻田。若砍断牛尾巴者，"罚款10元"；若偷耕牛杀吃者，按牛价两倍罚款，即杀一头赔两头；若偷已怀胎的母牛，要罚赔偿3头大牛。这些规定，特别是罚款的数目，各地有所不同，有的罚得重、有的罚的轻，但基本精神一致，即表明了整个傣族社会都怨恨盗窃现象和破坏生产的不良行为，视保护生产和生活秩序为人人应该遵守的社会公德。由于这一原因，傣族历史上曾出现过"夜不闭户""门不上锁"，放在田里的谷子和放在野外的耕牛无人偷的现象。

二、宗教信仰公德

接近边境的西双版纳自治州、德宏自治州、孟连自治县、景谷自治县、耿马自治县等地区的傣族，主要是信仰佛教，但同时也保留着原始宗教；接近内地的元江、新平、大姚等地区的傣族，主要是信仰原始宗教。无论是信仰佛教地区或信仰原始宗教的地区，都有许多形成习俗了的宗教道德伦理，要求人民自觉地遵守。因此，宗教道德伦理，是整个傣族社会道德伦理的一个组成部分。

《芒莱·干塔莱法典》在宗教方面有两条规定：一、信仰佛教者，要到佛寺拜佛；二、信仰佛教者，要经常诵经听经，参加关门节、开门节、斋僧。这说明了参加宗教活动，不仅是一种最基本的宗教道德，同时还是神圣的宗教法规。违反者，不仅被视为不遵守信仰道德，同时还要受到宗教的惩处：活着要遇到灾难，死后升不了天。广大教徒对此深信不疑，因而都在默默地自觉遵守。

原始宗教也将是否参加祭祀活动，列为最神圣的道德准则，规定祭神时必须全寨的人都参加，即使在外地的，也要赶快通知回来。因为祭寨神是对寨神的敬佩与虔诚，并会得到寨神的保护，另一方面又说明参加者都是本寨的子孙。若有人不参加，便说明他背叛了寨子，已经不再是本寨的子孙。这可说是精神道德上的一种最高惩处，人们当然不敢违背。因此，祭寨神时，本寨出门在外的人，无论多远，都要暂时放弃工作，前来参加。

村寨有村寨的宗教伦理，家庭也有家庭的宗教伦理。傣族虽不设列祖列宗牌位，但有家神台（傣语称"丢拉很"），认为不管哪一代，凡死去的先辈，都是家神，后人都有祭献他们的义务，祭献的方法是每天早餐（或中餐）前，要先盛一小碗米饭放在家神台上，意即请所有的家神来吃饭。这虽是很简便的事，但却关系到一家人的荣辱兴衰。如果不向家神献饭，便会被视为忘了祖先的人，而受到社会歧视，此外还认为会更加穷困，连献神的饭也有不起。

布施行善，是佛教广泛提倡的宗教道德，对傣族影响十分深远，凡是信仰佛教的傣族地区，都把布施行善视为最高尚的道德。傣语曰"赕莱宰建"。所谓"赕"，即自愿地将食物、金钱，以及其他物质财富和精神财富，无偿地献给佛、献给僧侣或其他人。"赕莱宰建"即"赕得越多的人，心灵越干净"，也就是最有道德的人。为了使以"赕"为核心的布施活动更具有广泛性，傣族又认为：布施的数量不分多少，布施的东西不分贵贱，只要乐于助人，真心行善，都是高尚的道德行为。因此，富者一次布施千元，穷人无经济能力，挑一担水放在风雨亭里送给行人喝，也同样受到社会的称赞。

毫无疑义，布施行善道德，带有浓厚的宗教色彩，不可能没有消极因素。但它又能净化社会风气，抵制邪恶现象，增强人与人之间的同情心，让人们都能"以善处事，以善为人"。对维护正常的社会秩序能起到积极的作用。因此，傣族认为这一道德准则也不能丢。

三、爱国爱乡公德

傣族人民世世代代居住在云南边疆，经常遭受异族的掠夺和西方殖民主义者的压迫，每当帝国主义入侵时，都要遭受家破人亡、流离失所的痛苦。因此，在苦难中养成了热爱家乡、热爱祖国的优良传统，把保卫疆土、报效祖国视为民族的最高荣誉和社会道德。反之，将背叛家乡利益、出卖边疆国土的人，视为最可耻的民族败类。由此可见，热爱祖国、热爱家乡，是傣族社会伦理道德中的一个极为重要的政治标准。

首先是要热爱祖国。从秦汉时代起，傣族就与中原王朝往来密切，到了唐宋时期，傣族地区便是中国领土不可分割的一部分。可以说，从那时起，傣族人民就一直站在祖国的最前哨，守卫着祖国的南大门。在这当中，帝国主义势力经常到边疆策反，挑拨民族关系，煽动某些傣族头人，出卖家乡、出卖国土。但傣族人民认为这是最可耻的缺德事，不但不听帝国主义者的挑拨，还针锋相对地跟他们做斗争。

例如，清光绪十六年（1890年），某些英国殖民主义者，组织了两个探险队，擅自侵入我国云南边境的傣族地区，进行阴险的策反活动。到达孟连傣族地区时，竟明目张胆地将英国国旗插在白鹤山上，并把当地的傣族人民召集在草坪里，挑拨说："孟连若归顺英国，你们傣族人的日子会更好过。"企图挑动一些傣族人出卖国土。孟连傣族人民一听，便知道这是最不光彩的缺德事，若是按照英殖民主义者的话行事，就会变成民族败类。于是，傣族人民高喊："我们是中国人，我们决不离开中国。"并砍倒了英国国旗，以示反抗。

清光绪十七年（1891年），一批武装的英侵略者，又深入到车里（今西双版纳自治州首府允景洪），将英国国旗高高挂起，强迫当时的车里宣慰使向他们写降文。在这严峻的时刻，车里宣慰使的官员都龙纳花愤怒地驳斥道："车里是中国的领土，宣慰决不投降！"体现了傣族人民热爱祖国、保卫祖国的坚定意志和永不叛国的决心。随后，车里宣慰使下令所有的人民都不许卖米、卖盐给敌人，英殖民主义侵略者得不到后勤供给，无法立足，只得狼狈逃窜。

1897～1899 年，中英双方根据条约对滇缅边界进行具体勘定，中方代表是清王朝总兵刘万胜，英方代表是多次潜入我边境的斯格德。在勘界过程中，刘万胜接受了英方贿赂，听任斯格德的摆布，使腾冲、莲山、陇川、瑞丽边境的大片土地，包括世世代代为我国派兵驻守的八关中的虎踞、天马、汉龙三关，皆被英国划了过去。但英方还不满足，又将英旗插在我陇川所属的景坎，按条约划定的界线又内移了 70 多公里。我爱国的傣族人民忍无可忍，在干崖宣抚使刀安仁的率领下，团结境景颇族等所有少数民族，在铁壁关奋勇抗击侵略军，用鲜红的热血保卫了祖国的领土。

这些事例，说明了居住在边境的傣族人民，历来以保卫国土作为自己的崇高职责。爱国光荣，卖国可耻，这是傣族坚定不移的社会道德观念。

有祖国才有家乡，家乡与祖国像血肉一样融成一体。因此，热爱家乡是热爱祖国的一个部分。傣族认为，"家乡"是埋葬祖先的地方，是民族的根基。无论走到哪里，心都要留在家乡；如果不幸死在外地，魂也要归回家乡。在历史长河中，由于战争灾难、躲避疫疾、朝佛、经商等原因，有不少傣家人出外到缅甸、泰国等地区。然而，他们身在国外，心却仍然想着家乡。年轻的要回家乡举行婚礼，年迈的要"落叶归根"回家乡安葬。如今，不少移居缅甸、泰国等地区的傣族，仍很关心家乡的现代化建设。这一切，充分体现了傣族人民视爱祖国、爱家乡为崇高的道德情操的思想。

第五节　伦理道德教育

傣族的伦理道德教育，一是依靠家庭，二是依靠社会。从某种意义上讲，可称为家庭教育与社会教育相结合。

家庭教育即父传子、子传孙，通过口耳相授，以身作则，前辈对后辈，一代教育一代，这已形成了一种习俗和规矩。当女孩子长到六七岁时，母亲就要经常带在身边，告诉她应该学会什么本领，懂得哪些礼节，并逐步地教她纺线、织布、养猪、喂鸡等女孩子应该学会的活计；长到 10 岁以后，便要增加新的内容，教她应该怎样做人、怎样处世、怎样社交，将来结婚后又该怎样安家立业等等。同样，男孩子到了六七岁的时候，亲生父亲和义父、教父，也要告诉他这一切，教他懂得做人的道理。不同的是男孩子除了要接受父母的家庭教育外，还必须到佛寺里当小和尚，接受宗教教育。总之，傣族认为"路要从头走，人要从小教"，很重视家庭对幼儿的教育。如果发现某一孩子在外面做了没有礼貌的事，人们不会责备孩子，只会问："你父母没有教你，不能这样做吗？"如果孩子回答说："没有教。"就说明他的父母没有尽到自己的责任，是不合格的父母，左邻右舍或亲友便要督促他们教育孩子，或帮助他们教育孩子。不然，寨子里出现了不懂伦理道德的人，大伙都没有光彩。

社会教育的面很广，方式、方法也极为灵活多样。归纳起来，主要通过宗教活动体系、民俗活动体系、政权组织体系和民间团体体系 4 个渠道，进行各种有形的或无形的教育。

一、通过宗教体系进行教育

信仰佛教的西双版纳、德宏、孟连、景谷等傣族地区，几乎每一个村寨都有一座佛寺、一座佛塔。从某种意义上讲，这即是傣族进行社会教育的中心。每年傣历九月至十一月，成年的男女佛教徒都要到佛寺里朝佛、听经；平时也经常要举行"赕塔""赕经""升和尚""积公德"等活动。通过这些活动，人们自然而然地会获得许多有关如何生活、如何处世，做人应该遵守哪些规矩，办事应该懂得哪些礼节等知识，受到一次伦理道德的实际教育。

由于佛教有许多经典著作，负责教化百姓的长老又都是一些知识渊博的高僧。因此，通过宗教活动体系进行伦理道德教育的特点是：既有理论又重实际，用老百姓的俗话说即是：先讲清道理，然后再跟着做。

例如，在进行"世人为何要以善为本、乐于布施"时，首先要由长老、高僧或其他有知识的长者，反复向众人（受教育者）念诵佛经中有关"大慈大悲"的经文，从理论上讲清"万物都有求生存的愿望和获得平等生存的权利""世间的人，不分民族，不分贵贱，个个都是骨肉相连。所以，我们不但要关心爱护自己的父母、兄弟、姐妹和亲戚朋友，还要关心爱护自己素不相识的人和跟自己没有亲属关系、恩怨关系的人"，这就叫"无缘大慈""同体大悲"。讲清这些道理并让听众接受后，再由一般宗教人士和村寨头人，在朝佛、浴佛、朝塔、修塔等宗教活动时期，具体组织百姓布施行善，即傣族所称的"赕"，并尽量做到富人多赕，穷人少赕，没有钱财，可以赕鲜花、力气和智慧，哪怕只是修一段山路，搭一座小木桥，都会对别人有好处，都是关心爱护他人的善良品德。如此反复多次，使人们不断受到熏陶、感染，于是年长月久，虽然在方法上带有某种说教的因素，但仍然会达到使人了解"乐于布施"是最高尚的道德之目的。

此外,宗教教育还善于抓住一些巧合的实例进行教育。例如,某某偷了东西、说了谎话、骗了人,如果上山又摔断了腿或被野兽咬伤,就说这是他作恶的结果;某某遇险被救、大难不死,就说这是他积德行善的结果。这种方法,道理不多,并带有偶然性,但人们仍然深信不疑,同样会收到"诸恶莫作,众善多行"的效果。

总之,通过宗教活动体系进行伦理道德教育,是傣族地区的显著特色。

二、通过民俗体系进行教育

傣族社会,有许多全民性的民俗活动。例如:新房落成,要举行贺新房仪式;举行婚礼,要请歌手来唱歌;春耕之前,要一起祭龙修沟;收割之后,要分别叫谷魂和共同欢度新米节等等。这些民俗活动,实际上是傣族进行伦理教育的课堂;每一次活动都有一个鲜明的内容,使人们在娱乐中受到某一伦理道德的教育。

例如,贺新房习俗,从表面上看,只是主人请全寨的人(有的还包括周围的寨子)吃饭,感谢大家的帮助,而大家也只知边喝酒、边向主人祝福,带有娱乐享受的性质。但是,从客人所说的祝福话、所唱的祝福歌,以及主人的答词、谢词上看,它又是"群众自我教育"的课堂。客人(有的以歌手为代表)唱:"新竹楼落成了,祝贺主人住进新房。"主人回答:"每棵柱子横梁,都闪烁着乡亲们的汗珠,没有大家的帮助,哪来住新房的幸福。"总之,在酒席间,通过唱歌、交谈,人人都赞扬"团结互助盖新房"是傣家人的传统美德,并强调要一代一代传下去,不能丢。这样,参加贺新房的男女老幼,特别是青少年,便在娱乐中受到教育,将这一美德记在心里,以后便也跟着前人这样做。

例如，举行婚礼请长者念祝词和请歌手唱祝福歌，实际上也是借机向新郎、新娘，以及准备做新郎、新娘的男女青年进行家庭道德教育。无论是长者的祝福词或歌手的祝福歌，都有这样的话："结为恩爱夫妻后，要互敬互爱，要尊敬父母兄长，要疼爱弟妹，要热情接待亲友；说话要互相忍让，干活要互相帮忙；夫妻和睦家庭才会幸福，心洁如镜竹楼才会闪光……"总之，从如何正确处理夫妻关系、婆媳关系、姑嫂关系，一直讲到如何生产、如何处世、如何安家立业，几乎把对新郎、新娘的所有要求和希望，都说完说尽。虽然，这些家庭道德伦理，主要是对新婚夫妇讲，但所有参加婚礼的男女青年都听得很清楚，因而实际上是对整个青年后代进行生动的教育。

其他民俗活动，同样也包含着伦理道德教育的内容。祭龙求雨是大家的事，干旱对大家都不好，求到雨水对大家都有利，所以，必须户户都参加，不参加便违反宗教规矩；祭谷魂尝新米也是众人的大事，失去了谷魂村村都要减产，叫回谷魂户户都能丰收。因此，人人必须爱护谷子，不能糟蹋庄稼，违者均属不懂伦理道德之人。总之，每一种民俗活动，都带有某种教育的目的。当然，既是民俗，便是一种极其自然的事，带有惯性的推动力量。在一般情况下，教育者并非意识到自己是在教育别人，而被教育的群体也不一定意识到是来接受教育，一切都是一种潜移默化，在不知不觉的状态下产生的效果。这也许就是寓教于俗、寓教于乐的特点。

三、通过政权体系进行教育

傣族的地方封建政权，组织严密，自成体系。它的职能，主要是维护封建领主的利益和统治，即压榨、剥削广大百姓，但也起到维护社会秩序和对广大百姓进行奴化式的伦理道德教育的作用。

封建政权组织向广大百姓推行的伦理道德教育，大都采取强制性的行政手段，即制定各种法规、法典，颁布各种制度和命令，将所提倡的伦理道德，融入这些法规、法典、制度和命令的条文中，通过强制性的手段推行。

从各级民族古籍搜集整理部门，各文管所及科研单位所保存的资料来看，傣族宣慰使曾制定过《民法》《刑法》《诉讼法》《婚姻法》《民事纠纷法》等多种法规法典，各勐也相应地制定过各种自己的法典。这些法规法典的大部分条文，都属于当时所提倡的社会伦理道德范畴。

例如，《西双版纳封建法规》在"犯上"一章里，便有这样的条款："百姓想反对土司，和尚想反对佛爷，家奴想反对主人，儿子想反对父亲，这些人都是忘恩负义，不懂道理的，不能给他们申诉。"① 这既是法律，又是伦理，即"反对土司、反对佛爷、反对主人"的行为，都不符合当时的封建伦理道德，教百姓不能这样做。显然，这是维护封建领主政权的伦理。

又例如，在《土司对百姓的训条》里有这样的条文："在跑马的地方，你不要骑象；在骑象的地方，你不要跑马。是什么等级的人，就说什么等级的话""寨子边的树林应保护，不能去砍，寨子边的水沟水井，就是不要的，也不能填"。在《教训妇女做媳妇的礼节》里，有这样的条文："女人上了男人家的门，就不能再像小姑娘一样……要爱护自己的亲人，别再玩小伙子……"这些也都是当时的伦理道德，写成条文，即要人们强行遵守。

如果说较高一级的封建政权组织，是以制定法规法典的形式来教育百姓遵守伦理道德的话，那么，最基层的村寨政权组织，则主要是采用监督和罚款的方式，来教育百姓遵守伦理道德。这

①见《傣族社会历史调查》（西双版纳之三），云南民族出版社。

样，罚款的种类就很多，仅对未婚先孕、非婚生子的罚款就有 5 种之多，连"结婚不满一年生孩子的"（应该是 10 个月，意思是指未举行婚礼就怀孕的夫妻）也要"罚银十两零五钱"。因此，民间流传着一句俗语："夫妻吵架，头人发财。"说明了只要有半点违背伦理道德的行为，都要罚款；罚款之多之严，确实达到了使老百姓听而生畏的程度。这当中不可避免的有村寨头人乘机敲诈百姓的现象，但另一方面却严肃了法制（尽管是封建领主的法制），使人们不敢轻易违反伦理道德，就连夫妻意见不合、性格有异，也要尽量互相忍让，避免争吵，以免头人罚款。这样，也从另一方面起到了强制教育百姓遵守社会伦理道德和社会秩序的作用。

四、通过民间团体体系进行教育

傣族社会结构有其显著的特点，每个村寨都有未婚男青年组织、未婚女青年组织，以及歌手组织等等。未婚男青年组织的首领叫"乃冒"，意即小伙子的头；未婚女青年的首领叫"乃少"，意即姑娘的头。平时，"乃冒"和"乃少"的任务是：组织年轻人从事公益事业劳动，如修水沟、修山路、挖水井等；保卫村寨安全，防止外地人来偷牛偷马；组织村寨的娱乐活动，如举行赛鼓、赛龙船、放高升等比赛。除此之外，还有一个更重要的任务是：帮助年轻人选择配偶，以及调解男女青年在谈情说爱中的纠纷。例如，东村寨子的青年要去串西村寨子的姑娘，西村寨子的小伙子不准他们进村，双方发生争执，便要两个寨子的"乃冒""乃少"出面调解。在调解中便要向双方进行村规寨规，以及选择对象等方面的伦理道德教育。如果发生两个小伙子同时爱上一个姑娘，或者两个姑娘同时爱上一个小伙子的现象，还要讲清必须尊重对方的心愿，爱情不能强求的道理。因此，一般而言，傣族社会很少发生情杀情斗案件。

　　除上述 4 个渠道外，也有一些学者、智者将伦理道德写成书或编成哲理诗歌，用书面形式向广大青年进行教育。例如"布算朗"直译为"祖教孙"，带有祖训之含义，就是这类书籍。全书用韵文写成，并带有民间喜爱的格言、谚语特点。其中有如下诗句：

　　　　当爷爷要爱护子孙，
　　　　当头人要爱护百姓。

　　　　拜佛祖不要只凭嘴，
　　　　听诵经不要只听音。

　　　　肚子里的话不要说完，
　　　　袋子里的钱不要花光。

　　　　做人要守四节：
　　　　嘴不乱说，手不乱拿，
　　　　脚不乱踏，心不生淫。

　　　　不要跟魔鬼同桌吃饭，
　　　　不要与懒汉合伙开荒。

　　　　不要引火烧寨子，
　　　　不要以身试刀枪。

　　　　想吃饱饭勤种田，
　　　　想吃鱼虾勤挖塘①。

---

　　①刀光强、高立士译：《傣族家传祖训》，载《西双版纳历史社会调查》之九，第 201 页，云南民族出版社，1983 年。

　　这些警句、格言式的诗歌，都是向青年进行伦理道德教育的生动资料。可惜的是傣族还没有印刷技术，一切著作都只能靠手抄本流传，有的甚至成为孤本，能阅读到原著的人不多，因而其教育面也就有限。

第六章　天文历法

第一节　傣族天文历法的产生与发展

　　世界各地天文学的起源与发展，大都与农业生产有关。傣族的先民是最早种植水稻的民族之一。因此，在遥远的古代，傣族便有了自己原始的天文学。这一点，可从当今仍流传于民间的传说和唱词中均可得到证实。不少传说和唱词都常提到：傣族的先民看日影辨时间，按星星的位置安排生产和生活。这一切，都是傣族萌芽状态的天文学留下的遗迹。

　　现在，我们大致可以肯定，大约在公元开始后不久，汉族的干支纪时法就逐渐传入傣族地区。这有两个根据：

　　其一，傣语中的干支大多数是古代汉语的借词，其中除一部分如甲、子、卯、午、申等，由于汉语上古音与中古音区别不大，难以辨明借入傣语的时期之外，有半数左右如乙、戊、巳、庚、辛、未、酉等只能是上古汉语借词。其二是傣语中天干称"母"，地支称"子"，没有"干"和"支"的意思。而在汉族历史上，只有西汉时期曾以"母""子"称干支，如《史记·律书》中有"十母十二子"的说法，《淮南子·天文训》中有"数从甲子始，子母相求"等语，而东汉以后，就再没有见到用"母子"称干支了。从这两点可以看出，汉族的干支纪时法大约在汉朝就逐步传入傣族地区了。也就是说，傣族的先民在那时就已经有了较为固定的历法。这种干支纪时法沿用至近现代，至今仍是傣历中的重要组成部分。其方法与农历一样，就是将十天干（甲、乙、丙、丁、戊、己、庚、辛、壬、癸）和十二地支（子、丑、寅、卯、辰、巳、午、未、申、酉、戌、亥）相互搭配得 60 个数，以这 60 个数来纪年和纪日，同时还单用十二地支纪月。干支纪时法在傣历中与后来传入的纪元纪时法相辅并用，例如傣历纪元 1323 年（1961 年）又作辛丑年，傣历一千三百二十二年五月出（上半月）一日（汉族农历辛丑年正月初一）又作己卯日，这在傣文历书中都是并用的，而且还可以互相换算。因此，现在"傣历"这个概念的准确含义应包括纪元纪时法和干支纪时法两个部分，是二者的统一体。

年（骨）	月（血）	日（皮）
子年鼠骨	一月鼠血	子日鼠皮
丑年黄牛骨	二月黄牛血	丑日黄牛皮
寅年虎骨	三月虎血	寅日虎皮
卯年兔骨	四月兔血	卯日兔皮
辰年大蛇骨	五月大蛇血	辰日大蛇皮
巳年小蛇骨	六月小蛇血	巳日小蛇皮
午年马骨	七月马血	午日马皮
未年山羊骨	八月山羊血	未日山羊皮
申年猴骨	九月猴血	申日猴皮
酉年鸡骨	十月鸡血	酉日鸡皮
戌年狗骨	十一月狗血	戌日狗皮
亥年象骨	十二月象血	亥日象皮

　　大概在干支传入傣族地区后不久，汉族的十二生肖也随之传了进来。十二生肖与地支有密切的关系，这是用 12 种动物与地支的 12 个字一一相配，代替十二地支来纪时间。在汉族中，可以肯定东汉时已开始使用十二生肖，现在汉族都还以十二生肖来纪自己的生年。在现代的傣族中，十二生肖及其与地支的配合，德宏地区与汉族完全相同，西双版纳地区则改"猪"为"象"，"龙"也作"蛟"或"大蛇"，稍有不同。在西双版纳及孟连等地，十二生肖不仅用来纪年，而且还用来纪月和纪日。他们还有一种以"骨""血""皮"来代表年、月、日的方法，与地支的配合关系如上表。

　　例如，傣历一千三百二十四年壬寅年七月初八日（即上半月初八日）巳酉日，则可称为虎骨、马血、鸡皮。可见，汉族农历中的十二生肖在吸收到傣历中之后，其使用范围比之农历更为广泛。

　　傣历中什么时候开始使用十二生肖？上表是从中国历史博物馆馆藏的傣文历书《历法与占卜》中译出的，这本书内还载有傣历一千一百六十六年至一千二百六十年（1804～1898 年）的年历表。傣历的年历表都是为以后的使用而编制的，因此，这本书可以说明在 1804 年以前，傣历中已使用十二生肖，但这个时间是太晚了，而这以前的傣文文献资料现在又未发现有十二生肖的记载。不过，这本书却给我们提供了一个重要的线索，即上述这张表中辰为大蛇、巳为小蛇，这与现在傣族民间多以辰为龙或蛟的情况还有点不同，这个事实很重要。根据赵翼《陔余丛考》中所述，在清人陶谷的《清异录》一书中，记唐内库有 12 时盘，四周有物象，其中辰为龙，巳为蛇，可见唐时龙蛇已经分开。而在《三国志》的《管辂别传》中，在讲到东汉时，称"蛇者协辰巳之位"，很可能那时龙蛇未分。既然傣历中有龙蛇不分的情况，那么，十二生肖可能从东汉以后就逐渐传入傣族地区，与天干地支传入的时间正好相差不远。如果这个推断能有更充足的材料得到证实，就可以说明傣族使用干支和十二生肖来纪时，已经有一千七八百年左右的历史了。不过，当时可能只在少数部落中使用，后来在部落过渡到民族的长期历史发展过程中，才在全民族中使用开来。这从现在傣族由于地区不同而存在着一些差别的情况也可以得到说明。

另外，傣历中还有一个月名和月序的问题。所谓月名即指正月、二月、三月至十二月的月份名称，所谓月序是指从六月起至五月终的顺序。下文要说到，傣历岁首在六月，而不以正月为始。但一般从数字的次序来说，应当以正月为起点。傣历月名次序与月序之不统一，说明两者不是同一来源。傣历以六月为岁首，是与泼水节有关，那是有了纪元纪时法之后的事。而在此以前，一定曾以正月为岁首。傣历正月所在的月份，大体相当于农历十月，故 1938 年董彦堂作《僰夷历法考源》(载该年《西南边疆》第 3 期)，认定傣族奉秦正朔，用秦孝公纪元。这个观点后来受到章用的反驳 (文见《科学》1939 年卷 23)。两人各执一端，皆失之偏颇。因为傣历先后接受了中原和印度两方面的影响。在南传上座部佛教传入之前，傣族确实曾使用古代中原历法，上述干支和十二生肖传自中原，就月名而言，也是如此。所谓秦历，实即秦始皇统一中国后所采用的古六历之一颛顼历，颛顼历即以孟冬之月（十月）为岁首，与傣历正月所在月份正相符合，且傣历"正月"的"正"字，就是古代汉语借词，以数字做月名，也是中国历法的特点，其间必有联系。但秦朝时间很短，颛顼历一直通用到公元前 104 年汉武帝改历为止。这个情况现在又进一步为山东临沂银雀山二号汉墓出土的汉武帝时期的历谱竹简所证实。联系到干支传入傣族地区的时间也在汉朝，可知纪月方法也是同时传入傣族地区的。

傣族先民在汉朝就采用中原历法，可见当时中原文化对边远少数民族地区影响之深，说明我们伟大祖国形成中华民族的大家庭是自古已然的。

后来，由于南传上座部佛教传入我国傣族地区，印度的天文历法知识也随之传了进来。在《苏定》《苏力牙》《西坦》这些傣文历法书中，汉历中的干支纪时法和根据印度历法中的基本数据创制的纪元纪时法融为一体，并对外来历法中的某些较粗疏的基本数据进行了一些修改，逐步形成了现今傣族地区通行的傣历。

第二节　现行傣历的内容与特点

现今傣族使用的傣历，傣语称"祖腊萨哈"，意为"小历"，是一种阴阳合历。

世界上的历法有很多种，但归纳起来，大体可以划分为 3 种类型，即：阳历、阴历和阴阳合历。除了纯粹的阳历和阴历外，大多数国家和民族都使用阴阳合历。

阴阳合历是以太阳视运行周期为一年，以月亮的圆缺周期为 1 月。由于回归年不是朔望月的整倍数，每年要比 12 月多出 11 天多，于是要隔两三年设置一个闰月，原则上是 19 年设 7 个闰月，使回归年和朔望月能够协调起来。

我国汉族的农历、西藏的藏历和傣族的傣历，都是这种阴阳合历。

但是，同属于阴阳合历的各种历法之间，它们又是各有特点。例如汉族的农历，岁首固定在正月初一，但从节气上来说，有时在立春之前，有时在立春之后；闰月一般在二月与八月间移动，并不固定在某一个月；大小月也不做死板规定，而是以月球运行到地球和太阳之间、月球和太阳的黄经相等的那一天即所谓合朔的日子为初一，从而确定上一个月是 30 天或 29 天。这就是说，汉族农历中月的周期和单年的长度基本上都属于阴历的性质。它的阳历因素：一是体现在 19 年总周期的每年平均数上；二是体现在二十四节气上。二十四节气是我国历法的一个独创，完全是按太阳的视运行位置来决定的。

傣历也是一种阴阳合历，但与农历并不相同。这种阴阳历的特点表现在以下几个方面：

1. 月是阴历月，即以月亮的一个圆缺周期为一个月，但固定双月 29 天，单月 30 天，大小月相间，除 8 月份外，其余各月的日数都是固定不变的。

2. 重望不重朔，月圆之日必是十五。由于大小月相间，初一就不一定是日月合朔的日子，这在历法上叫作"平朔"。农历以合朔之日为初一，叫作"定朔"。由于两种历法在这一点上不同，所以，在每月日序上常有一天之差。例如农历的初一，在傣历有时是月终的晦日、有时是初二。

3. 闰月固定在九月，闰九月照例是 30 天，也是 19 年 7 闰。但哪一年置闰月，与汉族农历有一年之差。

4. 傣历年是太阳年，即以太阳在黄道上进入白羊宫宫首到下一次再到达白羊宫宫首为一周年。因此，岁首不固定在初一，也没有固定的日子，每年后推约 11 天，而且总在六月六日与七月六日之间推移。例如傣历一千三百四十年（1978 年）元旦在六月九日；一千三百四十一年元旦就在六月十九日（即下半月四日）；一千三百四十二年元旦则在七月一日，这一年九月闰月；一千三百四十三年元旦又回到六月份，在六月十一日。如此循环往复，不断推移。这说明傣历年的元旦是以太阳运行位置来定的，而不管它是初一还是十五。就是说，傣历岁首（元旦）与月亮圆缺变化毫无关系，它的阳历性质在每一个单年中都能体现出来。

5. 傣历八月份一般是 29 天，隔数年有一次 30 天，称为"八月满月"。这一天是从哪里来的呢？这是因为太阳运行 19 周之后回到原来的地方比之 19 年加 7 个闰月的总日数还要多出 3 天半多一点时间。这余下来的时间总得在 19 年中分配下去，于是，只得每 4 ～ 5 年设置一个"八月满月"，把这个差数弥补起来。

从以上几个方面来看，傣历与农历或其他阴阳历都有所不同，有自己的民族特点，是一种自成体系的阴阳合历。

傣历年的交替以泼水节为标志。泼水节在历法意义上来说，就是傣族送旧岁迎新年的日子。泼水节要延续三四天，第一天叫"腕多桑刊"，算作除夕；最末一天叫"腕叭腕玛"，意为"日子之王到来之日"，算作新年元旦；中间的一天或两天叫"腕脑"，意为"空日"，算是两个年交替中的过渡日子。但从历法计算的要求来看，年的长度一直延伸到元旦到来之时，故实际上还是旧年的煞尾，只是习惯上不把它归属于哪一年罢了。因此，在傣历计算中有关键意义的日子是元旦，即泼水节的最末一日，这一天就是傣历的岁首。

由于傣历元旦日期不固定，安排年历表时如果每年按元旦之日为起点，那么，一本年历表中各年之间就会显得很不整齐，使用起来也很不方便。所以，傣族年历表人为地采取一种简单的办法，即不管元旦在六月或七月，都以六月排在第 1 格，五月排在最末 1 格，平年 12 格，有闰月之年 13 格，元旦具体日期则在表格下面注明，于是，使年历表看起来整齐美观，明了醒目。人们平常说傣历以六月为岁首，这话也说得过去，因为年历表上六月排在第一格，元旦也多半在六月份，但严格来说，则不够准确，因为有些年元旦在七月初。又有人说泼水节是傣历的新年，这话也不准确，因为泼水节还包括除夕与空日。只有说傣历以泼水节的最末一日为岁首（或元旦），这才符合傣历的实际情况。

傣历从今年元旦到明年元旦到来之前为一周年，一般是 365 天，隔几年有一次 366 天。所以，我们说傣历年是太阳年，这是从地球上看太阳走了一周年的时间长度。这个周年长度的准确数值应是 365.242 20 日，但傣历在制定时由于科学水平的限制，取年长度为 365.258 75 日，于是比回归年的长度多出了 0.016 55 日，这个差数的后果下文再述。

傣历建元的日子是 638 年 3 月 22 日，这一天是傣历七月一日，是首年之元旦。但傣历首年在累计纪年中不称傣历元年或傣历一年，而称傣历零年，满一周年后才称傣历一年，延至 1985 年泼水节，则满 1 347 年，于是从泼水节的最末一日开始始称 1347 年。傣历在制定的初期也是以春分日为岁首，即元旦那天是太阳在黄道上进入白羊宫宫首的一天。但由于傣历年长度比回归年长 0.016 55 日，经过 1 347 年的差数积累，元旦日已后推了 22.292 9 日。所以，现在的傣历元旦一般在公历 4 月 15 日左右，这就是由这个差数造成的。傣历文献中现仍以太阳进入白羊宫宫首为元旦，这与实际天象已不符合，因为现在的傣历元旦日太阳在白羊宫已运行了 5/6 以上，已经很接近金牛宫了。这是由傣历年长度与回归年长度的差数造成的。

这种现象在中外历法史上屡见不鲜。世界上现在通行的公历的前身叫"儒略历"，其年长度为 365.25 日（与我国东汉的"四分历"一样）。由于每年比回归年长出 0.007 8 日，到 16 世纪末，春分日已由 3 月 21 日提早到 3 月 11 日，即提前 10 天太阳就到达春分点了。于是，罗马教皇格里高利 13 世采取了改历措施，于 1582 年将 10 月 5 日改为 10 月 15 日，并改订了置闰方法，使节气与日期一致起来。只是傣历历史上未有过这样一次大的改革，所以，现在的元旦不在春分日，而是在清明后 10 日左右。如果再如此持续 400 多年，那就会在谷雨时（4 月 20 日）过泼水节了。

傣历平年 12 个月，年历表上的次序为：六月、七月、八月、九月、十月、十一月、十二月、一月、二月、三月、四月，至五月止。有闰月之年在九月后多一个"后九月"，这样的年傣语称"登双搞"，意即"双九月之年"。19 年置 7 个闰月，已如上述。置闰月有一套相当复杂的计算方法，但可以用一种简单的方法来表示，即列出 0～18 共 19 个数字，代表 19 年周期，那么，其置闰月的年份为零、二、五、八、十、十三、十六，其间隔年数与汉族农历一样，但具体年份都比农历早一年。例如 1984 年农历甲子年闰十月，傣历则于 1983 年即傣历一千三百四十五年闰九月，这是由傣历本身体系的特点决定的。

傣历月序与农历一般有 3 个月的差数，如农历正月相当于傣历四月。在德宏一带傣族有和汉族一起过春节的习惯，傣语称春节为"果楞细"，意即"过四月节"，这已经是傣族和汉族共同的节日了。但是，在每逢傣历闰月之后、农历闰月之前这一年多时间里，两者的月序就要相差 4 个月，直到次年农历闰月之后，才又恢复 3 个月的差距。

傣历在每月日序的累计上将一个月分成两半，初一称"月出一日"，从这一天起数至月出十四日，十五日称"月圆之日"（登柄），是为上半月；十六日起称"月下一日"，数至"月下十三日"（小月）或"月下十四日"（大月），最末一日称"晦日"（登达普）。过去李拂一翻译傣文资料时采用汉文古籍译称印度历法的名词，称上半月为"白分"，下半月为"黑分"，这也并无不可，但后来在人们使用这些资料时，根据这两个名词进行其他推想，则有失牵强，因为傣语中原来并没有"白分""黑分"的意思，而且与梵文的 shukla-paksha（白分）及 krishna.-paksha（黑分）也毫无关系。

傣历有 7 日一周的纪日法，各周日的名称是根据日、月，以及火、水、木、金、土 5 个行星名的顺序来取的，日序与现行的星期相当，但在用傣文数字来表示时，是由一数至七，故周一相当于星期日，周七相当于星期六。

傣历中每天纪时间的方法分"时段"与"时度"两种。时段是先将每昼夜定出4个时点，称为"丁"（中午）、"酣"（黄昏）、"丁恨"（午夜）、"烘"（黎明），然后在每两个时点之间划分为"督""光""特列"3段，共为12时段16时点。16时点的名称是："督早""光亮""特列丁""丁""督仔""光艾""特列酣""酣""督酣""光泡""特列丁恨""丁恨""督烘""光烘""特列烘""烘"。但每个时段之间的时间长度并不相等，一般以"光"最长，"督"次长，"特列"最短。另一种纪时间的方法则把一昼夜等分为60时度，每时度的实际时间值相当于24分钟。但这种纪时间方法只见于历法书中，在民间都使用时段纪时间法。这对傣族广大农民掌握每日的作息时间来说，是比较实用的。例如黎明之后的"光亮"是他们吃早点后出工的时间，中午之后的"光艾"是他们吃午饭（傣语"京烤艾"）的时候，黄昏（酣）是收工的时候，稍事洗涤（督酣），就吃晚饭（京烤泡），这时就是"光泡"，到"丁恨"已是夜深人静时，只在田野或竹林中还偶尔传来几起疏落的竹笛声，这在傣族唱词中就是"夜雾迷漫广原"的时候了。所以，这种时段的划分与他们的生活习惯是互相吻合的。

第三节　傣族历法与公元历法的比较

傣族人民对天体的旋转早有一定的认识。他们发现在天穹整体的旋转中，太阳、月亮，以及五大行星等少数天体移动的速度和方向，是有一定规律的。这些天体的视运动成了制定傣历的根据。

在傣族的天文历法中，把日、月、五大行星及两个假想的星体合称"九曜"。五大行星的顺序为火、水、木、金、土，两个假想的星体一为黄白升交点，称为"罗睺"；一为每一昼夜时间的运转点，称为"格德"。它表示地球自转的某一位置。九曜在天穹中的移动大致有一条相同的路径，这就是黄道。黄道被划分为12宫，以泼水节时太阳所在的白羊宫为零宫开始。其顺序为：①金牛宫；②双子宫；③巨蟹宫；④狮子宫；⑤室女宫；⑥天秤宫；⑦天蝎宫；⑧人马宫；⑨摩羯宫；⑩宝瓶宫；⑪双鱼宫。为数足12宫，亦零宫白羊宫又是⑫宫。傣历以下图表示12宫的位置：

①金牛宫 ②双子宫	0 12 白羊宫	⑪双鱼宫 ⑩宝瓶宫
③ 巨蟹宫		摩羯宫 ⑨
狮子宫④ 室女宫⑤	天秤宫 ⑥	人马宫⑧ 天蝎宫⑦

如果要说明某一个时间九曜在黄道上的位置，只要将九曜的数字代号填进上图即可。九曜的数字代号以太阳为一，月亮为二，火星为三，水星为四，木星为五，金星为六，土星为七，罗

睽为八，格德为九。

　　如果要做精密的计算，每宫还分为 30 度，每度又分为 60 分，在日月食等现象的计算中就要使用度与分的概念。

　　傣历中还将太阳所经天区的恒星划分为 27 个星座，俗称 27 宿。

　　27 宿的顺序、名称、星数、星图及所属宫见下表：

顺　序	星宿名称	星　数	星　　图	所属宫
1	冠尾马星	5 颗		白羊宫
2	蛇　星	4 颗		白羊宫
3	扇子星	7 颗		金牛宫
4	扁担星	5 颗		金牛宫
5	柿子星	3 颗		双子宫
6	中柱星	3 颗		双子宫
7	船　星	5 颗		巨蟹宫
8	荒屋星	5 颗		巨蟹宫
9	黄金马星	4 颗		狮子宫

续上表

顺序	星宿名称	星数	星　图	所属宫
10	枕 板 星	4颗		狮子宫
11	公马鹿星	4颗		狮子宫
12	母马鹿星	4颗		室女宫
13	大 象 星	6颗		室女宫
14	大火把星	2颗		天秤宫
15	小火把星	2颗		天秤宫
16	筛 边 星	8颗		天蝎宫
17	华 盖 星	7颗		天蝎宫
18	象 钩 星	5颗		人马宫
19	小 象 星	3颗		人马宫
20	象 鼻 星	5颗		人马宫
21	象牙尖星	4颗		摩羯宫

续上表

顺序	星宿名称	星数	星　图	所属宫
22	扁担抬鬼星	3 颗		摩羯宫
23	箭 尾 星	4 颗		宝瓶宫
24	竹 竿 星	9 颗		宝瓶宫
25	天花板星	4 颗		双鱼宫
26	床 脚 星	4 颗		双鱼宫
27	鳄 鱼 星	10 颗		白羊宫

在傣族的天文历法中，对太阳、月亮，以及五星在黄道上的运转位置已掌握得相当精密。他们的计算方法主要依靠一种特有的纪时方法，称为"纪元纪时法"。这种纪时法是安排历法和天文运算的关键。

以傣历建元之日（傣历零年七月一日，638 年 3 月 22 日）起数，顺序累计至 1985 年泼水节最末一日（4 月 16 日），为傣历一千三百四十七年元旦。这种顺序累计的年数傣语称为"萨哈"，本意是"历年"，可译称为"纪元年数"。傣历每年安排 12 个月或 13 个月（有闰月），每月安排 29 天或 30 天。这种年、月、日的安排方法，总的来说是以建元之日为起点的。这是纪元纪时法的一个方面。但这种纪元纪时法还有另一项内容，即除了按年为单位顺序累计之外，又单纯按月和按日进行累计。以建元之日起顺序累计的月数傣语称"玛沙根"，可译称为"纪元积月数"；以建元之日起顺序累计的日数傣语称"贺拉贡"，可译称为"纪元积日数"。例如，1985年泼水节最末一日（元旦）在傣历一千三百四十七年六月下半月十一日，这一天的纪元年数是1 347年，纪月积月数是16 660月，纪元积日数是492 005日。这3项年、月、日的累计数在傣历计算中是非常重要的数据，它不仅对历法，而且对天文学，甚至数学的发展，都具有十分重要的意义。

纪元积月数和纪元积日数并不需要历算家逐月逐日加以累计，只要有了纪元年数，就可以通过一定的公式求出该年元旦的纪元积月数和纪元积日数，并进而求出元旦的具体日期。如果求出了相邻两年元旦之纪元积日数和具体日期，那么，该年有365天或366天，元旦前的空日是一天或两天，该年八月是小月或大月，以及九月是否闰月等等，也就可以逐步求出，同时，每天的日序、周日、干支日等，也就很容易计算出来，一年的历书也就安排出来了。

为什么说年、月、日这3项累计数在天文学上也有重要意义呢？因为这些时间概念是依据日月等天体的运行规律而制定出来的。历法是天文学理论的实际运用。每一种稍为完善的历法都是以天象的周期变化为依据的。一般地说，一个阳历年是地球绕太阳公转一周的时间，一个朔望月是月亮绕地球公转一周的时间，一日是地球自转一周的时间。由于这3个时间单位都不是整数，年对月、月对日、年对日又都不是整倍数。所以，在历法上就要安排闰月、闰日来加以调整。这样调整的结果，以具体日期来计算日月行星的运行位置就是一件非常困难的事情。比方说，我们想知道1233年4月月出13日太阳在黄道上的位置，这个具体日期并不能给我们提供太阳位置的计算数据，而必须经过反复运算才能求得，而在这些运算中对我们最有用的就是纪元积日数。

我们知道太阳每年在黄道上运行一周（360°），傣族也将黄道带分为 13 宫，每宫 30°。原定傣历元旦那天太阳进入白羊宫宫首，那么，我们只要知道 4 月 30 日的纪元积日数，减去当年元旦纪元积日数，就得到了当年日序数。于是，当年日序数与年长度 365.258 75 之比，就等于太阳所在位置（度）360 之比。列式如下：

当年日序数：365.258 75 = x：360x 就是太阳所在度，再除以 30，所得商数就是太阳所在宫。以一千二百三十三年四月十三日为例，第一步先求出该日纪元积日数为 450 649，第二步求出该年元旦纪元积日数为 450 365，第三步两数相减，求得当年日序数为 284。再按上式求出：

284：365.258 75 = x：360

365.258 75x = 284 × 360

x = 279.91 （太阳在黄道上之所在度）

279.91 ÷ 30 = 9.33 （所在宫即摩羯宫）

现以傣历中惯用的 12 宫图附加二十四节气例解如下：

2 双子宫	1　金牛宫 60←30 立　　谷 60　　夏　　雨 ↓ 90　小满 芒种	0 或 12 白羊宫 30←0 清　　春 明　　分	11　双鱼宫 330←330 惊　雨 蛰　水　　330　　10 ↑ 立　春　300　宝瓶宫 大　寒
3 巨蟹宫	夏　　　至 90 ↓ 120 小　暑	→	小　寒　　　　　9 300 ↑ 270 冬　至	摩羯宫

续上表

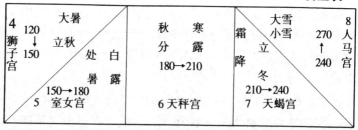

但这简单的公式所求得的还只是一个很粗疏的数值。由于太阳在黄道的不同位置上运行并非等速，要得到运行的准确位置，还必须附加上几个改正数。求这些改正数的运算过程都比较复杂，这里就不详细介绍了。

由于太阳一年运行一周天，所以，如果没有纪元积日数，也可以从元旦后一日开始逐日叠加而得到某月某日的当年日序数。在傣族比较周密的计算历中一般都列有每月一日的当年日序数，这样计算起来就要方便多了。至于计算行星的运行位置，则非有纪元积日数不可。例如，金星的运转周期为224.7日（傣历数值与现代科学数值相同），以年或月或当年日序数为计算单位求其所在位置是不可能的，而有了纪元积日数，计算起来就非常方便。傣历建元之日假定金星在白羊宫宫首（实际已过宫首13.4日，计算时减此数即可），纪元积日数除224.7所得之商数为建元以来金星已远行若干周，余数即金星自白羊宫宫首起运行的日数，设此日数为 y，所在位置（度）为 x，以下式即可求出：

$$y : 224.7 = x : 360$$

式中 y 为已知数，所求得之 x 即金星在黄道上之度数。x 除30所得商数即所在宫，这与求太阳之所在宫相同。又由于金星是内行星，其视运行位置受太阳影响需加上一个改正数，然后就能求出金星在黄道上的宫、度、分来。

从上文求太阳与金星所在位置的计算方法，可以看出傣历的纪元纪时法，特别是其中的纪元积日数在天文计算中的重要性。纪元积日数的优点就在于它在天文历法计算中排除了年和月的干扰，既科学，又很方便。

1582 年，法国人斯加利杰（J. J. Scaliger）创造了一种儒略纪日法，他以公元前 4713 年儒略历 1 月 1 日为起点连续逐日累计下来。这种儒略日在现代天文学上还继续使用着，它的价值与傣历纪元纪时法有相同之处，即方便于天文运算。但儒略纪日法是 16 世纪开始的事，而傣历纪元纪时法自建元以来，已经有 1 000 多年的历史了，可见这是傣族天文历法中一项非同寻常的创造。

傣历的特点是重推算不重实测，由于傣历年长度与回归年长度比较起来长了 0. 016 55 日，经过多年误差积累，用上述方法求得之太阳运行位置与太阳实际所在位置已有差数。这种差数当然会带来一些不利的后果，如月序在不同节气中不断推移，只是这一点在人们日常生活中感觉还不太明显。但在计算日月食时，这样的误差就太明显了。为了补救这种缺陷，傣历在计算日月食时又增加了很多改正数，尽量使日月食的预报相对地准确。虽不能准确到分秒无差，但基本上已能做到在一个时段内不至于合不上，这一点也是很了不起的。由于傣族的数学只用整数，不用分数，而且只用四则运算（上文所举之分数或代数式都是笔者简化了的公式，并非傣文著作中原有的公式），这些改正数的计算步骤就变得更为繁杂。当然，通过这些计算程序，实际上也促进了傣族数学的进一步发展。这是题外话，不多赘述。

另外，将纪元年数和纪元积日数换算成干支年和干支日，方法也很简便，这只要将纪元年数和纪元积日数与干支的一定顺序对上即得。现以傣历一千三百二十二年五月月出 1 日为例：

　　求 1322 年之纪元干支，第一步求该年之天干，看其纪元年数之尾数（末一个数），然后对照下面的数字与天干顺序：1 己、2 庚、3 辛、4 壬、5 癸、6 甲、7 乙、8 丙、9 丁、0 戊。1322 年之尾数为 2，即知其天干为"庚"。第二步求该年地支，将纪元年数除以 12，取其除不尽的余数，对照下面的数字与地支顺序：1 亥、2 子、3 丑、4 寅、5 卯、6 辰、7 巳、8 午、9 未、10 申、11 酉、12 戌。1322 除 12 得商数为 110，余数为 2，即知地支为"子"，故知 1322 年为庚子年。

　　求干支日，要先求出该日之纪元积日数。1322 年 5 月 1 日之纪元积日数为 483 179。求其纪日天干，看纪元积日数之尾数，对照下面数字与天干顺序：1 辛、2 壬、3 癸、4 甲、5 乙、6 丙、7 丁、8 戊、9 己、0 庚。该日纪元积日数之尾数为 9，天干为"己"。再求纪日地支，以纪元积日数除 12，取其余数对照下面数字与地支顺序：1 巳、2 午、3 未、4 申、5 酉、6 戌、7 亥、8 子、9 丑、10 寅、11 卯、0 辰。483 179 除 12 得商数为 40 264，余数为 11，地支为"卯"，故知该日为己卯日。

　　傣历干支日和汉族农历干支日是完全相同的。傣历一千三百二十二年五月一日为农历正月初一，纪日干支都是己卯。干支年其实也是相同的，只因两种年法之首尾有两个多月的差数。因此，农历辛丑年正月初一，在傣历还是庚子年。傣历要过清明后才过年，过了年之后，与农历的纪年干支就又一致起来了。

第七章　文学艺术

第一节　文　学

　　傣族文学丰富多彩，作品数量众多，富有地方民族特色。从总体上讲，可分为民间文学即口承文学，以及作家文学即书面文学两大部分。

　　由于历史的原因和时代的局限，傣族的口承民间文学与书面作家文学又始终交织在一起，相互渗透、相互融合，难以区分。在傣文尚未产生之前，傣族文学无疑以口头创作、口头传播为主；傣文产生之后，傣族才开始有书面创作，方出现文人作家。可是，由于没有印刷术，书面创作的作品单靠手工抄写无法传开，仍然需要口头讲述传播，因而在口头传播中又演变成了民间口头文学。而原有的民间口头文学，则又被文人们搜集整理加工，用文字固定了下来，变成了书面文学。这种现象延续了很长时间，直到19世纪初叶，傣族作家文学大量兴起，傣族的口头民间文学与作家书面文学才分道而行，同步发展。

　　为此，傣族文学可以统一分门别类地介绍或论述。当然，从中也可以清楚地看到："十九世纪以前，基本上都是民间文学，十九世纪以后则主要是作家文学。"

一、歌 谣

诗歌是傣族文学的主要形式，渗透到傣族社会的一切生产领域和生活领域。傣族耕田、伐木、盖房、纺织、恋爱、结婚、生育、送葬等等，一切活动都要唱歌，每个寨子都有几个半职业性的歌手。因此，诗歌创作极为普及，几乎每个成年人都是诗歌作者。傣族有一句俗语："生活中没有诗歌，就像吃饭没有盐巴。"诗歌与傣族社会的密切关系，由此可见一斑。

傣族诗歌虽然数量众多，但不繁杂，除了长篇叙事诗外，其余可分为古歌谣、习俗歌、生产歌、情歌 4 类。

（一）古歌谣

傣族认为歌谣是文学的母体，是文学的开端。早在原始社会蒙昧时期，就有歌谣诞生。那时候，人类的先民穴居山洞，靠采集野果为生，采到甜美野果时会发狂地高兴，饥饿或被野兽咬伤时会伤心地叫喊。这些就是先民们最初表达感情的诗歌。可惜年代太久长，多数已失传，保存至今的只有 50 余首，其中《叫人歌》《摘果歌》《找水歌》《吃菌歌》《拔刺歌》《虎咬歌》《蜈蚣歌》《过河歌》《关门歌》《睡觉歌》《哭哀歌》等 30 首已译成汉文，编入《傣族古歌谣》一书，由中国民间文艺出版社正式出版。就内容而言，反映的都是傣族蒙昧时代原始先民们的原始采集生活。例如《摘果歌》唱道：

> 大森林，野果多，
> 有酸的，有甜的，
> 有红的，有绿的，
> 有大的，有小的。
> 你争我赶拥上去，
> 爬直树，爬弯树，

> 摘的摘，摇的摇，
> 捡的捡，笑的笑……

先民们集体采集的情景，描写得十分真实、生动，其语言也很朴实，完全是口语，没有半点形容和修饰。又如《叫人歌》也很有特点：

> 走在山里的人，
> 坐在石头上的人，
> 爬在树上的人，
> 蹲在河边的人，
> 快快离开那里，
> 快快回到洞里。
> 太阳落山了，
> 天就要黑了，
> 老虎就要出来了，
> 正在"啊唔啊唔"地吼叫。

这很可能是一位年迈的氏族老人，预见到了危险即将降临，因而站在山洞前，对着苍茫的黄昏，殷切地呼喊他那些迟迟不愿归来的氏族子孙。歌中的语言没有任何修饰，全是口语，但读过之后，老人焦急的心情和嘶哑的声音，仍隐约可见，具有一种真实感。

在30首傣族古歌谣中，《吃菌歌》和《蜈蚣歌》反映的是先民们认识事物的过程，也很受到学者们的重视。《吃菌歌》说的是：天下雨了，树干很滑，人们不能爬到树上摘果子。此时，他们看到地上长出一种奇怪的东西，既不像花，又不像果子，颜色"有白的，有黄的，也有黑的"，先民们起初很害怕，不敢采摘来吃，后来闻了一闻，感觉到有香味，试着尝了一口，味道不苦不涩，才知道可以吃。表明了原始先民们是在不断地采集实践中认识大自然的。《蜈蚣歌》说的则是吃了亏后才得到认识。歌中说：有一天，太阳很暖和，先民们坐在石洞边玩耍。忽然石缝中跑出一条小红虫，"身子扁又长，全身长满脚"，小孩见了很高兴，都争着去抓。结果手被咬出血，疼得在地上滚。从此，先民们才知道：

> 蜈蚣会咬人，
> 嘴上有刺毒。
> 谁见都要打，
> 别让它活着。

反映从群婚制过渡到对偶婚的《配偶歌》，内涵也很丰富。

> 雀成双，
> 鸟成对，
> 草会开花，
> 树会结果。
> 斑鸠有丈夫，
> 猴子有老婆，
> 人类要偶配。
> 不能再混乱，
> 兄妹配成双，
> 男女成一对。

反映了对群婚现象的不满，以及对一夫一妻制的追求。因此，这两首歌连在一起，较为完整地反映了傣族原始社会初期由群婚制转到配偶婚的过程。

总而言之，傣族古歌谣是傣族先民的精神产物，它产生于采集经济时期，反映的都是原始社会的生产、生活风貌，对研究古代社会具有重要价值。

（二）习俗歌谣

习俗歌既是社会习俗的精神产物，又是社会习俗的形象反映。

傣族社会流行最广泛的有祭祀、盖房、婚嫁、丧葬、节日5种与其他民族不同的习俗，因而有5个方面的习俗歌。

祭祀习俗歌以《祭猎神歌》《祭树神歌》《祭雨神歌》《祭寨神、家神歌》和《祭牛魂歌》等为代表，反映了傣族早期原始宗教的思想意识，以及当时的生产、生活风貌。

祭猎神是傣族最普遍的社会习俗，无论是哪个寨子，每次上山打猎都要先祭猎神。此俗经久不衰，流传至今。傣族称猎神为沙罗，祭时有一定的仪式。地点在寨边或森林边的猎神殿（有的是一棵大树，有的是一个土台）前，通常由负责管理猎神殿的"摩反"主持，时间在每次出猎之前。祭时，"摩反"先把所有猎手召集在猎神殿前，将弓、箭、长刀、长矛、火枪等猎器，按序排列在地上，然后"摩反"折几枝树枝，合上早就准备好的草绳，一边滴酒祭祀、一边朗诵祭词，即唱《祭祀猎神歌》：

猎神啊，沙罗，
今天是好日子，
我们上山打猎，
请你出来帮助。
领我们到野兽最多的地方，
给我们赶来马鹿，
给我们赶来野猪，

> 让我们拴住麂子的魂，
> 让我们得到老熊的肉。
> ······

　　最后几句歌词，参加祭祀的全体猎手都要跟着合唱。唱毕，由"摩反"用绿叶——清扫所有的猎器，表示猎神的保佑、祝福。至此，祭祀结束，猎手们便可拾起自己的猎器，奔向森林。狩猎是人跟野兽搏斗，不是人战胜野兽，使野兽成为自己的猎物，就是野兽战胜人，将人作为它们的美食佳餐。然而，在狩猎工具十分简陋的古代，要想战胜野兽并不容易。因此，人们需要神的帮助以便驱散害怕野兽的恐惧心理。从这一意义上来讲，祭猎神习俗歌实际上起到了动员猎手向大自然勇敢战斗的作用。

　　祭树神习俗产生于"安居农耕"时期，定居盖房需要砍树，砍树就需要祭树神。否则，树神责怪，新房便不吉利。祭树神又与祭山神融合在一起，一般是在进山伐木之前进行。祭物以饭菜、米酒和少许水果为主，也有杀鸡做牺牲的。祭时所唱的《祭树神歌》很有特色。

> 树神啊，树神，
> 你是森林之主，
> 你是万木之神，
> 你能给山河阴凉，
> 你能帮雀鸟避雨。
> 我们人类没有家，
> 没有避雨的地方，
> 请可怜可怜我们，
> 给我们几根柱子，
> 给我们几根好梁，

让我们有遮风避雨的地方。

可以看出，树神拥有巨大权力，管辖着草木世界，人类若要动用一草一木，都必须得到它的恩赐。然而，它又是一个拟人化了的精灵，需要食用食物、需要人的奉养。由此可见，所谓的自然神，实际上也是先民们根据自己的形象创造出来的。

祭祖先神习俗，在傣族地区十分普遍，即使在佛教占据绝对统治地位的地区，也仍然在流行。在傣族神灵意识中，最早开辟坝子的民族首领死后，其灵魂便成为勐神；最早建寨的头人或保卫寨子的英雄死后，其灵魂便成为寨神；家里的父辈死后，其灵魂变成为家神。所以，勐神、寨神、家神都属于祖先神，都需要祭祀。祭时都要大声朗诵祭祀词，这就形成了祭祀习俗歌。

其中以《祭家神词》最具有代表性。

> 河以箐为头，树以须为根。
> 历代家神哟，先乍丢拉很，
> 你们是家的头，你们是人的根。
> 你们死去了，子孙不忘记。
> 搭起家神台，祭你们的魂。
> 吃饭先献饭，喝酒先敬酒，
> 后代有什么都先奉献给你们。
> 老的家神啊，请沿着迁徙的路来，
> 新的家神啊，请从安息的地方来，
> 来到你们的神位前，接受子孙的供品。

祭祀祖先神灵唱的习俗歌有一个共同特点，即都祈求神灵满足人们的愿望：六畜兴旺、五谷丰收、清洁平安。这反映出所有的祭祀活动都与当时的生产活动有密切联系。这一点，在农业祭祀习俗中，尤为突出。

傣族的农业祭祀，主要是祭农作物的精灵。傣族先民认为与农作物有关的谷种、雨水、耕牛、秧田、谷仓等等，都是有生命、有灵魂的实体，因而将它们提高到农业神的地位而加以祭祀。在这一祭祀习俗中，也相应地产生了祭祀歌，如《叫谷魂歌》《叫水魂歌》《叫牛魂歌》《叫谷仓魂歌》等等。

《叫谷魂歌》是在收割季节祭谷魂时唱的，内容充满了傣族先民对丰收的渴望。

> 谷魂啊，你是王，
> 谷魂啊，你是主。
> 千亩黄谷已归仓，
> 千亩稻草已堆齐。
> 谷魂啊，快回家，
> 谷魂啊，快归仓！
>
> 你不要停留在荒地上，
> 荒地上蚂蚁多，会把你咬伤；
> 你不要跑到森林里，
> 森林里雀鸟会把你吃光。
> 你的主人声声把你呼唤，
> 要把你挑回寨子带回仓！

傣族的农业祭祀习俗歌还有《叫牛魂歌》《叫田魂歌》《叫鸡魂歌》等等，也很有特点。这些歌虽然内容不同，形式各异，却有一个共同主题，即形象地反映了傣族农耕初期的生产活动和人们的精神面貌，在客观上推动了当时的农业生产。

傣族的"一家盖房，全寨帮忙"的习俗，体现了傣族人民的互助友爱精神，经过长期流传，已演变成一种人人都必须自觉遵守的社会规范或乡规民约。进行这一习俗活动时所唱的歌，便称为"盖房习俗歌"。因盖房大都是劳动场面，所以，几乎所有的盖房习俗歌都是在劳动中唱的，或者是在盖好房子后的庆祝活动中唱的。最有代表性的有《伐木歌》《抬木歌》《破篾歌》《洗房柱歌》和最著名的《贺新房长歌》等篇。

伐木是盖房的首要工作，没有木料就盖不成房子。因此，盖房习俗的第一个活动就是集体上山伐木。通常伐木者都是由有丰富盖房经验的长者率领，由年轻力壮的小伙子组成。由于他们都是自愿参加劳动，个个都感到自豪而又兴奋。离开寨子后，他们便边走边唱：

> 包好辣子、草烟，
> 包好盐巴、米饭，
> 带上长刀、斧头，
> 带上土锅、土碗，
> 我们走向大森林，
> 个个都喜笑颜开。

> 大森林，宽无边，
> 雾茫茫，不见天。
> 大树一棵连一棵，
> 古藤一串接一串，
> 松鼠摇枝相追逐，
> 群猴攀藤打秋千，
> 呼呼山风吹不停，
> 淙淙泉水流不断。

这是《伐木歌》开篇的两节，主要是赞美大森林的景色，抒发伐木者对大自然的热爱。接着便评述森林里的树木，有大的、有小的、有直的、有弯的、有质硬的、有质软的、有会被虫吃的、有不会被虫吃的，伐木者要认真挑选，不能见树就砍。这一些带有许多植物学知识，如果对植物的性能不了解，是唱不出来的。最后才开始描写伐木的壮观场面。

> 咚咚咚，咚咚咚，
> 你一斧，我一刀，
> 像大山在动，
> 像大地在摇，
> 一棵又一棵大树，
> 轰隆隆地倒下了！
> 惊得雀鸟满天飞，
> 吓得野兽遍山跑……

壮观的伐木情景，描述得有声有色，使人仿佛看到了赤裸着上身、抡着大板斧的古代伐木者，听到了"咚咚咚"的伐木声和大树倒下的山崩地裂的响声。《伐木歌》不仅总结了古人的伐木经验，介绍了某些植物知识，同时还将傣族先民豪放、粗犷的乐观精神，融汇于大自然的情景之中，创造了一种壮观的美，因而受到傣族人民的喜爱，成了盖房习俗活动中不可缺少的习俗歌。

傣族的住房，系高脚木屋，汉文史籍中称为"干阑""杆栏""高栏"和"栅居"。在古代，除了土司贵族的房子是用木桩木板，即木结构外，一般百姓住房，大都是用竹子建成，所以，有"竹楼"之称。后来因发现竹柱子没有木柱子牢固，才改用木柱，才有伐木和运木之俗。然而，新房虽改为了木柱，但楼板、围墙等仍然用竹子做原料，因而盖新房仍然要砍竹、仍然要唱《破篾歌》。

> 竹子高，竹子细，
> 竹子绿，竹子青，
> 排排竹子连成林。
> 风来顺手梳长发，
> 雨后竹林叶更青，
> 有寨就有竹林绿，
> 有竹就有傣家人。
>
> 有竹就有傣家人，
> 傣家对竹有深情，
> 搭竹板，编竹凳，
> 扎篱笆，围院庭……
> 竹子虽小用处大，
> 祖先种竹后人荫，
> 今天砍竹盖新房，
> 得祭祖先的神灵。

《破篾歌》实际上是一首颂竹歌，用了很多优美的诗句赞美竹子，反映了傣族人民对竹子有特别浓厚的感情。

新房建好后的贺新房，是傣族整个盖建习俗最隆重、最热闹的时刻。此时，各村寨的人都要前来吃酒祝贺，房主人则要请著名的歌手来唱《贺新房歌》。

《贺新房歌》是傣族历史上最早的长篇文学作品之一，有近百种不同的手抄本在民间流传。毫无疑义，它是从古代盖房习俗中产生的精神产物，然后随着盖房习俗的演变而演变，随着时代

的变化而得到完善和发展。由于作品形成的过程较为漫长，因此
留下了各种不同的内容版本。最原始的《贺新房》版本分三部
分：一是叙述动物帮助人盖房子的神话；二是叙述盖新房的劳动
过程；三是解释房屋的结构和称谓的来历。第一部分实际上是一
首神话或童话诗。

> 人要盖房子了，
> 动物们高兴得蹦蹦跳跳。
> 大象甩动着长鼻，
> 拉来一根根结实的木料。
> 灵巧的燕子和麻雀，
> 叼来一捆捆金黄的茅草。
> 洁白的鹭鸶更勤劳，
> 为编织草排累弯了腰。

其他动物也很卖力，乌龟把木料推得十分光滑，穿山甲和啄
木鸟用嘴在木料上凿开洞眼，但凿的洞眼太大了，横梁穿过去空
荡荡的，于是猴子自愿献出双手做楔子，献出头做木槌；海里的
龙族路途遥远，到时新房已经盖好了，只得仰卧在门口做楼梯，
所以，傣族称竹楼的梯子为龙梯。作品描写了一个极其热闹的劳
动场面，一个和睦友爱的生命群体，动物与动物之间、动物与人
之间，没有一丝邪恶的欲念，没有一点欺诈行为，所有的动物都
自愿为人类的定居建房而献身，生动地描绘出一个先民们理想的
神话世界。

后期的版本无疑是经过歌手们数百次的加工，虽然基本上还
保留着原始版本的框架结构，但删去了大部分神话色彩，增加了
现实生活的内容。一开篇便提出先民们最关心的问题："雷声已
在天边响起，雨水不久就要落地，破旧的房子经不起风吹，枯朽

的茅屋挡不住暴雨。"并说明"动物帮人类盖房子的时代已经过去了，现代的人类要建房只能依靠自己的双手"，那么，一个人肯定无法完成，只有全寨来帮忙。从正面赞扬了一番团结友爱的互助精神之后，才转入对建房劳动的描写。最后，也是最主要的部分，是代表所有的客人，对新房本身的赞美和对新房主人的祝贺。仅这部分便有数百行之多，占了整部作品的大部分篇幅，并且用的都是极其热情的词句。

> 今天是最吉利的日子，
> 最美好的白象在今天诞生，
> 最甜蜜的米酒在今天酿成，
> 最富庶的芭蕉在今天结果，
> 最清香的缅桂在今天开花，
> 最幸福的主人在今天盖起新房。

几乎用尽了最好的比喻，来形容贺新房这一天的吉利，来祝贺主人的幸福。由于这些内容表达了傣族先民的美好愿望，因而很受群众欢迎。当歌手唱到这些内容时，不仅新房主人笑得合不拢嘴，所有的听众都会振臂欢呼。

这首盖房习俗歌，在傣族文学史上占有重要地位，它流传了2 000多年，至今仍然活在民间，群众盖新房时仍然在演唱。

傣族的婚嫁习俗歌，也很有特色，最流行的有《说亲歌》《许配歌》《迎亲歌》《婚礼歌》《宴席歌》《祝福歌》等篇，其中以《婚礼歌》最具代表性。

《婚礼歌》是在结婚仪式上必唱的歌，有基本固定的内容，一般由主持婚礼的长者或著名的歌手朗诵。开篇很神奇，用了一连串重叠的带有连环性的比喻，热情地赞美婚礼吉日。

　　　　九宽十宽不如芭蕉叶宽，

　　　　九绿十绿不如粽子叶绿，

　　　　九尖十尖不如稻禾叶尖，

　　　　九音十音不如蝉的叫声，

　　　　九象十象不如洁白的神象，

　　　　九天十天不如今日美好吉祥。

　　歌里的"九"和"十"，带有"一切"或"所有"的含义。赞美吉日，实际上也是赞美婚礼、赞美新婚的主人。但歌者仍然感到不够、仍然要再次反复地颂扬新婚夫妇的纯真爱情。

　　　　你们是天生的一对，

　　　　男的像月亮，女的像星星，

　　　　男的是田野，女的是田水，

　　　　姻缘把你们结成一家、连成一体。

　　最后还唱到要勤俭持家、要尊敬老人、要关心弟妹、要热情待客，对新婚主人提出了许多美好的殷切希望。因此，这不单纯是一首婚嫁习俗歌，同时也是一首伦理道德歌，在欢快的婚礼仪式上潜移默化地发挥着它的教育功能。

　　傣族习俗歌，可以说家喻户晓，人人都会唱，特别是傣族新年（即泼水节）节日习俗歌，更是备受欢迎，具有广泛的群众基础。傣族新年，要举行放高升、赛龙舟、浴佛等各种宗教活动和文体活动，历时 3 天，所唱的歌无数，但以《新年宴席歌》《拜年歌》《泼水歌》《放高升歌》《赛龙舟歌》为最有名。

　　过傣历新年时，家家户户都要设酒宴接待客人，《新年宴席歌》就是在酒宴上，主客互相祝福唱的歌。

> 一年十二个月，
> 数今天最欢乐，
> 好客的主人为亲朋佳友，
> 备办了如此丰盛的酒席，
> 织成一首和睦友爱的歌。

　　紧接着，歌者不仅罗列了傣族的著名菜谱，同时还仔细地描述了宴席的盛况。然而，其主题却是借宴席歌颂友谊、借饮酒畅谈理想。

　　泼水是傣族新年最热闹的习俗，其含义是相互祝福，以消除灾难，祈求平安。泼水时要边舞边唱：

> 端起碗，盛满水，
> 相互祝福，相互问好。
> 第一碗水，迎接新年来到，
> 愿事事如意，愿人人安好；
> 第二碗水，祝贺五谷丰收，
> 谷堆像高山，棉田像云海；
> 第三碗水，祝贺大伙幸福，
> 地方和平安定，寨子充满笑声。

　　歌词可长可短，有时歌声会根据当时的情景，即兴而作，因而内容有所变异，不完全相同。然而，无论有增有减，都离不开互相祝福、驱除邪恶、祈求平安的主题。因此，《泼水歌》实际上也是《祝福歌》。

　　傣族的习俗，已形成一种人人都自觉遵守的社会规范，具有强大的约束力，而这些约束力，又往往需要通过演唱习俗歌来表达，并使之完善与巩固。这样，习俗歌的艺术生命便紧密地跟社会习俗的存在连在一起，长期地发挥着深远的影响。

（三）生产歌谣

傣族生产歌是傣族人民在进行劳动生产时所唱的歌，其内容不可避免地带有劳动行业的特点。例如，盘田种地时唱的歌，大都只涉及与水稻种植有关的事物，纺纱织布时唱的歌，只涉及与棉花、纺车有关的事物，当然，也有包罗万象，什么生产都提到的，但此类数量不多。通常人们提到的生产歌，均以种植生产歌、纺织生产歌、畜牧生产歌和制陶生产歌为主。

傣族是水稻民族，有数千年种植水稻的历史，并从中创作了许多反映种植劳动的诗篇，《播种歌》便是其中最有代表性的作品之一。

> 小斑鸠，站在地头咕咕叫，
> 夫妻情意好，一起把窝造；
> 小秧鸡，谈情说爱在田边，
> 双双点头把尾摇；
> 浅水塘，江鳅恋水草，
> 摆下串串小鱼子，顺着水流漂……

这首歌先以轻松之语气，描述了一番大自然的生机，勾出了一幅充满情趣的画面，然后才引出"播种的季节已经来到，不能进山打猎了，不能下河捞鱼了"，因为"风吹芒果阵阵香，恰是播种好时光"。接着便告诫人们，要及时投入农田劳动，如果延误了播种的最佳节令，收成就会受到影响。最后是描述年轻人在田野上劳动播种的情景：

> 妹妹站在田埂上，
> 哥哥在田中撒秧，

谷种撒在秧田里，

爱情长在妹身上。

这样《播种歌》便巧妙地将播种谷物与播种爱情结合在一起，既传播了生产经验，又抒发了人们的感情，给人一种美的享受。

在傣族地区，婚姻、爱情与劳动生产关系十分密切。因此，在傣族的生产歌里，总是包含着大量的爱情成分。影响深远的《十二马》便是这类作品的典型例子。

《十二马》，傣语称《西双麻》，有多种傣文手抄本。内容大同小异，分为三部分：

第一部分叙述12个小伙子骑着12匹马，到远方的村寨串姑娘，他们骑在马上，摇着马铃，"把笑声撒遍田野，将歌声丢给姑娘"。于是姑娘们忙着穿上新衣，跑到寨边热情地迎接他们。双方相互赞美了一阵后，便双双骑上马，离开村寨，边走边唱12个月的农事，从结构上看，这只是序歌，即交代歌者的来历和身份，还未涉及作品的核心和内容。

第二部分是按时间顺序，从正月唱到十二月。但又不是平均分配，有多有少，有的月份只唱一两句，有的月份却唱得很长。例如正月和二月便唱得很简单，只说"正月是满树吐新芽的时候，二月是晒干巴、腌酸菜的时候"，便跳了过去。原因是这两个月没有重要的农活。但到了三月，"山风呼呼吹，是备耕的时候"，便唱得很多、很仔细，谈到要把耕牛催壮，要将犁、耙、锄头和种子等等春耕物质准备好，不然就会影响春耕。接着是：

四月雨水到，

青蛙哇哇叫，

声声催人忙，

忙把秧田泡。

从此，便进入农忙季节。在五月里，"雷声阵阵响，细雨催苗长。哥哥的蓑衣像云片，云片下面挑秧忙；妹妹的草帽遮蓝天，蓝天下面插秧忙"，指出这是最好的栽插季节，不能误农时。栽插完后的六月、七月、八月3个月，虽是农闲时节，但勤劳的人不应该到处串门子，浪费光阴。姑娘应动手纺线织布，男人应修补篱笆、放牧牛马。九月和十月，是收割的季节，在金色的阳光下，宽阔的田野翻滚着谷浪。此时，"镰刀亮闪闪，姑娘手起茧"。收割很辛苦，累得人们腰痛背疼，但又很欢乐。"人人笑盈盈，歌声绕彩云"。最后的十一月和十二月，是酿米酒和办喜事的时候，姑娘们要忙着赶制嫁妆，小伙子要忙建盖新房，各有各的事情做，勤劳的人家没有空闲的时间。这部分是《十二马》的主体，即核心内容，唱的都是农事。

第三部分是叙述男女歌者相互告别，并约好明年此时再相会，属作品的尾声。

从总体上看，这是一首最富有傣族特色的生产歌。它最显著的艺术特点是巧妙地将傣族的生产知识、社会习俗和男女爱情融合在一首歌里，使人在欢笑中获得某些生产知识。当然，这部作品之所以受到傣族人民的喜爱，并不在于它的表现形式和艺术特色，而在于它的内容，即它艺术地概述了傣族地区的气候变化和全年的农事活动，可以说是一部用文学形式写成的农业知识书籍。

纺织与农耕有着密切关系。与种植水稻一样，傣族从事手工纺织的历史也很早。随着手工纺织业的迅速发展，傣族人民在劳动实践中创作了一系列纺织生产歌。其中以《攀枝花歌》《纺线歌》《纺车歌》《织布歌》等数十首，最受群众喜爱。

攀枝花古称"娑罗棉树"，又称"木棉"，是亚热带特有植物，树干高大，枝叶茂盛，"三四人合包方匝，其花蕊有棉"，可纺织成布。据傣文古籍载：远在农耕初期，傣族先民便学会用野生攀枝花纺线织布、缝制木棉衣。因此，傣族先民把攀枝花视为布的祖先，对攀枝花十分崇拜。《攀枝花歌》所表达的就是这种心情：

> 我们的祖先，
> 爱花又爱树。
> 林中树木千万棵，
> 寨里鲜花千万朵。
> 树木棵棵有名字，
> 记下树名好盖房；
> 鲜花朵朵数不清，
> 记下攀枝有衣裳。

接着，歌者还详细描述了攀枝花的形状、彩色、神态，详细叙述了攀枝花的生长过程和树干花果的性能，说明了傣族先民对攀枝花确实有深刻认识，了如指掌。这首歌不仅有艺术价值，还有科学价值，因为它印证了傣族古代先民曾最早使用攀枝花（娑罗棉）作为纺织原料这一历史事实。

《纺线歌》是傣族手工纺织生产的反映。傣族妇女几乎个个都会纺线织布，因而几乎人人都会唱《纺线歌》。所谓"纺线"，实际上是指压棉花、弹棉花、纺棉花 3 个过程。所以，《纺线歌》包含着这 3 方面的内容。

从棉树上采下来的棉花，称为"生棉"，棉籽与棉花紧紧缠在一起，需要将它们压开，这是第一道工序。压棉花歌就是在这一劳动生产过程中唱的，歌词很有情趣。

> 棉花软，棉籽硬，
> 棉花感情深，棉籽爱生命；
> 棉花想成线，棉籽想生根。
> 有谁能帮助？压花架最灵。

　　将生物比拟成有感情的人类，是傣族诗歌的特点。这首压棉花歌应用得十分得体，将难舍难分的棉花与棉籽比作感情深厚的姐弟俩，说它们同生于一个母体（棉树），长大后便要分开，各自去实现自己的理想，去创建自己的家业。仿佛棉花也是有生命、有感情的实体，充满了生活的乐趣。

　　压好的棉花，还需要弹过之后，才能纺线。弹棉花时也要唱歌：

> 腰插弹花架，手拿弹花槌，
> 叮当叮当响，棉花满屋飞。
> 飞时像云片，落时像云团，
> 洁白又松软，越弹越好看。

　　语言简练，节奏明朗，易于上口，只几句话，便勾画出了一幅傣族妇女在竹楼下弹棉花的生动情景。

　　弹好棉花，便可以纺线。这是最后一道工序，也是整首纺线歌的落脚点，因而唱得很有感情。

> 小纺车，围成圈，
> 嗡嗡唱，呼呼转，
> 唱出圆圆一轮月，
> 转出细细一条线。
> 一条线，两边拴，

　　一头拴着月亮心，
　　一头拴着妹心肝。
　　只要纺车棉花真相好，
　　纺出的情线就不会断！

　　"唱出圆圆一轮月"，既点明了纺线的时间是从黄昏到月亮升起，又表达了纺线姑娘的感情，从明月想到自己的婚事。由于纺线不仅是一种劳动生产，还是傣族的婚恋习俗，所以，纺线歌很自然地就跟情歌连在一起。

　　纺出的线，经过浆晒，便可织成布。织布劳动时，也有织布歌。

　　公鸡咯咯啼，
　　森林蒙蒙亮。
　　仙女低头往下望，
　　看见人类没衣裳。
　　牵动慈悲爱心肠，
　　丢下耳环做梭子，
　　摘下彩云化棉筐。
　　棉筐纺成千条线，
　　金梭搭在织机上。
　　从此人类会织布，
　　织机天天唧唧响。

　　据说，傣族的织布技术，是一位仙女传授的。此篇《织布歌》的前半部分，唱的就是这一神话传说，浪漫色彩很浓。到了后一部分，才转回人间的现实生活。

> 织机天天唧唧响，
> 梭子来回飞穿忙。
> 早晨织匹细白布，
> 缝成新衣穿身上。
> 傍晚织个花枕头，
> 夫妻共枕情意长。

　　傣族的纺织生产歌，叙述了纺织的起源、纺织工具——梭子和织布机的来历，描述了妇女纺织的过程和情景，内容十分丰富。上述只是几首典型例子。

（四）爱情歌谣

　　傣族的爱情歌谣，西双版纳地区称"散"，德宏地区称"秀"，景谷孟连地区称"聆"。称谓虽然不同，但都带有"情音""情话""情书"的混合含义。以内容而论，大体上可分为"求爱歌谣"与"失爱歌谣"两类。

　　"求爱歌谣"是男女双方在追求爱情过程中，向对方表达爱慕之情的歌，因时间、地点和表达方式的不同，又可分为"赞花情歌""串寨情歌""鹦鹉情歌"和"凤凰情歌"等类。"赞花情歌"是指专以借助赞美自然界的花卉来赞美爱情、表达求爱心愿的歌，所以，有"花卉情诗"之称。此类情歌的特点是必须以花名为开头。例如：

> 缅桂花缀满枝头，
> 散发出迷人的清香，
> 水中的鱼儿看见了，
> 忘了在绿波里游荡，
> 空中的飞鸟看见了，
> 忘了在蓝天下飞翔……

　　接着在以后的歌里，根据歌者的心愿，还可以继续列举"浓郁的梭罗花""金色的糯亮花""火一样红的洛木花""黄灿灿的染饭花"等等，并按照这些花的不同彩色、不同生长环境、不同的花姿媚态，来赞美对方，表达歌者的爱慕之情。创作这类情歌，不仅需要具有广泛的花卉知识和丰富的想象力，同时还要懂得一定的地理知识和自然生态。如果把白色的花说成是白色的，或者把只能在庭院栽培的花说成是森林里的花，便会受到对方的嘲笑，并被视为没有知识的人而达不到求爱的目的。因此，初恋的男女青年若要唱此类情歌，事先必须要学习花卉知识和地理知识，不然就会闹出笑话。

　　"串寨情歌"是一种泛称，泛指在"串寨子""串坝子""串山林"或其他野外所唱的情歌。它最大的特点是没有固定的格式，可根据不同的环境、不同的对象而即兴创作，比较自由。如果双方从来不认识，偶然在河边相遇，便只能以试探的口吻，以歌询问。

> 粉团花姑娘啊，
> 你那华丽幽雅的闺房，
> 是否已被他人点亮灯光？
> 你那洁白如藕的手臂，
> 是否已被幸福的金线拴上？
> 如果我走到你的身旁，
> 你会不会生气、惊慌？

　　如果对方还没有对象，并愿意结识，便会用"妹妹的花园，从来没有人走进；含苞的花朵，从没有人抚摸"之类的话回答。这种试探性的情歌，多数都是初恋的人所唱。

早已互相了解并已进入热恋阶段所唱的情歌，则既大方又温柔，既热烈又含蓄，大都采用正面赞美的方式。例如：

> 你那甜蜜的歌声，
> 像暖流在山谷里流淌；
> 你那温柔的笑语，
> 像甘露滋润着哥的心房。
> 情投意合的小鸟呀，
> 何时才能拴线配成双？

求爱已经有了结果，到了快结婚的时候，所唱的情歌则多半采用发誓的形式。这类被称为"婚誓"的情歌，一般都是男女双方共同创作，同声而唱。现举其中一节为例：

> 天的眼睛最明，
> 地的耳朵最灵，
> 我俩将花束高举过头，
> 对天地发出爱的知音；
> 高山会倒塌，河水会枯干，
> 谁也无法拆散我们的爱情！

歌的结尾部分，还提到无论是男方或女方，谁违背了爱的誓言，都会受到天地的惩罚。表明了忠贞的爱情会受到社会公德的保护，不忠贞的爱情受到社会舆论的谴责。

此外，傣族还有一种以物传情的情歌，被誉称为"凤凰情诗"或"鹦鹉情诗"。即将自己的爱慕之情，以诗歌的形式，写在绘有凤凰或鹦鹉图案的纸上，寄给对方。绘有凤凰的便叫"凤凰情歌"，绘有鹦鹉的便叫"鹦鹉情歌"。实际上，这是用诗歌形式写成的情书，情书中又不完全是诗，还有一些谜语、暗语和表示各种情感象征的傣文字母，用以加强情歌的趣味和表达求爱者的心情。这类特殊形式的情歌，无论是历史上流传下来的手抄本，或是近代创作的新版本，都包含着男女双方相恋、分离、相思3部分，从艺术结构上看，已带有某些叙事诗的特征。但它又不是完整的叙事诗，只是求婚者个人的求爱经历。现以发表在《西双版纳歌谣集成》上的《凤凰情诗》为例：这首情歌长200余行，开篇是回忆歌者（求爱的男青年）在纺线场上与心爱的姑娘恋爱的情景。那时，"月亮升起来了，银光射进竹楼"，姑娘在竹楼里默默地纺着线；歌者吹着竹笛，走到纺车前，坐在姑娘身边。于是两人交换了真心，结下了比金子还珍贵的爱情。可是不久，两人便分离了，"过去播种爱情的地方，只留下一片寂寞"，因而歌者（男青年）万分思念姑娘，只好把心中的爱情编成歌，请凤凰带到姑娘的身边。下面所写的便全是请凤凰带去的思念，但又不平铺直叙，而是有曲折起伏，有时回忆相见时的甜蜜、有时倾泻分离后的痛苦、有时转告伙伴的问候、有时规劝姑娘快点归来，共同收获爱情，总之把思念的心，表达得淋漓尽致，使人读后，无形中会产生一种共鸣。可是，以后，姑娘是否又回到小伙子身边，两人是否终成眷属，情诗一句也没有交代就结束了，所以很难说是悲还是喜。几乎所有的鹦鹉情诗和凤凰情诗都有这样的特色：总是在巧遇中相爱，在相爱后分离，在分离后相思，在相思中盼望团圆。据说，这一文学现象，是傣族一夫一妻制家庭，从初期进入中期，从不稳定进入稳定的反映。

傣族男女青年不仅在求爱时唱歌，在失恋时也唱歌。这类歌，由于创作者身临其境，深有感受，所以也很感人。例如《唱给远嫁的姑娘》便是这类情歌的典型。这首失恋歌是一个被姑娘抛弃了的小伙子唱的。小伙子虽然很痛苦，但却能控制自己的感情，不生气、不发怒，仍然心平气和地真诚赞美姑娘，"你像珍珠一样闪光，只可惜我不配跟你结成双"，接着语气一转，"既然你我没有缘分，便只好用歌声为你送行"，于是，小伙子在欢送姑娘远走的路上，放声唱道：

> 你慢慢地走吧，
> 令阿哥留恋的人，
> 你带走了我的心，
> 我也保留着你的笑影。
> 我要把你送过草地，
> 我要把你送过森林。
> 如果途中遇到落叶，
> 请你不要害怕受惊；
> 如果听到斑鸠在树上叫，
> 那是我的灵魂在为你送行……

情意绵绵，每一句都发自内心。最后还真诚地嘱咐："你虽然无缘做我的妻子，我仍然要把你当作妹妹；如果你家的篱笆倒了，我会来帮助你修理；如果天旱不下雨，我会把田水放进你家的田里。"多么宽阔的胸怀、多么高尚的情操呀！在傣族地区，恋爱较为自由，因而不可能没有失恋现象。如果遇到这种情况，应如何对待呢？傣族认为爱应自由结合，也应自由分离。如果一方抛弃了原来的爱情，另有选择，这也是她或他的自由，应该受到尊重，失恋的一方不应产生悲愤以至企图报复的怨恨心理；如果产生，便会被视为不良的邪恶行为而受到社会责备。这些伦理道德观念，像水乳一样融汇在傣族失恋情歌之中。

二、古老神话

傣族先民创造了许多丰富多彩的神话，其中最著名的有创世神话《英叭开天辟地》，图腾神话《鸟姑娘》和《象女儿》，自然神话《太阳七兄弟》和《惟鲁塔射日》，祖先神话《桑木底》《龙女神》和《帕雅亚》，谷物神话《谷神》与《谷魂奶奶》等篇。

（一）《英叭开天辟地》

据传，远古时代，既没有天地，也没有人类和万物，只有滚动的气体、烟雾和狂风。后来，这3种物质裹在一起，凝结成团，变成一个无限大的圆物体。不知又过了多少时间，圆物体又变成一个巨人。这个由气体、烟雾和狂风凝结成的巨人，就是创世神英叭。他见空荡荡的宇宙全是白茫茫的大水，什么东西也没有，便决定要开天辟地、开创万物。于是他伸出巨大的双手，搓下身上的污垢，并将它们渗上水拌和成一个圆形的物体。这污垢物体随着英叭的吼声，一会儿向上、一会儿向下、一会儿向左、一会儿向右，不断地向四方扩张，最后终于变成了大地。地以外的地方仍然飘动着气体、烟雾和狂风，后来就变成了天。此时，天地算是开辟出来了，但一点也不稳固，天还飘在烟雾中，像要塌下来，地还浮在水面上，像要掉进水里。英叭神很着急，又继续搓下身上的污垢，捏成一个大神架。这个大神架一落下来就变成一头大神象，4只粗壮的腿插在水中，地就不再动了，高大的象身和象头顶住了天，天也不再动了。英叭很高兴，将这头立了大功的神象称为定天镇地神象。从此，天和地终于开创出来并十分牢固了。

这篇神话，跟"盘瓠"或"盘古"创世神话不同，具有傣族显明的特色。首先，"盘瓠"或"盘古"开天辟地使用的工具是"斧"，比较先进，傣族英叭开天辟地没有什么工具，只用双手搓下身上的污垢，说明产生傣族英叭创世神话的年代更为远古；其次，傣族创世神开创天地用的是污垢、烟雾和气体，这几样东西都是物质，说明了在傣族原始先民的原始思维中，具有一种朦胧而又朴实的先有物质后有精神的唯物主义因素；再次，傣族创世神英叭，不是人首蛇身，也不是其他动植物，他一诞生便是一个"巨人"，有头有身、有眼有鼻、有手有脚，会说话、会吃东西，"终日以气体和烟雾为食"，说明他是傣族先民按照自己的模样塑造出来的，从某种意义上讲，英叭神的形象就是傣族先民的形象，英叭神开天辟地的伟大创举也就是傣族先民改造大自然的伟大壮举。这部创世神话，最初只是口耳相传的口头文学，后经过历代歌手的演唱和加工，并用文字固定了下来，逐步形成万余行的书面创世史诗《巴塔麻戛捧尚罗》。

（二）《象女儿》

傣族民间流传着许多带有图腾崇拜特征的神话，如《雀姑娘》《牛公主》等。《象女儿》是其中较为完整和最具代表性的一篇。

《象女儿》讲述的是人与象婚配的故事。传说，远古时候，茫茫森林里居住着一群大象，其首领是一个神，称为"象神"。这头神象管辖着大片森林，森林里的万物都是他的臣民。有一天，一个妇人来到这片森林里寻找野菜，走得又累又渴，突然发现路边的象脚印里有一潭水，十分高兴，俯下身子，一饮而尽。刹时间，妇人感到十分愉快、舒适，可是不久，她便有了身孕，因为那潭水原来是神象撒下的尿。妇人吮神象之尿而孕后，生下一个女儿，取名为"象姑娘"。象姑娘长大后，伙伴们常嘲笑她没有父亲，因而她一次又一次地追问母亲："孩儿的父亲究竟是谁？"母亲只得把怀孕的经过告诉女儿，于是象姑娘决定要到森林里寻找她的神象父亲。走了3个月，象姑娘到了神象居住的地方。神象知道自己有一个女儿留在人间，但从来没有见过，不知这姑娘是真是假，便将姑娘叫出来，对天发誓说："如果这姑娘真的是我的女儿，就让她在我的鼻子上走过去不会摔跌；如果她不是我的女儿，就让她摔下去变成肉浆！"象姑娘跳上神象的长鼻，果然如同在平地上行走，不摇不晃。神象知道象姑娘确实是自己的女儿，十分疼爱。众象群也很喜欢从人间来的象姑娘，一头捐出一支象牙，盖成一间房子，让象姑娘在里面居住。过了几十年，有一个猎人到这片森林打猎，遇上象姑娘，产生了爱情。神象知道后，大怒，要踩死猎人。后来，因象姑娘苦苦求情，神象才息了怒，饶恕了猎人，答应了女儿的婚事。象姑娘跟猎人结为夫妻后，在森林里生活了一段时间，便又怀念起母亲来，请求神象允许他们回去看望母亲。神象答应了，并送给女儿一对大象牙，说人类吃的、穿的、住的，以及所需要的一切，都藏在象牙里。从此，象姑娘离开了神象父亲，回到了人间，跟猎人一起生儿育女。因为她的父亲是神，所以她的后代便被称为"象氏族"。

误吮象尿而孕，这当然只是古代先民认为自己的氏族与象有某种血缘关系而产生的一种幻想。然而，透过这一幻想，可以看到傣族先民崇象的现实，并说明在古代的傣族先民中，肯定有一个崇拜象的、以象为图腾的氏族。至今，某些傣族地区还保存着祭象、颂象、以象为吉祥物的习俗，也是崇象的残余和实证。

（三）《太阳七兄弟》

在众多的自然现象中，日月星辰与人类的生命、生存，具有极为重要的作用。但是傣族原始先民并不了解与自己有密切关系的这些自然现象的奥秘，于是创造出了一系列自然神话，企图解释这些自然现象的起源。《太阳七兄弟》和《惟鲁塔射太阳》，便是这一系列自然神话的最有特色的代表。

《太阳七兄弟》叙述了英叭神完成了开天辟地和创造诸神的任务之后，将掌管火的神安置在一个石山下，火神在石山下熔石炼铁，炼了10万年，把所有的石头都熔成了石水，把所有的石铁都炼成了铁水。石水和铁水融合在一起，结成了夫妻，生下了7个火儿子，一出世便跳到天上，变成7个太阳，称为"太阳七兄弟"。7个太阳同时在天上燃烧，大地和万物怎么受得了。但这也是创世神的旨意，创世神认为他造的天地不好，要毁掉它，再重新造，才委派火神和他的7个太阳儿子来执行烧毁大地的任务。太阳七兄弟在天上足足烧了10万年，把天烧通了，把地烧烂了，把人类和万物全都毁灭了，这就是"大火烧天"时代。

不久，创世神又从宝葫芦里造出第二代人类和万物，但天上仍有7个太阳，人类仍无法生存，只好去请居住在神山里的惟鲁塔来射太阳，以拯救大地和人类。惟鲁塔是一个射箭神手，他答应做一把重10万斤的巨弓，又用6座高山磨成了6支神箭。当他继续磨第7支箭时，因用力过猛，折成两截。他很生气，将一截朝东扔，一截朝西扔，不再磨了，开始爬到一座高山上射太阳。只听"嗖"的一声巨响，天空先是一片亮，接着是一片黑，他的第一支箭射中了第一个太阳，那太阳从空中落到大海里去了。惟鲁塔士气大振，一口气射出6支神箭，接连射落了6个太阳。此时，最后一个太阳惊慌失措地往黑山背后逃跑了，惟鲁塔朗朗大笑，胜利而归。从此，天上便只有一个太阳，人类的日子便好过起来了。

《太阳七兄弟》和《惟鲁塔射日》，是两则既可以独立成篇又有密切联系的神话。前者主要是解释太阳的起源，诉说旱灾和其他自然灾害给人类带来的痛苦；后者则生动地表达了傣族先民企图战胜大自然的英勇精神。每个民族都有射日神话，但又各具一格。《羿射九日》流传极广，被称之为射日英雄。可是他却得罪了9个太阳的父亲天帝，天帝由悲痛转为仇恨，使得有功的羿落得个不好的下场。傣族的射日英雄惟鲁塔却没有这样的结局。他不怕艰苦，浩气凛然，射落了6个太阳，为人类立下了大功之后，不居功勋、不图享受、不娶家室，仍回到他的神山，过他的神仙生活。他的形象，在傣族心目中是一个完美的英雄。为此，古人崇拜他，后人赞美他。

（四）《顾京宛》

这是一篇解释日食的神话，"顾"是一个巨大的星神；"京"是吃；"宛"即太阳；"顾京宛"意即"顾神吃太阳"。

据说，顾神、日神、月神，原是三兄弟，顾是老大，日是老二，月是老三。三兄弟本来相处得很好，但后来因比武不和产生了怨恨。比武那天，太阳很傲慢，看不起大哥顾神，抢先说："在我们兄弟中，我的本领最大，能把整个大地都照亮！"月亮老三也不相让，争着说："二哥呀，你的光只能照亮白天，我的光却能照亮夜晚，还是我的本领大。"大哥顾神认为老二、老三太傲慢了，劝他们不能这样。可是，太阳老二的性格最暴躁，大哥的话还没有说完，便伸手打了大哥一巴掌。顾神又气又羞，对老二太阳说："你胆敢在众神面前这般无礼，让我蒙受耻辱。我决不饶恕你，一定要报复，让你也蒙受耻辱，没脸见人。"实际上，顾神的本领比太阳和月亮强，太阳和月亮都不是顾神的对手。从此，顾神每年都要张大一次巨口，将太阳含在嘴里，让太阳蒙受一次羞耻，然后再把他吐出来。顾神把太阳含在嘴里的时候，即是"顾京宛"——顾神吃太阳——日食。

这则神话影响深远，形成了一种社会习俗：人们认为日食的根源是由于顾神、日神、月神三兄弟的不和睦所造成，因而是一种不吉利的现象，特别是认为怀孕的妇女不能抬头观看日食，认为孕妇看了日食，生下的儿女也会跟他的兄弟不和睦。

在民间，傣族常把《太阳七兄弟》的故事称为"造太阳神话"，把《惟鲁塔射日》称为"射太阳神话"，把《顾京宛》称为"吃太阳神话"，并把它们连在一起，称为傣族的三大太阳神话。事实上，"造日""射日""吃日"，也确实是姐妹篇，有着某种内在联系。透过这3篇太阳神话，人们可以看到傣族先民对宇宙以及其他自然现象的某些最原始的观念。

（五）寨神、勐神神话

寨神、勐神据说都是傣族祖先的灵魂，所以寨神、勐神神话，就是解释祖先神的来历，以及歌颂他们功绩的神话。由于祖先神的数量很多，这类神话也就很多。最有代表性的有《桑木底》《帕雅亚》和《龙女神》等篇。

《桑木底》叙述了傣族寨心的由来、傣族竹楼的由来、傣族农耕的由来，分若干小篇，每篇都是颂扬桑木底的功绩。据说，桑木底是古代先民的一个最有智慧的首领，他在开创农耕生产和建寨定居中建立了极大功勋。所以，先民们真诚地拥护他，无限地崇拜他。他死后，先民们便立他的灵魂为房神、寨神和寨心神，每年都要祭祀。

《帕雅亚》讲述的是一位傣族护寨神的英雄事迹。据说，帕雅亚原是景洪坝子的氏族首领，他每天都背着长刀护卫寨子，不知道苦累。有一年，从北边来了一大群勐列人。想强占景洪的土地。帕雅亚很焦急，忙通知下半部坝子的首领景悍，叫他集合所有的男人，准备与勐列人打仗。景悍得知后，立即带领人马守住澜沧江下游的渡口。由于有了准备，勐列人虽然人多势众，但也没法渡江，只得砍了一些树，搭起棚子，驻扎在江对岸。过了一久，勐列人扎了许多竹筏，杀过江来。帕雅亚率领自己的人马，奋勇抵抗，砍断了所有的竹筏。勐列人攻了半年，仍过不了江。后来，他们施展诡计，推说粮食吃完了，没法打仗了，要回去了。景洪人不知是计，信以为真，收起长刀，回家去了。勐列人高兴极了，立即攻打澜沧江渡口。帕雅亚率领留下的少数人马奋勇抵抗，跟勐列人血战了九天九夜，到了第十天时，却不幸掉进勐列人挖的陷坑，被勐列人捉住。勐列首领要他投降，对他说："快叫你们的人放下长刀，将景洪坝子分给我们一半。"帕雅亚回答说："景洪是安葬我们祖先的地方，有我们祖先的灵魂，你们不能来霸占！"帕雅亚不投降，勐列首领命令将他杀死。可是说也奇怪，连砍了9刀却一点皮没砍破；又用火烧，烧了三天三夜也没烧掉一根头发；又用大石头捆在他身上，将他丢进江里，七天七夜后，用绳子拉出来，帕雅亚仍然活着。最后，勐列人探听到他的生命藏在心窝和手掌里，便削了1 000个竹签，才将他戳死。他死后，灵魂还守着澜沧江，勐列人的竹筏一划到江心，就被他的灵魂掀翻，始终没法过江，没法占领景洪坝子。后来，景洪人把他的尸体从江底捞出来，埋在江边的一个山包上，他的灵魂就永远在那里，成了景洪坝子的护寨神，景洪人每年都要祭祀他。

《龙女神》是一篇叙述龙与人婚配的神话，带有龙图腾的痕迹。但因人们将她尊立成了勐神，因而她也成了傣族的祖先。故事很优美：据说，澜沧江里居住着9条龙，所以，又叫九龙江。有一天，白龙的女儿觉得整天待在江底太寂寞，便游出江面来玩耍。沿江两岸树木郁葱，彩蝶飞舞，翠竹深处有几户人家。龙女越玩越高兴，忘了返回龙宫。她顺着弯曲的小路到了勐养坝子，与一个叫岩冒养的傣族青年产生了爱情，结成了夫妻。婚后，龙女帮助勐养百姓挡坝蓄水，开沟挖田，使得勐养坝子风调雨顺，村村寨寨都丰衣足食。勐养人要到景洪，只要在江边喊一声："请龙姑娘帮助过江！"澜沧江上便出现一座桥，勐养人便可以从桥上走过去。因此，勐养人个个都喜欢龙女。这时，景洪的新召勐要盖一座宫殿，但从山上运来的木料全都掉进了澜沧江里，捞了99天也捞不出来。有人便提议：勐养的岩冒养讨了一个龙女做老婆，只有去请他帮忙才能把木料捞上来。果然不错，岩冒养在龙女的帮助下，只捞了半天，便把沉到江底的1 000多根木料捞上了岸。景洪人个个都惊得目瞪口呆，十分敬佩岩冒养。谁知，有人向召勐进谗言，说岩冒养本领太大了，将来定会抢当召勐，应当乘机把他杀死。景洪召勐听信了谗言，果然用计杀死了岩冒养。消息传到勐养，怀孕9个月的龙女气得昏死在床上。这天半夜，她返回龙宫，向父亲白龙王诉说了自己的不幸。白龙王听说景洪召勐杀死了自己的女婿，大怒，一掌将两岸崖石推倒，堵住了澜沧江。顷刻间，江水滚滚倒流，景洪坝子变成了汪洋大海，所有的稻田和村寨都被淹没。景洪召勐和百姓只得逃到山顶上，靠摘树叶野果度日。人们知道这是错杀了龙女的丈夫，触怒了龙女而招来的灾难，认为要想活命只有去和龙女叩头认罪。这时，景洪召勐也醒悟了，亲自到勐养向龙女叩头说："龙女呀，都怪我听信了坏人的话，错杀了你丈夫。现在我后悔也来不及了，你杀死我吧，我也不愿活了，只求你别把景洪人都淹死。"龙女心地善良，虽然又气又悲，但不忍心让所有的景洪人都淹死，见他们认了罪，便原谅了他们。当天晚上她又回到龙宫，请求父王把堵住澜沧江的石头搬开。第二天早晨，洪水便退了。景洪人为了感激龙女的恩情，尊立龙女为勐神，年年都要在澜沧江边祭祀。

傣族的崇龙之俗，虽源于百越族群，但傣族先民却不仅一般地沿袭承传，而是有新的创造、新的发展，将龙列为傣族祖先——寨神、勐神之列。并且还把崇龙习俗与种植水稻、驱逐旱象洪灾连在一起，认为只有崇龙才会风调雨顺，获得丰收，这样祭龙活动便又成了农业生产活动的一个组成部分。

傣族的谷物神话，也很有特点，例如《谷魂奶奶》，说谷神原是天上一位女神，生性活泼，爱玩水，喜欢洗澡，常变成鱼到河里游泳。英叭神创造出谷种后，没有撒在地上，全交给她珍藏起来。因此，她不仅掌管着谷种，还掌管着种植谷物的技术，人类要种谷子，必须向她祈求。有一天，她站在天空中，看见人一群一群地在地上寻找食物，跑遍了几座山都找不到。她很可怜人，便随手撒下一把谷种，于是地上便长出谷子。由于谷种是从天上飘下来的，所以，那时候的谷子有翅膀会飞，一成熟就自动飞到人的家里。又说，后来因一个又贪又懒的人打断了谷子的翅膀，谷子才不会飞，要人到田里收割。

应该指出的是：在傣族神话世界的诸神中，绝大多数都是男性，而谷神是女性，被尊称为"谷魂奶奶"，说明傣族妇女在傣族农耕初期的生产活动中，占据着重要的地位，发挥了巨大的作用。

三、传　说

傣族的传说，从总体上看，可分为祖先传说、风物传说、地名传说3种类型。

（一）祖先传说

祖先传说大都是叙述傣族历史上的杰出首领、战争英雄和劳动能手在开辟家园中的各种传奇事迹。传说中的主人公，大都是被神化了的历史人物。

据传，召法弄冒罕是傣族早期政权勐阿拉维国（即勐泐王国的首任国王。当时，"天王封委召法弄冒罕为勐泐王，并发给他大印一枚，磨罕三韩（三层金王冠）一顶，镀金柄宝剑一把，宝杆长矛一支，弓箭一把，虎头龙身旗一面"[1]。由此可见，他确实是傣族历史上的实有人物。但有关他建立政权的过程和执政的功绩却被神化了，因而演变为许多传说，其中他想长生不老永远做君主的一则最为有趣。传说，在召法弄冒罕执政时期，风调雨顺，村村寨寨都安居乐业。他自己更加感觉到人间十分美好，不想离开人间，想长生不老，永做君王。于是他派人到森林里寻找"雅补罗"（长生不老药）。在神的帮助下，竟然找到了。但吃这种长生不老药，只能在最安静的地方，不能听到吵闹声，服下药后，七天七夜内不许任何人看见。于是，召法弄冒罕在宫殿外的丛林里盖了一间木房子，吩咐卫士们严密防守，7天之内谁

---

[1]岩罕、刀荫详译：《勐西双邦》，载《版纳文史资料选集》（第三辑）。

也不许进。可是，他的第7个妻子很年轻，充满青春活力，几天不见丈夫便忍不住冲破卫兵的守卫，要到木房里跟丈夫团聚。当她走进木房时，召法弄冒罕刚蜕了半身皮，一见到女人，长生不老药便失灵，变成了上半身是人下半身是蛇的怪物。他很害羞，不愿再当国王，逃到森林里躲起来，不久便死了。传说很简单，但很有趣，生动地反映了当时的阶级对立状态，统治者想永远统治百姓，但百姓却又不喜欢他们的长期统治，采取了批判的态度，让这位想永生的君主落得了一个可悲的下场。

思弄法也是历史上的真实人物。他原是勐卧（今景谷傣族彝族自治县）一带的傣族首领，后来率领着他的部落沿着澜沧江南迁，最后到了西双版纳的勐遮坝。当时，耐遮部落不大，人很少，首领捧麻桑正感到自己的势力单薄，见思弄法率领一大群人来投奔，十分高兴，表示两个部落要真诚团结，共同开创家园。结了盟后，捧麻桑将坝子分成两半，叫思弄法管辖西部坝子，自己管辖东部坝子。勐遮的西部，荒无人烟，长满杂草。思弄法率领他的部落赶走了野兽，砍倒了大树，铲除了杂草，开出一片又一片良田。勐遮东部的捧麻桑部落见他们个个都勤劳，男人又多，便成群地跑过来跟他们同居、通婚，于是思弄法部落的人口更加旺盛，开垦的农田也随之越来越多。这样便引起了捧麻桑的仇视，用计将思弄法诱骗到勐遮的乌龟山脚，一刀将他杀死。勐遮西部的百姓失去了一个好首领，十分悲痛，流着泪将思弄法的尸体抬到南木河边埋葬。霎时，忽然刮起大风，下起大雨，满天飞沙走石，一个又一个大石头从四面八方飞出来，堵住了南木河。从此，南木河便转向流到勐满方向去了，因为它也憎恨捧麻桑的残暴。

（二）风物传说

傣族的风物传说，以《歌手的起源》和《文身的来历》最优美、动人。

《歌手的起源》分《滴水成歌》《神鸟传音》《盖房唱歌》3篇。此外，歌手演唱离不开伴奏，因而与此有联系的又有《竹笛的传说》《柚木琴的传说》《象脚鼓的传说》3篇。

《滴水成歌》叙述的是傣族先民从流水声中受到启迪而学会唱歌的故事：古时有母女二人在深山里开荒种瓜，太阳很辣，母女二人挖地累了，口渴得要命。母亲便吩咐女儿到泉边打水。女儿到了泉边，听到"叮叮咚咚"的泉水声，既清脆又柔和，好听极了，不觉忘了返回，母亲见女儿很晚才归来，忙问发生了什么事。女儿回答说："泉水的声音好听极了，舍不得离开。"母亲不相信，亲自去听，果然泉水的声音就像唱歌一样。从此，这位开荒种瓜的姑娘便天天到泉边倾听泉水的声音，并模仿泉水的声音学唱歌。年长月久，这位姑娘便成了傣族的第一个歌手，被尊称为"章哈（即歌手）的始祖"。

《神鸟传音》则认为傣族歌手的演唱技艺，是神鸟传给的。据说，古时候有一只美丽的神鸟，每天都在寨边的树枝上歌唱，后来不幸中了猎人的箭，受了伤，没法再飞来给人们唱歌了。人们很伤心，个个都埋怨猎人，指责他为何不去打凶恶的野兽，要来伤害为人类唱歌的神鸟。过了几天，有一个叫玉嫩的姑娘到河边采野菜，看见受伤的神鸟正在地上翻滚挣扎，很同情，便把神鸟抱回家里，给它治好了伤。神鸟很感激，便把自己全部会唱的歌都传给了玉嫩姑娘。这样，玉嫩姑娘便成了傣族第一个歌手。

这两篇传说有两个共同点：一是人类的唱歌是由于受到泉水、雀鸟等自然界的启迪，反映了傣族"艺术起源于劳动"的朴实观念；二是傣族的第一个歌手都是女性，反映了傣族妇女在最初的诗歌创作中占有重要的地位。

文身沿于百越古俗，但到了傣族，却又有了新的发展。《宛纳帕文身杀妖魔》便是傣族对文身含义的形象解释。

据传，傣族祖先有一颗明亮的宝石，能给傣族田野和村寨带来光明。后来，森林里来了一个妖魔，把宝石偷走了，傣族地方便一片黑暗。勇敢的青年宛纳帕带上长刀，决心要把宝石找回来。可是宝石被妖魔藏在天边，路途太遥远，宛纳帕担心忘了返回的路，便每过一条河用树藤结一个疙瘩，但后来疙瘩越结越多，他自己也数不清了。于是，他改用树浆涂画在身上，用以记事记路。可是，下雨时身上的树浆被淋掉了。怎么办呢？最后他只得每过一座大山便在身上刺一片树叶花纹，每过一条河便刺上一道水的花纹。这样，他越往前走，身上的花纹就越多。到了天边，妖魔看见他身上刺满了花纹，很害怕，不敢跟他搏斗，被他一箭射死，夺回了宝石。从此，傣族男子便在身上刺上文身，以示坚强和勇敢，能战胜一切邪恶。

（三）地名传说

傣族的地名传说，涉及傣族地区的许多历史事件、历史人物、历史沿革，它包含着丰富的历史知识和地理知识，是傣族口头文学创作中最受群众喜爱的一种文体。与其他文学形式相比，地名传说一般比较短小精悍，主要内容是解释某一城镇、村寨或名胜古迹的由来，就像一篇篇优美的散文，言有尽而意无穷。

今西双版纳傣族自治州首府允景洪，是一座古城，有"黎明城"之称。这名称从何而来呢？傣族人民根据某些历史痕迹，创作了一篇优美的地名传说。

古时，天王（意指中国皇帝）为了分封他的3个儿子，射出3支神箭，其中一支落在澜沧江边的岩石上，发出巨大的响声，引起了居住在澜沧江边的傣族先民来寻找。经过艰苦的寻觅，人们不仅找到了天王的神箭，还发现四周土地肥沃，绿树成荫，是一个好地方，便在此地建城扎寨，住了下来。最初建立的城，取名为"允景德"，意思是"澜沧江下游最热闹的城"。后来，森林里出现了一个魔鬼，发动了一场血战，善良的百姓惨遭杀害，美丽的田园荒芜了，允景德城一片黑暗。这时，有一个勇敢的青年，誓死要为家乡夺回光明，他带领群众跟魔鬼搏斗。魔鬼跳入江中，年轻人也跳入江中，跟踪追击。经过七天七夜的战斗，年轻人终于砍断了魔鬼的咽喉，夺得一颗明亮的宝珠。他把这颗宝珠挂在澜沧江边的椰子树上。顷刻，宝珠发出满天霞光，驱走了黑暗，"允景德"一片光阴。从此，人们便把"允景德"改名为"允景洪"——黎明城。

景谷傣族彝族自治县城郊有一个寨子，名叫"悍掌"。"悍"是"士兵"或"兵营"，"掌"是"象"，"悍掌"意即"象营"或"象队驻扎的地方"。这一神奇而又动听的寨名，也有一个传说。

古时候经常打仗。有一年，召法勒（意为是上游的天王，据考：系指大理南诏王）遭到敌人的进攻，死伤了很多士兵，派人送信到傣族地方，请求傣族派兵去支援。傣族王子是召法勒的好朋友，立即通知各个勐（傣族地区的行政单位，意为一个坝子，相当于一个区），派出最勇敢的战象，组成最精锐的象队，沿威远江而上，去支援召法勒抗击敌人。当时，汇集的象队驻扎在威远江边的一片草地上，前面有一条小河，后面有一座小山，山上和河边长满青草和翠竹，士兵们一边在竹林中放牧大象、一边进行操练，从早到晚，只见旗帜招展，象群吼叫，十分壮观。周围的老百姓一传十、十传百纷纷前来，站在远处观看。不久，象队出发打仗去了，人们便把这地方称为"悍掌"，即"象队驻扎的地方"。

据史籍载，公元8世纪前后，南诏的皮罗阁统一了滇西洱海地区的其他五诏，被唐王朝封为"云南王"，建立了多民族联盟的南诏国。当时，傣族地区的一些部落氏族，也在南诏的管辖之下，南诏军队中的士兵，有三分之一是从傣族地区招去的，这就是《悍掌传说》的历史背景，以及称南诏为"召法勒"的原因。

在众多的地名传说中，德宏地区的《垒法帕练的由来》，犹如一首悲壮的诗篇，至今还激奋着傣族人民的心弦。

相传，清兵入关后，明神宗皇帝的孙子朱由榔在云南昆明建造行宫，号为永历帝。但清军很快便挥师入滇，永历帝只得率数千随从弃城西行，准备到滇西隐蔽，情急则出境逃亡。世居边境的干崖傣族土司刀镇国盛情接待了永历帝，并表示："为保大明血脉，万死不辞！"永历帝很感激，泪湿龙衣，封刀镇国为"珍房将军绥边侯"，并赐刻有"为朕亲临"4字的上方宝剑一把。刀镇国立即团结其他傣族土司，招兵买马，前往堵截清兵。当时，傣族军队中有一名将，名叫刀帕练，身材高大，武艺高强，有万夫不当之勇。他率领傣族军队与清军展开了多次血战，令清兵闻之丧胆。然而，清军人多势众，傣军寡不敌众，只得退到城里坚守。不久，清军又大举围城，土司刀镇国父子不幸阵亡。刀帕练率领剩下的士兵突围，退到城外的西山。其他被打散的傣族官兵闻讯，也纷纷来到西山汇集，并一致推选刀帕练为傣王。于是，刀帕练便在西山休整练兵，以待时机成熟再与清军血战。当时，干崖城外的西山，旗帜飘扬，吼声震天，刀帕练手下的官兵个个威风凛凛，士气十分旺盛。后来，人们为了纪念刀帕练在这里练兵抗清，颂扬他的民族气节和英勇精神，便把干崖西山叫作"垒法帕练山"[①]。

四、民间故事

故事是傣族民间文学的结晶，内容丰富，种类繁多，流行最广、影响最深的有阿銮系列故事、动植物系列故事、爱情伦理系列故事和机智人物系列故事等等。除此之外，药物故事也有鲜明的特点，深受群众欢迎。

---

①此篇传说由傣族刀刃同志搜集翻译成汉文，发表于《山茶》，1990年第5期。

（一）阿銮系列故事

阿銮系列故事据说有 550 多篇，目前翻译成汉文公开发表的约有 100 篇，仅占五分之一。

阿銮系列故事可以分为佛本生型、神话型和英雄型 3 个部分。

佛本生型的阿銮故事，主要取材于《佛本生经》和其他佛经，故事的内容主要是叙述释迦牟尼尚未成佛之前的各种遭遇，借以表明佛是一位深知人间疾苦，具有渊博知识和高尚思想的圣贤，从而启迪人们对佛的信仰。这类故事，以《五个神蛋》《只有头的阿銮》《维先达腊阿銮》和《瞎子阿銮》为代表。

《五个神蛋》又名《阿銮的由来》，是一篇借助神话解释阿銮起源的作品。据说，在释迦牟尼尚未成佛的古代，勐果色果拱地方有一棵神树，5 只乌鸦在树洞里生下 5 个蛋。一天，空中雷电轰鸣，风雨大作，5 个神蛋从树洞里滚出来。风停之后，第一个神蛋落到鸡的王国，由野鸡孵化出一个人，名叫"爪嘎珊"（西双版纳傣泐语叫"召嘎滴嘎"），这就是第一个佛祖；第二个神蛋落在野牛王国，投胎于母牛，出生后变成人，名叫"古拉贡"（西双版纳叫"嘎沙八窝相"），这就是第二个佛祖；第三个神蛋落到龙的王国，名叫"嘎撒巴"，这就是第三个佛祖；第四个神蛋落到人间，漂在河里，被一个洗衣女捧起，裂开后走出一个光芒四射的少年，这就是第四个佛祖"古达玛"；而第五个神蛋，则还没有孵化成佛。据说，第四个神蛋化成的"古达玛"，要投生转世 550 代，变成花草树木、飞禽走兽，以及各种各样的人之后，才能成佛。这些所有的古达玛化身，就是"阿銮"。

显然，《五个神蛋》的情节，全来自傣族的古老神话。只要一对照，便可看出龙孵蛋和洗衣妇人拾到蛋的情节，亦是《九隆神话》的变异。但是，故事却巧妙地将释迦牟尼投生转世的说教融汇于古老的神话之中，使人读着有趣，增加了艺术魅力。

《只有头的阿銮》是讲述一个生活不像正常人的少年，从贫寒的孤儿变成高贵的国王的故事。所谓的"只有头，没有身子"，是傣族形容丑陋、贫寒的形象语言，在某种特定环境下，还带有反意。故事说：有一对靠挖野菜度日的穷夫妇，年老无子，十分伤心，当妻子怀孕并要分娩时，丈夫却突然死去，妻子生下的又是一个"只有头没有身子"的畸形儿，实在令人悲伤。但这"只有头"的阿銮却十分聪明，料事如神，长大后因救龙女有功，龙王送给他许多无价之宝。到了成家立业之年，他知道混贺罕国王的七公主跟自己有姻缘，便勇敢地前去求亲。七公主的6个姐姐认为他是"血肉不全的男人"，竭力反对这门亲事；随后，见他变成一个英俊的小伙子，又说他是妖怪，要杀掉他。他受尽了各种折磨和刁难，最后，他杀死了替6个公主出坏主意的"摩古拉"，与七公主结成了恩爱夫妻，继承了老国王的王位，成了国王。

据傣传佛经讲：释迦牟尼的投生转世分为三个阶段：第一阶段投生于动植物，计33代；第二阶段投生于人头兽身（即半神半人），计35代；最后才投身于人间，并最终成佛。据说，这"只有头的阿銮"，是佛的第二个阶段的化身。显然，这是佛教的解释，未揭示出作品的真实含义。如若拭去宗教附会的面纱，便可发现这原是印度神话与傣族故事相融合的产物。前半部分，阿銮为了营救龙王与大鹏鸟搏斗，因而获得宝物的情节，是印度佛教和婆罗门教雕刻艺术常见的题材，可知是来自印度神话。后半部阿銮与七公主相恋，以及与摩古拉的矛盾和斗争，无疑是来自傣族的民间故事。摩古拉是原始宗教的代表人物，故事让阿銮战胜摩古拉并最终成为国王，显然是在宣扬佛教是正义的化身，能战胜与佛对抗的一切邪恶势力。

其他数十篇佛本生型的阿銮故事，几乎都是讲述佛陀尚未成佛之前的不幸遭遇和灾难。这些作品，有一个大体相同的模式：

即主人公阿銮都出身于穷人家庭，一到人间便遇到各种灾难，后来因得到天神的暗中帮助而战胜了一切灾难，成为有福的国王。因此，此类故事的共同特点，是贯穿着"好人应得好报，恶人应受惩罚"的报应思想。

神话型的阿銮故事，大都根据傣族的古代神话、寓言改编而成。佛教传入傣族地区后，为了更有效地宣传佛的教义，一方面将从印度带来的佛本生傣族化，即把故事中的人物改为傣族的称呼，把发生故事的地点改为傣族的村寨；另一方面又将傣族古老的神话和民间故事搜集起来，编入佛本生故事中，用以丰富佛本生故事。这既是傣族古代神话与佛本生故事融成一体的渊源，也是人们把傣族古代神话、寓言改编成神话型阿銮系列故事的原因。这类故事的数量也不少，其中以《金岩羊阿銮》《花水牛阿銮》《四脚蛇阿銮》《白蚌壳阿銮》为代表。

《金岩羊阿銮》讲述了一则有趣的神话：森林里居住着一群金岩羊，为首的大公羊和大母羊是一对恩爱夫妻。森林的另一端有一块山谷地，绿油油的秧苗时时刻刻吸引着这群金岩羊，它们闯进去吃的吃、踩的踩。这使农夫很生气，在地边安了皮扣子。第二天，金岩羊又来吃山谷秧，带头的母羊不幸被皮扣子拴住了脚，其他羊群吓得四散纷逃，只有老公羊站在妻子身边，企图营救妻子。但毫无办法，便向母羊表示：要死就死在一起，决不离去。此时，母羊请求公羊去含一口水来给她吃；公羊去了，由于路远，一下子赶不回来。母羊误认为丈夫背信弃义，丢下妻子逃生去了，十分愤怒，临死时对天赌咒："天下的男性都无情，倘若投胎为人，一定要把男人杀绝！"母羊死后，投胎为勐拉加佐国公主，长到16岁时，手持长刀，冲出宫廷，见到男人就杀。国王大吃一惊，认为公主疯了。再说前世的公羊，也投胎为人，此时也长成一个小伙子，当他得知公主要杀绝男人时，明白了她就是自己前世的妻子，决定要到佛寺替她忏悔。谁知，他的行动被公主看见了，立即冲出宫廷，闯进佛寺，要在佛的面前杀死他。他说明了前世的误会。公主听了，知道自己错怪了前世丈夫，立即向佛忏悔，表示今后不再杀男人。从此，二人又结为恩爱夫妻。

《白蚌壳阿銮》也是一篇以古代神话传说为核心的故事：勐巴拉纳西的王后做了一个梦，梦见一颗明亮的星星落在她的手中，于是她怀了孕，但生下来的却是一个"白蚌壳"。这使国王很生气，命令将母子二人一起杀掉。阿麻大臣很同情，决心营救他们，悄悄派人将白蚌壳放在竹筏上，让其顺水漂走，又把王后送到边远寨子藏起来，便谎报说已经执行了。白蚌壳顺流而下，漂到"披排"即魔鬼居住的地方，蚌壳裂开，变成一个英俊青年，这就是阿銮。阿銮在魔鬼妈妈养育下一天天成长，到16岁时，见到四周白骨成堆，才知道自己生活在魔鬼国。于是他离开魔鬼妈妈，去寻找自己的亲生母亲。临别时，好心的魔鬼妈妈送给他一张神弩和一把宝刀，并嘱咐说，今后若有灾难，只要拍地三声，魔鬼妈妈就会来帮助。阿銮离开了魔鬼国，路经勐占巴国，正遇到那里"抛冠选婿"，说也奇怪，国王抛上天空的王冠就像长了眼睛，在天空飞了一圈后便落到阿銮头上，于是阿銮成了勐占巴国王选中的第7个女婿。七公主的6个姐夫见阿銮是一个穷人，竭力反对，提出种种刁难，想借国王的手将阿銮杀死，于是阿銮与国王的前6个女婿展开了激烈的争斗，在魔鬼妈妈的暗中帮助下，阿銮终于战胜了他的对手，顺利地成了勐占巴国王最宠爱的第7个女婿。最后，故事还叙述了阿銮回到他的家乡，与亲生父母团圆的经过。

人胎出怪物，是一种神化的夸张手法。这种手法在傣族历史上常常被用作宫廷斗争的借口，因为当时的统治者即所谓国王，一般都有五六个王后，这些王后为了争夺国王的继承权而互相残害，诬陷某一个王后生下怪物，是互相残害的一种十分有效的手段。然而，作品的主要内容却不在于揭露统治阶级的宫廷矛盾，而在于反映佛教与原始宗教的相互妥协与融合。

神话型的阿銮故事在整个阿銮系列故事中，占有相当大的比例。这类故事，虽然题材不同，社会背景各异，但有一个共同特点：主人公都是神话中的神或神化了的动物。

英雄型的阿銮故事跟古代战争有着密切关系。故事中的主人公阿銮，几乎都是战争中被神化了的英雄。《金皇冠阿銮》《三只眼阿銮》和《阿銮和他的弓箭》便是典型代表。

《金皇冠阿銮》所讲述的故事，发生于傣族历史上的"百国征战"时期。那时候，据说森林里有一棵吃了它的果叶就能使人返老还童的神树，于是周围各个部落国为了争夺这棵神树而引发了一场可怕的战争。最先是勐那国调了数十万战象，夺走了神树，但勐拉戛纳也不示弱，立即调兵遣将，以500象队为先锋，将勐那国军队打得落花流水，将神树夺了回来。勐那国当然也不甘心，又联合勐边贾佤国，杀得勐拉戛纳军队片甲不留，再次夺走了神树。勐拉戛纳被打得国破家亡，只得前来请求故事的主人公金皇冠阿銮支援。金皇冠阿銮是阿布拉的国王，心地善良，武艺高强，为了伸张正义，率领大军前来勐拉戛纳参战。两军交锋，打得天昏地暗。经过数月的厮杀，英雄的金皇冠阿銮打败了骄傲自大的敌将吉达力，又替勐拉戛纳夺回了国宝神树。为了感激阿銮的支援，勐拉戛纳国王将自己的女儿许配给了阿銮的儿子，从此，两国结下了联姻之盟。勐拉戛纳国王的女儿娴散目达丽是森林里最漂亮的美女，据说谁得到她就会成为"百国之主"。于是以后的故事又围绕着争夺这位美女而展开搏斗，并一直打了三代人，最后是金皇冠阿銮的孙子苏利雅取得了胜利，成为百国之主。

《三只眼阿銮》原名为《召桑达》，取材于古代神话《多眼的神》，但却又增加了许多反映现实生活的内容。

故事说：勐姐南国王有一个弟弟，一生下来就有三只眼睛，能看到千里以外的东西。他不仅武艺高强，还很疼爱百姓。所以，百姓都拥护他，称他为"召桑达阿銮"。那时，邻近有一个勐薛国，国王是一个残暴荒淫的暴君，早就想强占勐姐南国的领土，但因三只眼阿銮武艺高强，治国有方，无法得手。于是，狡猾的勐薛国王设计了一个大阴谋：派人到勐姐南国请三只眼阿銮来勐薛国传授武艺，帮助他们训练军队。三只眼阿銮是一个善良人，见使者态度十分诚恳，便答应了。他只用了几个月的时间便教会了勐薛国官兵使用各种武器。谁知，此时，勐薛国国王却又悄悄派使者到勐姐南国挑拨离间，说三只眼阿銮到勐薛国传授武艺，是想借勐薛国的军队推翻他的哥哥，自己登基做王。憨厚老实的勐姐南国王不知是计，在盛怒之中便把自己的弟弟三只眼阿銮杀死了。三只眼阿銮一死，勐薛国便乘机发兵袭击勐姐南。虽然国王也很勇敢，但也无济于事，虽战死沙场，也未保住国土，勐姐南国终于覆灭。

这篇故事，与其他阿銮故事具有不同的思想倾向和风格。其他阿銮故事都是大团圆，以阿銮当上国王而告终。《三只眼阿銮》却相反，不仅使主人公和他的哥哥都死于非命，就连他们的国家也被敌人消灭，造成了极凄惨的悲剧。

（二）动植物系列故事

傣族的动植物故事，大都以拟人化的手法，把人类社会生活反射在动植物身上，使动植物具有人的某种思想感情，然后再通过动植物的事迹，反映社会现实生活。这类故事，数量较多，现只能精选数篇具有代表性的介绍如下：

《大象》是一篇很有趣的动物故事。据说，古时有一个猎人叫鲁摆，带着他的儿子到森林里打猎，遇到一头大动物跌进大坑里。父子俩起先不知是什么动物，后来才知道是大象。他们不愿伤害它，每天割些青草丢进坑里给大象吃，随后又挖了一条路，让大象从坑里走出来。鲁摆父子救了大象的命，大象十分感激，从此便帮助他家拉柴拉木料，干各种重活。消息传到头人家里；头人要鲁摆将大象送到他家，鲁摆不敢违抗，只好照办。头人得到大象后，造了一间石房子，将大象关在里面。大象对头人抢占别人财富和虐待自己的行为十分气愤，在头人举办酒宴的时候，闯开石门，冲了出来，将头人一脚踏死，然后又回到了鲁摆的家。

故事的情节不复杂，但内容却很丰富。首先，它反映了傣族先民猎象、驯象和养象的过程，使人们看到了古代捕象驯象的生动情景；其次，它还反映了私有观念产生之后，氏族首领抢夺氏族成员财产的现象，对研究私有制的形成也具有珍贵的参考价值。

双角犀鸟是热带丛林中极为珍贵的鸟类，羽毛艳丽，雌雄不离，傣族人民依据它的生活习性，编织了一篇优美的《双角犀鸟》故事。传说古时有一对夫妻，丈夫叫岩歌，妻子叫玉坎，两人恩恩爱爱，日子过得很甜蜜。可是，由于玉坎长得很漂亮，周围的男人常向她投来调情的目光，这使岩歌很不愉快，虽然相信妻子的忠贞，但总有点不放心。于是，每当他出外狩猎时，便把自家的门窗关得紧紧的，并把上下的梯子拆掉，使妻子出不来，外人进不去。有一天，岩歌在森林里追逐马鹿迷了路，经过20多天的奔波才回到家。当他搭好梯子走进竹楼时，火塘灭了，妻子饿死了。岩歌很后悔，要与妻子一起死，便放了一把火，躺在妻子身边，夫妻俩一起化为灰烬。死后，他俩的灵魂化成一对双角犀鸟，仍然是恩爱夫妻。

这是根据双角犀鸟的习性而创作的故事，它包含着深刻的哲理和丰富的社会内容。显然，它是傣族社会迈入一夫一妻制初期的作品。一夫一妻制婚姻虽然建立在爱情的基础上，但在最初形成时很不巩固，随时有遭到破坏的危险，这就是男主人公岩歌既相信妻子又不放心妻子的社会背景。故事形象地表达了由于夫妻的不信任，而产生了意外的悲剧，并借此告诫人们，恩爱夫妻只有互相信任，才会永远美满幸福。

《光身鸟》虽然也是一篇解释性的动物故事，但充满了哲理，因而也有人称为寓言。故事说：森林里有一种大鸟，身上没有一根羽毛，光秃秃的，冬天来临时冷得发抖，难以觅食，只得受饥挨饿。百鸟很同情，为了让它得到幸福，过上快乐日子，每只拔下一根羽毛送给它。这样，光身鸟身上便有了五光十色的羽毛，变得很美丽。可是，它却为此而骄傲自大起来，忘记了百鸟合力帮助它的恩情，整天独来独往，不与任何一只鸟说话。哪棵树上有好果子，它都要独占；哪条箐里有甜水，它也要独占。更难以忍受的是：它还站在高高的树上宣布："我现在是世界上最大的、最美的、最有力量的鸟，所有的雀鸟都应由我管辖。"百鸟很气愤，想不到森林里会有这种忘恩负义的同类。大伙好心帮助它，它却反过来欺压大伙。于是，百鸟又将各自送给它的羽毛收回。这样，光身鸟又变得光秃秃的，直到今天仍一无所有，天天忍饥挨饿。

故事强烈地谴责了忘恩负义的行为，具有很强的哲理性。

傣族的植物故事，大都以解释植物的性能和植物与人类的关系入手，来展开故事，表达思想。例如，箭毒木为何全身有毒？仙人掌为何浑身有刺？血莲为何全身通红？三色花为何一天要变三种颜色？芒果树为何要一年给人类奉献一次甜果？这一切本来是植物世界中的自然现象，傣族人民却给它们注入了人的思想感情，编织出一个个优美的故事。流传最广、影响最深的有《箭毒木》《大青树》《三色花》《无叶藤》《荔枝》《芒果》《骑石树》和《淌眼泪的树》等篇。

《箭毒木》的故事很悲壮。据说，古时一次山洪暴发，淹没了寨子。山洪退后，勤劳的波洪沙立即带领乡亲们重建家园。此时，森林里窜出 77 只老虎，咬死了许多人，吞食了许多牛群。为了保护百姓的生命财产，英雄的波洪沙与 77 只猛虎展开了激烈的搏斗。可是，当他带上制好的毒箭，提着长刀，一连杀死了 76 只猛虎时，最后 1 只却突然向他猛扑过来，此时的他已精疲力竭，被猛虎扑倒在地。在这千钧一发的时刻，波洪沙一口喝下背在身上的毒液，毒汁立即渗透到他的全身，那猛虎张口咬他的血肉时，也立即中毒，死在波洪沙身旁。猛虎全被杀死了，百姓的生命财产保住了，英雄的波洪沙也壮烈牺牲了。他死后变成了一棵大树，这就是能帮助亲人抵抗敌人的箭毒木。

《大青树》也是一篇歌颂保卫家乡的英雄故事。据传，古时有一块石妖，十分羡慕傣族村寨的泉水，它来到坝子，堵住了水源使傣族地方变成了干坝子。没有水，稻谷无法生长，人们难以生存。人们坚决要赶走石妖，让清泉重新流淌。可是，石妖本领高强，能发出一束束火焰，烧死树木和人，难以战胜它。此时，有两个叫刀龙、刀罕的傣族少年，决心要为民除害，炸毁石妖。他俩到处去拜访能人智者，学习征服怪石的本领。最后终于掌握了用"刺条燃烧而破石"的本领。但这种办法很危险，谁将刺条带到石妖身边，便要跟着一起死亡。众人都劝两位少年不要冒险。但两位少年为了亲人的生存，村寨的丰收，不怕牺牲自己，抱着刺条冲向石妖，烧起大火。只听到一声巨响，石妖惨叫一声化成灰烬，两个少年也随之壮烈牺牲。不久，在他们躺下的地方，长出两棵连根的大青树，树下淌出一股清泉，淙淙流进田野。

上述两篇植物故事，都是歌颂保卫百姓生命财产的英雄。《箭毒木》中的 77 只老虎和《大青树》中的石妖，无疑都是自然灾害或入侵敌人的象征。也就是说，作品所歌颂的是傣族人民在与自然灾害和入侵敌人搏斗中的英雄。

（三）爱情伦理系列故事

傣族的爱情伦理系列故事，也很有特色。由于傣族社会在历史上曾长期盛行"从妻居"的婚俗，妇女在婚姻中占有重要地位，因而爱情故事也受其影响，绝大多数都以女方的象征物作为故事的标题。例如《孔雀姑娘》《彩虹姑娘》《芒果姑娘》《香发姑娘》《莲花姑娘》《菩提姑娘》等等。仅从这些标题中，便可看出傣族的爱情故事与其他民族有明显的不同。

《孔雀姑娘》讲述的是森林里的孔雀七姐妹与年轻猎人相爱的故事，带有浓厚的神话色彩，因后来被加工改编成了叙事长诗，所以，留在下节"傣族叙事长诗"里，一起介绍。

《彩虹姑娘》讲述的是傣族王子与汉族公主的爱情故事，这在傣族文学中实属难得的题材，人们十分珍惜。

故事说：傣族王子召西里受父王和家乡的委托，带了象牙、茶叶、鹿茸等珍贵特产，到勐谢（昆明）向汉王朝贡。在昆明期间，结识了汉王公主嫦罕亮，两人一见钟情，愿结为恩爱夫妻。汉王知道后，认为傣族是一个勤劳善良的民族，很满意这门婚事；傣族知道后，认为与汉族联姻是傣家的光彩，也很满意。汉族公主嫦罕亮来到傣族地方时，受到了极为隆重的欢迎，百姓每天都为汉、傣结成一家而祝福。公主离开昆明时，带来了不少工匠和女仆，他们向傣族人民传授打铁、纺织、刺绣等各种手艺，成了傣族最亲密的朋友；公主本身也很善良，尊重傣族的风俗习惯，学会了傣族礼节，因而更受到人们的尊敬。可是，傣族王子的表妹苏婉娜却对此十分不满，经常挑拨嫦罕亮与婆婆的关系，因而王母婆婆对汉族儿媳便越看越不顺眼，要王子召西里将汉族公主嫦罕亮撵走，另娶苏婉娜为妻。嫦罕亮一则受不了婆婆的气；二则思念自己的父母，便带着女仆悄悄离开了傣族地方，返回昆明。傣族王子闻讯后急忙带着仆人骑马追赶。嫦罕亮因在途中患了疾病，回到昆明不久便死了。傣族王子赶到昆明，闻到噩讯，十分悲痛，要求将公主的骨灰带回傣族森林安葬，汉王也同意了。在傣族森林安葬公主骨灰的时候，森林上空出现一道美丽的彩虹，那就是汉族公主嫡罕亮的化身。从此，人们便将汉族公主嫡罕亮尊称为"彩虹姑娘"。

故事在傣族地区流传极广，有各种手抄本。故事中所描述的汉王公主嫡罕亮，是傣族文学史上最早出现的汉族妇女形象，她具有汉族妇女的许多优良品德，到傣族地方后很快就熟悉傣族的生活习惯，与傣族人民建立了深厚的感情，因而受到傣族人民的尊敬和热爱。我国是多民族国家，与各民族和平相处，团结一心，是历代傣族人民的理想和愿望，故事通过傣族王子与汉王公主的真挚爱情，充分表达了这一思想。因此，傣族人民十分珍惜这篇作品，竞相传抄，使得各种手抄本在民间广泛流传。

（四）机智人物系列故事

傣族的机智人物系列故事也具有本民族的特色，已汇编成集的约有100篇，其中《数星星》《借谷种》《鱼爬树》《哭死马》《草灰搓绳》《吃螃蟹脚》《看不见的东西最干净》等篇曾被国内刊物转载，受到普遍赞扬。这些作品大都围绕着召玛贺和岩苏、岩西3个机智人物展开，所以，又分别称为"召玛贺故事"和"岩苏岩西故事"。

岩苏和岩西，有的说是两兄弟，有的说是两个好朋友，因他们形影不离，所以，他们的机智故事总是连在一起。《哭死马》是有关他们的机智故事中，最受群众喜爱的一篇。故事说，召勐的爱马死了，他立即向整个坝子宣布：这匹马比百姓的父母亲还高贵几百倍，要所有百姓都来为它哭丧，并且要哭得像死了父母亲一样伤心，谁要是不来，就要杀头。村寨里的百姓，个个都痛恨召勐，他的爱马死了，当然不会伤心，但不来哭丧又不行，只好把水泼在脸上当成泪水，在死马面前"哇啦哇啦"地大哭起来。只有岩西一个人笔直地站着，不但不哭，反而哈哈大笑。召勐大怒，责问他有几个脑袋，为何不哭，反而大笑？岩西从容地回答说："你不是说过有福的人死了定会变成神仙吗？因为我已经看见你的这匹马变成仙马飞上天上去了，所以，很高兴，认为应该用笑声来祝贺它！"召勐呆了，不知该说什么。最后，岩西又对召勐说："召勐啊，天上确实是一个好地方，你也应该骑着你的这匹爱马在天上居住一段时间呀！"说得在场给死马哭丧的人开怀大笑，只有召勐一人狼狈不堪。

故事很简练，但内容却很深刻丰富。"召勐"是傣族的奴隶主或封建领主的总称，在他们统治时代，饿死上千的百姓没人管，死了一匹宫廷御马却要举行隆重葬礼，要整个坝子里的人来为死马哭丧，这是多么不公平的社会呀！那时，众百姓虽然还没有推翻召勐的力量，所以，创造了岩西这样的机智人物，借助他的机智来表达对召勐的反抗。诸如此类的岩苏、岩西机智故事数量很多，云南人民出版社出版的《岩苏岩西故事》即是他们的精选本。这些故事，总的来说有两个突出的思想内容：一是表达了傣族人民敢于应用自己的才智勇敢地向统治阶级做斗争；二是弘扬助人为乐、见义勇为和团结互助的民族精神，批判欺骗、贪婪、损人利己的思想和行为。因而主题都是健康的、积极的，具有一定的教育功能和审美价值。

召玛贺的机智故事则是另一种类型。据傣文史籍载，召玛贺是傣族历史上的真实人物，生于普通百姓，长大后因聪明过人，智力非凡，被勐巴拉纳西图的召勐封为大臣，专门负责处理各地的民间事务。因此，他是属于统治阶级中主持正义与公道、同情百姓疾苦并愿意帮助人民解除灾难的机智人物。《男人生娃娃》《鱼爬树》和《废除以梦断案》，便是有关他机智故事的代表作品。

《男人生娃娃》的故事很简单，但充满了幽默与讽刺：有一个贪婪的召勐，尽管金银已堆积如山，仍然要千方百计地扩大他的财产。一天，他在心里暗地盘算：我有千头母牛、千头公牛，要是公牛也像母牛一样生儿，那我的牛群不就增加得更快了吗？于是他下令给替他养牛的百姓，在一年内，每头公牛都要生出一头小牛。否则，就要严厉惩罚。替召勐养牛的百姓知道大难又要临头，只得去找召玛贺帮助。召玛贺十分同情百姓，认为召勐的命令太荒唐。第二天早晨他便跑进宫里大声吼叫："仁慈的召勐呀，请救救我父亲！"召勐忙问是怎么回事。召玛贺回答说："我父亲要生孩子了，但没法生下来，快要死了，请召勐救救他。"召勐勃然大怒，骂道："胡说八道，自古以来谁听说过男人生娃娃？"召玛贺接过话头说："是呀，谁也没听说过公牛会生小牛！"召勐哑口无言，自知无理，只好收回要公牛生小牛的命令。于是，众百姓避免了一次大灾大难。

《废除以梦断案》先是讲述了一个以梦断案的故事：一个贪婪的富翁派人抢走了赶马人的马队，赶马人到召勐那里去告状，召勐把富翁叫来，问他为何要抢劫别人的财产。富翁说，因他做了一个梦，天神在梦中告诉他，这些马队是天神赐予他的。因此，他不是抢别人的财产，而是收回自己的财产。召勐听了，便以梦断案，认为既然是天神以梦赐物，马队便应属富翁所有。赶马人有理难诉，悲痛万分。召玛贺知道后，很同情，决定要主持公道，帮助赶马人将自己的马队收回来，于是想出了一个"以梦对梦"的办法。第二天，赶马人按照召玛贺的吩咐，敲锣打鼓、兴高采烈地来到召勐的宫殿前，口口声声叫嚷着要来接新媳妇。闹得召勐无法安宁，出来追问是怎么一回事。赶马人说："我做了一个梦，梦见天神把你的公主赐予了我，让我做你的女婿，继承你的财产和王位。"召勐大惊失声，他怎么能让下贱的赶马人做自己的女婿呢？但又无话可答，急忙废除以梦断案的法令，将马队归还赶马人。

故事既荒唐又不荒唐。在傣族历史上，经常发生残暴凶狠的召勐以梦或神的意志为借口，去掠夺别人土地和财产的现象。因此，故事的情节并非凭空虚构，而是有着深厚的生活根基，是傣族某一社会现实的艺术反映。召玛贺的故事，大都采用"以其人之道，还治其人之身"的手法，机智地向邪恶势力做斗争，集中体现了傣族人民具有丰富的知识和非凡的智慧。

五、叙事长诗

傣族叙事长诗是傣族文学最精华的部分。据傣族文学评论家、《论傣族诗歌》一书的作者祜巴勐统计，"傣族叙事长诗共有四百五十部"，"他用了三十年的时间，看了三百六十五部"①。然而，这些作品，因当时傣族还没有印刷技术，只有手抄本。所以，有的已在历代战乱中遗失、有的已被火灾烧毁，目前有关部门搜集到的手抄本仅有 160 余部。以内容而论，可分为创世史诗、英雄史诗、神话叙事诗、爱情叙事诗、悲剧叙事诗 5 种类型，其中有 5 部长达数万行，被誉称为"五大诗王"。

（一）创世史诗

傣族的创世史诗共有 3 部，即《巴塔麻嘎捧尚罗》《变扎贡帕》（又名《古老的荷花》）、《细木过》（又名《天地万物的来历》）。后两部因抄写的年代太久远，已残缺不全，只有《巴塔麻嘎捧尚罗》较为完整。

《巴塔麻嘎捧尚罗》（已由岩温扁译成汉文，云南人民出版社，1989 年出版）。长 13 000 余行，是傣族"五大诗王"之一。史诗层次分明，共分十四章：第一章"开天辟地"，主要叙述创世神英叭的来历，以及开天辟地的艰苦历程。第二章"天地形成"，主要叙述开天辟地初期，所造出的天地都不牢固。因此，英叭又造了一头神象来镇天定地。第三章题为"众神的诞生"，

---

①祜巴勐：《论傣族诗歌》，第 16 页，中国民间文艺出版社，1981 年。

主要叙述英叭造好天地之后，又造出众神来帮助他管天管地。第四章题为"绿蛇与人的传说"，主要叙述人类起源。第五章题为"火神毁灭地球"，说有了人类和万物之后，大地一片肮脏，充满了腥气、腐气、臭味，因而英叭神发怒，派火神七兄弟燃起熊熊烈火，将人类和万物都烧灭。第六章到第九章，主要叙述创世神再次造地补天，再次创造万物和人类，与第一代人类和万物不同的是：这第二代人类和万物都是从"仙葫芦里出来"。第十章为"谷子诞生"，主要解释五谷的来历。第十一章为"神制定年月日"，主要叙述神制定季节、分清冷暖、晴雨时间的过程。第十三章题为"人类大兴旺"，主要叙述人类如何婚配，如何学会造屋、饲养家畜和制作陶器。第十四章题为"迁徙篇"，主要叙述人类的大迁徙和最后的定居。从上述篇目可以看出，《巴塔麻嘎捧尚罗》包罗万象，不仅仅是"创世史诗"，而是一部傣族古代神话大集成。

这部史诗的母体是口传的"创世神话"。它的形成经过了极其漫长的时间，经历了口头流传阶段、歌手改编演唱阶段，以及文人整理定型阶段，才从原始的口头创世神话，逐步演变、发展为书面形式的创世史诗。它虽然包罗万象，但繁而不乱。整部史诗以创世神英叭为核心，以天地、人类、万物的产生发展为线索，将众多的神灵、众多的神话串联起来，组成一个完整的整体，并有层次地加以叙述。作为创世史诗，它不仅全面地叙述了傣族的各种神灵系统，还详细地介绍了这些神灵的由来，以及它们的神职、性格和容貌，因而可以说是一部用形象语言解释傣族宗教与神话的经典。更可贵的是这部创世史诗还蕴藏着原始的朴实唯物主义思想，认为天地和万物都是由物质变成的。因此，它不仅是一部艺术作品，还是研究傣族古代思想的珍贵资料。

（二）英雄史诗

傣族的英雄史诗，最著名的有《厘俸》和《相勐》。所描写的内容，都是以傣族古代的奴隶战争或封建领主战争为题材。

《厘俸》长万余行（汉文译本已由云南民族出版社出版发行），它以"海俸大战"为核心，全面叙述了傣族古代奴隶战争的全过程。据载，古代的傣族地区有许多自称为小国家的奴隶主，其中以勐景哈和勐景罕两国最强大。这两个国家的国王不仅姓不同，品德也不一样。勐景罕国王俸改生性残暴，荒淫无度，他已有300个妻子，但还不满足，还要周围的小国向他献美女、献金银、献大象。一天，他骑着飞马在天空游荡，看见勐景短国的王后嫦娥在花园里游玩，不觉淫心大作，用计劫走；随后，又听说勐景哈国的王后嫦崩也很美丽，也被用计劫走。于是，勐景哈国王海罕和勐景短国王召桑洛，便联合其他一些小国，要与俸改决一死战，这样震撼茫茫森林的"海俸大战"便从此爆发。双方都有许多结盟的小国，调遣了大量兵力。海罕方面调集了"八十万大军，数百名大将"，仅象队便有数万头；俸改也集中了所有的战象战马，摆开阵势迎敌。双方你攻我守，用尽了各种计谋，历时3年多，打了几十次"天昏地暗"的战役，战死了数百个大将和上万的士兵。最后，勐景哈国王海罕一方终于大获全胜，活捉了残暴荒淫的俸改，救出了被抢去的两位王后，"海俸大战"才宣告结束。胜利后，海罕本来不想杀死俸改，要把他留下来割马草、砍烧柴，做海罕的奴隶，但俸改死也不从，海罕只好把他杀死。

史诗交代得很清楚，诱发这场战争的导火线是为了争夺美女，为了争夺土地、大象和私有财产。因此。它无疑是一部反映傣族奴隶制时期的史诗。但是，史诗的价值却不仅于此，它在艺术创造上也取得了可喜的成就。首先，它成功地塑造了海罕和俸改两个奴隶主形象，以及冈晓、冈恒、桑木、桑梦、帕达罕等一群战争中的英雄人物，为傣族文学的艺术画廊增添了一群艺术群像。第二是它艺术地再现了傣族古代象战的历史。傣族是最早学会捕象、驯象、养象的民族，史学家一致公认，象队是古代傣族的劲旅，象战是傣族富有特色的战争。可是，象战究竟如何打法，文献记载不多。史诗《厘俸》却从象战的规模、象战的战术，以及象战的场面 3 个层次，详细地描述了古代象战的实况，艺术地再现了古代象战的历史。

《相勐》是另一种类型的英雄史诗，它反映的是古代傣族的统一战争，歌颂的是新兴的封建领主的杰出人物，经过艰苦的征战统一傣民族的历史功绩。

傣族刚进入阶级社会初期，出现了数量众多的分散割据的奴隶主，他们拥有自己的军队、自己的政权，占山为王，自称是一个"国家"；随后则相互征战、兼并，爆发了一系列以统一傣民族为主要目的的战争。这就是产生英雄史诗《相勐》的历史背景。在这一广阔的历史背景下，史诗经过巧妙的构思，将战争与爱情结合在一起，讲述了一个优美生动的故事：

茫茫森林里有"一百零一个国家"，其中勐荷傣最强大，勐维扎最弱小。可是，弱小的勐维扎却很富裕，"好牛好马都在那里生长，做生意的客商骑着大象，国王的仓库装满了粮食"，百姓都知书达理，过着男耕女织的安定生活。强大的勐荷傣则是另一个景象，君臣个个都贪图荣华富贵，充满了邪恶，特别是掌握实权的沙瓦里王子，是一个最残暴的男人，为了做森林之王，他要用他的妹妹——嫦西里总布公主的婚姻，"换取貌舒莱的十万战象"。但公主不喜欢貌舒莱，因为他是"一只公狼，手脚比虎豹还粗鲁，心灵比粪还肮脏"。为此，公主也怨恨她哥哥沙瓦里，"为什么要用她的爱情，去换取杀人的刀枪?!"事有凑巧，正当貌舒莱准备和公主成亲的时候，突然狂风四起，沙石飞滚，一个魔鬼悄悄降临，将美丽的公主卷走了。魔鬼将公主藏在一个山洞里，此时，勐维扎的王子召相勐正从山洞边经过，听到公主的哭声，杀死了魔鬼，救出了公主。经过坦率的交谈，公主意识到召相勐是一个正直善良、有美好理想的青年，不觉产生了爱慕之心，主动表示："如果救命恩人不嫌小鸟丑陋，她愿做哥哥身边的仆人，早晨为哥哥到井边挑水，白天为哥哥到河边洗衣裳……"召相勐"见公主的心像天湖一样洁净，便接受了她献给的爱情"。于是两人在森林里举行了婚礼，结成了夫妻。

沙瓦里和貌舒莱得知这一消息后，联合成一体。"调集了五千头大象，十万大军，浩浩荡荡，大举侵犯勐维扎，要杀死召相勐"。战火就要燃起，但为了避免战乱，使百姓少遭苦难，召相勐特派使者到勐荷傣讲和求亲。可是，沙瓦里看不起召相勐，认为只有貌舒莱才能帮助他实现统治森林的愿望，不允许勐维扎求和，决心要用武力将公主从召相勐手中夺回来，于是森林里爆发了一场惊天动地的战争。周围的小国由于各种利害关系，也分成两个对立的集团，一些小国支持沙瓦里，一些小国支持召相勐，这样，由争夺公主而引起的冲突，便演变成大规模的"森林大战"。经过数十个战役的激战，历时数年，召相勐终于战胜了沙瓦里和貌舒莱的联军，统一了茫茫的森林、统一了傣民族。

从表面上看，爱情纠纷是史诗的主线，但从史诗所表达的思想来看，爆发战争的真正原因却不是爱情纠纷，而是社会矛盾，即"一百零一个"割据为雄的领主，你争我夺，都想成为森林之王。分散割据，是战乱的根源；只有统一民族，才能使地方安宁。但用什么来统一傣民族呢？当然只能让善良战胜邪恶，用正义来统一傣民族。这就是英雄史诗《相勐》所要表达的思想，这一思想实际上也是当时傣族先民的迫切愿望。

这史诗的汉文译本在民族文学刊物《山茶》1980年第1期发表后，引起了国内外学术界的重视，获得了全国民间文学优秀作品一等奖。

（三）神话叙事诗

傣族的神话叙事诗，以"五大诗王"中的4部，即《鸟沙麻罗》《粘巴西顿》《兰嘎西贺》和《粘响》为代表。

　　《鸟沙麻罗》长 10 万余行，是傣族"五大诗王"之首。鸟沙与麻罗，是长诗中两个主人公的名字，鸟沙是一个容貌十分丑恶的国王，麻罗是一个十分漂亮的美女。长诗的主要情节，亦是叙述丑王鸟沙与象王召掌争夺美女麻罗的故事，以及由此而引起的"丑王与象王之战"。

　　鸟沙的母亲是荷花与地神相恋而生下的女儿，她一出世，荷花母亲便凋谢死了，因而她成了在森林里修行的帕拉西的养女，由帕拉西抚养成人。16 岁时，她比母亲荷花还漂亮，国王召曼诺沙蒂一定要娶她为妻，可是，养父帕拉西坚决反对，认为召曼诺沙蒂信仰巫师，没有资格娶信仰佛教的荷花之女。但召曼诺沙蒂武艺高强，派士兵把荷花之女抢走了。帕拉西知道后，对天咒骂："让他们生下的儿女像一只癞蛤蟆。咒语变成了现实，荷花之女与召曼诺沙蒂生下的儿子——鸟沙，果然十分丑陋，像只癞蛤蟆。更可恶的是他的心灵也很坏，凭力大无比，为所欲为，老父王还没有死，他就夺取了王位，当了国王。可是哪个女人都不愿嫁给他，不愿做丑国王的王后。尽管如此，丑国王仍然傲气十足，扬言要找天下最美的女人为妻。一天，他果然遇到了天下最美的姑娘麻罗，便要强占她为妻。但是，麻罗姑娘早已有了情人，未婚夫是管辖森林里万头大象的象王召掌。于是，象王召掌为了保卫自己的情人，调集了 10 万头大象，跟丑王鸟沙展开了一场震天动地的战争。这场"丑王与象王大战"，从地上打到天上，进行了很长时间，打是很激烈。结果，丑王鸟沙大败，象王召掌大胜。战争结束后，象王召掌与美女麻罗在森林里举行了隆重的婚礼。凤凰、孔雀、天鹅、大象、狮子、马鹿，所有的飞禽走兽都来祝贺，十分热闹。

　　这是一部优美的神话叙事长诗，内容是反映佛教传入初期与原始宗教的斗争。长诗的 3 个主人公——象王召掌、丑王鸟沙、美女麻罗，都是半人半神的形象，既有神性又有人性，既有神的意志又有人的感情。鸟沙的父亲是佛教代表人物帕拉西的死对头，是信仰原始宗教的首领，但他硬要强占信仰佛教的荷花之女为妻，并且得逞了。鸟沙继承了父业，自然是原始宗教的代表人物。佛教认为象曾是佛的化身，佛在成佛之前曾投胎为象，印度巴鲁特石刻上的《释迦牟尼诞生图》，亦有一头小象跪在刚出世的释迦牟尼的身旁。因此，长诗中的高僧帕拉西和象王召掌，都是佛教的代表人物。这样，象王与丑王争夺美女的斗争，实质上就是佛教与原始宗教的斗争。当然，这只是隐藏在长诗中的寓意，长诗的主要情节，仍然以颂扬象王召掌与美女麻罗的忠贞爱情，表达傣族人民的婚姻理想和审美情操为主线。

长诗《粘巴西顿》，长6万余行，被称为"傣族五大诗王的老二"。内容分两部分，可称为"上篇"与"下篇"。

第一部分即上篇，主要叙述勐巴拉纳西的邻国——勐扎西，突然遭受到一场毁灭性的灾难：两只巨鹰把全勐所有的动植物和人全都吃光了。在这危急的时刻，国王帕雅扎西想保住心爱的女儿，做了一只大鼓，将女儿和一些吃的东西放在鼓里。这样，当巨鹰飞进宫殿，把所有的人都吃光，使宫殿变成一片废墟时，只有公主躲在鼓里，免遭了灾难。过了数天，勐巴拉纳西的年轻国王帕雅粘巴到森林打猎，因迷路来到勐扎西的京城，从废墟的大鼓里救出了公主嫦光罕，并将她带回自己的宫殿，娶为自己的第二个妻子。

第二部分即下篇主要是叙述帕雅粘巴国王的第一个王后与第二个王后的矛盾，以及由此引起的一系列争夺王位继承权的斗争。帕雅粘巴的大王后长得很漂亮，但不会生育，自从国王娶嫦光罕为二王后那天起，她便十分嫉恨。不久，嫦光罕怀孕了，大王后担心她生下的儿子将来抢走了王位，便设下了计谋。于是，在嫦光罕分娩那天晚上，王后指使她的心腹宫女，用4只染血的小狗，换下了嫡光罕一胎生下的 4 个儿子，并装进土罐里，丢到城外的江中，然后向国王谎报说，嫡光罕生下的不是人而是狗，国王得知，认为是一件丢脸的事，大发雷霆，将嫡光罕贬为家奴，派人押送到猪厩里养猪。

4 个婴儿顺江漂到下游，被一对花奴夫妻救起。大王后得知，又不断加以谋害。最后，四兄弟在佛教高僧帕拉西的帮助下，终于长大成人，并学会了一身高超的武艺。若干年后，他们思母心切，又回到勐巴拉纳西，向老父王说明了事件的经过。老父王也终于醒悟了，悔恨万分，派人到猪厩里将嫡光罕接回王宫。母子相见，热泪盈眶。而大王后自知罪恶深重，服毒自杀。

从上述故事情节中可以看出，长诗的前半部主要是反映傣族先民与大自然的斗争，后半部主要是反映封建领主的内部矛盾和抢夺王位继承权的斗争。在表现手法上，虽然以描写现实生活为主，但却采用了大量的神话，例如让 4 个主人公变成 4 棵缅桂花，数次被杀死后都被仙药救活等等。因此，这部"诗王"被认为是一部根据神话传说加以再创作的作品。

长诗《粘响》与《苏文纳和她的儿子》是两部既有联系又相互独立的作品。

《粘响》的篇幅很长，是傣族"五大诗王"之一。《苏文纳和她的儿子》原书名为《珍达萨朵》，篇幅较短。由于这两部作品都采用了女主人公与月亮王子偷恋而孕的神话，因而被认为是相互渗透而变异的作品。但实际上，这两部长诗虽有相似的情节，其主题思想、人物形象和表现风格都截然不同。

《粘响》的核心内容是傣族古代的统一战争，女主人公苏扎腊公主与月亮偷恋而孕的神话只是一个引子。长诗以简练的语言叙述完苏扎腊与月亮王子偷恋之后，马上就跨越了 20 年，转而叙述他们的儿子苏令达为了争夺景达嫡希姑娘，而跟勐西丙发生的战争。这场战争虽然只为争夺一个女人，但双方都有支持者，共有100多个勐卷入，说明战争的规模很大，是一场真正的统一傣民族的森林大战。长诗详细地描述了战争的场面："双方战象对战象，战马对战马；射出的箭像暴风雨，倒下的人像一片落叶。"打了停，停了打，前后共进行了数十次战役。最终，月亮的儿子苏令达打败了对方，统一了森林，成为森林之王。由此可见，《粘响》描写的勐粘响国，是一个拥有强大军队并以世袭继承权力为特征的封建领主政权；所颂扬的主人公，是力图通过征战统一傣民族的杰出人物。

《苏文纳和她的儿子》则不同。长诗不仅详尽地描写了苏文纳公主与月亮王子的相恋过程，还详尽地叙述了由于苏文纳未婚先孕所遭受的各种社会歧视和所带来的灾难，从而借此颂扬苏文纳的反抗封建宗法礼教的不屈性格。至于她儿子为了营救她而进行的战争，则基于次要地位。由此可见，它是较为后期的作品，神话部分已相对减弱，现实部分已逐渐增多，在某种程度上已明显地表达了傣族人民对封建领主制的反抗。

在众多的傣族神话叙事诗中，特别值得赞扬的是"诗王"《兰嘎西贺》，因为这是取材于印度著名史诗《罗摩衍那》而加以重新再创作的作品，它说明了早在公元15世纪前后，傣族文化便与印度文化进行过频繁的交流，从而不断相互吸收、相互影响。

印度著名史诗《罗摩衍那》分原始的和后加的两部分，原始部分形成于公元前300～400年，后加部分完成于公元2世纪前后。那么，这部史诗是怎样传入傣族地区呢？这要归功于佛教，是佛教将这部史诗的故事梗概记载在佛经里而传入傣族地区的。随后，傣族人民便根据佛经中的罗摩故事梗概，加以重新构思，并采用傣族的诗歌形式，创作出了长达12 000多行的《兰嘎西贺》。因此，可以肯定地说，《兰嘎西贺》不是《罗摩衍那》的傣译本或缩写本，它在主题思想、人物形象、典型环境、表现形式等方面都与《罗摩衍那》不同，是一部反映傣族社会现实生活的叙事诗。

在主题思想方面，《罗摩衍那》是反映古代印度的种姓斗争，史诗中的主要人物罗摩，是刹帝利的代表人物，他的对立面罗波那则是婆罗门的代表人物；史诗所颂扬的品德和行为，实际上是刹帝利的道德伦理和政治主张，史诗所谴责的乱淫与残暴，实际上是婆罗门的道德伦理和政治主张。因此，可以说《罗摩衍那》的主题是歌颂刹帝利种姓，谴责婆罗门种姓。傣族叙事长诗《兰嘎西贺》则完全不同，它反映的不是印度的种姓斗争，而是傣传佛教与傣族原始宗教的斗争，史诗中的正面人物，是傣传佛教的代表，史诗中的反面人物，是傣族原始宗教的代表；史诗中所描写的一切矛盾和斗争，都是傣传佛教与傣族原始宗教的矛盾和斗争。

在人物形象方面，《罗摩衍那》中的男主人公罗摩，知法识利，智慧出众，深知人间甘苦，是刹帝利的英雄。女主人公悉多，性格温柔，心地善良，忠于爱情，从来没有不干净的念头，是印度古代妇女的典型形象。《兰嘎西贺》中的男主人公召朗玛，其原型无疑是罗摩，但却发生了质的变化，他7岁就当和尚，成了出家人，后又与佛教高僧学习佛经和武艺，成为"精通佛教教义的教徒"，与罗摩完全不同。女主人公婻西拉的原型，无疑也是来自悉多，她不仅具有善良、温柔、勤劳的性格，还经常在竹林里唱情歌，在小河边洗澡，并和女伴纺线织布，变成了一个地地道道的傣族妇女形象。

在典型环境方面，《罗摩衍那》的典型环境是古代印度的北部地区，所描写的城乡景色、自然风光、民族习俗、宗教礼仪等等，都是古代印度的特定产物。《兰嘎西贺》的典型环境是14世纪前后的中国傣族地区，所描写的宫殿建筑、自然风光、民族习俗，都是傣族地区的产物。

在艺术结构方面,《罗摩衍那》是先颂美而后惩恶,一开篇就用了150章的篇幅,叙述罗摩的诞生、成长和与悉多的美满婚姻,然后才写悉多被劫走,引出一系列波浪壮阔的斗争。《兰嘎西贺》则相反,它先抑恶而后扬善,即先写反面人物的骄横、凶残、淫乱,并且写得淋漓尽致,一直写到天怒人怨,无法忍受的时候,才让正面人物出场,与邪恶势力做斗争。两种艺术构思各有特色,表现了不同的艺术追求。

上述4个方面的主要差异,说明了《兰嘎西贺》虽然取材于《罗摩衍那》,但经过重新构思、重新创作,是一部具有傣族特色的傣族神话叙事诗,在傣族文学史上占有重要地位。

(四) 爱情叙事诗

傣族的爱情叙事诗,以优美动人而称著。最主要的代表作有《召树屯》《松帕敏》《缅桂花》《三尾螺》《三牙象》等部。

《召树屯》产生于傣族封建领主制的兴盛时期,后又经过无数次加工,形成了一个优美完整的爱情故事。

"容貌像熔金般闪光,心灵像麂子般善良"的勐板加王子召树屯,带着随从到森林里打猎,巧遇勐董板孔雀国的孔雀七姐妹在天湖里洗澡。他越看越着迷,忘记了打猎。他想捉住其中一个,但孔雀七姐妹却穿上羽衣飞走了。他在湖边搭起树棚,在那里等候了七天七夜。果然,到了第七天,孔雀七姐妹又飞来洗澡了。召树屯趁七姐妹正在湖中戏水之时,悄悄取走了第七个妹妹婻穆诺娜的孔雀羽衣,以表爱慕之情。婻穆诺娜失去了羽衣,很吃惊,但当她看到偷羽衣的召树屯是一个英俊的青年时,却又一见钟情。6个孔雀姐姐见小妹妹失去了羽衣,无法飞回,并深深爱上了召树屯,只好成全他们的爱情,挥泪告别。于是召树屯将婻穆诺娜领回宫殿,举行了婚礼,结成了夫妻。此时,战争爆发,召树屯告别新婚妻子,率兵打仗去了,摩祜拉便乘机诬陷婻穆诺娜是妖女,给勐板加带来灾难。老国王不知真相,误听了谗言，决定要忍痛处死儿媳。临刑前，嫩穆诺娜十分悲痛，向父王提出一个恳求："请让儿媳死前再跳一次孔雀舞。"父王答应了。嫩穆诺娜穿上孔雀羽衣，边舞边飞离地面，回自己的家乡勐董板国去了。战争结束后，召树屯凯旋归来，听到不幸消息，十分悲愤，决心到孔雀国寻找妻子。他行走了999天，在神猴和神龙的帮助下，从巨蟒身上越过能熔化刀剑的黑河，翻过了像风车一样旋转的大山，终于到达了孔雀国，找到了爱妻。

故事情节曲折，优美动人，围绕着主人公的悲欢离合，塑造了两个心灵善良、勤劳勇敢、忠于爱情的艺术形象，表达了傣族人民的崇高理想和美好的道德情操。长诗深受群众喜爱，流行极广，几乎家喻户晓。在民间，结婚时请歌手来演唱长诗《召树屯》，已成了一种习俗，此外，还被移植为壁画、歌舞、傣戏等其他文艺形式。到了当代，又被改编为大型舞剧，搬上舞台，改编为电影搬上银幕。总之，这是一部思想健康、艺术成熟、优美动人的叙事长诗，不仅在傣族文学史上占有重要地位，就是在中国文学史上也占有一席之地。

长诗《松帕敏》有各种完整的手抄本流传于傣族地区，是傣族文学史上的一部重要著作。20世纪40年代，便有人将其主要情节译成汉文；中华人民共和国成立后，由云南民族民间文学调查组重新翻译整理，改书名为《松帕敏与嘎西娜》。

这本是一部揭露封建领主内部矛盾，描写宫廷内讧事件，反映封建领主政权从兴盛走向衰落的叙事诗，但由于作品在描写战争灾难的同时，刻画了一对对爱情忠贞不移的主人公，因而在民间也将它列为爱情叙事诗。

作品所描写的故事并不复杂：勐藏巴土地宽阔，物产丰富，在老国王统治时期，地方安定，百姓安居乐业。老国王死后，由长子松帕敏继承王位，但二王子召刚不服，暗地里收买了一些官员，建立了自己的军队，要用武装夺取哥哥的政权。于是内讧四起，给百姓带来了灾难。为了不让战火烧毁百姓的村庄，松帕敏选择了忍让的道路，决定放弃王位，带领妻儿逃出宫廷，负辱远游。这样，二王子召刚便夺取了政权，成了勐藏巴的国王。接着，长诗又叙述了松帕敏失去政权后，妻离子散，到处逃难，所遭受到的各种痛苦，以及他们夫妻间生死不移的爱情。

长诗虽然以宫廷矛盾和斗争为主要线索，但对封建领主政权的揭露却并不深刻。最成功之处是在揭示傣族社会矛盾的同时，塑造了一个"勇于忍让的松帕敏"形象，并把"忍让精神"视为一种美德而加以颂扬和提倡。另外几部爱情叙事诗则不同，不是单纯地歌颂爱情，而是将爱情的追求和对社会的揭露融合在一起，例如《缅桂花》便是这类爱情叙事诗的代表作。

《缅桂花》的题材十分新奇，它所讲述的是和尚与姑娘恋爱的故事。这是违反佛教教义的，单从题材本身而言，便具有反佛教的思想。人们都知道，佛教提倡禁欲，出家人不能过问人间烟火，然而长诗的男主人公尚堂和尚却每当月亮爬上山岗的时候，便披着袈裟到村寨里串姑娘，即使在佛寺里，也心慌意乱，总是念错了经文。长诗的女主人公月罕也知道不能与和尚谈情说爱，若违反"便会被活活烧死，全家老小都要赶出村寨"，但为了追求婚姻自由和纯洁的爱情，她不怕活活烧死，充分表达了主人公的反抗精神。与此同时，长诗还通过封建领主的代表人物"二少爷"，企图强占月罕，千方百计破坏、阻拦月罕与和尚相爱等一系列情节，深刻地揭露了封建统治者利用宗教旧礼教压迫人民的罪恶。最后，长诗让邪恶势力的代表人物淹死在大江的浪涛中，以此表达人们对封建礼教的憎恨；又让尚堂和尚与月罕姑娘结成了美满夫妻，以此表达人民对自由婚姻的追求。总而言之，这部以《缅桂花》为题材的叙事长诗所反映的是傣族社会中最富有民族特色的现实生活，是一部具有代表性的现实主义作品。

（五）悲剧叙事诗

傣族的悲剧叙事诗有《婻波冠》《宛纳帕丽》《线秀》《娥并与桑洛》《叶罕佐与冒弄养》《葫芦信》6 部。这些作品，集中反映了傣族封建领主末期的社会矛盾和悲壮的现实生活。

《婻波冠》大约产生于 16 世纪末，这时傣族封建领主制社会虽仍在发展，但社会矛盾尖锐复杂。长诗以封建领主的残酷压迫和人民的英勇反抗为背景，叙述了一个悲壮的故事：穷苦百姓的女儿婻波冠，12 岁时就失去了父亲，只好替富人家放牛度日。一天，她在森林里放牛时遇着一只猛虎，正当猛虎向她扑来时，却被一位年轻的猎人一箭射死。于是两人一见钟情，结成了百年之好。不幸在结婚前夕，他们在路上偶然遇到出外游玩的国王召果腊，召果腊见婻波冠十分美丽，便想占有她。于是，他要年轻的猎人宰坝进山捕捉一只野公象，宰坝进山之后，又派人将婻波冠抢到了宫殿，活活拆散了这对情人。年轻的猎人宰坝得知消息，悲痛万分，从森林里返回宫殿，在黑夜中将婻波冠救了出来，双双逃到很远很远的原始森林，并在那里以草地为新床，结成了夫妻。10 个月后，冬天来临了，婻波冠也快分娩了，可是他们的火苗却熄灭了。不能让刚来到人间的孩子挨饿受寒，宰坝要到河对岸寻找火种和食物。谁知，他一离开，瓢泼大雨便锁住了大江，而此刻，婻波冠分娩了，婴儿在狂风中诞生，虚弱的母亲躺在血泊里。当宰坝寻找到了火种和食物返回来时，婻波冠早已停止呼吸，刚诞生的孩子也死了。宰坝顿足捶胸，愤然质问苍天："人间为何有这样的灾难？"他得不到回答，埋好妻子和儿子的尸体后，跳进了浓雾迷漫的山谷。

长诗不仅揭露了封建领主的腐败、残忍，也揭示了傣族人民苦难的另一个根源：生产力的落后和无力抗拒的大自然灾难。

《宛纳帕丽》也同样讲述了一个极其悲壮的故事：勐基达腊纳管的国王召烘沙，是一个虔诚的佛教徒，将他的儿子宛纳禁锢在宫廷的佛寺里，要按佛的教义和规矩来培养他的继承人。可是长大后的王子却脱离不了人的本性。一天，他从牢房似的佛寺里逃了出来，恰巧遇上了最美丽的姑娘帕丽，顿时产生了爱慕之情。然而，这帕丽姑娘出身低微，父亲是象奴，母亲是花奴，她本人也是花奴，每天都必须将鲜花送到宫廷里供王后享用。否则，就要受到严惩，这样的姑娘，怎敢跟王子相恋呢？可是，从此以后，宛纳王子便紧追不放，趁帕丽姑娘每天都要到宫廷送花的良机，一次又一次地向她求爱。最后，帕丽姑娘发现宛纳王子的爱情很纯洁真诚，便答应了。于是这对恋人便在花圃的花奴房子里，结成了夫妻。主人怎么能与奴隶结合，贵族怎么能与贱民相爱。消息传到国王那里，国王气得像发疯的狮子，先用计将宛纳王子哄回宫廷，活活拆散了这对恩爱夫妻，接着又派出宫廷卫士，趁黑夜潜入花圃，杀死了帕丽姑娘的全家，并放火将她家的茅屋烧毁。被骗回宫廷的宛纳王子知道心爱的帕丽和她的家人被杀害后，万分悲痛，泣不成声，他同情奴隶的灾难，憎恨父王的残酷无情，立即挥剑自尽，鲜血染红了宫廷。

长诗故事完整，人物形象栩栩如生，结构严密，矛盾冲突一环扣一环，通过男女主人公的爱情悲剧，深刻地揭露了封建领主制的罪恶，热情地歌颂了人民的反抗精神。

《线秀》《娥并与桑洛》和《叶罕佐与冒弄养》被称为傣族的"三大悲剧叙事诗"。这3部作品，从不同的侧面反映了傣族商业经济的萌芽与兴起，与保守的封建旧礼教之间的矛盾，是具有反封建的共同主题而又有不同艺术特色的姐妹篇。

《线秀》的故事不复杂，较为简单：线秀是一个极聪明的傣家少年，但不幸失去了双亲，只好寄宿在有钱的叔叔家里。然而他不想靠叔叔的家产生活，决心到异乡学本领、做生意。他到了一个商业繁华的城里，结识了两个青年朋友，并合伙在一起"经营生意"。一天，他在街子上遇到美丽的姑娘线玲，经过一阵对歌之后，便产生了爱情。有了爱情，按照当时的习俗，就要送礼。送什么呢？线秀决定要到更远的地方做生意，以便"带回珍贵的象牙席"，作为爱情的礼物。谁知，线秀一走，国王（原文为召勐，意即一个地区最高的封建领主）便把线玲强行接到了宫廷里，要她做妃子。线玲不从，哭红了眼，但却毫无办法，只好拖延与国王成婚的日期，等待线秀前来营救。线秀找到象牙席后回来了，听说情人线玲被国王抢走，便联络了寨子里的正直人，去攻打国王的宫殿。结果，寡不敌众，都悲壮地战死了。被关在宫廷里的线玲姑娘，得到情人的死讯，痛不欲生，也自杀了。

《娥并与桑洛》所描写的爱情悲剧十分壮烈而又感人。长诗一开篇就勾画了一幅热闹的商业城市景多昂。男主人公桑洛就生长在这里的一户富裕人家。长大后，他母亲要他跟富有的表妹结婚，但他不愿意。于是，违背母愿，跟伙伴出门做生意去了。他到了热闹的商业城市勐根，结识了美丽勤劳的姑娘娥并，两人心心相印，产生了爱情，订下了婚约。从此，桑洛便住在娥并家里。不久，娥并怀孕了，桑洛返回家，把事情的经过告诉母亲，请求母亲成全他们的婚事。但他母亲认为违反了传统的封建礼节，死也不同意，于是母子之间展开了一场激烈的斗争。他母亲见硬斗不行，便采用软的办法，将儿子哄骗到别的地方，不让他接近娥并。不久，娥并快分娩了，又不见桑洛来接她，很焦急，便由女伴陪同着到景多昂找桑洛。桑洛的母亲早料到娥并会来，顿生暗害之念，将竹针插满楼梯、墙壁和门板，又将锋利的小刀藏在饭盒里。娥并一进门，便被戳得满身都是血，倒在门旁。桑洛的母亲又乘机大骂："我儿子不娶你这个媳妇，你快些滚开！"将娥并撵出了家门。于是，3个女伴愤然扶起娥并返回家，走到半路的树林，娥并便走不动了。由于身体摔伤和精神上受到打击，她在树林里流了产，但孩子一生下来就死了。3个姑娘埋了婴儿，将昏迷不醒的娥并搀扶到家。可是，一踏进房门，娥并就倒在地下，停止了呼吸。桑洛闻讯赶来，见恋人已死，便拔刀自杀，倒在娥并身边。这就是震惊整个傣族社会的悲剧。

《叶罕佐和冒弄养》也是一部反对封建礼教、反对包办婚姻的悲剧叙事诗。诗中的主人公叶罕佐和冒弄养，情投意合，是一对纯朴的恋人。但是叶罕佐的后妈要她嫁给她表哥，不许她跟冒弄养相爱。于是，叶罕佐便与后妈展开了一系列斗争。后妈将她锁在家里达3年之久，但她不屈服。在这3年里，冒弄养几次渡过怒江，想把叶罕佐救出去。可是，后妈阴险毒辣，两人始终难以相见。由于受到百般折磨，叶罕佐像鲜花一样枯萎了，身体越来越虚弱，但仍然不从后妈之命，一心要争取婚姻自由。一天，她边织布、边在思念情人，又与后妈发生争吵，黑心肠的后妈大怒，拿起织布梭子，打在她的头上。顷刻，叶罕佐头破血流，倒在织布机旁，不久便死了。冒弄养听说叶罕佐被后妈打伤，急忙骑马渡江赶来营救，后听到情人已死，便连马带人冲进了怒江的浪涛中。

上述3部悲剧叙事长诗，虽然风格各异，各有特色，但同时都具有反对封建礼教，争取婚姻自由的主题。因此，被后人视为悲剧姐妹篇，又合称为"傣族三大悲剧叙事长诗"。

《葫芦信》是一部十分独特的悲剧叙事长诗，长诗所讲述的故事十分有趣：勐遮王的儿子召罕拉和景真王的公主婻慕罕在街上相遇，一见钟情，随后得到双方父王的同意，结成了恩爱夫妻。这本来是好事，两国结亲，理应和睦相处。可是，两国历来不和，经常打仗，原因是勐遮王总想并吞对方。一天，勐遮王派人去暗杀景真王，被王子召罕拉知道了，跪劝父王不能这样做，两个勐只能和平相处，永结友好金桥。但勐遮王不听王子劝告，为了防止走漏消息，将王子扣押起来。暗杀失败后，勐遮王立即调集军队，准备向景真国发起进攻。在这万分紧急的关头，婻慕罕为了营救全勐百姓，决心冒死也要将这一战争情报告诉父王。

可是，城门和沿途都封锁得很紧，没法派人到景真国送密信。婻慕罕急中生智，将密信放在葫芦里，让河水将葫芦漂到景真国。果然成功了。景真王得到葫芦信，知道勐遮王要派兵入侵的消息，立即做好迎敌的准备，打败了勐遮王的进攻。事后，当勐遮王得知将"进攻的秘密泄露给景真国"的人，竟是自己的儿子和儿媳时，"像疯狗一样大怒"，立即下令杀死王子和公主。这对年轻人就这样悲壮地死了。死后，人们将他们埋在一起。于是，他们的坟墓，成了反对侵略、反对战争的象征。

这部长诗，流传很广，影响极深。20世纪60年代，西双版纳傣族自治州内部出版了5 000册傣文本，几个月内便抢购一空。后来又被改编成电视剧在全国范围内播放，并受到广大观众的热烈赞扬。

六、作家文学

（一）祜巴勐

佛教传入傣族地区和创造了傣文之后，傣族便开始有书面文学。但由于受宗教和世俗的影响，大多数书面文学作品都没有作者的署名。所以，傣族的古代作家，后人知道的不多，至今有据可查的只有祜巴勐一人。

祜巴勐是15世纪末16世纪初的西双版纳高僧，学识渊博，曾到过西双版纳许多著名的佛寺传授佛经。他不仅对佛学有精辟的见解，对天文、地理和文学也有很深的研究。他的理论著作很多，但保存至今的只有《论傣族诗歌》一部。这是他写于傣历九七六年（1615年）的文学理论专著，从傣族诗歌的起源、傣族诗歌的发展、傣族诗歌的种类、傣族诗歌与佛教的关系等方面，提出了独特的见解。1981年由岩温扁翻译成汉文，中国民间文艺出版社出版后，引起学术界的极大重视，认为是一部研究民族文学的重要文献。

祐巴勐还创作了许多具有民族特色的诗歌。他在《论傣族诗歌》一书中说：著名的叙事长诗《粘响》和悲剧叙事诗《婻波冠》，也是由他搜集、整理、加工而成。由此可见，他不仅是一位傣族文学理论家，同时还是一位诗人。

（二）刀安仁

刀安仁，是傣族近代史上的重要人物，年轻时曾留学日本，参加同盟会，追随孙中山先生立志于民主革命，为推翻中国的封建帝制、建立民国，做出了重大贡献。他不仅是一个爱国的民主主义者，还是一个才华洋溢的作家，主要的作品有《游历记》《抗英记》《汉光武》等篇。

《游历记》是一部抒情长诗，写于1908年，内容主要是叙述作者出缅甸，经印度、新加坡、香港，前往日本学习考察的见闻。原诗用傣文写作，后由刀保堂、刀保尧翻译成汉文出版。由于作者十分熟悉傣族传统文学，并很自如地采用了傣族民歌体的曲调，宛如一位歌手在诉说他"离开国土，远走他乡"的神奇感受。长诗语言精练，感情充沛，字里行间洋溢着作者"不辞漂洋过海"，去寻找"革命知识和建国方略"的决心和意志。

《抗英记》是一首歌颂正义反对侵略的爱国主义诗篇。1885年英国武装占领了上缅甸的首府曼德勒后，于1890年出兵入侵中国云南的铁壁关，我边境各少数民族对此十分愤怒，组成了保卫国土的民族联合军，跟入侵的英军展开了激战。当时，刀安仁任干崖宣抚使，是民族联合军的组织者和领导者。《抗英记》即是反映他领导的民族联合军反抗英国侵略军的英勇事迹。

刀安仁还组织了傣族第一个文艺团体，亲自创作了《汉光武》《阿銮相勐》等傣剧剧本，为傣族戏曲的发展做出了贡献。

（三）康朗英

康朗英，是西双版纳傣族自治州的著名歌手，生于1903年，卒于 1977 年。曾放过牛，种过地，当过 15 年的和尚。20 岁那年，从和尚晋升为佛爷，开始从事佛学研究和整理佛教文学。不久还俗回家，以唱歌为业；各村寨举行婚礼，建盖新房，都要请他去演唱。后被勐海土司封为"章哈勐"（即歌手的首领），召进宫里做宫廷歌手。中华人民共和国成立后，在勐海县文化馆工作，负责组织民间歌手的演唱和创作。1962 年参加中国作家协会，1964 年当选为西双版纳州政协委员。

康朗英是一位多产作家，主要作品有《流沙河之歌》《澜沧江之歌》《幸福的开端》《祖国颂》《向着北京歌唱》等篇。《流沙河之歌》是一部反映傣族人民改造山河、兴修水利的长诗，作者将傣族男女青年的爱情生活与劳动生产巧妙地融合成一体，使整个诗篇充满了美学寓意，被称为"一朵又美又香的民族艺术之花"。

（四）康朗甩

康朗甩，是傣族著名歌手，1911 年生于西双版纳景洪县嘎洒村。7 岁便到佛寺里当小和尚，在佛寺里学会了傣文，并受到傣族传统文化的深刻影响。20 岁还俗回家，边务农、边学唱歌，不久便成为远近闻名的歌手。25 岁被西双版纳宣慰使封为"章哈勐"。曾以唱歌为业，周游东南亚诸国，并在缅甸、泰国居住了数年。中华人民共和国成立前夕回国，在西双版纳州文化馆从事诗歌创作和演唱。主要作品有长诗《傣家人之歌》《森林里的宝石》，短诗集《从森林眺望北京》等篇。

《傣家人之歌》是康朗甩的代表作，长 2 000 余行，分 7 个部分，以时间为顺序，较为全面地叙述了西双版纳的社会变化，以及傣族人民的理想和追求，因而被称为"傣族新生活的颂歌"。

康朗甩除了自己努力写作外，还积极从事搜集民间文学作品，热情培养青年歌手，曾受到文艺界的多次表扬，并被选为中国民间文艺家协会副主席。

（五）波玉温

波玉温，1902年生于西双版纳景洪，8岁时便死了父亲，后母亲又改嫁，他只好到佛寺里当小和尚。为此，他学会了傣文，并读过许多经书。15岁还俗回乡，替一个傣族商人赶马运货到缅甸、泰国、老挝。那时，法国殖民者在老挝强行招兵，他就被强行抓了去，在法国殖民军里当了6年的兵。这一段经历，一方面使他尝尽了苦头，亲眼看到殖民主义者对东南亚人民的蹂躏；另一方面又扩大了他的眼界，增添了他认识世界的能力。太平洋战争爆发不久，日本便进攻东南亚。波玉温流落他乡，更加思念祖国，于是便经缅甸回到了西双版纳。回国后，波玉温以唱歌为业，创作了不少反映劳动人民遭受苦难的歌。中华人民共和国成立后，他的艺术才能得到了进一步发挥，又创作了许多歌颂新生活的歌，优美动人的叙事长诗《彩虹》，便是他这一时期的代表作。

《彩虹》是根据发生在西双版纳边境地区一个真实的事件创作的，讲述了一个为保卫家乡、保卫边境而英勇向敌人斗争的故事，充满了浓厚的生活气息和激昂的感情，被称为"傣族当代文学具有鲜明人物形象和深刻思想内容的长诗"。

（六）庄　相

庄相，是德宏地区的傣族著名歌手。一生中创作了数百首优秀的诗篇，只可惜未能全部翻译成汉文介绍给全国读者。在已翻译成汉文并在各报刊杂志上发表的50多首作品中，以抒情短诗《迎接丰收》《喜鹊传喜讯》《送到毛主席面前》《太阳照亮了瑞丽江》《星星落在竹楼上》，以及长诗《孔雀啊，迎着朝霞飞翔》《幸福的种子》为代表作。

《孔雀啊，迎着朝霞飞翔》是一首以20世纪40年代傣族社会现实生活为题材的叙事长诗，较为深刻地描述了傣族的自然风光和人民的苦难生活，并塑造了一个渴望自由幸福、敢于反抗封建领主制度的傣族妇女形象，因而受到傣族人民的普遍喜爱。

《幸福的种子》是一部童话叙事长诗。作者采用拟人化的手法，将傣族人民追求自由幸福的愿望，隐藏在充满幻想的童话之中，通过具有正义感的金鹿、孔雀、白象和银罕鸟等热心帮助人到达太阳居住地方的艰苦过程，反映了傣族人民为追求美好生活而不惜英勇奋斗的精神。

（七）方云琴、征鹏

方云琴和征鹏是两位傣族中年作家。方云琴生于德宏傣族景颇族自治州，征鹏生于西双版纳傣族自治州，两人都就读于北京中央民族学院，是中华人民共和国成立后新成长起来的大学生。他们共同创作的《南国情天》，是傣族当代文学的第一部长篇小说，在傣族当代文学史上占有重要位置。

《南国情天》叙述了中国的傣族土司刀承忠，跟缅甸的混血儿姑娘丹瑞，经过神奇而又痛苦的恋爱，终于成为眷属的全过程；故事的时间跨度很长，从辛亥革命起，一直写到中华人民共和国成立。因而小说具有一定的历史深度，出版后引起学术界的广泛重视。

第二节　艺　术

一、傣族艺术的起源

艺术的起源，国内外都在热烈探讨，有多种说法。傣族在这方面虽然还没有形成完整的理论，但也有自己的解释。

傣族认为："天食风，地喝水，万物都需要食物养活自己。"

如果得不到足够的食物，任何一种生物都难以生存。即使在佛教最昌盛的时代，傣族都认为"谷比佛更重要"，佛虽然伟大、高尚，无所不知，但没有谷（泛指一切食物）仍然会饿死。这种意识，不仅常见于傣族的古籍，如《谷魂与佛祖》《论傣族诗歌》等著作，同时还渗透在民间的日常生活中，使得民众普遍认为，寻找食物是人的一种天然本能。从某种意义上讲，这仿佛把人与其他生物视为一体，认为在"寻找食物以维护生命"方面，人和动物一样。其实不然，在寻找食物过程中，人与动物有显著之区别：除了众所周知的人在寻找食物中会创造劳动工具，动物不会创造外，还有更重要的一点是：人有思想活动，会表达思想感情；动物没有思想活动，不会表达思想感情。如同傣族古歌谣《摘果歌》《叫人歌》所反映的那样：人在寻找食物的时候，常用招手和呼喊来表达自己的感情，通知对方这里有很多食物，要对方快点过来一起采摘。这种"招手"或"呼喊"，亦是原始的歌舞艺术。寻找食物不会时时如意，在人们寻找不到食物的时候，会因饥饿而痛苦悲伤。反之，在寻找到甜蜜野果的时候，又会高兴地欢呼狂跳，这也是原始的歌舞艺术，或者说是原始歌舞艺术的萌芽。

总之，原始先民在脱离了动物世界之后，便有一种极为简单的思维活动，"有食而乐，无食而悲"，如同天真活泼的孩子一般。如果说，寻找食物的生产活动是产生原始艺术的物质基础的话，这种极为简单的思维活动，便是产生原始艺术的感情基础，原始艺术亦是这种原始感情的形象反映。

二、傣族艺术的发展

傣族不仅对艺术的起源有自己的解释，对艺术的发展也有自己独特的见解。

傣族认为艺术与宗教有难以分割的密切关系，但又认为原始艺术产生于原始宗教之前，远在人类社会还没有产生神灵意识，即原始宗教还没有诞生的时候，原始艺术就已经随着人们寻找食物的劳动而萌芽、而产生。从这一认识出发，傣族将本民族的古代艺术分为3个发展阶段，即"无信仰时代"（傣语称"戛腊冒米萨萨纳"）、"信仰神灵时代"（傣语称"戛腊萨萨纳披"）、"信仰佛教时代"（傣语称"戛腊萨萨纳帕召"）。

无信仰时代系指尚未产生原始宗教的最为远古的时代。傣族认为这一时代是原始艺术的萌芽期，其特点是受大自然的启迪，仿大自然的模式。例如，受泉水流淌声的启迪而懂得动听的音乐，受百鸟齐鸣的启迪而学会唱歌，这叫"神鸟传音"和"滴水成歌"；又例如，模仿猴子跳跃而形成猴舞，模仿马鹿嬉闹而形成鹿舞等等。总之，一切原始音乐、原始舞蹈、原始绘画和原始诗歌，就其内容而言，是原始先民们自然感情的自然流露，但就其形式而言，则是模仿自然鸟兽的结果。因此，这一时期的原始艺术，又有"模仿自然艺术"之称。

信仰神灵时代，即原始宗教从产生到兴旺的时代。傣族认为，这一时期的艺术比前期有了较大的发展，但仍然没有脱离原始状态。其特点是所有的艺术都围绕着神灵意识转，以原始宗教为核心，人与神同乐，为神而唱歌，为神而舞蹈，为神而绘画；无论是内容和形式，都与迎神、颂神、祭神等各种类型的原始宗教活动连在一起。所以，又称为"颂神的艺术"或"娱神的艺术"。

信仰佛教时代，上自佛教传入之时起，下至中华人民共和国成立之日止，历史跨度长，约有千余年，这是傣族艺术的兴盛时期。随着佛教的传入，给傣族带来了数量众多的佛经，以及印度和东南亚的音乐、舞蹈、绘画、雕塑等等丰富多彩的艺术，并帮助培养出一批傣族艺术人才，如民间画匠、民间舞蹈家、民间歌手等等，他们大都是在佛寺里学会傣文，掌握了各种技艺，然后才从佛寺回到乡下的农民。边种田、边从事艺术活动，为傣族艺术的发展、昌盛做出了贡献。就内容与形式而言，这一时期的傣族艺术，大都以歌颂佛的高尚、伟大，宣扬佛的思想和教义，表现佛立志要普度众生的胸怀为主，因而被称为带有浓厚佛教色彩的艺术。

中华人民共和国成立后的 50 年，是傣族艺术繁荣发展的新时期，可分为两个阶段：从中华人民共和国成立到 1965 年"文化大革命"前，是恢复和初创时期，主要是恢复和建立各种艺术团体，发掘整理民间艺术，大力培养民族艺术骨干。这一时期，虽然也出现了一些好的艺术作品，但数量还不够多。

从"文化大革命"结束到现在的 20 多年改革开放时期，是傣族艺术得到迅猛发展的新阶段。各傣族地区都涌现出一大批艺术新秀，创作了一大批优秀艺术作品，从而受到国内外朋友的关注和赞扬。

上述亦是傣族艺术的基本发展规律和简要的发展过程，从中可以看到：傣族是一个热爱艺术的民族，是一个善于吸收外来文化的民族，在数千年的历史长河中，傣族为整个中华民族的艺术繁荣做出了应有的贡献。

三、傣族艺术的类别与特点

傣族艺术，可分戏剧、音乐、舞蹈、绘画、雕塑、电影、电视和工艺美术八大类。有的门类产生的年代早，有悠久的历史，如音乐、舞蹈；有的门类近代才产生，还比较年轻，如电影、电视。然而，无论是历史悠久的艺术，还是较为年轻的艺术，都具有傣民族独特的风格，呈现出一派繁荣昌盛的景象。

（一）傣 剧

傣族有自己的剧种，简称为"傣剧"。

傣剧是一种综合性的表演艺术，产生于明代，有 500 多年的历史。其形成与发展过程，可分为四个阶段。

第一个阶段是萌芽时期：

傣剧的萌芽期，可从上追溯到元朝末年，那时正是傣族麓川政权极为强大的时候，民族文化也随着政治、军事的兴起而有所繁荣，无论是城镇或乡村，歌舞演出都很频繁，特别是宫廷歌舞，日日不断。这些歌舞，融进了傣族男女对唱或说唱的某些形式，台上的歌者已能清楚地扮演各种不同身份的人物，并有某些情节的表演动作，形成戏剧的雏形。后来的傣剧，就是在傣族民间歌舞的这一表演艺术的基础上，吸收了汉族戏剧艺术的某些有益经验，逐步孕育、演变而形成的。

第二阶段是形成时期：

到了14世纪80年代末期，即1388年，明王朝派大将沐英征服了傣族麓川政权，在边境地区建立屯田制度。随着边境屯田制的兴起，大批内地军民在边疆傣族地区安家落户，给边疆傣族地区带来了大量的中原文化，特别是汉族的戏剧和曲艺。每逢节日或重要的社会活动期间，屯田的军民们常自演自娱内地的汉族戏剧，观众有"近半是当地土人"。这就是说，屯田制带来的内地中原文化，在傣族地区产生了深刻的影响。久而久之，傣族民间艺人便吸收了内地汉族戏剧"有人物、有故事、有说唱、有表演，可使用各种道具"的特点，创造出了傣剧的一整套曲调和表演程式。至此，傣剧即基本形成，宣告诞生。

第三阶段是发展时期：

任何新生事物的诞生，都会引起社会的强烈反响。傣剧也如此。由于它是当时傣族文化中最新的一种表演艺术，前人没有见过，因此，一问世便引起轰动，傣族民众争先观看，演傣剧的广场挤满人群。随之立即涌现出一批傣剧业余创作班子和业余演出班子，利用业余创作和排练出了一批傣剧剧目，并逐步公演。但那时的傣族社会还没有建盖戏院的能力，只能在城镇广场临时搭个舞台演出，又不收门票费，全部演出费用大都由热爱傣剧的土司贵族和商界人士资助。因此，傣剧的发展初期基本上限于土司贵族和贾商巨富居住的城镇。据载，那时候凡是土司贵族的成员结婚，都要大宴宾客，大演傣剧。后来，随着经济的发展，住在乡下的傣族人民想看傣剧的越来越多，常两三个寨子联合起来，共同集资请傣剧班子到村寨里演出，傣剧才逐渐从城镇发展到乡村。这说明傣剧是傣族社会文化发展的必然产物，具有深远的社会基础和广泛的群众基础。

第四阶段是兴盛时期：

傣族艺术的兴盛，离不开 3 个要素：人民群众的需要、社会生产力的推动，以及领袖人物的重视。如果同时都具备这 3 个因素，艺术的兴盛就比较迅速；如果只具备其中的一个或两个，虽然也会兴盛起来，但很缓慢并要遭受到曲折；如果一个因素也不具备，则不仅不会兴盛，反而会凋谢、衰亡。这可说是傣族艺术发展的客观规律。

到了 18 世纪末期，傣族民族手工业和民族商业逐渐兴起，傣族城镇不断涌现出一批以买卖当地土特产和手工业产品的商店，与缅甸、泰国的商业往来也逐渐频繁，商业马队来往不绝，市民和外地商人逐渐增多，因而对文化生活的需求便更趋迫切，加之那时候傣族统治阶级中的先进分子和一些领袖人物，大都到过内地读过汉书或到境外留过洋，思想有所开化，这样就推动了傣族文化的发展，使傣剧这支民族艺术之花进入了兴盛时期。若以具体时间而言，这一时期始于 1867 年，即傣族干崖第 22 代宣抚使刀如意就职之后。刀如意是傣族干崖土司，宣抚使是清王朝封的官职，他是一个学识渊博的人，熟悉本民族文化，也了解汉文化，就职后大力倡导傣剧，以扬民族之风。于是德宏傣族地区的傣剧蓬勃兴起，演傣剧、看傣剧成了当时最时髦的潮流。到了清光绪十七年（1891 年），刀安仁承袭干崖第 24 代宣抚使之后，又再次提倡傣剧，并亲自下令组织傣剧剧目创作组和专业演出班子。至此，傣族开始有了由官家（即地方政府）直接领导的傣剧专业团体。可以说，这是傣族艺术史上的一个十分重要的时期。傣族专业团体组织起来后不久，刀安仁又拨出巨款，派其中的一部分人员到昆明学习汉族戏剧的舞台表演艺术，并在昆明制作和购买了一大批傣剧服装、道具、乐器、布幕。这样，不仅为傣剧培养了一批专业骨干队伍，同时还提供了雄厚的物质，使傣剧从城市扩大到乡村，迈入了兴盛时期。据德宏有关文化部门所保存的历史资料载，1906 年春节前后，仅芒市（今德宏傣族景颇族自治州首府）一地，傣族土司便调集了 12 个寨子的傣族半专业的傣剧班子举行大会演，接连演出了 8 个晚上，观众川流不息，盛况空前。

使傣族人民感到更为自豪的是：傣剧在漫长的发展过程中，创作、积累了一批传统剧目。这些剧目涉及各个领域，以取材的角度而言，可分为三类。

第一类是反映傣族社会现实生活的剧目，如《布腾那·雅送豪》和《马西双》（又称为《十二马》）等。这些剧目，大都由民间带有故事情节的歌舞，或民间传统小戏发展而成。内容都是反映傣族的生产活动和生活习俗，形式短小、精练，表演生动活泼，具有浓郁的乡土气息和鲜明的民族特色。

第二类是根据傣族民间叙事长诗和故事传说改编的剧目，例如《景社·勐焕》《相勐》《阿銮南道》《丙吉丙利》《三牙象》《兰嘎西贺》等。此类剧目，由于原著均是成熟的传统经典著作，结构严谨，人物形象鲜明，故事情节生动，矛盾冲突激烈突出，加之改编者熟悉本民族传统文化，在改编中根据戏剧艺术的特点，浓缩了故事梗概，只选其具有戏剧性的情节，因而使得主题更突出，人物更集中，演出效果甚佳，很受群众欢迎，久演不衰，从而保留至今，成为传统剧目。

第三类是根据汉族古典名著改编或从内地传统剧目中移植过来的剧目，例如：《陶禾生》《汉光武》《庄子试妻》《八仙过海》《红莲宝》《大闹天宫》《桃园结义》等。这类剧目，大都是到内地读过汉书的傣族知识分子和傣剧班的艺人相结合，共同创作或移植的。到内地读书的傣族知识分子，很喜欢《三国演义》《水浒传》《红楼梦》《聊斋》等中国古典名著，回家乡后经常讲述给傣族百姓听，因而知道这些名著的人逐渐增多，纷纷要求改编成傣剧上演。这类剧目，就是在这一历史背景下创作或移植的。将中国的古典名著改编成傣族的艺术样式，具有深远的政治意义，不仅增强了傣族人民对祖国悠久历史和灿烂文化的了解，同时还推动了傣族人民学习汉文化、吸收外部先进科学知识的兴趣和能力。从此，傣族上层人士到内地读书和到海外留学的人便越来越多。

上面所述，主要是流传于德宏傣族地区的傣剧。西双版纳傣族地区也有傣剧，但历史不长，起步较晚，大约萌芽于19世纪末20世纪初。开始时只是在宗教活动时期和节日活动的时候，由民间艺人即兴创作自愿演出的一种广场活报戏，因唱腔以傣族的章哈调为主，所以，又称为"傣族章哈剧"。嗣后，发展缓慢，剧目随演随丢，都没有见诸文字保存下来；演出班子也演完即散，没有形成专业或半专业的演出团体。

中华人民共和国成立后，各级人民政府都很重视民族文化建设，无论是德宏地区的傣剧或西双版纳地区的章哈剧，都有了新的发展。德宏地区成立了专业的州傣剧团，人才云集，既有创作人员、翻译人员，又有经验丰富的导演和具有一定技艺的演员，已发展成为一支实力雄厚的专业团体。建团以来，先后上演过《娥并与桑洛》《千瓣莲花》《海罕》《郎推罕》《冒弓相》《十二个王妃的眼珠》等数十台传统题材的剧目，以及《养鸭姑娘》《竹楼情深》《节粮》《老混巴与小混巴》等反映现代生活题材的新剧目。

"文化大革命"之后，该团经过整顿更加充满活力，曾多次参加全省性、全国性的调演，并多次出国演出，得到国内外友人的高度赞扬。

西双版纳地区尚未成立独立的傣剧团体，但在州民族歌舞团中成立了傣剧队，专门演出傣剧（当地人称为章哈剧）。近30年来，该傣剧队也有了迅速发展，并取得了可喜的成绩：1956年创作演出了《岩香悔过自新》；1960年演出了《岩拉》《凤尾竹下》；1964年演出了《咪涛井康》《召温邦》《闸上风云》；1975年移植了《龙江颂》；1977年移植了《智取威虎山》；1978年移植了《心满意足》；1982年以后，又以反映傣族现实生活为主，先后创作演出了《新谷飘香》《选姑爷》《摩雅信宽》等新剧目，均受到观众的热烈欢迎。

傣剧穿着傣族服装（德宏地区傣剧上演古典名著剧目时，也有穿京剧或滇剧服装的），对白讲傣语，唱腔唱傣调，乐器也以傣族的笛子、胡琴和鼓、锣、铓为主，到了近期才增加了一些中原乐器和西洋乐器，发展成为中西结合的乐队。因此，无论从剧目内容或表演艺术上看，傣剧都具有鲜明的傣族特色，实属一朵鲜艳的傣族艺术之花。

（二）音　乐

傣族的传统音乐，大体上可分为宫廷音乐和民间音乐两类。然而，宫廷音乐又与民间音乐有着千丝万缕的联系，因为宫廷里的土司贵族也很喜欢民间音乐，经常召集民间歌手到宫廷里演唱，而被召入宫廷的歌手，为适应土司贵族的需要，也要学唱某些宫廷音乐或弹某些宫廷乐器。所以，二者经常相互渗透、相互吸收。但是，只要认真分析便可以看出：傣族宫廷音乐与民间音乐虽然没有"阳春白雪"与"下里巴人"的严格之分，却也有风格声调上的显著之别。宫廷音乐的格调一般较为轻悠、缓慢、高雅；民间音乐的格调一般较为粗犷、高昂、朴实。

德宏地区的傣族民间音乐，据说多达 50 多种，但有的已失传。中华人民共和国成立后，傣族音乐工作者龚茂春先生花费了 10 年时间，走遍山村边寨、竹林溪边，一共搜集了 44 种，分成"山歌""戏调""儿歌调""哭调""祝词调""鼓调""诵经调""祭神调""新歌调""其他调"十大类[1]。每一种类的调子又由于地区的差别而形成各种大同小异的曲调。例如"山歌调"中便有芒市山歌、盈江山歌、轩岗山歌、瑞丽山歌、古歌、上江山歌之分；"戏调"则除了以地区之分外，还有男女角色唱腔之分，如城子小生调、城子老生调、城子草王调、坝子小声调、城子女腔调、坝子女腔调等多种类型。其他八大类曲调也如此，均可分为各种不同的小调。特别值得介绍的是"戏调"中的音乐，以优美、动听而又富有傣族特色而称著。例如，傣戏《娥并与桑洛》中的一个唱段《园中的花儿再美我也不爱》，亦是具有代表性的曲调[2]。

此调以 2/4 与 3/4 的拍节交叉进行，中速，格调清新，情绪欢乐，音域不宽，易于上口，故便于普及，男女老幼大都会唱。

儿歌调中的"摇篮曲"，傣语称"喊号月万"，也很有傣族特色。

---

[1]龚茂春：《德宏傣族民歌 44 种》，云南德宏民族出版社，1984 年。
[2]此曲由小许演唱、龚茂春记录，载《德宏傣族民歌 44 种》。

```
| 6̇ 1 — | 6̇ 1 — | 6̇1 6̇5 6̇1 | 1  1 | 6·5̇ | 6~0 |
6̇ 1 — | 6̇ 1 — | 6̇1 6̇5 | 6̇1 6 | 6̇1 1 | 6̇15 | 6~0 | 5 6̇16
6̇11 6̇ | 1·0 | 6̇ 1 — | 6̇ 1 — | 6̇6̇1 | 5 6̇11 | 1 5 6̇5 | 6·0 |
5 6̇1 | 1 5 | 6̇1 16 | 1·0 | 6̇ 1 — | 6̇ 1 — | 6̇1 6̇5 6̇1
1  1 | 6·5̇ | 6~0 ‖
```

此歌曲系由傣族歌手相座唱、龚茂春记录。歌词大意是："我的宝宝，你快睡哟。哟，我的宝宝，黑眼睛一对，红红的脸蛋多么美，就像一朵红玫瑰。哟，哟，我的宝宝你快睡。"在月移花影下的竹楼，摇着摇篮哼着此《摇篮曲》的傣族母亲，总会流露出一种难以形容的幸福感。

喝醉酒时不说三道四，不失礼忘形，而要唱歌，这确实是既幽默而又有趣的习俗。当然，哼醉酒调、唱醉酒歌的人，不一定是醉者，但一定要唱出醉者的心态、醉者的神情。此类傣族音乐曲调，虽源于民间，但近代却多半是在傣剧或歌剧中扮演醉者的角色演唱。从生活的真实到艺术的真实，无疑是更上了一层楼，但听起来仍像现实生活那样逼真、那样具有神醉心不醉的味道。由此可见，傣族的民间音乐，覆盖面十分宽阔，能谱写到各个生活侧面的旋律。

西双版纳地区的傣族民间音乐也有数十种不同的曲调，其中以"依拉荷调"和"章哈调"最为普及、最为广泛。

"依拉荷调"属于伴舞歌曲，凡是群众跳集体舞时，都要唱此曲调以做伴舞。据考，此曲调有悠久历史，产生于"诗、歌、舞"还没有分家，还融为一体的时代，可称之为古曲。由于音节简短，节拍性强，又富有民族情调，既能起到统一集体舞的功能，又能达到助长舞兴的作用，因而被群众视为"不可缺少的调子"，代代相传，至今不衰。

"章哈调"是西双版纳地区最流行的傣族民歌调子，绝大多数人都会唱，随时随地都可以听到。因它带有某种"说唱"因素，所以，有人认为它是一种曲艺，或者说带有曲艺的某一特征。其实，曲艺与民歌同源，都是原始文化的后裔，它们在某些方面有相同的特征并不奇怪，用不着在概念上去争论。以字意直译，所谓"章哈"者，即"歌手"也。从该词汇的原意出发，凡是傣族民间歌手所唱的调子，均可称为"章哈调"。这就是说，它实际上是傣族民歌调的一种总称，泛指一切民歌调。这样，在这一总称之下，便不可避免地包含着许许多多具有地方性区别的调子。一般性的没有特点的用不着提及，最常见的最有特点的有两种：一种叫"敢哈藤"，意指"在山上唱的歌"，此类调子多为"随心而发，随兴而起"，无拘无束，可长可短、可高可低，虽有某些固定的旋律，但节奏变化可任由歌者自由发挥。另一种叫"敢哈筌"，即用竹笛伴奏的调子。据老百姓讲，这才是"章哈调"的原型。唱此调时，一定要两个人，一个吹笛、一个唱调；调不能离笛，笛不能离调，二者一定要配合得很好。这样就需要有固定的旋律和调谱，在大多数情况下，"其旋律均由 6 1235 五声音阶构成，以 135 为其骨干音，节拍为 2/4 规整节奏，结尾音为徵音。曲调欢快跳跃，具有较强的艺术感染力"[①]。

傣族民间音乐，与傣族民间乐器紧密相连，相互匹配，难以分割。俗话说："唱什么歌，吹什么笛；要什么戏，敲什么鼓。"

①杨力、晓飞：《傣族民间音乐概述》，载《版纳艺术》，第173页，内部发行。

形象地讲明了歌与笛、戏与鼓的密切关系。傣族的乐器，主要有葫芦丝、竹笛、胡琴、鼓、锣、铓等6种，用途极其广泛，每种乐器都能配多种曲调。

葫芦丝：以德宏傣族地区为最多，景谷、双江一带傣族地区也有。此乐器原是男女青年恋爱时的传情工具，就像"密码"一样，它有许多固定的音符可代表某些固定的语言。因此，知情的人一听到葫芦丝的声音，就知道对方在说什么话。近代，由于它是傣族具有代表性的乐器，音域广，音色美，优雅动听，所以用途越来越广泛，几乎所有的傣族传统乐曲和创作乐曲，都喜欢用它做伴奏。

竹笛：西双版纳地区最多，主要用作章哈调的伴奏。章哈歌手常说："笛声不同，嘴巴难开。"意思是说，没有竹笛伴奏，就没法演唱章哈调。所以，章哈歌手到外地演唱时，都要随身带着10多支竹笛以备用。并且伴奏者与演唱者的位置，也有一定规矩，一般是演唱者在右，伴奏者在左。此种乐器原来也是男女青年恋爱的传情工具，但其功能已随着岁月逐步变迁。

胡琴：傣语称为"荸"，属拉弦乐器。琴筒有用葫芦做的、有用椰子壳做的、有用牛角做的，因而可分别叫作葫芦琴、椰子琴、牛角琴。琴筒的平面大都用笋叶封蒙，琴杆的顶端常以孔雀或龙做雕饰，以丝线做弦，马尾做弓，常用于民歌合唱伴奏。演奏时，多为滑音和倚音；音色接近于小提琴A弦音色，甜美、柔和，有其独特的民族风味。

鼓：傣语叫"光"，是傣族的主要打击乐器。鼓系总称，种类繁多，有大鼓、小鼓、单筒鼓、双筒鼓、象脚鼓等10多种。大鼓，又称"圆鼓"。传说，原是古代的战鼓，是用于指挥战斗的，平时置于土司宫廷门外，以作召集臣民的信号。但后来，佛教兴起，也置大鼓于寺内，以作召集教徒到佛寺朝佛的信号。然而，广大百姓却将它视为一种乐器，以击鼓为乐。击时，双手持两个大鼓槌，边舞边击，舞姿雄健优美，鼓声洪亮深沉，如惊雷四起，万马奔腾，震人肺腑。

象脚鼓是傣族人民最喜爱的乐器，每逢节日佳期，都要举行象脚鼓比赛。因地区不同，使用人不同，鼓身的大小也不同，故有大、中、小之分。大象脚鼓长2米余，音响十分洪亮，但击时不能背着跳跃，因太长，只能站在原地，将鼓身的尾部置于地下；中象脚鼓约长80~90厘米，可背在肩上边击边舞，声音洪亮，动作活泼，人们常见的大都是这种类型；小象脚鼓长约40厘米，大都作为教具，即成年人教少年儿童学习击鼓技术之用。

傣族的锣、镲、铓，种类也繁多，大小不同，音色各异，但只属于象脚鼓的配套乐器，很少单独使用。

如上所述，傣族的民族音乐资源十分丰富多彩，但由于种种原因，中华人民共和国成立前，傣族音乐却停滞不前。只有民间歌手，没有专业歌星；只有传统歌曲，没有创作歌曲。中华人民共和国成立后，随着傣族文化教育事业的普遍提高，傣族涌现出了一批受过高等教育的有一定专业知识的音乐家，他们在继承传统音乐的基础上，创作出了《西双版纳好》《歌颂我们傣乡》《孔雀歌》《边寨月夜》等一大批傣族新歌曲，这是傣族音乐跃上新台阶的重要标志。特别引起国内同行关注的是：在傣族创作歌曲蓬勃发展的同时，又出现了一批年轻的歌唱新秀，被称为傣族金孔雀的金小凤，便是这批傣族歌坛新秀的代表。金小凤1958年10月16日生于德宏州首府芒市的一个傣族农民家庭，儿童时代便有一副好嗓子，歌声清脆甜美。1973年，她15岁时到州歌舞团当演员。1975年参加云南省曲艺调演时，她演出的《养鸭姑娘》，给观众留下了美好的印象；1980年在参加云南省少数民族文艺调演时，她以演唱《孔雀歌》和《瑞丽江啊，最美的歌》而成名。嗣后，她在州歌舞团和有关专家的帮助下，不断充实自己，提高演唱技巧，进步很快。同年年底，她参加云南文艺代表团到香港、新加坡、泰国、缅甸访问演出，以声情并茂、清新细腻的特色，赢得了国外朋友的一片赞扬。

（三）舞 蹈

傣族舞蹈，历史悠久，内容丰富，风格独特，形式多样，种类繁多。其中自娱性的舞蹈以《依拉荷舞》《象脚鼓舞》和《嘎光舞》最为普及，几乎人人会跳，男女老幼都可以参加，其他还有模拟动物的舞蹈，如《孔雀舞》《马鹿舞》《白象舞》《蝴蝶舞》《竹雀舞》《鹭鸶舞》《鱼舞》等；表现劳动生产的舞蹈，如《花环舞》《笠帽舞》《划船舞》《摘花舞》《插秧舞》《割谷舞》《扇谷舞》等；在宫廷里或举行仪式跳的舞蹈，如《宫廷舞》《指甲舞》《扇子舞》《祝福舞》等。

上属舞蹈基本上属于傣族的传统舞蹈艺术，产生于傣族各个不同的历史时期，具有不同时代的历史烙印。中华人民共和国成立后，傣族的舞蹈有了新的发展，不仅劳动人民自编自演的群众性舞蹈遍及城乡，同时还涌现出一大批具有较高艺术水平的专业舞蹈家，创作出了一大批反映现代生活的现代舞蹈。由此，傣族舞蹈呈现出一种五彩缤纷的繁荣景象。

然而，舞蹈研究赶不上舞蹈创作的发展。至今，理论工作者还没有来得及对傣族舞蹈做全面系统的论述。鉴于此，我们只好以时间为序，暂且将它分为古代舞、宫廷舞、现代舞和舞剧4个部分。当然，也可以说成4个阶段。

1. 古代舞

古代舞是傣族先民创造的原始舞蹈，也就是傣族舞蹈的开端。由于时间久远，大部已消失，但仍可从出土文物、崖画壁画和古风古俗中看到它们的某些痕迹。当前，在傣族地区还可见到原始舞蹈痕迹，计有古代孔雀舞、古代白象舞和古代祭祀舞3种。

傣族古代孔雀舞源于傣族古代的鸟图腾崇拜。在傣族图腾神话中，有一种人首鸟身的孔雀，曾与人婚配后生下无数后代。因此，傣族先民认为这一人首鸟身的孔雀，与傣族古代氏族有血缘关系，从而十分崇拜。至今，我们还可以从古老的壁画上看到这一"人首孔雀身"的神鸟。原始的孔雀舞就是从这种鸟的翩翩舞姿中学来的。此外，我们还可以从戴面具的孔雀舞中得到佐证。直到现在，西双版纳的勐海、德宏州的瑞丽，以及景谷等傣族地区，仍然流传跳戴面具的孔雀舞。有的地方，身上的孔雀道具重 10 多斤，比真的孔雀大一倍。毫无疑义，这是极为原始的古风古俗，其原型也是从"人首孔雀身"的神鸟崇拜中演变出来的，虽然在长期的演变过程中不可避免地受到历代社会意识的影响而有所变异，但其基本的舞蹈动作，仍带着模仿动物的原始舞蹈特征。

傣族古代白象舞，同样也源于傣族的古代象图腾崇拜。在傣族神话中，有一种"象首人身的象神"，是某氏族的祖先，因为这一氏族的女始祖"因误吮象尿而孕"，才传下众多的后代。崇象之俗亦由此而始。后来，因象是傣族农耕助手，象图腾崇拜又演变为象农业祭祀，崇拜图腾象的原始象舞蹈也随之演变为娱农业祭祀的象舞蹈，先民们企图通过跳白象舞，祈求神象消除旱涝灾害，带来风调雨顺、五谷丰收。佛教传入之后，因象曾是佛的化身，于是傣族的白象舞又注入了佛教的内容，演变成了颂象就是颂佛，娱象就是娱佛。这就是傣族白象舞的产生和演变的大体过程。由于年代太久远，这一舞蹈已经在大多数地区消失，只有景谷地区有时还在民间演出。跳此舞时，要先用竹子、白布、棉花制作好一个巨大的象模型，以作为道具。表演则由 3 个演员承担，3 人都必须是精力旺盛的大汉。否则，抬不动象模型。舞蹈开始时，两人套上象模型道具扮演，另一个扮引象人，随着象脚鼓的音乐节奏，跳出各种象的舞蹈动作。舞姿奔放、豪迈、大方，具有古朴风格。

　　傣族古代祭祀舞，是傣族历史上原始宗教最盛行时期留下来的精神产物。傣族原始宗教的核心是万物有灵论，认为家有家神、寨有寨神、勐有勐神、山有山神、水有水神，一切都有神。祭祀舞就是祭祀这些神灵时跳的舞蹈。祭的神灵越多，祭祀舞也就跳得越多。有只由负责祭祀的人跳的祭祀独舞，也有以祭司为核心，率领大伙一起跳的集体祭祀舞。祭祀独舞的舞姿，以双手向上伸缩，不断旋转身子为主，动作多为重复；集体祭祀舞主要是挥手、跺脚、摇身。有的地方，例如元阳的花腰傣一直跳到通宵。顾名思义，祭祀舞是跳给神看的，或者说是娱神性的，但神也是人，人也是神，舞者融于神灵之中，达到一种神化之境界，具有一种庄严神奇之味。如今，傣族人民主要是信仰佛教，但与此同时仍在信仰原始宗教，数量不小的一些偏僻村寨，每年仍要祭一次寨神、勐神。因此，产生于古代的祭祀舞还没有完全减迹，有的地方仍然在跳，似乎还在发挥着它那过了时的作用。

　　傣族的舞蹈资源十分丰富，历史上遗留下来的古代舞不止上述3例，还有很多很多。例如，近年来在孟连地区发现的马鹿舞，也是具有代表性的傣族古代舞蹈之一。相信以后还会不断有新发现，并被写入傣族的舞蹈史册。

　　2. 宫廷舞

　　傣族宫廷舞是傣族中世纪的精神产物，它与前面所论述的傣族古代舞有明显的区别。单从产生之根源和创作思维这一角度讲，傣族古代舞，是傣族古代先民在劳动生产过程中无意识创作的不成熟的原始舞蹈；傣族宫廷舞，则是中世纪带有专业性的傣族宫廷舞女，为了表达某种意图而有意识创作，并经过多次艺术加工的宫廷舞蹈。无意识创作是自然形成的艺术，有意识创作是按照人的愿望塑造出来的艺术。由此，我们可以从古代舞到宫廷舞的演变过程中，看到傣族舞蹈艺术的某些发展足迹。

　　1160年，傣族封建领主阶级的杰出代表人物帕雅真，"统率

其武力，战胜了此方各地部落，在勐泐（今西双版纳）建立了
景陇金殿王国"。这是傣族封建领主政权进入兴盛时期的标志。
统治阶级的兴盛，不可避免地会出现奢侈和享乐。据《泐史》
载：帕雅真登基时，"异来'菢厦'（一种塔式的建筑）一座，高
三十五拃；金水瓮一个，广阔各三肘，高亦三肘，重七百四十
钪；嵌宝七种，又金伞七十七笼，嫔妃一万二千人。……"这
12 000嫔妃，其中便有一部分是专门在宫廷里跳舞的宫女。对傣
族历代宫廷的豪华、奢侈、享乐情况，以及宫女的庞大数量，其
他傣文史籍也多有记载。

这就是产生傣族宫廷舞的时代背景，亦社会根源。当时，傣
族各个宫廷"通宵欢舞不停"，每天都有歌舞表演，需要量大，
所创作的宫廷舞必然很多。可惜的是这些艺术珍品随着封建领主
政权的崩溃而大部分已经失传，现在经过不断搜集、发掘，也只
发现一部分，其中以经过当代舞蹈工作者整理加工之后又重新送
上舞台的《蜡条舞》《手指舞》《祝福舞》等为代表。

这些宫廷舞蹈，虽出自宫廷而主要又为宫廷服务，但它的艺
术价值和社会意义却远远超出宫廷的范围。实际上，它既是中世
纪傣族舞蹈艺术发展到较高水平的标志，也是傣族封建领主政权
上升时期社会精神生活出现丰富多彩局面的反映。宫廷艺术与民
间艺术，是傣族总体艺术的两个侧面，二者相互离不开，有着密
切的联系。不少宫廷舞蹈均来自民间，而民间舞蹈也常受到宫廷
舞蹈的感染和影响。宫廷舞蹈的设计者和表演者，虽然都是宫
女，但仍属普通的劳苦大众，她们具有傣族热爱和平的良好愿
望、温柔善良的高尚品德、丰富多彩的精神世界，为此她们创作
的这些宫廷舞，也是傣族人民的智慧结晶，形象地体现出傣族人
民所追求的自然、朴实和纯真、高尚之美。

此外，傣族宫廷舞还有一个突出的特点，即大量吸收了佛教
的舞蹈艺术，带有浓厚的佛教色彩。这也是中世纪傣族社会形态

的反映。傣族封建领主建立了自己的政权后，大力提倡佛教为傣族的主要信仰，佛教因此而得以迅速发展并与封建领主的政权体系相结合。所谓的"松领帕兵召"，意亦"最高僧侣亦是最高领主，最高领主亦是最高僧侣"。这样，歌颂领主也就是歌颂佛，赞美封建领主社会的"太平安乐"，也就是赞美佛法治理下的"净土乐园"。二者合二为一，这就是傣族宫廷舞受佛教影响而带上佛教色彩的社会根源。

3. 现代舞

傣族的现代舞蹈发展迅速，进步较快。中华人民共和国成立50年来，不仅创作了一大批具有较高艺术价值的舞蹈作品，还培养出一批具有一定艺术修养和艺术技巧的、得到国内外公认的舞蹈家，例如刀美兰、方云琴、朱兰芳、刀保乾便是其中的代表。

然而，由于傣族现代舞蹈题材广阔，内容广泛，形式多样，难以举一例而概全貌。所以，我们只好将它概括为"翻新"与"创新"两大类，综合论述。

"翻新类"：是指在传统舞蹈形式的基础上，加以重新构思、重新创作的作品。例如，当代孔雀舞、当代象脚鼓舞、当代嘎光舞、当代笠帽舞，便是这一类傣族舞蹈的代表作品。孔雀舞、笠帽舞、象脚鼓舞和嘎光舞，无论是舞蹈的名称及其形式，古已有之，系传统之物。但是当代傣族舞蹈家们在传统形式的基础上，重新加以构思、编排，注入了当代的思想感情和生活内容，因而使这些舞蹈焕然一新，变成了当代新型的舞蹈。这既是继承民族艺术传统，也是革新与创造。经过重新再创作的此类舞蹈，其内容比原来的更充实，其形式比原有的更完美，是傣族现代舞蹈最重要的组成部分。

"创新类"：是指当代傣族舞蹈工作者根据自己的生活感受而创作的舞蹈。此类作品的数量也很多，西双版纳州民族歌舞团、德宏州民族歌舞团，以及各自治县宣传队都有自己最新创作的舞蹈节目，例如《赶摆》《泼水节》《丢包》《小卜少》便是其中较为优秀的代表。由于舞蹈是一种表演艺术，因此这类新创作舞蹈的涌现，又与傣族当代舞蹈家的成长有着密切的关系。换言之，有了成功的舞蹈艺术家，就会创作出优秀的舞蹈；有了优秀的舞蹈，又会推动舞蹈新秀的迅速成长。傣族当代舞蹈艺术界的现状，正在证实民族舞蹈的这一发展规律。刀美兰便是一例。

傣族当代舞蹈家刀美兰生于西双版纳自治州景洪，从小爱好舞蹈，12 岁就到州文工团当演员。20 世纪 60 年代以扮演舞剧《召树屯与婻穆婼娜》中的孔雀公主而出名。30 多年来，她在省内外舞蹈界老前辈关心爱护和亲切指导下，奋勇攀登艺术高峰，在演出《泼水节怀念周总理》《金色的孔雀》《春到版纳》《捕鱼》《吉卜赛少女》《快乐的黑姑娘》以及《水》等舞蹈节目中，充分展示了她非凡的舞蹈艺术天才。1980 年起，她曾出访亚、非、欧 10 多个国家或地区，受到国外友人的好评。1982 年，先后在北京、上海、昆明等国内十大城市举办个人独舞晚会，获得了巨大成功，受到舞蹈界的高度评价。她自编自演的独舞《新米歌》，1984 年获全国编导二等奖和特设荣誉奖。现任中国舞蹈家协会常务理事、云南舞蹈家协会主席。刀美兰是傣族著名的当代舞蹈家，她的成功标志着傣族当代舞蹈发展到了一个崭新的阶段。她创作或表演的上述舞蹈节目，影响深远，现已在各地流传，成为傣族青年舞蹈家提高技艺的范例。在学习表演这些优秀的傣族舞蹈节目中，各地都涌现出一批舞蹈新秀。人才辈出，傣族"金孔雀"一代接一代，这是傣族当代舞蹈繁荣的体现。

4. 舞剧

舞剧是舞蹈艺术的高级艺术形式，不仅有舞，还要有戏，有音乐、服装、布置、道具等有机配合，实际上是一门综合性的表演艺术，需要编导、演员、作曲、灯光、服装等有关人员密切协作，方能完成。傣族能创作并演出大型的舞剧，说明傣族的舞蹈事业确实有了一个新的飞跃。

中华人民共和国成立50年来，傣族先后创作并演出了《召树屯与婻穆婼娜》《曼庄海》《兰嘎西贺》和《嘎竜》4部舞剧，另外，还有一些小型的舞剧。

《召树屯与婻穆婼娜》是根据傣族著名的民间叙事长诗《召树屯》改编的6场大型舞剧。召树屯的故事不仅在傣族地区家喻户晓，在东南亚的泰国、缅甸、柬埔寨、老挝等地区亦有流传。在将长诗改编成大型舞剧的过程中，编导和演员，在如何应用舞蹈语言表达故事情节、如何应用舞蹈规律安排矛盾冲突、如何应用舞蹈艺术塑造不同性格的人物形象，以及如何使舞蹈、音乐与戏剧融成一体等方面，均有新的突破，为民族舞剧的创作和演出积累了许多宝贵的经验。1979年，此剧在向国庆30周年献礼演出中，荣获创作一等奖、演出二等奖。接着该剧组还先后到泰国、缅甸、新加坡和香港等国家或地区访问演出，获得国外观众的好评和赞赏。

《曼庄海》是根据傣族历史传说改编的5场舞剧，编剧为刀国安、刀正明。有关"曼庄海"的历史传说，虽有一定历史依据，但没有文字记载，纯属口承文化。该剧的编者花费了大量精力，多次到实地进行田野考察，掌握了大量资料，才写出舞剧的脚本。因此，实际上不是改编，而是以历史故事为题材的创作。舞剧的故事并不复杂：凶残的头人召庄到江边催收鱼税，见傣族渔女帕罕长得十分漂亮，便想强占为妾，但帕罕誓死不从，于是在一个深夜，正当帕罕与心爱的情人宰松谈心的时候，召庄派人将宰松打伤，把帕罕抢走。帕罕被关在召庄的家里，召庄对她软硬兼施，逼她就范，但坚贞的帕罕死也不从，并机智地逃了出来，跳江而死。宰松从昏迷中醒来后，到处寻找帕罕，当他听到帕罕已跳江身亡时，悲愤异常，发誓要报仇。最后宰松在众乡亲的帮助下，用计将召庄引诱到江边，趁其不备，用渔网拖入江中淹死。

舞剧的故事情节虽然较为简单，主要人物也只有3个，但由于带有历史的影子，又是传说中群众深信不疑的悲剧，因而简中有繁，易中有难，特别要注意掌握阶级对立的分寸，化生活的真实为艺术的真实，从而达到感人的悲壮效果。在这方面，舞剧的编导和演员，均大胆地做了新的尝试，有意识地将轻松的爱情生活穿插在紧张的阶级对抗之中；通过单人舞、双人舞、集体舞等多种舞蹈场面的相互转换、交叉，使得整个舞剧协调一致，激烈中有抒情，抒情中又有对抗，在艺术表演上取得了可喜的成就。

《兰嘎西贺》和《嘎竜》也是根据傣族民间叙事长诗改编的两部舞剧。

《嘎竜》的原型是佛经中的佛本生故事，先由民间艺人改写成叙事长诗，然后又从叙事长诗改编成舞剧。改编成舞剧时，编者注入了某些当代生活的内容，并把神化了的动物，如豹精、蛇精等人格化。在如何将神话传说改编为舞蹈表演艺术方面，也积累了一些经验。

《兰嘎西贺》的原型是著名的印度古代神话史诗《罗摩衍那》。大约在14世纪前后，《罗摩衍那》的故事便随着佛教传入中国傣族地区，深受傣族人民的喜爱。于是，大约又过了100年，即到了15世纪末期，一位知识渊博的民间歌手便根据《罗摩衍那》的主要故事情节，创作了一部叙事长诗，题为《兰嘎西贺》。后来，又经过多次的集体加工润色，才流传至今。舞蹈《兰嘎西贺》，就是根据长诗《兰嘎西贺》改编的。

印度著名的史诗《罗摩衍那》誉满全球，有近50多种译本，东南亚国家曾将它的部分情节改编成舞剧。据悉，某些国际知名人士已提出建议，准备在不久的将来举办一次国际性的"罗"剧会演。我国傣族能够大胆地将这部宏伟的巨著搬上舞剧舞台，为中印文化交流做出新的贡献，无疑是一个新的里程碑。

以上所述，不是傣族舞蹈的全貌，只是傣族舞蹈发展史的几个主要阶段。然而，尽管如此，我们也可从"古代舞—宫廷舞—现代舞—舞剧"这4个阶段中，看到傣族舞蹈从低级形式发展到高级形式、从原始艺术发展到成熟的较为完美的艺术艰苦历程。

（四）绘　画

中华人民共和国成立前，即1949年以前，傣族没有进过美术学院的画家，但各个村寨都有民间画工或画匠，专门从事画梁、画柱、画墙（即壁画）、画伞、画陶，以及剪纸贴喜等实用性的绘画活动。老百姓很尊敬这些绘画艺人，称他们为"萨拉典"，意即画师。由于傣族社会历史和人才分工有上述之特点，因而傣族的传统绘画艺术以壁画和剪纸为主，也有画在布上的布画，但数量不多。

1. 壁画

傣族的壁画，多绘于佛寺，因为民房无墙，只有佛寺才有墙。佛寺里的壁画，有的绘于用石灰浆涂得很平滑的砖土墙上，有的绘于推得很平整的木板墙上。若以所取之题材和所表达的思想内容而言，可分为佛经故事类、神话传说类和民间习俗类三种。

第一种，佛经故事类：

凡是以佛教的教义、佛教的经典著作或者佛本生故事，以及有关佛教典故为题材，用宣传佛的思想、弘扬佛的精神的，都属于此类壁画。这样，此类壁画的数量就比较多，因为佛寺是佛教活动的中心，自然也是宣传佛教的阵地。据调查，此类壁画每一座佛寺都有，其中以《五位佛祖》《释迦成佛图》《佛祖巡游世界》《佛祖过海传教》《佛陀子弟阿南讲经》《佛祖在菩提下传经》《舍生饲虎》《佛法斗妖魔》《天堂地狱图》《众僧聚会讲经图》等幅①，影响较为深远，艺术性也较高。

《五位佛祖》傣语叫《帕召亚敦》，原勐海大佛寺，以及勐混大佛寺、勐罕大佛寺、景谷勐卧大佛寺均有此壁画。题材来自于傣传《佛经》。傣传《佛经》说，世上有5个人将最先顿悟成佛，他们是戛古先塔、哥纳戛麻纳、戛沙如、古达玛、阿里雅里雅密岱。前4个早已成佛，古达玛就是释迦牟尼，最后一个阿里雅里雅密岱也即将成佛。《五个佛祖》画的就是这一核心内容。画面呈长方形，用粗线条分为五格，每格画一位佛祖，每个佛祖都戴着佛珠，盘腿而坐，双手合十，双目明亮，神态慈祥，仿佛在洞察人间苦海，又仿佛在思索普度众生之法。从画面上看，5个佛祖都很平易近人，没有不可捉摸的神秘感，除了左肩半裸，右肩披着袈裟外，其容貌跟普通人没有什么区别。可以想象，画此壁画的真实意图，是想借绘画的艺术感染力，形象地解释"众生皆有佛性，众生都可成佛"的哲理，从而达到扩大佛的思想影响之目的。

《释迦成佛图》，傣语称"果达玛阿卧兵帕召"。果达玛即释迦牟尼，"阿卧"是出家或修行，"兵帕召"意即成佛。所以，此画的画名，有的译为《佛陀出家图》，有的译为《释迦牟尼出家当和尚》，有的译为《佛陀修行成正果》，称谓大不相同。根据大多数人的意见，应该规范统一，叫《释迦牟尼成佛图》更符合壁画之内容。此画有画在墙上的，叫"好帕召"；也有画在布上的，叫"懂帕召"。画的题材来自于《佛本生故事》，有头有尾地描述了释迦牟尼的一生。画的形式相似于连环画，有人物、有故事、有情节。在长长的画面上，用线条分隔成若干小

①傣族壁画，大都没有画名，但民间自有称呼。近年来，临摹、介绍、评论傣族壁画的文章渐多，由于翻译、记录有误等原因，同一幅壁画有多种不同的画名。这里的画名，主要是根据傣语称呼直译；个别已正式发表的壁画，则照用发表时的画名。

段，每段都由几个画面组成一个画组，所有的画组又都围绕着"释迦牟尼诞生—成长—成家—出家—成佛"这一核心线索，构成了完整的故事。壁画的开头部分是释迦牟尼诞生，一个金光闪闪的婴儿，坐在半俯卧着的母亲跟前，旁边还跪着一头小白象，表示象与佛一起诞生，并愿做佛的坐骑；画的结尾部分，是释迦牟尼身披袈裟，在菩提树下经由"正定"而觉悟、而成佛。显然，壁画的意图，是在塑造佛的光辉形象，弘扬佛的光辉思想。众所周知，傣族人民更加明白，释迦牟尼出身高贵，生为太子，但由于眼见世间的不公，人间只有苦难，于是自愿放弃太子的富贵生活，出家寻找普度众生的真理。壁画生动地描述了佛的艰苦而又光辉的一生，并企图借此说明，人人都有成佛之可能，但成佛却又没有捷径，必须依靠自己坚定的信念、刚强的毅力、永不休止的恒心，才能达到佛的境界。凡是信仰佛教的地方，都不可避免地要宣扬佛。此类题材的壁画，泰国、缅甸的佛寺也有，如泰国清迈府素贴山佛寺便有一幅长3丈余的佛本生壁画，内容基本上与我国傣族的《释迦牟尼成佛图》相似，说明壁画艺术也存在着相互影响和交流。然而，只要认真对比便可看出，泰、缅壁画中的佛与我国傣族壁画中的佛，在艺术风格上有所不同：泰、缅壁画中的佛，面部更为威严庄重，具有佛的神秘感；我国傣族壁画中的佛，面部较为慈善温和，更具有凡人感。这些都为人们进行国内外壁画对比研究，提供了珍贵资料。

　　其他几幅，基本如此。凡是以佛经故事为题材的壁画，都有一个共同的特点，即融佛的思想于通俗的艺术之中，以情感化，以情喻理。这既是佛教艺术特有的风格，也是傣族艺术特有的风格。

　　第二种，神话传说类：

　　以古老的民间神话传说为题材的傣族壁画，数量也不少。例如《人首鸟身的孔雀》《召树屯》《召相勐》《阿銮故事》《召俄

竜》（即《神牛的故事》）、《掌泊》（即《白神象的故事》）等等，
便是这一类壁画的代表作。

《人首鸟身的孔雀》，傣语称"诺勇勐法"，意为天上的孔
雀，带有神鸟之意。此壁画取材于古老的鸟图腾神话。画中的两
只人面鸟身孔雀，手持鲜花，翩翩起舞；画面协调、温柔、轻
松、愉快，形象地再现了傣族古代先民的欢乐心情和审美情操。

《召树屯》的壁画，取材于民间神话叙事长诗。由于这是著
名的家喻户晓的神话故事，傣族各地的大多数佛寺都有壁画，其
中以西双版纳勐遮佛寺的《召树屯》较为著名。据民间口头流
传，勐遮佛寺已有 500 多年历史，最初建盖时便有《召树屯》壁
画，后因佛寺被毁坏，原有的壁画也随之被毁而消失。现存的此
幅《召树屯》壁画，系中华人民共和国成立后 20 世纪 60 年代，
傣族人民集资重修佛寺时，傣族当代民间画家康朗赛所作。康朗
赛是勐遮允弄寨人，既是民间歌手又是民间画家，多才多艺。他
创作的这一幅壁画，紧紧抓住神话叙事长诗《召树屯》最精彩
的核心情节，即召树屯在龙王和猎人的帮助下，在湖边得到七公
主婻穆婼娜的爱情，并将她留在自己身边，而其他 6 个孔雀姐姐
在飘飘离去时向妹妹依依惜别的情景。画面以朵朵彩云自然分成
两个部分：上部是依次排列的即将离去的 6 个孔雀姐姐，每个人
的面部都呈现出一种不忍心离开而又不得不与妹妹告别的表情；
下部以山势分成两格：一格是召树屯与婻穆婼娜在湖边的荷花
旁，以双手合十之礼，感谢 6 个姐姐成全了她们的爱情，并祝福
6 个姐姐平安地回到家乡——孔雀国。另一格画召树屯朝拜佛教
高僧帕拉西，以表示对他的帮助。整幅壁画彩色鲜艳，线条柔
和，主题鲜明，内容丰富，虽是当代艺人之作，但却继承了传统
的风格，带有古代简练、单纯、朴实的特点。

由于傣族的神话传说与宗教有密切关系，有的是解释原始宗
教的神话、有的是反映佛教意识的神话。因此，以神话传说为题

材的傣族壁画有一个与众不同的突出特点是：融原始诸神于佛的宝座之下；既肯定了佛的"天上天下，唯我独尊"的神圣地位，又反映了佛对异教诸神的宽容；另一面则既表达了傣族原始诸神愿跟佛教兼容并蓄，又说明在兼容并蓄中原始诸神并没有完全失去自己的领地，仍可独立存在。因此，可以说，以神话传说为题材的傣族壁画，充满了傣传佛教融合傣族原始宗教的历史痕迹，是傣族历史上各种宗教信仰，经过相互斗争、相互兼容、相互吸收，最终融于佛教体系的艺术反映。

第三种，民间习俗类：

以民间习俗为题材的傣族壁画虽然数量不多，但很有情趣，充满了生活气息。《召勐出游图》《宴舞图》《宴乐图》《耍刀献艺图》《沐浴图》《生肖八图》等，亦是此类傣族壁画的代表作品。

《召勐出游图》又简称为《出巡图》或《游寨图》。自一世召片领帕雅真建立景陇金殿王国之后，每年泼水节前后，或其他重要节日期间，历代召片领都要率领随从乘象出游，以示对百姓的关怀，而百姓则可借此亲自朝拜召片领。此俗一直沿袭到20世纪40年代。壁画《召勐出游图》就是取材于这一习俗，或者说以此习俗为背景，集中反映了傣族古代统治者出游的盛况。壁画很长，是一系列完整的组画，核心部位是召勐和他的王后、大臣乘骑的5只大象，每只象都有金鞍，召勐、王后、大臣坐在金鞍宝座上，象的头部还骑着一个管象的驯象奴；核心部位的前面，是手持长矛和其他兵器的召勐仪仗队；核心部位的后面，是召勐的随从，有男有女，声势浩大。以线条为界，过一格则是百姓在节日中跳舞、唱歌、饮酒、寻乐的场面。壁画画面宽大，人物众多，描写的节日气氛十分热烈，刻画的人物形象栩栩如生，饮酒的神态豪放，歌舞的英姿动人，乘象的队伍壮观、威严，生动地反映了傣族封建领主政权上升时期，傣族社会富足安定和民间有趣的习俗，具有较高的历史价值和艺术价值。

傣族地区，无论是宫廷或村寨，举办酒宴的时候，都有以歌助兴、以舞助兴的习俗。宫廷有专门的舞女、歌女。乡村民间虽没有专职舞女、歌女，但主客都会唱歌、跳舞，可以边饮酒、边歌舞，也其乐无穷。《宴舞图》壁画，就是取材于这一习俗。由于酒宴的规模不同，气氛不同，各个佛寺所遗留下来的《宴舞图》壁画也不同，有《宫廷宴舞图》《村寨宴舞图》《山林宴舞图》之分。

《宫廷宴舞图》以景洪佛寺的壁画为代表。该画的中间偏左部分，是两座高大的塔楼式宫廷，有 7 个宫廷贵族正围着两张餐桌饮酒，旁有一群妇女在翩翩起舞，两个艺人在表演幻术，四周的走廊或空地上，一般人物即席而坐，相互交谈，不时有仆人来往于各通道之间，忙碌不停，整个画面，呈现出一种宫廷宴会的豪华气氛。《村寨宴舞图》壁画主要绘于乡间佛寺，构图较为简单，更带有古朴之色。其中有一幅群众称为《蚌凡》（意为"舞图"）的壁画，含义深刻，笔法生动，妙趣横生。壁画最显著的部位，是 3 个翩翩起舞的妇女，衣裙艳丽，舞姿优美，动感很强，有如痴如醉之态；舞者之下是 3 个合掌拜佛的老妇，神态十分虔诚；旁边有一佛座，座上有一尊释迦牟尼像。按照佛教的教义，"戒舞"是"八戒"之一。在佛前歌舞，究竟表示何意？群众解释说："佛并不反对歌舞，佛希望人间欢乐。过去傣族赕佛，都要'赶摆'3 天，有唱有跳，热闹极了。"这几句话，不仅证实了傣族历史上有频繁的宗教娱乐活动之俗，还给《蚌凡》壁画作了简要的说明。

《沐浴图》画的是一群妇女在河边洗发，长长的头发有的顺着水波漂、有的垂挂在肩上，显得很美。傣族是爱水的民族，每天都有人在江边、河边洗澡。还有一个习惯是：妇女要到佛寺赕佛之前，需要用"淘米水"到河边把头发洗干净，傣语叫"夏贺多摩"。《沐浴图》就是取材于此俗，表现了傣族妇女在赕佛前在河边欢乐洗头发的情景。

绘于德宏州瑞丽县姐相乡大等罕佛寺（当地人称"奘房"）天花板上的《生肖八图》，可以说是傣族木板壁画的代表。生肖即属相。八图同样大小，风格一致，排列整齐，描绘了8个面貌不同的勇士，分别骑着8种神性动物，并且双手都持着兵器灵物，似有准备战斗之态。傣族的纪年分十二属，分别为鼠、麒麟（即狮）、虎、兔、龙、蛇、马、羊、猴、鸡、狗、象，与汉族的十二属相比，少猪、牛，代之以象、麒麟（狮）。这《生肖八图》不是纪年之属，而是纪周之属，即以一周计，"分别为星期日——乌鸦；星期一——虎；星期二——狮；星期三早晨——白象、晚上——黑象；星期四——鼠；星期五——牛；星期六——蛇"[1]。作为壁画，《生肖八图》形象地体现了傣族人民在历史上积累的计算时间的知识，无疑是最为可贵的珍品。

此外，作为傣族壁画重要组成部分的装饰性图案壁画，也很优美。这些装饰性图案壁画，有表现宗教信仰方面的佛、塔、楼、亭的剪影，有表现珍稀动物孔雀、凤凰、金鸡、马鹿、大象、狮子等鸟兽的雄姿，有千姿百态的各种秀丽的花卉。总之，各种类型的装饰性图案壁画，都具有傣族和传统艺术风格，即神奇、素雅、柔和之美。

2. 剪纸

剪纸是傣族人民最喜爱的一种民间艺术。早在原始宗教盛行时候，人们便以剪纸作为祭祀神灵之物；佛教传入傣族地区并逐渐昌盛起来之后，傣族人民又以剪纸作为赕佛用品。当然，这也只是一个侧面，傣族剪纸的最大功能，是用于布置居室、美化环境或筹办婚丧红白喜事。为此，傣族的剪纸艺术，可分为宗教性的和民俗性的两部分。

---

[1]高金龙：《傣族生肖八图》，载《山茶》，1983年第1期。

宗教性的剪纸以佛象、佛塔、朝佛仪式、朝佛用品，以及与佛有密切关系的荷花、菩提树、孔雀、大象等动植物为题材；民俗性的剪纸多以农村的生产活动和生活习俗，如耕田、放牧、挑秧、水稻、瓜果、蔬菜、家禽、节日、婚礼，以及各种吉祥图案为题材。无论是宗教性的或民俗性的剪纸，"都不拘一格，形式多样，造型别致，构图饱满，主题突出，生动耐看，尤其以金纸剪成的作品，更为光彩华丽，形成了傣族特有的艺术风格"①。宗教性的剪纸，由于要贴在或挂在赕佛的物件上，所以，外形一般都呈长形，如同飘带一样。当然也有其他形态的，但比较少。民俗性的剪纸，大小根据需要而定。用于贴门窗的，一般都比较大；用作刺绣模样或观赏的，一般比较精密小巧，其外形大都是方形或圆形。以德宏地区常见的《耕田》和《谷穗》为例，这是出自一位农村无名傣族妇女之手的作品，并且都以农业生产为题材。《耕田》剪的是傣族农民牵牛扛犁准备去耕田的情景，黑白分明，牛和人是最突出的部分，也可以说是主体，背后用朵朵彩云的线条连接起来，充满了亚热带地区特有的生活气息，使人一看便感觉到这是在炎热的傣族田野里的辛勤劳动。《谷穗》剪的是静物，但静物不静，修长的稻叶和饱满的谷穗都在风中飘动，显现出一种蓬勃的生机，仿佛蕴藏着一道道丰收的景象和傣族农民无限的欢乐。

3. 当代傣族绘画

中华人民共和国成立后，傣族涌现出了一批当代画家，如刀国花、刀学荣、俸贵德等便是较为突出的代表。他们在继承本民族绘画传统基础上，学习和吸收了中国画和西洋画的有益经验，创作了一批傣族当代绘画，并先后参加过省级或全国性的美展。然而，若与文学、音乐、舞蹈相比，傣族当代绘画发展却比较缓

---

① 蓝静：《傣族剪纸》，载《山茶》，1981 年第 1 期。

慢，有影响的作品还不多。目前已引起有关部门的重视，采取各种措施培养新型的傣族画家，相信不久的将来必然会蓬勃兴起。

（五）雕　塑

傣族雕塑多用于佛寺建筑和公共设施。佛寺里的雕塑以大型的释迦牟尼塑像为代表，公共设施如城市街道、活动广场、街亭、水井的雕塑，则以神象、麒麟、狮子、孔雀等象征性的吉祥物为代表。

每一座傣族佛寺，都有一尊大型的释迦牟尼塑像，周围则又有许多小型的塑像，组成一排小佛像群。从造型艺术而言，可推景洪佛寺的塑像为典型代表。该塑像莲花底座高1米余，佛高8米余，正面盘腿而坐，右手搭在右腿上，左手弯曲置于腹部，目视前方，鼻梁端正，玉口微开，两耳偏长，上高于眼睛约2寸，下垂超过下巴直到脖子中部，正堂宽阔，额高至顶，发式呈塔形，容貌端庄，约带微笑，具有亲切、温和、慈祥之美感。其他佛寺的塑像，外部造型基本上与此相同，只是因佛寺建筑的大小而佛像的大小有所不同。

公共场所的古代雕塑，由于历史上战争频繁，大都已毁。现有的城市雕塑，如西双版纳首府允景洪的《白象》，以及大勐笼街头的《麒麟》，都是近代的作品。允景洪街头的《白象》雕塑，高约2米，四脚如柱，头微微往上仰，双耳如剑，长鼻往下垂而又往内卷。造型并不神奇，跟生活中的真象差不多，但也给人一种温和、善良的感觉，这也许正是傣族民间雕塑家的艺术追求。

傣族的木雕，也别具一格，常用于建筑、家具和各种工具，可分半镂空与全镂空两种。例如景谷自治县迁糯佛寺的门雕，构图均匀，图案对称，花草优美，形象逼真，刀法细腻精湛，凸凹比例适宜，具有立体感。又如景洪的镂空木雕，造型神奇，工艺精湛，圆圈中的兔子象征月亮，凤凰象征太阳，故称之为"日月镂空木雕"。

傣族雕塑艺术，下受东南亚雕塑艺术的影响，上受中原雕塑艺术的影响。在历史长河中，傣族人民从各种外来文化中吸取了有益的营养，创造了自己独特的雕塑艺术。由于历史的原因，这些雕塑艺术目前虽然世人知之甚少，但相信不久的将来，它一定能跃居全国民族雕塑艺术之林。

（六）电影、电视

傣族地区目前还没有自己的电影制片厂，但各地的电视、电影制片厂拍摄了多部反映傣族生活，以及根据傣族民间叙事长诗改编的影片，如《摩雅傣》《勐笼沙》《葫芦信》《松帕敏与嘎西娜》《孔雀公主》等。这些影片，再现了傣族的历史，反映了傣族的现实生活，表达了傣族的理想和愿望，受到傣族人民的欢迎。大多数都已译制成傣语片在傣族地区放映，傣族观众看后，都称"是我们的电影"。

20 世纪 70 年代末 80 年代初，西双版纳傣族自治州和德宏傣族景颇族自治州已建立了电视台，除经常转播中央和省台的节目外，每天都有自摄自编的节目广播。此外，德宏州还先后建立了 6 个差转台，全州大部分居住区都已能收看到电视。西双版纳州所属各县，以及景谷、孟连等傣族地区，也先后分别建立了差转台，不仅促使城镇的电视机猛增，就连农村的电视机数量也在迅速增长，傣族地区看电视的面不断扩大。

近年来，傣族地区涌现出一批从事电影、电视剧本创作的业余作者，以及电视节目的摄制人员，创作摄制了一批反映本地区现实生活和自然风光的专题片，很受群众欢迎。由叶振欧、晓飞编写摄制台本的电视艺术纪录片《祖国的绿宝石——西双版纳》，也已经得到有关领导部门的审定和批准，由州委宣传部、州广播电视局、州文化局联合组织摄制，不久将与观众见面。

总之，傣族地区的电影、电视，虽然起步较晚，但却正在迅速发展。

（七）工艺美术

傣族的工艺美术，有织锦、壁挂、陶塑、瓦饰、刺绣、挎包、银器、竹编、蒲扇等数十个品种。每一个品种都从不同角度体现了傣族人民的审美意识，以及他们善于美化生活的智慧。

1. 织锦

傣族的织锦，史书上简称为"傣锦"，有悠久的历史。从大量的出土文物中，可以看到傣族古代的纺织工具和某些织布场面。远在唐代，傣族就能采用攀枝花纺纱、织布；到了明代，便会用蚕丝纺织"五色锦"。由于当时的傣族地方政权，常以"其丝织五色土锦充贡"，所以，傣族丝织彩锦曾大量到过中央王朝居住的中原，并受到普遍称赞。至今，傣族人民仍保留着制作五色傣锦的传统工艺，因为它是傣族智慧结晶的一个组成部分，是傣族民族文化的特色之一，傣族妇女都以会织傣锦为荣。

傣族织锦仍然使用传统的木机，全靠手工操作，不同的彩色图案以不同的经纬线编织而成，俗称"色纬起花"。由于各个地区的传统习俗和审美意识稍有差异，各地区的傣锦图案也略有不同。西双版纳的傣锦，常于白底上使用对比色，色调亮丽，和谐自然，一般图形多为四方连续之斜方形几何花纹，中间以大象、骏马、孔雀、金鸡，以及花草树木等动植物组成散点图案。整个锦面生动自然，象在走，马在奔，鸡在鸣，花在动，带有节奏性的动感，充满了浓郁的热带森林气息。德宏地区的傣锦常夹用金线，以四方连续的菱形图案为主，结构严谨，色彩艳丽，有一种华贵高雅之感。当然，这只是相对而言，一般而论。若从总体上看，无论是西双版纳傣锦，还是德宏、景谷傣锦，不仅制作方法基本一致，风格特色也基本相同。

2. 壁挂

壁挂是傣族工艺美术中较为高贵的产品，以精纺丝线为原料，手工编织而成，因而价格较高，多置于土司贵族或其他富裕家庭。在一般情况下，壁挂外层都是正四方形，或正长方形；第二层削去4个角，变为八边菱形或者圆形；圆中的第三层则是壁挂的核心，即壁挂的美术图案。壁画价格的贵贱，除了看原料是不是上等，工艺是不是精湛外，圆中的美术图案设计，也占很大分量；因为壁挂属欣赏性工艺美术，是挂着给人欣赏美的，如果图案不吸引人，价格便不会高。按照傣族的传统审美意识，壁画的核心一般以神话传说中的乘象王子、战争英雄、各种雄伟的佛塔、各路不同神态的神仙，以及孔雀开屏、凤凰共舞等为主。

3. 陶塑

陶塑，也称"陶艺"，即陶器工艺美术品的简称。傣族的陶器，品种多，数量大，遍于城乡，是使用价值极为广泛的工艺美术品，其渊源可以追溯到原始的陶器时代。远在农耕初期，傣族先民就学会制陶，但发展缓慢，至今傣族仍保留着较为原始的手工制陶工艺。然而，这也从另一个方面保存了傣族陶塑艺术的特点。

最常见的傣族陶制品是水罐和钵类。水罐是傣族挑水和盛水工具，造型美观，使用方便，乡土味十足；中华人民共和国成立前夕，这类陶制工艺品家家都有，现代因自来水逐渐普及，此类盛水工具已逐渐绝迹。水壶也是一种较为普及的陶制工艺品。傣族的陶制水壶，形状似塔形，以大小圆圈为阶，一级一级往上收缩，最小顶部是壶口，有盖，造型很别致，既可以盛凉开水，又可以作为工艺美术品赠送朋友。陶象、陶马、陶牛，是傣族观赏性的陶制工艺品，具有古朴幽默的风格，陶艺收藏家们也很喜欢，傣族则多用于赕佛或赠送亲友。

4. 瓦饰

瓦饰工艺美术与陶制品工艺美术关系密切，用老百姓的话说："都是用泥巴烧出来的。"但瓦饰的生产过程不属于锅、碗、罐、盘的陶器系统，而属于砖瓦系统，是在砖瓦窑烧出来的。所以，傣族总是把瓦饰与陶艺分开，认为它们是不同的工艺品种。

傣族的瓦顶楼房建筑，特别是佛寺，都有瓦饰：房屋正脊中心的瓦饰为塔形，下粗上细，叫"帕萨"，是天庭的象征；垂脊的孔雀、龙凤等物，称为"贺"，意为"地之顶，天之界"；连续排列于屋脊的火焰形瓦饰，叫"密打"或"密来"，意为天上的彩云；还有一种龙首凤身的"鸱吻"，也有其来历和含义。由此可见，小小的瓦饰工艺品，不仅美化了傣族建筑物，还表达了傣族人民的某些精神寄托。

5. 刺绣

傣族妇女大都会刺绣，特别是被称为"花腰傣"的傣族支系，刺绣之风更浓。

傣族的刺绣，一般用于制作枕头、围腰、门帘、荷包和衣裙。傣族的传统枕头，多为四方立体长边形，刺绣的部位是枕头的两端，刺绣的图案多为吉祥幸福之象征物；西双版纳地区的傣族妇女不系围腰，德宏、景谷地区的未婚少女按传统习俗要系围腰。围腰上的刺绣，倾注着未婚少女的追求和梦想，绣得十分认真。花腰傣的外衣、内衣、裙子，都要绣上各种艳丽的彩云、花草、虫鸟图案。一是显示美丽；二是象征吉祥。这些刺绣，过去大都是自绣自用的实用品，最多的是母亲替女儿绣，嫂嫂帮姑姑绣，女伴帮女伴绣，未形成工艺美术商品出售于市场。近年来，随着傣族商品经济的发展，傣族刺绣工艺品已经开始进入傣族商品市场，并受到中外游客的喜爱。

6. 挎包

傣族称挎包为"统把"（有些地方写成筒巴），是傣族人民日常生活，特别是串寨子或出门办事的时候，不可缺少之物。过去傣族小伙子出外串姑娘（寻找知心对象），一定要背一把长刀和一个挎包。长刀象征勤劳勇敢，挎包内放着槟榔盒及其他财物，象征热情、富裕，二者都是爱情的无言媒介。勐海地区的傣族祭寨神、勐神时，规定参加者人人都要背挎包；其他地区赕佛或上街赶集，也少不了要背挎包。从古至今，挎包都是傣族不可缺少的日用工艺品。

傣族挎包，多数都采用织造法，在织布机上一次织成各种图案花纹，不再另行刺绣。颜色多为淡黄、淡红、淡蓝、淡绿，亦以浅色为主，但也有紫红或金黄色的。图案多为大象、孔雀、凤凰、骏马、佛塔、各类花草和各种几何图形。鲜艳中带有素雅，素雅中带有华贵，小巧玲珑，美观大方，即使不盛什物，背在肩上也是一种美的装饰。

由于制作方便，成本低，质量好，结实耐用，既有审美的观赏价值，又有多种生活实用价值。所以，深受中外顾客喜爱，旅游者争相购买，成为傣族地区产量最多、销量最大的工艺美术品。近几年来，随着傣族地区旅游事业的迅猛发展，挎包工艺业也随之兴起，德宏、景洪等地区已出现专门织造挎包的"挎包村"，专门营业挎包的"挎包商店"。小小的挎包工艺品，为傣族经济的起飞做出了贡献，以织造挎包而富裕起来的"万元户"也越来越多。

7. 银器

银器是傣族主要的传统工艺之一，历史悠久，品种繁多，归纳起来，可分宗教性银器、实用性银器、首饰性银器3种。

宗教性银器工艺品，较著名的有银树银花、银塔、银台等。银树银花高1市尺，树干用银条制成，叶和花用银制成，然后再在枝叶上挂一些小宝珠，使得整棵银树银花洁白素雅，闪闪发光。这既是精美的工艺美术品，又是赕佛的神圣礼物。据说，佛教徒今生赕一次银树银花，来世便不会受苦受难。然而，制作一棵银树银花，需要不少银子（一般在3~5两左右），只有对佛十分虔诚而又较为富裕的人家才做得到。所以，数量较少。银塔、银台也如此，都是赕佛的用品，市场上没有销售，要请银匠专门制作。傣族地区，几乎每个勐（每个坝子）都有工艺精湛的银匠，傣语叫"摩恩"。他们在受人委托而制作赕佛性的银器时，也要注入自己对佛的崇拜和忠诚，因而制作极为认真，并不收手工费，只收成本费。

实用性的傣族银器工艺品，有银盆、银碗、银杯、银筷、银壶、银槟榔盒、银针线盒、银烟盒、银刀鞘等。这些银器，小巧玲珑，工艺精细，都是傣族的日常生活用品。银壶盛凉开水，既清凉又不会变味，很适合热带地区使用；银筷据说能验毒，若菜中有毒，洁白的银筷便会发黑。总之，每一种都有它的实用价值和观赏价值。

首饰性的傣族银器，主要有银簪、银镯、银耳环和银腰带4个品种。银簪是插在妇女发髻上的，簪头是一个花苞，下部有一个锥形的"插头"，插在发髻上像一朵洁白的花苞。银手镯有的戴在手腕上，有的戴在手臂上，因为主要用于装饰，所以工艺都很精美。傣族妇女一般都只戴小型的金耳环（若家庭贫穷则可用铜片制作），但也有戴大耳环的，例如"傣莱"和"傣勒"戴的就是有1～2寸直径的大耳环。这种大耳环，最理想的是用金子做，叫金耳环。但一般人家没有那么多金子，所以多用银子做，叫"银耳环"。这种"银耳环"，做工也很精细，银腰带是傣族最喜欢，也是最有工艺美术价值的银器，其制作方法是：先将银条拉成细细的银线，然后将银线剪断，焊成1寸多宽的象征各种花纹的四方形扣子，最后再把这些方形银扣片连成长条。因此，虽有2～3尺长，但可卷缩，不用时可卷成圆圈保存。这样的银腰带是每个傣族妇女必备之物，是傣族最普及的银首饰。有些人家的女儿，刚满10岁就赶忙制作银腰带，生怕到了恋爱的年龄还没有银腰带，那就会感到很害羞。由于社会需求量大，所以，傣族银匠大都以制作银腰带为生；而银腰带也因此而不断翻新，工艺越来越精美。

8. 竹编

傣族地区盛产竹子。傣族人民很早就知道竹子的特性和功能。利用竹子编制各种工艺美术品和日用工具，是傣族人民的特长。

在众多的傣族竹制品中，工艺最精湛、具有较多工艺美术价值和实用价值的，是竹盒与竹桌。

竹盒又分好多种，有方形的、长形的、圆形的，有大型的、中型的、小型的。竹桌也有大有小，但以圆形为最多。傣族的竹盒，竹片削得很薄，编织得很密。其边都是两层紧紧贴在一起，既美观又结实，可盛米饭，也可装其他什物，当代则又多做赠送亲友的礼品。

竹盒中最小的是槟榔竹盒，一般只有 1 寸宽、1 寸高、3 寸长，刚刚够装几片绿叶、几颗槟榔。然而，小巧精细，很美观。它不仅是老年人必备的用品，同时也是年轻人谈恋爱时交换感情的信物。

9. 蒲扇

傣族居住在热带丛林里，气候炎热，一年中有半年以上时间需要用扇子扇凉。所以，在没有电风扇的年代里，傣族社会需要扇子的量很大，制扇手工业也随之兴起，其中以蒲扇为最精美、最有特色。

蒲扇的扇面原料是贝叶，即书写《贝叶经》的贝叶，属棕榈科。贝叶的叶片巨大，天生形成扇形，但要经过多次烤制加工，才能用作扇面。蒲扇的扇柄（俗称"扇把"）一般用野缅桂花制作；野缅桂花木质细，好雕刻各种细小花纹。此扇无论在造型上或制作工艺上都很有特点，不同于内地的扇子，因而被称为"傣族蒲扇"。

综合上述，傣族的工艺美术，有的已形成产业，有的却尚未形成。但是不论已经形成的或是尚未形成的，都在改革开放的新浪潮中得到发展。

第八章　科学技术

第一节　古代科技

傣族历史悠久，是最早学会种植水稻的民族之一。因此，傣族古代科学技术的产生与发展，与傣族早期的农作物种植与发展，有着极其密切的关系。例如，种植水稻的寄秧技术、种植茶树和制作茶叶的技术、种植樟树和制作樟脑的技术、种植甘蔗和榨糖技术等等，许多科学技术的发明创造，大都属于农业和林业范畴，并且所有这些古代科学技术的产生，都与傣族的生态环境以及长期的农耕社会有着极密切的关系，二者相互推动着傣族社会生产力的进步与发展。

傣族历史上的科技，除了农业和林业，还有纺织业、化工业、冶炼业等方面的成果。在织布、制盐、造纸、制硝等领域，傣族先民也有许多发明创造。

一、农林科技的产生与发展

历代的史学家，大都只忙于记载"帝王的更替"，对傣族古代科技很不重视，记载于史册的不多，这样，要想全面了解傣族历史上的农林科技，既要翻阅史籍，又要重视实地调查和实物证据。

根据有关史书记载和科技界在傣族地区的实地调查，傣族历史上的农林科技，主要有如下几个方面：

（一）泡种寄秧

远在唐代以前，傣族便积累了较为丰富的种植水稻经验，在选种育苗和水利灌溉方面，自成体系，有一整套种植方法。其中，泡种寄秧便是一种有一定科学依据的农业技术。泡种，即先将谷种放在竹箩里，置于浅水塘旁，泡上三四天，待其谷种冒芽，再撒在秧田里。寄秧，即播下谷种后，长至25天左右，便将其秧苗拔出，寄植在一块较为肥沃的田里，过了20天左右即秧苗长壮之后，再将其拔出，移植到其他大面积的稻田里。以种植程序而言，可称为"两次插秧法"。第一次叫"寄"，意思是将拔出的嫩秧苗先"寄留"在较肥沃的田里，使其长得更壮。由于"寄"只是暂时的，所以每塘秧苗的株数较多，可以在短时间内完成，不费工。第二次叫"栽"，即将所寄的秧苗拔出来，以每塘2~3株栽在大面积的稻田里。

这种寄秧种植法，历史悠久，在傣族古代生产歌中，亦有"男人挑秧，女人寄秧"的词句。由此可见，寄秧技术确实产生于傣族古代。说明了这是傣族先民经过长期观察，了解到了热带地区水稻生长的某些规律而总结出来的种植经验，是傣族历史上的一个农业科技成果。经当代农业研究部门再次实验证明，这种方法具有育苗壮秧的作用，从而能达到增加产量的目的。这对当代来说虽是普通之常识，但在古代却是了不起的发明与创造。

（二）种茶与制茶

傣族地区，是我国种植茶树的发源地之一。据当代科技工作者的实地调查，西双版纳勐海县南糯山有一棵古代的茶树，当地人称为"茶树之王"，从树干的年轮推断，已有800多年；另在勐海巴达山区小黑山的原始森林里，又发现一片野生大茶树群，其中有一株茶树直径粗 1 米，高 32.12 米①；在德宏地区，也发现"荒野茶树 160 多万株。在盈江的勐弄区，直径 30～50 厘米的荒野茶树，满山遍野，成林成片"②。这些发现，证实了傣族人民早在 1500 多年前便学会了种植茶树的技术，开始大面积地种植茶树。这一结论，与汉文史书的记载相吻合，可从史书中得到许多根据。例如唐人樊绰的《蛮书》说："茶，出银生城界诸山，散收无采造法。"银生城界诸山，即今景东、景谷、普洱、思茅及西双版纳一带，过去均为傣族聚居地区，属开南（景东）节度管辖。当时，因为普洱是茶叶的集散地，所以各地所产的茶叶，都统称"普洱茶"。其实，"普洱茶"的茶叶，大都产于傣族地区。《滇海虞衡志》记得很明白："普洱所属六茶山：一曰攸乐、二曰革登、三曰倚帮、四曰莽枝、五曰曼岗、六曰慢撒，周八百里。"这六大茶山，全在今西双版纳傣族自治州境内。

由于傣族人民具有悠久的种茶历史，因而积累了不少种茶经验和制茶技术。在种茶方面，傣族先民创造了一种复种方法：即将樟脑与茶树种植在一起；樟脑树较高大，像伞一样可以遮住热带强烈的阳光，使土地保持水分以供应茶叶，因而能促进茶树的生长。这种现象，直到中华人民共和国成立前夕，仍然保留，特别是勐海地区，有茶树便有樟脑树，有樟脑树便有茶树，只要管理好，便可达到双丰收。这一古老的种植法，经有关茶叶研究部门试验，认为有一定的科学依据。有些地方，还根据这复种互补的原理，将樟树与茶树种植在一起，形成一种植物群落，高层是樟脑树，下层是茶树。可以说，这亦是傣族历史上所创造的樟脑茶树复植法的引申与发展。

在制茶方面，傣族也积累了一整套工艺技术。据勐海茶农

---

①《西双版纳傣族自治州概况》，第 153 页，云南民族出版社，1986 年。

②《德宏傣族景颇族自治州概况》，第 164 页，云南民族出版社，1986 年。

讲，早在 800 多年前，傣族人民便创造了边烤边揉的制作绿茶技术，即先将采下来的鲜茶放在铁锅里加温烤煨，使其变软，然后倒在竹篱笆上用手工揉；揉后又烤，烤后又揉，反复数次，直至晒干制成。这种制作法制出来的茶叶很清香，但由于全用手工操作，产品不多，供不应求。直到 20 世纪初，傣族地区的茶叶生产逐年增多，茶商云集，茶庄兴起，仅西双版纳地区便建立了 7 个大茶庄。从此，手工制茶才被机器制茶所代替。

（三）种植樟树与制作樟脑

与种植茶树一样，傣族学会种植樟树的历史也很悠久，并创造了一种土法制作樟脑的技术，即先将樟树的枝叶砍下，放在巨大的木甑中加水蒸煮，再在木甑上端放一只木盆（若有铜盆更佳）并不断注入冷水，于是带有樟脑的蒸气水上升后遇冷便结成樟脑冰块，贴在木盆或铜盆下面，亦可取出使用。这种原始的制作樟脑技术，可在野外进行，不必建盖作坊，操作简单，便于掌握，因而直至现代仍然被普遍采用。

（四）种植甘蔗与榨糖

傣族地区，大都属于热带丛林气候，很适合种植甘蔗。傣族种植甘蔗历史悠久，创作于 8 世纪前后傣族生产歌中，有一首便是《种甘蔗歌》："河边的黄泡果熟了，山上的白花开了，山地刨好了，就要种甘蔗了……"形象地反映了傣族先民早就掌握了种甘蔗的最佳节令和种植方法。

傣族种植甘蔗，若在江边河边、土地比较肥沃的地方，大都采用再生法，即种一次收 3 年，甚至有的可收 5 年，即第一年种下收割后，将其蔗根留下，不挖出，让第二年再生；同样，第二年砍了甘蔗后留下其根，让第三年再生。这种方法，一定要土地肥沃，否则第二年、第三年产量就会减少。若是山地，则只能一年种一年收。这说明了傣族早已掌握了甘蔗的生长规律，能因地制宜地采用不同的种植方法。

有了甘蔗，便可以制糖。傣族的榨糖技术，最原始的是手推榨糖机，即将两个木轮平行紧靠在一起，用手转动两轮的轴心，使其两个木轮不断转动而将甘蔗压碎出水，再用甘蔗水去煮成红糖；后来又改用牛拉榨糖机，即用牛转动木轮的轴心将甘蔗压碎。这种牛拉榨糖机，产生很早，即是在傣族农耕经济开始有所发展，甘蔗生产已有一定规模的时候。这就是说，2000多年前，傣族便掌握了榨甘蔗技术和制作红糖的本领，这是傣族农业和技术的一个新发展。

（五）种植药物与使用药物

发现药用植物和学会栽培药用植物技术，是傣族古代科技的一个重要组成部分。

远在原始社会采集经济和狩猎经济时期，傣族先民由于每天都在原始森林里生产、生活，经过长期观察，发现了某些植物具有药物功能，可以治病。到了农耕时期，傣族先民先将野生稻逐渐移植成家生稻，将野生瓜果逐渐移植为家生瓜果，将野生菜逐渐移植为家生菜；随后经过实践、试用，又逐渐将能药用的野生植物，逐渐移植为人工栽培的药用植物，例如槟榔、儿茶、打不死（又叫"落地生根"）、缅石榴、象眼蕉、吉龙草、龙翅豆蔻等。这些药用植物，原来都是野生的，后来傣族人民学会了栽培它们的技术，逐渐将它们移植到家旁、村旁或果园里。直到现在，傣族民间还流传着这样一种说法：槟榔与傣族村寨一起诞生，因而有傣族村寨的地方必有槟榔树。意思是说，傣族是最早种植槟榔的民族，最早发现和学会用槟榔以防病治病的民族。这一点，除了从傣族爱嚼槟榔而被他族称为"黑齿"的习俗中可以证实外，还可以从流传至今的《傣族药用植物志》中得到证实。根据傣医科研工作者的初步搜集、整理，傣族常用草药（即药用植物）有100多种，其中有一部分很早就用人工种植。这也从另一个角度说明了远在古代，傣族便学会了栽培药用植物的技术。

二、其他科技的产生与发展

除上述农林科技外，傣族先民在历史长河中，还学会了纺织、制盐、造纸、冶炼等技术，并不断有所发展。

（一）纺织技术

傣族的纺织技术，起于何时，何人所创，史书没有记载。据民间所传，是人类大迁徙时代两位傣族女首领发明的。这两位女首领叫苏米答和雅罕冷，是两姐妹，分别率领着两个大部落迁徙，到了热带丛林后不久，她们便发现"洛由"（即攀枝花）有丝可拉成线，随后又从针织鸟织窝中受到启迪，而发明了用攀枝花纺线织布，于是傣族先民开始用粗布衣替代兽皮衣，进入了穿衣着裙的时代。

传说不是历史，但又是历史的影子，透过这一影子，可以看到傣族的纺织技术始于史前时期，有着悠久的历史。到了有文字记载的汉代，傣族的纺织技术已具有较高的水平，能用一种特殊的原料（即攀枝花）纺织成"五色布"，制成衣裙，并且以质优色美而著称。

（二）制盐技术

傣族地区盛产盐，开南以南，即今景东、景谷，直至勐腊一带，有丰富的盐矿。据传，傣族先民大迁徙，就是顺着寻找盐的路线才来到威远江和澜沧江流域，大迁徙的路线就是寻找盐的路线，因而寻找到大量盐后，大迁徙便停止，傣族先民便在开南以南的广大地区居住了下来。

开南以南，即今景谷、思茅、普洱以及西双版纳地区。这一带确实有丰富的盐矿，据地质部门的初步探查，威远江两岸的地下全是盐矿，延绵数百里。当初，傣族先民来到这里后，先是用从岩隙里流出的盐水煮盐，后来发现这里到处是盐矿，因而称之为"勐卧"①。地名之源，有一定的依据。不少傣族文献，也记载着傣族先民寻找盐的原始方法：一是跟踪野兽的足迹，凡是麂子、马鹿常去吮水的地方，一定含有盐水；二是以家畜为先导，凡是牛群常去憩食的岩石或黏土，也必定含有盐矿。这一切，均说明了傣族先民在远古时代，便积累了许多探寻盐矿的简易方法，发明了简易的制盐技术。

（三）造纸技术

7 世纪以前，即佛教传入傣族地区的初期，傣族虽然已创造了文字，但没有纸，便以贝叶当纸，因而产生了大量的贝叶书、贝叶经和贝叶信。后来，大约到了 10 世纪前后，傣族便发明了一种用"埋夏"制纸的方法，进入了手工造纸的新阶段。

"埋夏"是一种亚热带多年生植物，砍其枝干后第二年可再发新枝，并且更加茂盛，树皮不仅厚而且较软，纤维很长，可用作搓绳子等。傣族用此"埋夏"造纸的方法是：1. 先将"埋夏"树砍倒，削下树皮，泡入水中；2. 泡上数天（最长不超过半月），待"埋夏"树皮软化或腐烂后，取出放入木舂中，用木棍舂细，使其变成纸浆，然后再放入盛有清水的大木盆中过滤；3. 将经过过滤去掉杂质的纸浆，洒在用四方木架绷紧了的白布上，白布不能有皱纹，要绷得很紧；4. 将洒有纸浆的白布晒干，便可从上面撕下一层纸。这种纸，由于以"埋夏"做原料，所以，傣语称为"嘎腊夏"，景谷一带称为"节夏"，其意思都是指"用埋夏做成的纸"。傣族的这一手工造纸法，虽然古老，但却很简便、很适用，一直沿袭到现代。由于这种纸纤维好，遇水

---

① 勐卧：傣语对景谷的古称。"勐"是地方，"卧"系矿井，连在一起"勐卧"即有盐矿的地方。今傣族仍用此名称。

不易破烂，并带有防虫作用，不易被虫蛀，所以，傣族很喜欢，几乎傣族所有佛寺里的佛经，都用这类纸抄写，傣族统治阶级地方政权的公文，以及百姓的书信往来，也使用这种纸。因而，可以这样说，制造"嘎腊夏"纸的技术发明，对推动傣族文化发展具有相当大的促进作用。

（四）冶炼技术

金属冶炼，是古越人的一个发明创造，吴越的宝剑钩戈，不仅见于记载，至今还有实物留存。"根据调查材料得知，傣族也曾在民间使用铜鼓，最近在腾冲芒棒出土一面铜鼓，形制图案都与越人铜鼓一类，腰部有羽人渡船图纹，腾冲在历史上正是傣族先民的集居地（芒棒也系傣语地名），因此可推知，傣族很早就能冶制金属器物"①。唐代的傣族先民，被称为"金齿蛮""银齿蛮"，"此名的来历是因为该族人以金银作齿套，装饰在牙齿上的缘故。这说明，唐时的傣人已掌握制作金属用品的技术了"②。南诏时期，傣族人民要自带兵器为南诏政权服兵役。据《蛮书》卷7载："南诏剑。夷人用剑，不问贵贱，剑不离身。造剑法，锻生铁，取进汁，如是者数次，烹炼之，剑成即以犀装头，饰以金碧。"南诏的大部分兵源都来自金齿、茫蛮，由此可知，唐代南诏时期，被称为"金齿"的傣族，"已进入铁器时代，并能冶炼金属，制作器物"③。

（五）建筑中的防虫防震技术

傣族人民世世代代居住在河谷流域，气候炎热，各种昆虫种类繁多，特别是白蚂蚁，对傣族居住的竹楼威胁极大，有的地区，新建的房子，不到半年时间，柱子便被白蚂蚁吃空，不得不重新建盖。为此，如何防虫，特别是防治白蚂蚁对住房的威胁，

---

①②江应梁：《傣族史》，第163页，四川民族出版社，1983年。
③江应梁：《傣族史》，第164页，四川民族出版社，1983年。

一直是傣族古代建筑业中亟须解决的难题。

傣族的古代社会，不可能有专门研究白蚂蚁的科研机构，但傣族先民通过一代又一代的实践，从无数次失败与成功的经验教训中，逐渐积累了一套防治白蚂蚁的建筑技术。这套被称为"傣族防治白蚁的土办法"，概括起来，有三个方面：一是要选择白蚂蚁不容易吃的栗树做建筑材料；二是将木料放入带有沼气味的水塘里浸泡一段时间（一般是半月或一月），再取出使用。据说其原因是白蚂蚁怕沼气的气味，只要有沼气味便不敢接近；三是在每棵房柱的柱石下，放置一些白蚂蚁不敢接近的自然药物，使其与柱石下的土混合，并压固。因为柱脚是白蚂蚁从地下进入建筑物的唯一通道，只要这唯一的通道被堵住，白蚂蚁便进不了建筑物。此套知识与技术，人们称之为傣族防治白蚂蚁的传统"单方"，如今仍然在普遍应用。由于有了这一土办法，傣族的高脚干栏竹楼很少被白蚂蚁吃空，说明了傣族这一防治白蚂蚁的建筑技术，虽然较为简单，但确实有效，只要加以科学的、系统的总结，从理论上阐明其原因和操作方法，便会成为一项很有经济效益的技术。

地震是一种难以预测的自然灾害，对建筑物威胁最大。为此，不仅当代建筑要考虑防震，古代建筑也注意到防震。傣族地区历史上未出现过大地震，但4级以下的一般地震却经常发生，并在人们的心里造成一种恐惧。这样，防震便成为普遍关注的社会愿望。傣族的高脚干栏式住宅，原本与其他百越族群的高脚干栏建筑相同，后经过多次改良，将下部的房柱增多，减少上部的重量，所有的梁柱都要求有机的穿连在一起，群众俗称"穿逗房"。这一变化即是专门为了防潮、防洪、防震而改良设计的。实践证明，这种高脚干栏"穿逗房"建筑，确实具有一定的防洪、抗震功能。据老百姓反映，20世纪40年代澜沧江流域曾发生过两次5级左右的地震，其他民族居住的土墙房大都被震裂、震倒，傣族的高脚干栏竹楼却没有受到影响，一幢也没有倒塌。近代澜沧出现7级地震，波及勐海一带傣族地区，一般土墙房均出现被震裂现象，傣族竹楼却仍然安全无损。这一系列事实，说明了傣族建筑确有防震功能。

以上即是傣族历史上科学技术发展的缩影，其中农林方面的科技至今仍有影响，引起民族科技史学界的极大兴趣。

第二节　现代科技

傣族地区的现代科技，起步于20世纪50年代。由于傣族地区森林茂密、土地肥沃、雨量充足，具有丰富的热带自然资源，是发展农业、林业、牧畜业，特别是热带经济作物的良好基地，党中央和各级人民政府都很重视，采取了一系列有效措施，以促进科技工作的发展。

早在20世纪50年代，便在西双版纳州和德宏州分别成立了两个农业研究所，专门从事研究傣族地区的农业问题。接着又在西双版纳和其他傣族地区先后成立了茶叶科学研究所、热带作物科学研究所、热带植物研究所、热带药物试验站、傣医研究所，以及气象、水文等研究机构。这些科研机构，经过40年的艰苦创业、奋发图强，在各个科研领域都取得了较大的成果，直接推动了傣族地区的社会进步和经济发展。目前，傣族地区已成为我国热带自然资源综合研究的重要基地之一。

一、农业科技成就

傣族地区的农业科学研究，主要任务是研究水稻，其次是小麦。

在水稻方面，20世纪50年代末60年代初，主要是普及农业科普知识，引进内地的新品种。在这一时期，德宏州先后引进了"台北八号""科情三号""南京一号""西南一七五""白壳矮""珍珠矮""广场矮"等多种矮秆优良品种；西双版纳州和孟连、景谷自治县也先后引进了"白壳矮"等优良品种。这些良种，经过试验推广，在傣族地区获得了巨大成功。例如，西双版纳州1965年推广良种"白壳矮"的总面积为20余万亩，使全州粮食总产量达到17 410万千克，与1949年相比，增产1.6倍。20世纪60年代末70年代初，傣族地区的农业科技工业者，因地制宜，通过系选、杂交等方法，先后培育出了最适宜傣族地区种植的水稻新品种。其中西双版纳州培育出来的新品种有"西双版纳一号""西双版纳二号""珍白18""珍白134""珍白72""珍白54""二白31""二白11"等；德宏州培育出来的有"滇瑞409""滇陇201""滇盈一号""滇盈二号"等。这些新水稻品种的特点是稻秆矮、产量高、米质软，很受群众欢迎，在国内粮食市场占有一定的竞争优势。

傣族历史上没有种植小麦的习惯，总以为傣族地区不适合种植小麦。20世纪60年代初，德宏州从内地引进了"抗锈一号"等良种，在芒市城郊和芒核、等相两个傣族寨子试种了650亩，并获得了成功。接着景谷傣族彝族自治县也开始试种小麦，亦获得成功。从此，打破了傣族历史上不种小麦的习惯。

上述农业科学研究的成就，推动了傣族生产力的发展。现在傣族地区的农业，已普遍实现了一年两熟，少数地区还达到一年三熟，粮食产量不断上升。

二、橡胶科技成就

天然橡胶，被人们称为"绿色的金子"。傣族地区种植橡胶，始于20世纪初。1906年，民主革命先驱、同盟会会员、德宏干崖宣抚使刀安仁先生到新加坡考察，"发现干崖的气候土壤具有种植橡胶的条件，于是，随即购买了8 000棵橡胶树苗……请了两个技术人员，派刀卫廷负责运送回干崖。刀卫廷运回后，把8 000棵橡胶树苗安排定植在干崖新城背后的凤凰山山坡上"①。这是傣族地区第一次种植橡胶树，带有科学实验的性质。据目击者讲，当时这批橡胶树生长良好，但后来因清政府反对，以及战争、械斗等多种人为因素的破坏，大都被砍伐，到中华人民共和国成立时，仅剩两棵。如今，这两棵有86年树龄的橡胶树仍很茁壮，可作为科学研究的依据。

西双版纳地区种植橡胶始于20世纪40年代。当时，侨居泰国的华侨钱仿周先生等一批爱国人士，看到我国国内没有橡胶园，立志要为祖国开创橡胶事业。1947年，钱仿周先生从泰国转道缅甸到达西双版纳考察，认为西双版纳地区可以种植橡胶，于是从泰国用马帮运入橡胶种子，在西双版纳橄榄坝（勐罕）开创了一个育苗基地。但马帮运输路长，时间久，橡胶种子大都损坏，此次育苗未成功。第二年即1948年，又用马帮运入2万株橡胶苗，在橄榄坝定植，并命名为"暹华胶园"。此次试种，成活300株，数量虽少，但说明了西双版纳地区确实可以种植橡胶。

刀安仁先生在德宏试种橡胶和钱仿周先生在西双版纳试种橡胶，虽然在傣族地区种植橡胶史册上谱写了光辉的一页，但因社会条件的限制，均未达到理想之目的。傣族地区的橡胶科研及其推广种植，直到中华人民共和国成立以后才有了新的进展。"1953年初，国家派出由蔡希陶、何全海、方中达、尼卓维也夫、基里连科组成的中苏专家调查队到西双版纳考察橡胶资

①刀安禄、杨永生著：《刀安仁年谱》，第31页，德宏民族出版社，1984年。

源"①。认为西双版纳完全具备种植橡胶的自然条件，但必须先试验，然后再推广。接着，"国家林业部组织了由西南区各所农学院师生组成的橡胶宜林地勘察队来到西双版纳"②，对西双版纳可以种植橡胶的土地资源做了初步的调查和规划。1953 年 9 月，国家在西双版纳自治州首府允景洪城郊建立了"西双版纳特林试验场"(后改为"云南省热带作物研究所")。从此，傣族地区的橡胶科学研究和技术推广工作，便更上一层楼。研究所的科研人员，从品种选育、栽培技术、病虫害防治，以及橡胶加工和综合利用等方面，进行了系统的研究，在某些课题取得了较大的突破。例如："在品种选育上，通过多年努力，除培育出'GT·600'号优良品种供推广外，又成功地培育出'云研有性系一号'抗寒品种，能抵抗零下零点九度的低温，有效地扩大了橡胶宜林地的种植面积。在栽培技术上，研究出一套完整的栽培方法、管理措施，从实生苗的定植，改为嫁接苗的定植，诱导橡胶幼苗矮化和提早开花等方面，均获得成功。"在橡胶病虫害防治方面，"已初步摸清橡胶炭疽病病源菌有性世代和溃疡病流行规律及综合防治措施，白粉病的预测预报已得到初步解决"③。

总之，橡胶的科技研究成果，很快便得到推广利用，转化为生产力，推动了傣族地区橡胶种植业的发展。1990 年，西双版纳地区的干胶片产量达 4.82 万吨④，德宏地区的干胶片产量达 3 531吨⑤。

三、茶叶科技成就

30 多年来，广大茶叶科研人员，开展了以茶叶品种为中心

①②见《西双版纳傣族自治州概况》，第 160 页，云南民族出版社，1986 年。
③《西双版纳傣族自治州概况》，第 188 页，云南民族出版社，1986 年。
④⑤《云南年鉴·1990》，第 591 页、第 612 页，云南年鉴杂志出版社。

的科学研究，培育出了高产茶叶新品种"长白毫""73—6号"
"云抗10号"等抗寒品种，经大面积推广种植，获得了成功。在
防治茶叶病虫害方面也有所突破，茶叶的病虫害已基本得到控
制。目前，有关部门正在对"樟茶间作""胶茶群落"等课题进
行全面研究，为今后综合发展热带作物提供更多的科学依据。

四、医药科技成就

砂仁是重要的南药，傣族地区普遍适宜种植。但历史上大都
以采集野生为主，人工栽培的面积很少，并且产量很低。因此，
培育或引进适宜于傣族地区种植的砂仁品种，是傣族地区医药科
研部门的重要任务之一。30余年来，这方面也获得了可喜的
成就。

德宏傣族景颇族自治州在20世纪60年代中期引进了阳春砂
仁，经试验，生长极为良好，自然结实率高，不用人工授粉，平
均亩产约达25千克，最高的亩产达170千克。这一成就，在德
宏地区打开了大面积种植砂仁的新局面，各民族群众都争相种
植。现已种植5 000多亩，产量23 500千克。

西双版纳地区对砂仁的研究，有两项课题产生了较好的经济
价值：一是对西双版纳地区野生红壳砂仁、野生绿壳砂仁进行利
用研究和驯化栽培，使之变野生为家生（即人工种植），这项研
究已获得成功；另一项与德宏地区相同，即从广东引进阳春砂仁
进行栽培试验，也同样获得成功，现已逐步推广。

美登木是一种具有抗癌功能的药用植物，产于傣族地区。这
方面的科学研究，也有了较大进展，目前已能从中提取有效成分
的美登木素，进行小批量的片剂或针水生产，以满足临床试验的
需要。

五、林业科技成就

傣族地区有大面积的热带丛林，林业资源十分丰富，其中有许多具有很高经济价值的树种，如团花树、望天树、轻木，以及被誉称为"木材中的钢铁"的柚木等等。对这些经济林木，不论在栽培技术、林区管理或综合利用等方面的研究，都获得了可喜的成果。

例如，德宏地区的畹町木林场，自1962年起，即开始种植柚木4 300多亩，现已成林2 800多亩，幼林1 500多亩。陇川林场自1974年开始引种杉木，获得成功，现已有1 000多亩杉木林，每亩木材蓄积量达12.2立方米。

六、其他科技成就

除上述5个方面外，傣族地区在轻工、化工、建筑、农机、沼气、节柴灶等方面的科学技术研究，也获得了好的成绩，某些科研成果已转化为商品生产，对繁荣傣族地区的经济做出了新的贡献。

第九章 教育体育

第一节 傣族教育的源流

一、傣族传统教育的产生

远在傣族古代，傣族先民便提倡家家户户都要"算路烂"，意为要教育子孙。在傣族的古代歌谣中，亦有不少称为"敢尚算"的歌词，意为教育人的话或教育人的歌。这说明远在古代社会，傣族先民便产生了原始的教育观念。当然，那时候的所谓教育，不论内容和方法都十分简单，更谈不上有什么制度。但可以肯定，那时候提出的"要教育子孙"的思想，与当时人们的生产、生存有密切关系。如果子孙不懂得生产对生存的重要性，不懂得生产的基本知识，先民们便无法生存。因此，由于年迈而逐渐失去了劳动力的老人，便担负起了向后代传播生产知识的责任，其内容不外乎是：如何使用弓弩、如何上山狩猎、如何开荒种植、如何砍树盖房等等生产、生活知识。尽管如此简单，但也说明了那时候的原始教育，是与原始生产紧密相连。当然，也还有一些其他内容，如要教育人们遵守宗教教义和寨规、族规，人人都要参加祭寨神活动，如不参加就得不到寨神的保护，就不能成为本村寨的成员等等。而这些以祭祀为主要内容的信仰教育，也与当时的生产实践密不可分，因为那时祭祀与生产总是连在一起。总之，傣族原始教育的目的，是为了传播前人所积累的生产、生活知识，推动农耕经济的发展。

当然，这一时期，不可能产生任何一种教育机构和教育制度。但出于氏族部落争取生存的需要，出于与自然界搏斗的需要，必须将生产知识传播给后代，让后代具有生产、生活能力的思想，却已经比较明确。因此，应该说，教育的意识已经产生，教育的原始实践已经萌芽。

农耕初期逐步形成的傣族原始宗教，不仅是傣族最初的信仰，而且也是傣族最初的世界观、人生观、道德观，以及风俗习惯、文化生活和心理素质的集中表现。而这些都需要通过"教育"，传授给下一代。因此，到了傣族原始宗教成熟时期，傣族的社会教育便与原始宗教结合成一体。原始宗教活动的场所，亦是傣族社会教育的场所；原始宗教的活动内容，亦是傣族社会教育的内容；原始宗教的首领，亦是社会教育的首领或负责人。

佛教传入并成为傣族的统治思想之后，傣族的教育更进一步地与宗教活动紧密地连在一起，无论从内容到形式，都比较完整地形成了"教教合一"，即宗教与教育合二为一。其特点是：按照佛教规定，凡满7岁的男性儿童，都必须出家到佛寺当小和尚，学习傣文和佛经。这样，傣族的所有男童，便既是和尚，又是学生。与此同时，每座佛寺均要指定一位或几位有一定学识的佛爷负责教小和尚识傣文、念佛经。这位佛爷既是传播佛教思想的高僧，又是教育儿童识字的老师。在制度上，小和尚每天早晚都要朝佛念经，都要学写傣文，不能任意缺席，这既是佛教教规，又是学习纪律。

"教教合一"的上述特点，在信仰佛教的傣族地区十分普遍，并沿袭了较长的时间。与原始宗教盛行时期，即原始教育与原始宗教融为一体的时代相比，既有不同之处，又有相同之处。

不同之处是：原始宗教时代还没有文字，教育不教人读书识字，只结合讲述宗教教义，传播生产经验和知识；佛教时代却相反，因为已经有了傣文和经书，所以教育则以学习傣文、背诵佛经为主，不负责传授生产经验和生产知识。也就是说，逐渐脱离了生产。

相同之处是：无论原始宗教时代或是佛教时代的"教育"，都以灌输宗教思想为主要内容，其目的是要人们了解宗教教义，遵守宗教戒律。就这一点而言，当时的教育，无疑也是为当时的宗教服务。

上述情况，一直沿袭到 19 世纪末，到了 20 世纪初，傣族地区才开始出现学校教育。从此，才揭开了傣族教育史上的新篇章。

二、傣族传统教育的类型与特点

傣族传统教育，可分为家庭教育、社会教育两种类型。这两种类型，既有密切联系，又有各自特点。

（一）家庭教育

傣族很重视家庭教育，认为孩子品德好坏、是否有劳动技能，与家庭教育有很大关系，因而傣族的家庭教育，从小就开始进行。

按照傣族历史上遗留下来的传统分工，男人应懂得的道理和应该做的事，以及女人应懂得的道理和应该做的事，分得很显明。根据这一男女分工的原则，傣族的家庭教育一般也男女分开进行，女孩子主要由母亲负责教育，男孩子主要由父亲负责教育。

女孩子到了六七岁时，母亲便要将她放在自己的身边，教她学纺线、绣花、挑水、煮饭，到了 10 岁左右便要学栽秧、割谷、织布等活计。傣族认为这些都是妇女应该具备的劳动本领，应由母亲将她教会。随着年龄的增长，到了十五六岁时，便要向她传授说话、走路和与人相处时应注意的礼貌和应有的品德，如在人前过路要收好自己的衣裙，递食物给长辈，要用两只手，得到别人的帮助和赞扬时要双手合十表示感谢等等；同时还要教育她应该如何对待爱情、如何选择对象、如何建立自己的家庭等方面的知识。在有知识的家庭或是比较富裕的家庭里，母亲还要教自己的女孩子学傣文、读经书。总之，女孩子的母亲同时也是她的老师，要兼负各方面的教育责任。在没有学校，而佛寺又不让女孩子去学习傣文的情况下，这种家庭教育对女孩子来说，无疑是最重要的教育。

男孩子的家庭教育，除由父亲负责外，在一般情况下，还要拜一个"教父"或"义父"，帮助亲生父亲教育孩子。在这当中，也有一定的分工，"教父"或"义父"主要负责教育男孩应该如何做好出家当和尚的各种准备，到佛寺后又应该如何学习傣文、研究经书等，同时还要承担一部分经济开支，因为送孩子去当和尚开支也很大，一般都在 3 000～5 000 元以上。亲生父亲则主要对男孩子进行思想品德教育和传授生产、生活知识。

当然，以父母为主，只是傣族家庭教育的核心部分，实际上家庭教育并不单纯是父母的事，祖父、祖母以及双方的亲友，都有教育后代子孙的责任。为此，有人还专门编了题为《布算烂》（祖父教孙子）的长篇唱词，详细地归纳了家庭教育的内容和方式，以及应达到的目的。长期以来，这部《布算烂》唱词，一直是傣族家庭教育的基本教材。

（二）社会教育

傣族的社会教育，名目繁多，有各种方式和渠道，概括起来，可分为对僧侣和佛教徒的教育、对青少年的教育和对具有不良行为的人的教育 3 种情况。

对僧侣和佛教徒的教育，由勐一级负责宗教事务的官员和勐一级佛寺的长老负责，专门制定了僧侣应遵守的戒律，如"凡僧侣都应在佛寺居住，不得私自到村寨凡人的家里吃宿，不得跟女人谈情说爱"等。这些戒律，每年都要在僧侣集会的时候反复强调数次。若有违反，轻则教育后强行还俗，不准再做僧侣；重则要被赶出寨门，甚至用火焚烧，让其轮回转世，再投胎做新人。对佛教徒的教育，主要以八戒、十戒为内容，通过朝佛、讲经和各种宗教活动，要求信仰佛教的教徒做到"十善"，即：1. 不杀生；2. 不偷盗；3. 不邪淫；4. 不说谎；5. 不恶口（指不用污秽的语言骂人）；6. 不两舌（傣语称"两舌行为"为"彼双拿，帕双洪"，意思是"两面鬼，两刃刀"，泛指两面三刀，挑拨离间的行为）；7. 不贪欲；8. 不奸淫；9. 不恼怒；10. 不从邪（即不与有坏心的人做坏事）。傣族认为这"十善"教育，可净化社会、净化人心，消除邪恶和犯罪。由于傣族社会通过宗教和各种村社组织，经常以"十善"为内容进行社会教育。所以，傣族地区很少发生偷盗或图财害命等现象。

对青少年的教育，主要通过青少年的村社组织进行。从农村公社时代起，傣族的村社组织便专门设有"乃冒"（意为小伙子的首领）管理男青少年，专门设有"乃少"（意为姑娘或妇女的首领）管理女青少年，这一组织和习俗，一直沿袭到近代。"乃冒""乃少"对男女青少年的教育，主要通过巡逻村寨或举行赛鼓、丢包、郊游、朝仙等文娱体育活动来进行，其内容主要是教育男女青年要热爱自己的村寨，要正确对待婚姻爱情，不到别的村寨惹是生非，不做不符合道德规范的事。如果村寨或边境遇到敌人侵犯，要负起保卫家乡的责任，勇于与敌人战斗等等。此外，"乃冒""及少"还经常帮助男女青年牵线搭桥、选择对象，以及调解爱情纠纷，并通过这些教育青少年要有良好的道德。

对有不良行为人的教育，傣族也很重视。人类社会纷繁复杂，傣族社会也不例外。尽管小时候有父母教育，长大后有社会教育，但仍然有人要违反道德规范和乡规民约，仍然有偷猪、偷鸡、通奸、哄骗等现象。对这些带有不良行为的人，傣族积累了一整套社会教育与社会惩罚相结合的措施。社会教育一般由村寨头人、村寨长老和犯有不良行为者的父母组成；社会惩罚主要是罚款或罚修路。例如，某某偷了别人的牛，被发现后，要先报告村寨头人，由村寨头人召集村寨长老及本人的父母（或其他亲属），当面给偷牛者进行教育，直到他承认错误，认识到偷盗是不良行为，对本人、对家庭和对村寨都不光彩。教育之后，若所盗的牛还在，便将原物还给主人；若已杀吃，则要按价赔偿。至于惩罚，一般是罚 3~5 元钱和修 2~3 公里的村寨道路。犯有其他不良行为的，基本上也采取上述社会教育方法。

从总体上看，傣族的社会教育与傣族的家庭教育一样，具有共同的特点，即偏重于伦理道德的教育，而不太重视知识文化的教育。对知识文化方面的教育，除前面所述由佛寺采用"教教合一"之方式教男孩识傣文外，便只有个人拜师求艺的渠道。例如，有志成为歌手者，可自行去拜老歌手为师；有志成为傣医者，可自行去拜老傣医为师。在一般情况下，老傣医或老歌手都不会拒绝年轻人的要求，只要年轻人有志气，老一辈一定会给他传授所有的知识和技能。应该说，这种拜师学艺的方式，也是傣族社会教育的一个组成部分。

三、傣族的学校教育

傣族的学校教育，始于清光绪六年（1880 年）。当时，傣族干崖第 23 任宣抚使刀盈廷，开办了一个西院学馆，"邀请汉文水平较高的本民族官员刀洛勐为专职教师进行教授。西院学馆是傣族土司为自己子弟设立的学堂，除刀安仁兄弟入学外，只有几个贵族子弟陪读"①。这虽然是专为贵族子弟设立的学堂，但毕竟是傣族学校教育的开端，在傣族教育史上，占有重要的一席，过了一年，西院学馆还请了一个白族秀才蒋贵先生担任教师。蒋贵先生有较高的汉文化，精通历史，擅长演说，文章也写得不错，他为傣族培养出了第一代具有较高汉文水平的学生，其中有9人在中国同盟会秦力山的帮助和孙中山先生的关怀下，远到日本留学，成了傣族最早的第一批留日学生。这9位傣族留日学生是：

刀安仁——东京法政大学

刀安文——士官学校炮科

刀宇安——法政学校

刀贵生——师范学校

刀厚英（女）——纺织学校

线小银（女）——学橡胶加工和日语

龚银团（女）——学印染

管子才（女）——学园圃

刀白英（女）——学栽桑养蚕

9人学成回到德宏傣族地区后，曾与有关方面协商合作，合资兴办了丝绸纺织厂、火柴厂，并提倡种植橡胶、栽桑养蚕，对传播新文化、振兴民族经济发挥了一定作用。

与此同时，景谷傣族地区也出现了"义学馆"，请汉族老师到景谷教傣族青年学汉文。据《景谷县志》载："公元1876年（光绪二年）景谷设有义学26馆。"由此可见，已具有一定之规模。当然入学的学生，大都是土司头人和上层子弟。

尽管如此，这亦是傣族学校教育的萌芽，十分可贵。

傣族学校教育的第二个阶段，系从20世纪30年代开始到40年代末。这一时期，国民党政府并不重视发展少数民族文化教

---

① 《刀安仁年谱》，第3页，德宏民族出版社，1984年。

育，但为了便于治理边疆少数民族地区，不得不拿出一些钱，于
20世纪20年代末，开始在元江、双江、景谷、德宏等傣族地区
办了一批初级小学校，紧接着又于20世纪30年代在西双版纳的
车里、佛海、南峤、易武等地办了一批小学校。这批小学校，大
都建于当地土司所在地，称为"省立小学校"，由国民党省政府
支付经费并派出校长、教员，主要是讲汉语教汉文。因此，傣族
儿童大都不愿到学校读书。德宏地区，一所省立学校，只有20
多个学生；西双版纳地区的省立学校几乎招不到学生。因此，当
局采取了向各村寨摊派学生的办法，即强行要一个寨子派一名或
数名学生来读书，其吃宿费、衣服费、书籍文具费和零用钱，均
由全寨共同负担，逐户摊派。尽管如此，傣族儿童仍然不愿到学
校读汉书，因而又出现了雇用人代读书的现象。有的小学，因缺
乏经费和师资，仅办了一两年便停办。据有关部门统计，1949
年前，德宏地区只有34所小学，280多个傣族学生；西双版纳
地区仅有10所小学，1所佛海初级师范，傣族学生人数也很少。

在这一阶段里，傣族地区虽然创办了一批学校，但入学的傣
族学生不多，培养成才的学生更少。因而这段时期的傣族学校教
育仍然止步不前，没有什么发展。

第二节　傣族教育的兴起

一、恢复与发展

中华人民共和国的成立，结束了帝国主义、封建主义、官僚
资本主义在中国的统治，结束了中国半封建半殖民地的历史，使
中国迈入了社会主义革命和建设的新时期。这不仅为边疆少数民
族地区的民族团结、社会进步和经济发展创造了良好的条件，同

时也为少数民族的教育事业开辟了广阔的道路。

　　然而，在中华人民共和国成立初期，百废待兴，工作十分艰难。国民党政府在傣族地区留下的几所学校早已停办，教师离校而逃，校舍破烂不堪。在这种情况下，新成立的各级人民政府十分重视傣族地区的教育事业，决心克服一切困难抽调干部，拨出经费，要逐步地恢复和发展教育事业。

　　1950年，西双版纳地区恢复和整顿了原有的易武、倚邦、宣慰街等小学，新开办了嘎洒、佛海、南峤、勐仑4所省立小学，恢复和充实了佛海简易师范学校。在德宏地区，人民政府也于1950年接管了原有的全部公立和私立学校，并正确贯彻执行了党对知识分子的政策，留用了原有的教师，按照"整顿、巩固、重点发展、提高质量、稳步前进"的方针，增设了省立小学，改造和裁并了教会学校，充实了教师，终于使各地学校基本上能如期开学。在景谷地区，县人民政府接收各乡级政权后，立即抽调干部，恢复了原有的钟山小学、碧安小学和县立中学，使傣族学生与其他民族学生一起，又能及时地到学校接受新的教育。

　　可是，由于长期的民族压迫和民族歧视所形成的民族隔阂，以及民国时期强制办学，雇用学生和不许讲授民族语言等因素所造成的恶劣影响，许多傣族儿童仍不愿上学读书。有的乡村小学甚至还出现傣族小学生"一年多，二年少，三年四年跑光了"的现象①。刚刚起步恢复生机的傣族又遇到了新的难题。

　　为了全面贯彻执行党的民族政策，尽快地发展少数民族地区的教育事业。自治州、自治县人民政府号召傣族教师要努力提高汉文化水平和教学能力，号召来自内地的汉族或其他民族的教师，要努力学习傣语傣文，力求用傣语讲话，或能教授傣文。为

①西双版纳州政协编：《西双版纳民族教育》，第121页，云南民族出版社。

此，西双版纳自治州还专门举办了傣文培训班，帮助汉族教师学习傣语傣文。德宏地区和孟连等地区，也不定期地举办了类似的培训班，为提高汉族教师的傣语傣文水平创造了有利条件。

由于政府的重视，全体教育工作者的努力奋斗，到了1955年，在傣族地区从事教育工作的大部分汉族教师都学会了傣语傣文，能用两种语言（汉语和傣语）教学。这是傣族教育史上的一大创举，也是一大奇迹，为发展傣族教育，特别是双语教育，开拓了一条成功之路。从此，傣族地区的教育事业又闯过了难关，得到稳步的发展，出现了欣欣向荣的局面。据有关部门的统计，截至1965年，西双版纳地区已建中学4所，学生1 000余人；小学400所，学生35 000余人；中小学教师1 000余人。德宏地区，"小学已发展到1 100所，在校学生63 000人；中学5所，在校学生1 900人；耕读中学36所，在校学生1 400多人，已毕业590多人，大都成了（当时）农村合作社的管理干部和技术骨干。此外，还建立了中等民族师范和卫校各一所，培训了急需的师资和医疗卫生人员"[1]。景谷傣族彝族自治县的小学教育，发展速度更为喜人，截至1965年底，"全县已有公办和民办小学157所，耕读小学572所，晚班和一揽子小学375班，在校学生27 491人，其中适龄入学学生22 188人，入学率达88%"[2]。

不幸的是：1966年，"文化大革命"一开始，民族教育的成果被全盘否定，各地学校一律停课闹革命，广大教师受到迫害、打击和摧残，傣族地区的教育事业，受到了极大的破坏，不仅入学人数普遍下降，教学质量也普遍下降。

①《德宏傣族景颇族自治州概况》，第213页，德宏民族出版社。
②《景谷傣族彝族自治县志》，第558页，四川辞书出版社。

二、改革开放的辉煌成就

"文化大革命"结束，特别是党的十一届三中全会以后，经过拨乱反正，落实政策，并认真贯彻了"调整、改革、整顿、提高"的方针，傣族地区的民族教育事业又开始走上了正轨，呈现出一片生机勃勃的局面。

1980年，正当全国人民掀起改革开放的高潮，开始迈入新时期的时候，中共中央、国务院便发出了《关于普及小学教育若干问题的决定》。《决定》指出："我们的社会主义现代化建设，不仅要建设高度的物质文明，还要建设高度的精神文明。没有文化教育事业的充分发展，就不能有完全的社会主义。"并进一步指出各地区："一定要拿出一部分钱来办教育。国家补助给经济条件较差的省份的经费，也应拿出一部分来办小学教育。"① 党中央、国务院有关教育工作的一系列指示，提高了边疆民族地区各级行政领导对"教育为本"的战略地位的认识，从而加强了民族教育的投资和领导。各级教育干部和广大从事民族教育的教师也受到极大鼓舞，充分认识到：发展教育事业，提高全民族素质，是建设社会主义的根本大计。国家的强盛和民族的振兴，要靠人才，人才的培养要靠教育。而普及教育和提高教育质量，则要靠广大教师和教育行政干部。因而长期以边疆为家，以艰苦为荣的教师们深感责任重大，决心要不断提高自己的素质，为普及边疆地区的民族教育做出新的贡献。

这一时期，在改革开放浪潮的推动下，傣族地区出现了兴办教育的高潮，使傣族地区的教育事业得到飞速发展。

据有关部门统计，1990年，西双版纳傣族自治州已建"普通高校（教育学院）1所，在校学生165人；中等专业学校5

---

① 《三中全会以来的重要文件选编》（上册），第589页，人民出版社。

所，在校学生1 644人；县级进修学校3所，在校学生135人；农业和职业中学4所，在校学生1 061人；普通中学56所，在校学生25 282人；小学1 116所，在校学生84 768人"①。到1997年，"全州认真贯彻落实了《中国教育改革和发展纲要》和西双版纳州教育'九五'计划，全年招收各类学生32 131人，各类在校学生达153 500人，增长3.0%。各类毕业生20 710人，增长7.1%。小学学龄儿童入学率达97.5%。成人技术培训结业人员13万人，农民扫盲结业人员9 887人，全乡有33个乡镇完成了'普六'验收，2个乡镇完成了'普九'验收"②。

德宏地区，据1991年统计："各级各类学校1 408所，在校学生168 210人，专任教师7 663人。其中：幼儿园30所，在园幼儿9 284人；小学1 260所，在校学生33 480人；中等专业技术学校5所，在校学生2 008人；职业中学11所，在校学生3 289人；高校2所，在校学生371人；其他3所，在校学生826人。小学的普及率、巩固率、毕业率，分别达到97.15%、94.6%和93.8%。"③

其他自治县的民族教育，发展速度也很迅速。1990年，景谷傣族彝族自治县已建各级各类学校496所，在校学生47 304人，教职工2 456人，专业教师2 322人；适龄儿童入学率96.6%；有民族中学1所，在校学生602人；寄读制民族小学20所，在校学生2 054人。在校学生包括各个民族，但以傣族学生为最多。

三、双语教育

我国《宪法》规定："各少数民族都有使用本民族语言文字的

①《云南年鉴·1990》，第592页，云南年鉴杂志社。
②《云南年鉴·1998》，第436页，云南年鉴杂志社。
③《改革开放中的德宏》，第6页，德宏民族出版社。

自由。"这是我国民族平等和民族团结的具体体现，也是各少数民族的要求和愿望。傣族地区的民族自治机关很重视，采取了一系列有效措施，以促进傣文的使用和傣文教学的发展。远在1955年，西双版纳傣族自治州便成立了"傣文教材编译室"，编辑出版了一至六册的小学傣文教材，供各小学校教授傣文使用；接着又在民族师范增设了傣语班，专门培养教傣文的教师；再如扩大傣文报纸、书籍的发行量和发行范围，使识傣文的读者有丰富的读物，从而提高学傣文的积极性，以及扩大社会使用傣文的范围。这些措施对发展傣语傣文教学，起到了巨大的推动作用。但是，傣语教学也有它的局限，特别是到了中学高年级以上的课程，一是没有课本；二是用傣语教授自然科学在翻译上遇到较大的困难，如几何代数的公式，以及各种化学原理等等，目前用傣语表达还感到困难，而汉语汉文又是我国各民族通用的语言文字，只有用汉语教学才能让学生学到更多的科学知识。由于这些原因，傣族地区的民族教育工作者一直在探索双语教学的新途径，并进行了多种形式的实验。

综合各地的实践，目前的实验有如下三种形式：

（一）从单到双，有机结合，逐步提高

在不会讲汉语的傣族地区，小学一、二年级先教授傣文或以教授傣文为主，在教授算术课时，加上部分汉语对话，以提高傣族学生讲汉语的能力。到了三年级时，再开始增设汉语教学，以后再逐渐减少傣文课时，增加汉语汉文课时。这种先用单一的傣语教学，随后过渡到用汉、傣双语教学的方式，很适合于边远只会讲傣语不会讲汉语的地区。其目的是要让学生既学会傣文，又学会汉文，并在这一基础上逐渐增加社会科学和自然科学的课程。这类学校多数都设在边远的傣族农村。

（二）利用传统形式，与宗教习俗结合

在西双版纳地区，傣族全民信仰佛教，6岁以上的男童要到佛

寺当小和尚，并在佛寺里学习傣文。这不仅是宗教习俗，同时也是文化习俗，是傣族学习傣文的一种传统形式。经过调查和研究，部分学校利用这一传统形式，采取学校招收和尚学生或佛寺创办和尚班的办法，进行傣文教学。这种利用传统形式结合宗教习俗进行双语教学的特殊学校，与其他学校不同之处是：学生多数都是 7~10 岁的小和尚，并由教育部门聘请部分佛爷任傣文教师。但仍然要按照国家颁发的"教学大纲"进行教学，除教授傣文和普通知识外，还要对和尚学生进行爱国主义思想教育。此类学校的好处是能将适龄而又去当了和尚的儿童吸引到学文化知识中来，以扩大教学的普及面。据有关部门统计，自创办了这类学校后，在西双版纳的 5 353 名和尚中，已有 1 341 名在此类小学读书，有47 名在民族中学读书，占适龄和尚的 67.38%。实践证明，这种形式适合于佛教较为盛行的傣族村寨的实际，是傣族普及傣文教学的一个途径。当然，这一形式还处于探索之中，需要不断总结经验，才能使之达到成熟和完整。

（三）以汉语为主，双语并学

在自治州首府和县以上城镇，傣族儿童的汉语水平比较高。因此，在这些地区创办的普通小学和普通中学，基本上都采用国家统一的教材，以汉语教学为主。这样，在这类学校读书的傣族学生，便可直接报考全国高等院校，接受高等教育。即使未能考上高等学校，被有关企业或事业单位招工录用的比例也较大。但在学生适应了汉语教学的同时，可在不影响汉语教学的情况下，增加教授傣文的课时，目的是让学生既精通汉文，也精通傣文，不要忘了自己的文字。民族教育专家们对上述 3 种双语教学形式都很重视，边开展实地调查、边进行理论研究。相信在不久的将来，傣族地区的双语教学教育，一定会有更新的发展。

第三节　傣族传统体育

傣族的民族民间传统体育，各地不同，种类繁多，主要有如下几项：

一、游　泳

傣族人民喜爱水，自古依水而居，绝大多数傣族村寨都在平坝里的江边或河边，并养成了每天都要洗澡的习惯。这样，客观上有大量江河湖泊等天然游泳池构成了优越的自然环境，为傣族人民提供了游泳的客观条件。加之，傣族人民不仅爱水，而且还崇拜水，具有好游泳的天性，无论男女都以会游泳为自豪，因为从小就在江边、河边学游泳。这亦是游泳成为傣族民间传统体育项目的社会基础。

傣族的游泳比赛，有一个寨子单独举行的，有两个寨子对赛的，有几个村寨联合举行的，规模最大的是在节日期间（例如傣历新年泼水节）由官方组织的比赛，参加比赛的游泳健儿一般都在50名以上，观众则上万人。

比赛的地点都在自然江河。在河里比赛，因河面不宽，分顺水游和逆水游两种，两者都以先到达规定的目标为胜；在江里比赛，如在澜沧江、瑞丽江、威远江，江面比较宽，并且水流较急，一般都采用横渡比赛的形式，即在岸边同时出发，不管采取什么游泳方式，只要先游到对岸就为胜。

此项游泳比赛，在历史上，由官方组织的，每年最少一次，而民间则经常举行，不计其数，因而形成了传统体育项目。

二、赛　船

赛船，俗称"赛龙舟"，是傣族最受欢迎的传统体育项目，历史十分悠久。远在古越人时代，傣族先民便"擅长制作舟楫，善于操舟"。到了汉代，傣族先民便能制造装载士兵的战船，并"习于水斗，便于用舟"。从习于水战到善于水上运输，这些便是演变成"赛船"的历史渊源和社会基础。当然，除此之外还有许多有关赛龙舟的故事、传说，形成了一系列水文化，并与火文化形成鲜明对照。

傣族的赛船，从有记载之日起，便由官方举办，如西双版纳，则由召片领的宣慰使署直接组织领导，每年泼水节举行一次。参加的船只，一般是景洪地区和橄榄坝地区沿澜沧江两岸的村寨。在过去，参赛的船只要事先制作好自己的船旗，插在龙船头上；比赛时，战鼓齐鸣，船旗迎风招展，江面波浪起伏，十分壮观。比赛的胜者，即前一、二、三名，要由召片领、议事庭长或其他宣慰使署官员赐酒、赐钱或其他奖旗奖品。

至今傣族地区仍然保留着这一传统体育项目，每年傣历新年（泼水节）都要在允景洪旁的澜沧江边举行一次龙舟赛。

三、武　术

傣族的武术，以耍刀和傣拳为主，是傣族民间最普遍的体育项目。耍刀分单人单刀、单人双刀、双人对打等数种；傣拳分猴拳、狮拳、象拳等。古时的傣族男子，都要学会耍刀和一两种傣拳，以便防身和保卫村寨。在傣族古老的壁画中，亦有不少描写傣族武术的画面。可是，到了近代，傣族武术有所衰退，虽然仍是民间一种健身运动，但很少举行正式的比赛，只是在节日活动时，做一种助兴表演。

四、放高升

傣族放高升活动已有近千年的历史，这是一项建立在科学技术基础上的体育娱乐比赛活动。傣族的高升，有人称为"古老的火箭"或"土火箭"，其制作方法是：先用火药和硝制成若干小筒推进器，然后捆上一根七八米长的竹竿；放射时，先将制作好的高升安放在高升发射架上，然后燃着导火线，待火药产生爆炸时，小筒推进器便往上冲，随即将长竹竿带上天空。

这项运动主要是比赛制作高升技术和放射高升技术。制作技术以高升上升的高度为标准，哪个寨子的高升最高便是胜者；放射技术包括在高升架上安放高升的程序、燃点导火线的速度，以及其他辅助人员欢呼高升上天的歌舞表演等。但这些都是次要的，如果本寨子的高升上不了天，每一支都只冲出去几丈便掉了下来，就不可能争取到比赛的名次。放高升主要集中于泼水节时举行，胜者由召片领或各勐土司头人赐予米酒和其他奖品。当代仍有此项活动，但逐渐向表演、娱乐方向发展。

五、赛 鼓

鼓是傣族最喜爱的乐器，其中以象脚鼓最为著名。敲象脚鼓不仅可以伴舞，也是一种娱乐活动，同时也可以跳跃比赛，是一种体育活动。据经常参加象脚鼓赛的人讲，赛一次象脚鼓要流一身汗，运动量胜过舞刀耍棍。

赛象脚鼓一般是两人对赛，边击边跳跃、边互相进攻或防守，以在击鼓中能将对方的包头巾取下为胜者。此类民间娱乐性的运动比较普及，各个村寨都经常举行，纯系自娱自乐，没有什么奖励。节日期间，有关方面也常组织表演。

六、赛　马

据史书载，傣族古代兴养象，一家养五六只象，平时做耕田、拉木、乘骑用，战时做打仗用。那时候，"来来往往的人都骑着大象"，因而产生了骑象比赛的运动项目。但后来，家象逐渐减少，马的数量则逐渐增多，因而又由骑马比赛取代了骑象比赛。

傣族赛马，过去一般在宽阔的田野举行，有时候也在节日活动的草坪上举行。各个村寨的青年，只要自己有马，都可以参加。当代，因马的数量减少，人们来往大都以自行车代步，所以赛马活动较少举行。

七、射　击

傣族的射击，以射弓、射弩为主，也有很悠久的历史。古时的傣族，有射箭招亲之俗；傣族民间叙事长诗，亦有不少有关射箭招亲的描写。可见古时的傣族射箭，不仅较为普及，而且是一项受到社会重视的运动。

傣族的弓弩比赛，可分张弓和射击两种：张弓主要是比赛力气，一般都是制作好一张弓背很硬的大弓，谁张得最满，就算谁的力气大，获得胜利；射击主要是比赛射箭技术，以射中目标最多为胜。过去，即历史上，傣族各勐、各村都经常举行射箭比赛，现在却很少有正式比赛，只是民间的一种业余体育活动。

八、爬树比赛

傣族村寨，有许多长得很高的树，如椰子树、贝叶树等。平时，人们摘椰果、砍贝叶，都要爬到最高处，因而产生了爬树比赛的运动项目。比赛以同一棵树为准，以能用最快的速度爬到树顶为胜。但这也只是傣族民间最喜爱的比赛，官方很少举行。

傣族的体育运动，除上述 8 项外，还有荡秋千、包丢、赛跑等。但也属于民间的体育运动，官方很少举行正式比赛。

傣族的体育活动，从总体上讲，具有热带丛林的风格，是傣族在热带丛林里长期进行生产活动和社会斗争，以争取幸福的产物。具体而言，有如下三个特点：

一、与军事活动有密切关系

傣族的不少体育活动项目，如赛龙舟、武术、射击等，都产生于古代的军事活动，即为了保卫边境、保卫家乡、保卫本村寨或本部族人民的生命、财产。也就是说，举行此类运动的目的，主要是为了提高保卫家乡的能力，从而随时准备好抗击入侵之敌人。由于这一缘故，此类运动的优胜者，到了有战事时，即是军事上的骨干。

二、与生产活动有密切联系

傣族有不少体育运动项目，如游泳、爬树、伐木等等，与生产活动有密切联系，或者说其本身就产生于生产活动，游泳就是一个典型例子。傣族游泳，并不单纯是为了锻炼身体，而是要提高向大自然做斗争的能力。因为傣族地区江河多，并且水流很急，傣族人民要利用这些急湍的江河运输木料、运输竹子、运输其他生产生活用品，如果没有很好的游泳技术，便无法进行。所以人人都要学会在大江大河里游泳，才能从事这些生产活动。爬树和伐木，本身就是一种生产劳动，那就更不用说了。其他如乘象比赛和骑马比赛等项目，既与军事活动有关，又与生产活动有关，因为不仅保卫家乡反击敌人的军事活动，需要高超的骑象、骑马技术，同样，耕田种地、运输货物的生产活动，也需要高超的骑象、骑马技术。

三、与生活习俗有密切关系

傣族比较大的体育运动，基本上都在民族节日期间举行，比较小的村寨体育活动，也大都在村寨民俗节日期间举行。这样，民族习俗节日就成了举行民族民间体育运动的固定日期，民族民间体育项目就成了民俗活动的一个重要内容，二者便这样很自然地结合为一体。

从上述 3 个特点看，傣族历史上的体育运动，还处于普及型阶段，还没有出现专业化的体育组织机构和体育比赛项目。

第四节　当代傣族地区的体育

当代傣族地区的体育，有两个特点：一是逐渐与国内和国际的体育运动接轨，增加国内和国际上普遍开展的体育项目，努力培养自己的教练员和运动员，力争在全国体育活动中占有一席之地；二是在民族自治机构的体委统一领导下，与各民族的体育活动融合成一体，从体育的角度，进一步体现了民族平等、民族团结和民族和睦。因此，以自治州或自治县为单位，无论是体育行政机构、体育协会组织、体育学校的管理或是体育团队的组织，以及教练员、运动员的培训等等，都是统一的。这样，傣族的教练员和运动员，便突破了本民族传统体育的局限，能在更广阔的天地，参与国内和国际的体育比赛，并不断提高水平，朝着更高的方向迈进。

一、体育行政机构和体育团队组织

西双版纳傣族自治州体委、德宏傣族景颇族自治州体委、景谷傣族彝族自治县体委、孟连傣族拉祜族佤族自治县体委、耿马傣族佤族自治县体委，均为傣族聚居地区或傣族与其他民族杂居地区的体育行政机构，设有体育官员和各类干事，具有统一管理和使用体育经费、制定体育事业发展规划、培养教练员和运动员、领导和开展各种体育运动的责任。多年来，无论自治州体委或自治县体委，都为边疆地区少数民族事业做了许多有益的工作。

早在20世纪50年代，西双版纳傣族自治州勐海县便组建了一个"和尚篮球队"，队员全是佛寺里的年轻僧侣。这是宗教活动与社会活动融成一体的体育组织，在傣族地区具有显明的特点，宗教界人士和自治州体委都很关注和支持。和尚参加体育活动不仅可以增强体质，还便于走出佛寺，了解社会，与民众增加联系，因而僧侣们的积极性也很高，15～25岁左右的僧侣都争先报名参加。"和尚篮球队"属业余性的体育组织，由勐海县体委直接领导，除在县内培训和参加活动外，还经常到自治州首府允景洪，以及思茅、昆明等地参加比赛或表演赛，受到社会各阶层人士的赞扬，当时的新闻媒体大都做了报道。但到了20世纪60年代末，"和尚篮球队"便减少了活动，"文化大革命"期间则被取缔，至今尚未恢复。

各自治州、自治县都有篮球队、排球队、田径队、体操队等体育组织，但大都属于业余性质，平时分散在各机关单位活动，若遇有赛事，则集中培训一段时间，便可投入比赛。这反映了边疆少数民族地区的体育事业，还停留在普及阶段，尚待于提高。

二、体育学校、体育教师和体育设备

德宏傣族景颇族自治州创办了一所"少年儿童体育活动中心"，自治州所属的各县市也创办了少体校和少体班，先后培训了经过专项训练的1 500多个少年儿童。云南省体委还在德宏州的中小学中布置了14个点，在14所学校里加强了田径、游泳、排球、射击等项目的培养训练。此外，自治州民族师范学院还办了两期体师班，培养了一大批体育教师，分配到全州各中小学担任体育教员，成为了体育教学和普及体育运动的骨干。

思茅地区少体校建立于20世纪60年代，为边疆各民族培养了一大批运动员，世界冠军钟焕娣便是从思茅少体校经过启蒙教育和训练成长起来的优秀运动员。多年来，该校培养出来的运动员，曾参加过多次地区级和省级运动会，共获得 113 枚金牌，其中有 10 人打破省少青田径记录。曾任过思茅少体校副校长的刘宗国，是一位优秀的傣族体育教练，为培养少数民族运动员做出了有益的贡献，从 1988 年起，得到"云南省有突出贡献的专业技术人才"奖、"云南省优秀教练员"荣誉奖、"中华人民共和国运动一级奖章""世界冠军启蒙奖""中华人民共和国发现、培养人才奖"等荣誉称号和奖励。

傣族地区的体育设施建设，也有显著地发展。1958 年，芒市建起了第一个简易游泳池，十一届三中全会后，自治州政府又拨出专项资金，完善了各种设备。进入 20 世纪 80 年代后，西双版纳自治州和思茅地区都加大了对体育事业的投入，先后建成了具有现代设备的景洪体育场和思茅体育馆，为培养边疆少数民族运动员，组织各种体育活动创造了更加理想的条件。

三、广泛开展体育运动

每年各自治州、自治县都要举办一次各种类型的运动会，借以促进全民运动的健康发展，并推动训练，选拔人才，提高运动员的水平，准备参加省级的比赛。

从中华人民共和国成立至今 50 年的时间里，德宏州的体育运动成果丰硕，人才辈出。先后向省输送了田径、游泳、排球、篮球、羽毛球等项目的优秀运动员 64 人，其中有 6 名运动员，还代表国家参加了世界性的田径、击剑、跳伞等项目的比赛，获得了 6 块金牌；有 22 人（次）代表云南参加省级比赛，获得了 12 项冠军，有 6 名运动员获得了"运动健将"称号，7 名运动员达到一级运动员标准。在 1981 年的全国跳伞比赛中，傣族运动员线云波，获得第 3 名。在 1982 年的全省六届运动会上，德宏州名列第 5 名，获得金牌 13 块、银牌 17 块、铜牌 19 块。同年，德宏州的 16 位运动员入选参加云南省代表队，出席在呼和浩特举行的全国少数民族传统体育运动会。会上，傣族运动员表演了孔雀拳，这是在孔雀舞的基础上发展而成的傣族武术，被誉为武术新花。在1985年的全省比赛中，德宏州的田径和游泳，共获得金牌24枚、银牌24枚、铜牌30枚①。

西双版纳傣族自治州组织少数民族运动员，先后参加了全省1~4届民族运动会，均取得了较好的成绩。同时还受省体委之托，派出男子龙舟队代表云南省参加了第五届全国"屈原杯"龙舟比赛。自1988年以来，受省民委之托，以傣族为主的堆沙队曾4次到香港，参加国际堆沙比赛，分别获得第一、二、三名。在1990年北京举办第十一届亚运会时，西双版纳州还送展了傣族龙舟模型、陀螺、布朗球数件实物和民族体育摄影图片爬云梯、打布朗球、篾弹弓等，向世界展示了少数民族传统体育的独特魅力②。

景谷傣族彝族自治县的群众体育运动也很丰富多彩，每年都要分别举行陀螺、射弩、丢包、秋千、摔跤、武术等项目的比赛。从1979~1988年，在参加地区以上的比赛中，共获得金牌54块、银牌56块、铜牌41块，并向省地两级输送运动员44人。1982~1986年，3次被评为云南省群众体育先进县③。

---

①《德宏傣族景颇族自治州概况》，第240~241页，德宏民族出版社。
②《辉煌15年·西双版纳篇》，云南美术出版社。
③《景谷傣族彝族自治县概况》，第130页，云南民族出版社。

第十章　新闻出版

第一节　概　况

　　傣族人民在历史上创造了西傣文和德傣文两种文字，但由于没有印刷技术，傣族的很多古籍都全靠手抄。在没有发明傣纸（又称"缅纸"）之前，大都以贝叶代纸，即将贝叶烤干、压平、用线串起来，制成相等的页码，然后用铁笔在上面书写，这就是流传至今的贝叶经或贝叶书。学会制造傣纸即缅纸之后，社会上的公文和书信来往，以及学者著书立说，都可以用纸写了，只有佛寺里抄写经书还沿用贝叶。由于这一系列原因，傣族的古典书籍虽然很多，号称有84 000册，但都是手抄本。直至20世纪40年代末，傣族地区仍然没有出版社、没有出版物、没有报纸和新闻机构。除了有一批善于用手工抄写经书的知识分子外，没有一个专业新闻出版工作人员。

　　中华人民共和国成立后，傣族地区的新闻出版事业从零开始、从无到有、从少到多、从小到大，发展十分迅速。20世纪50年代，两个自治州已有了自己的民族文字报纸，有了用民族语言广播的电视广播电台，7个以傣族为主体或主要成员的自治县，也有了自己的县报和县广播站。到了20世纪80年代德宏地区还成立了德宏民族出版社，结束了傣族没有出版社、没有出版物的历史，开创了傣族新闻出版事业的新纪元。

印刷机构和印刷技术是新闻出版事业的核心，没有印刷设备和技术就没有新闻出版事业，这是不言而喻的道理。光绪三十三年（1907 年），具有民主主义思想的傣族民众领袖刀安仁，在孙中山、黄兴等人的支持下，为了筹备在滇西举行推翻清王朝的起义，决定与日本的东亚公司协商合资开发干崖（今德宏盈江)①，开发的主要项目之一就是要在干崖创办一个印刷厂。当时，已在日本东京购买了机器运回干崖，同时还聘请了一些专家和技术人员。可是，印刷厂成立后，由于社会条件的限制和其他人为因素，只替同盟会创办的"新成银庄"印了一些银票，还来不及编辑印刷出版书籍，便倒闭了。

此外，景谷地区的一些有识之士，为了发展傣族文化，也曾引进内地的刻木印刷技术，想用刻木印刷的方法来印刷傣文，但由于难以筹足资金，也半途而废，只留下一个盼望用印刷代替手抄傣文书籍的梦想。

中华人民共和国成立后，这一梦想实现了，不仅西双版纳傣族自治州和德宏傣族景颇族自治州都建立了民族印刷厂，能自己印刷傣文报纸、傣文书籍，连自治县一级也先后创建了印刷厂，为出版傣文书籍和傣文的更广泛运用创造了更好的条件。

有了出版社、印刷厂，随着出版物的增多，书刊发行机构便也随之产生。如今，2 个自治州和 7 个自治县，乃至乡一级人民政府的所在地，都建立了新华书店；与此同时，各地的邮局和供销社也不同程度地开办了代售报纸、书籍的业务，因而傣族地区的报纸、书籍发行工作，已初步形成了一个发行网络。

总之，傣族地区的新闻出版事业，从无到有，正在不断发展壮大。

---

①《刀安仁年谱》，第 39 页，德宏民族出版社，1984 年。

第二节 新 闻

一、傣族地区新闻机构的建立

傣族地区的新闻媒介，主要有报纸和广播电视两类，都是中华人民共和国成立后建立的，虽然起步较晚，但发展较快，影响深远。

（一）《西双版纳报》。创建于 1955 年，用傣文和汉文两种文字出版，是中共西双版纳州委的机关报。内容以宣传党的民族政策，对广大边疆人民进行爱国主义和社会主义教育，促进民族团结、推动自治州各项政策为主，栏目繁多，生动活泼，深受各族人民欢迎。特别是傣文版的报纸，发行到各村寨，通俗易懂，只要初识傣文都能阅读，所以读者面广，在傣族群众中影响深远。

（二）德宏《团结报》。创办于 1955 年，用傣文（即傣纳文）、景颇文、傈僳文和汉文 4 种文字出版。最近，为了满足群众要求和扩大宣传面，又开始用载瓦文试版。自治州一级的报纸，能同时用 5 种文字出版，这在全国也是少见的。《团结报》是中共德宏州委的机关报，重点是报道德宏州社会主义建设的消息，自创刊以来，坚持党的办报方针，密切联系全州各族人民，及时反映群众的意见和要求，既是全州最广泛的新闻媒介，也是自治州领导联系群众的纽带和桥梁。

（三）德宏人民广播电台。1979 年 10 月 1 日建成并开始播音。除转播中央人民广播电台的"新闻联播"和重要新闻外，有自办的新闻节目、专题节目和文艺节目。分别使用傣语、景颇语、汉语 3 种语言播音；最近又开始试播载瓦语。频率 900 千赫。每天播音 10 小时 15 分钟，其中自办节目 7 小时 30 分钟。自开始播音以来，效果良好，受到全州各阶层群众的欢迎和各级领导的表彰。州内还有三四个中央和省广播电台的转播台，以及5 县 1 市的有线广播站，全州各地都可以收听到广播。

（四）德宏电视台。自 1981 年建成以来，全州先后建立了 6个差转台，覆盖面积约占 40%多，全州 5 县 1 市的大部分居住区，都能收看到电视。

（五）西双版纳人民广播电台。西双版纳人民广播电台于1975 年筹建，1978 年 4 月 14 日傣历新年正式播音，使用频率747 千赫，分别用傣语、哈尼语、汉语 3 种语言播音。全天播音11 小时 15 分钟，其中自办节目 9 小时 50 分钟。除转播中央人民广播电台《新闻和报纸摘要》《新闻联播》和云南人民广播电台《全省联播节目》外，还自办《本州新闻》《法制园地》《对农村广播》《听众之友》《美丽的西双版纳》《国外要闻》《广告信息与音乐》《听众点播》《民族文艺》《天气预报》《学习节目》等 20 多个专栏节目。

西双版纳广播电台自建成播音以来，受到全州各族人民的热烈欢迎和各级人民政府的支持。电台设备不断得到充实和更新。目前州内有 5 台中波发射机，总功率为 120 千瓦，覆盖率为63.4%；州属 3 个县共建立了 10 座调频发射台，发射功率为 190瓦，全州大部分地区及其周围地州的少数民族，都能收听到西双版纳人民广播电台的节目。

（六）西双版纳电视台

西双版纳电视台经国家广播电影电视部 1989 年 7 月 8 日批准，于 1990 年 7 月 1 日正式建成开播。目前，全州已建卫星地面接收站 156 座，电视差转机 219 台，每天除转播中央电视台一、二套和云南电视台一套节目外，还自办有《西双版纳新闻》《影视剧场》《孔雀翎》《下周屏幕》《广告》等节目。每周播出两组《西双版纳新闻》，用傣语、哈尼语、汉语轮流播出。

西双版纳闭路电视也开始起步。目前全州已有 60 多个企事业单位或机关、学校，12 239 户人家安装了闭路电视，为一些边远地区的农场和村寨群众，解决了看电视难的问题，极大地丰富了边疆群众的文化生活。

除上述两个自治州已创办的报刊和广播电视外，其他傣族地区所属的自治县也都建立了有线广播站和卫星地面接收站。因此，可以说全省 108 万傣族人民，基本上都能听到广播和看到电视①。

二、傣族地区新闻媒介的特点

傣族聚居于滇西南国境沿线，与东南亚国家接壤，国境线长，边民来往频繁，民族众多，风俗各异，宗教信仰不相同，社会发展不平衡，具有不可忽视的鲜明特点，因而边疆地区的新闻媒介也随之具有自己鲜明的特点。这些明显的特点，从总体上讲，体现在如下 3 个方面：政治性强、政策性强、民族性强。

（一）政治性强

政治性强主要是指边疆的各种事务，都带有强烈的政治性，特别是涉及边境的事件，政治性更为敏感。因此，指导思想必须一元化，加强统一领导。

指导思想一元化，是社会主义新闻媒介的共同特征。江泽民同志曾明确指出过："有中国特色的社会主义文化，必须以马克思列宁主义、毛泽东思想为指导，不能搞指导思想多元化。"②边疆民族区域自治地区，是我们伟大祖国不可分割的一部分；同

---

①本节有关德宏人民广播电台的资料，引自《德宏傣族景颇族自治州概况》，有关西双版纳人民广播电台的资料，系刘刚同志提供。

②江泽民：《在庆祝中国共产党成立七十周年大会上的讲话》。

样，自治地区的新闻媒介也是我们国家整个新闻体系的一部分，因而必须与全国新闻界一样，必须旗帜鲜明地坚持党性原则，坚持为社会主义服务、为各族人民服务的宗旨；坚持不能为破坏国家统一、民族团结的资产阶级自由化言论打开方便之门。而要做到这一点，最重要的是加强党对新闻媒介的领导，以及提高新闻机构的马克思主义水平。其次是要有高度的政治责任感，严肃认真地开展深入细致的采访工作，即使是一条小消息也不能使其失真而造成不良的政治影响。在这方面，边疆傣族地区的民族报刊和广播电台都十分重视，经常作为思想上的基本建设来抓，因而形成了极其显明的特色。

（二）**政策性强**

如上所述，边疆民族地区有它的特殊性。根据这些特殊性，党和政府制定了许多与边疆实际相适应的具体政策。例如在政治上要团结包括上层人物、宗教领袖在内的各阶层人士，形成广泛的统一战线；在经济上依照宪法规定的权限，允许民族自治机关单独制定自己的财政税务条例，允许按照自己的意愿生产各种民族生活必需品；此外，还有必须尊重少数民族风俗习惯和宗教信仰等一系列政策。在进行新闻采访和报道中，每一件事都与边疆的具体政策有关，必须要符合政策的规定，而不能有丝毫的违反。所以，边疆地区的新闻机构和全体工作人员都要事先学习好边疆的政策，并把这些政策融汇在自己所采访、所撰写的新闻报道之中。若有疏忽，出现了不符合政策的言论，便会造成难以挽回的政治影响。这亦是边疆地区新闻媒介政策性很强的特点。

（三）**民族性强**

所谓的民族性或民族化，在新闻媒介领域内，主要包含使用民族语言文字和其他一切民族喜爱的形式进行宣传，以及培养民族新闻工作者两个方面。

　　我国《宪法》规定：少数民族自治地区，有使用本民族语言文字的权利。因此，边疆地区的新闻机构使用少数民族语言播音，使用少数民族文字办报，从理论上讲，是贯彻执行我国《宪法》的规定，尊重少数民族权利的具体措施，对完善民族区域自治、增强民族自尊心和自信心、促进民族团结具有重要意义。从实践上讲，包括傣族在内的边疆少数民族群众，绝大部分都不认识汉字，不懂汉语，看不懂汉文报，听不懂汉语广播，如果像内地一样，仍用汉文办报，用汉语广播，便难以收到效果。因此，必须努力用民族文字办报，用民族语言播音，才能达到宣传、教育群众的目的。这样，随之而来的重要问题，即是要努力培养民族新闻干部，因为使用民族文字办报和使用民族语言播音，只有民族新闻干部才能胜任。

　　在这方面，西双版纳傣族自治州和德宏傣族景颇族自治州都很重视，一开始就正确贯彻执行了《宪法》的规定，分别创办了傣文、景颇文、傈僳文3种民族文字的报纸，又在电台上分别用傣语、哈尼语、景颇语、傈僳语4种民族语言播音，并培养了一大批民族新闻记者、民族摄影、摄像记者、民族新闻编辑人员、民族播音人员，从多方面体现出了边疆民族地区新闻媒介系统显明的民族化。

第三节　出　版

一、出版机构的产生与发展

　　傣族的出版事业，始于中华人民共和国成立初期20世纪50年代。为了繁荣少数民族文化，促进少数民族地区的经济建设，云南人民出版社在它建立初期便将出版民族文字读物当作一项重要的政治任务。在省民委等有关方面的支持下，成立了"民族文字读物编辑组"，并于1955年出版了一批民族文字读物，其中包括傣文与汉文对照版本的《民族大团结万岁》（画册）。随后，又从边疆地区调来了一批熟悉民族文字的民族编辑干部，于1956年出版了《国境线上擒匪记》（西双版纳傣文本和德宏傣文本）、《当芦笙响起的时候》（画册，德宏傣文本和西双版纳傣文本）、《路》（德宏傣文本）、《毛泽东的故事和传说》（德宏傣文本）、《十二马》（德宏傣文本）、《在"赶摆"的日子里》（德宏傣文本）等傣文书籍。这是傣族出版事业的开端，从此，傣族结束了全靠手工抄书的时代，开始用机器印刷出版本民族的傣文书籍。

1957年，云南民族出版社正式成立，先后用西双版纳傣文、德宏傣文出版了《娥并与桑洛》《葫芦信》《傣汉会话》《德宏傣族小学课本》（语文第一、二册）、《玉帮家史》《五彩云》等傣文书籍，又将傣文书籍的出版事业向前推进了一步。该社还专门建立了西双版纳傣文编辑组和德宏傣文编辑组，配备了具有较高傣文编辑水平的人员。至此，傣文书籍的出版有自己的编辑人员和专职机构，出版了一批傣文书籍，对发展傣族文化，促进傣族地区的工农业生产起到了巨大作用。

然而，"文化大革命"一开始，云南民族出版社便被迫撤销，傣文出版事业由此而中断。民族语言文字是封建社会产物的论调四处泛滥，有些地方甚至还出现了不准讲民族语言、不准使用民族文字的禁令。傣文出版事业便也跟着傣族文化遭受摧残而被扼杀。

"文化大革命"结束后，扼杀民族文化的"四人帮"，以及他们推行的"极左"路线彻底垮台了，民族文化又获得了新生。特别是十一届三中全会以后，经过拨乱反正，傣族文化和全国各民族文化一样，朝气蓬勃，又得到了迅速发展。

1976年，云南民族出版社恢复重建。1981年7月4日，德宏民族出版社正式建立。这是德宏傣族景颇族自治州人民政府主办的以出版民族文字为主的地州级出版社,同时也是傣族地区有史以来的第一个出版机构,它象征着包括傣族在内的边疆各少数民族的出版事业迈入了一个新的里程碑。

德宏民族出版社坚持四项基本原则,立足于本地区,以出版有利于提高各少数民族的思想政治和科学技术水平、有利于发展民族地区的生产建设和本民族特殊需要的民族文字书籍为主,同时也出版有利于民族团结、民族进步的、适合少数民族阅读的汉文书籍。因而办得很有特色,受到各族人民的普遍支持和赞扬。从1981年成立之日起,至1989年年底止,"用德宏傣文、景颇文、载佤文、傈僳文、汉文,共编辑出版了各类图书143种,260多万册(张)。其中民族文字图书91种,56万册(德宏傣文图书44种,345 493册;景颇文图书24种,86 300册;载佤文图书15种,84 500册;傈僳文图书7种,47 000册;汉文图书52种,2 044 500册)"①。上述书籍,不仅在边疆民族地区产生了深远影响,同时还引起了国内外读者的注目,其中,傣文图书《冒弓相》获1986~1988年西北、西南9省(区)第六届书籍装帧设计封面三等奖;汉文图书《竹楼文谈》获中国少数民族文学学会主办的首届(1979~1989年)中国少数民族文学优秀著作奖。

二、出版物的种类和特点

傣文图书出版,由于起步较晚,以及编辑、印刷、纸张的局限,出版物正处于发展之中,还不能说已经很丰富。目前,已出版并公开发行的傣文出版物,可分为政治经济、文学艺术、历史地理、美术音乐、科技教育、农业知识、医药卫生、古籍文献八

---

①《云南出版史志资料》(第五辑),第11页。

大种类。各类的主要出版物如下：

（一）政治经济类

《中华人民共和国宪法》（西双版纳傣文版，刀金祥译，云南民族出版社，1983年）。

《中国共产党章程》（西双版纳傣文版，西双版纳报傣文组译，云南民族出版社，1983年）。

《中华人民共和国民族区域自治法》（西双版纳傣文版，周光云、刀金祥译，云南民族出版社，1984年）。

《中共中央关于加快农业发展若干问题的决定》（西双版纳傣文版，版纳报社译）。

《中国共产党中央委员会关于建国以来若干历史问题的决议》（德宏傣文版，省电台傣语组译）。

邓小平：《目前的形势和任务》（德宏傣文版，刀安国、方乾龙译；西双版纳傣文版，岩罕译，云南民族出版社，1980年）。

叶剑英：《庆祝中华人民共和国成立三十周年大会上的讲话》（德宏傣文版，龚保民译；西双版纳傣文版，云南民族出版社译，云南民族出版社，1980年）。

《关于党内政治生活的若干准则》（德宏傣文版，巫凌云、刀安国译；西双版纳傣文版，刀爱国译，云南民族出版社，1980年）。

《坚持四项基本原则》（德宏傣文版，克炳珍译；西双版纳傣文，刀金祥、周光云、岩罕炳译，云南民族出版社，1984年）。

《中共中央关于经济体制改革的决定》（德宏傣文版，省电台傣文组译，云南民族出版社，1984年）。

江泽民：《在庆祝中华人民共和国成立四十周年大会上的讲话》（德宏傣文和西双版纳傣文两种版本，云南民族出版社傣文组译，云南民族出版社，1989年）。

《邓小平文选第三卷选译》（西双版纳傣文版，玉皎等译，云南民族出版社，1994年）。

《高举邓小平理论伟大旗帜，把建设有中国特色社会主义事业全面推向二十一世纪》（西双版纳傣文版，岩化等译，云南民族出版社，1997 年）。

（二）文学艺术类

《娥并与桑洛》（德宏傣文版，刀保乾整理）。

《线秀》（德宏傣文版，孟尚贤整理）。

《玉帮家史》（西双版纳傣文版，康朗甩、刀新平著，云南民族出版社，1979 年）。

《雷锋之歌》（西双版纳傣文版，刀金祥著，云南民族出版社，1979 年）。

《孤胆英雄》（西双版纳傣文版，康朗亮著，云南民族出版社，1979 年）。

《葫芦信》（西双版纳傣文版，刀新平整理，云南民族出版社，1980 年）。

《五彩云》（西双版纳傣文版，波玉温著，云南民族出版社，1979 年）。

《窝哈英》（即《孙悟空》，西双版纳傣文版，刀新华整理，云南民族出版社，1980 年）。

《千瓣莲花》（德宏傣文版，刀保文、刀禹廷、刀保钜整理）。

《帕莫湾》（德宏傣文版，傣剧剧本，潞西傣剧团编著）。

《窝拉翁与召混罕》（西双版纳傣文版，刀曙明整理，云南民族出版社，1981 年）。

《兰嘎西贺》（上册，西双版纳傣文版，刀金祥、刀新平、刀志达、刀文学整理，云南民族出版社，1981 年）。

《朗京布》（德宏傣文版，孟尚贤整理）。

《九颗宝石》（德宏傣文版，克珍炳整理）。

《幸福的种子》（德宏傣文版，庄相著）。

《三只鹦哥》（西双版纳傣文版，岩仕、岩温扁整理，云南民族出版社，1982年）。

《金螃蟹》（西双版纳傣文版，刀金祥整理，云南民族出版社，1982年）。

《四棵缅桂花》（西双版纳傣文版，康朗应、刀正南、岩温扁整理，云南民族出版社，1982年）。

《香发姑娘》（西双版纳傣文版，约香、波翁囡整理，云南民族出版社，1982年）。

《万象边勐》（德宏傣文版，方峰群、龚景文整理）。

《允洪帕坎》（西双版纳傣文版，艾诺、刀志达整理）。

《召贺罗》（西双版纳傣文版，岩仕、岩恩整理，云南民族出版社，1984年）。

《白蛇传》（傣剧，德宏傣文版，思恒章翻译）。

《召树屯》（西双版纳傣文版，波罕蒙、波晓平、波翁玑整理，云南民族出版社，1985年）。

《花蛇》（西双版纳傣文版，刀金祥、刀文学整理，云南民族出版社，1986年）。

《相勐》（西双版纳傣文版，岩平整理，云南民族出版社，1986年）。

《松帕敏》（西双版纳傣文版，刀正南整理，云南民族出版社，1987年）。

《傣族创世史诗·巴塔麻戛捧尚罗》（西双版纳傣文版，西双版纳州民委编，云南民族出版社，1988年）。

文学艺术类的傣文出版物比较多，除上述外，尚有《召缅罕》《召苏瓦》《召苏鲁巴达》《七头七尾象》《阳光下的密林》《召嘎莱与婻解双》《傣族儿歌》《傣族谚语》《傣族民间故事》《傣族风俗歌》《傣族情话》《洪乖风》《财迷》《神镜》《粘响》《三时香》《小羊和狼》《金斧头》等上百部。

（三）历史地理类

《德宏史志资料》（汉文，共 10 集，德宏史志编委会办公室编，德宏民族出版社，1982～1995 年）。

《版纳文史资料选辑》（汉文，西双版纳州政协文史资料工作委员会编，已出版三辑）。

《傣族社会历史调查》（汉文，共 10 册，国家民委民族问题五种丛书编辑委员会《社会历史调查资料丛书》编辑组编，云南民族出版社，1986 年）。

《孟连宣抚史》（傣、汉对照本，刀永明、刀建民校注，云南民族出版社，1986 年）。

《勐泐王族世系》（傣、汉对照本，刀国栋、康朗庄、刀永明校注，云南民族出版社，1987 年）。

《刀安仁年谱》（汉文，刀安禄、杨永生著，德宏民族出版社，1987 年）。

《车里宣慰史世系集解》（傣、汉对照本，刀述仁、刀永明、康朗庄注解，云南民族出版社，1989 年）。

（四）美术音乐类

《啄木鸟小姑娘》（连环画，德宏傣文和西双版纳傣文两种版本，云南民族出版社，1979 年）。

《花鱼洞》（连环画，德宏傣文和西双版纳傣文两种版本，云南民族出版社，1980 年）。

《小兔乖乖》（连环画，德宏傣文和西双版纳傣文两种版本，云南民族出版社，1986 年）。

《小斑马过河》（连环画，德宏傣文和西双版纳傣文两种版本，云南民族出版社，1986 年）。

《聪明的小猴》（连环画，德宏傣文和西双版纳傣文两种版本，云南民族出版社，1985 年）。

《小黄莺唱歌》(连环画，德宏傣文和西双版纳傣文两种版本，云南民族出版社，1986年)。

《九颗宝石》(连环画，德宏傣文)。

《德宏傣族民歌44种》(汉、傣对照，龚茂春编，德宏民族出版社，1984年)。

《景谷傣族民歌》等。

此外，还出版了一批傣族故事画册、版纳画册，以及傣文美术挂历。

(五) 科技教育类

《德宏傣文语文课本》(第一、二册，德宏州教育局编，德宏民族出版社，1982年)。

《西双版纳傣文语文课本》(第一、二册)。

《西双版纳傣文数学课本》(第一至四册)。

《西双版纳新老傣文对照课本》。

《农村安全用电常识》(德宏傣文版)。

(六) 农业知识类

《科学养猪问答》(西双版纳傣文版，玉塔译，云南民族出版社，1988年)。

《砂仁栽培与紫胶放养技术》(西双版纳傣文)。

《茶树、樟树栽培技术一百问》(西双版纳傣文、汉文对照本，勐海县科委编，云南民族出版社，1988年)。

《养牛问答》(德宏傣文)。

《农药使用常识》(西双版纳傣文版，玉康译，云南民族出版社，1986年)。

《化肥施用常识》(西双版纳傣文版，玉捧班等译，云南民族出版社，1986年)。

《家庭卫生常识》(西双版纳傣文版，云南民族出版社，1984

年）。

《家畜家禽常见病防治》（西双版纳傣文版，云南民族出版社，1984 年）。

《常见猪病的防治》（德宏傣文）。

《家庭养鸡常识》（德宏傣文版）。

（七）医药卫生类

《德宏傣药验方集》（德宏傣文版，李波美等编，德宏民族出版社，1983 年）。

《傣医验方选》（西双版纳傣文版，温源凯等，云南民族出版社，1982 年）。

《兽药常用土药》（德宏傣文和西双版纳傣文两种版本，云南民族出版社，1983 年）。

《西双版纳药用植物名录》（西双版纳傣文）。

《西双版纳傣药志》一辑、二辑、三辑，《傣医传统方药志》《档哈雅》《西双版纳医药》（以上 3 册均属西双版纳傣文）。

《古傣医验方译释》（傣、汉文对照本）。

（八）古籍文献类

《孟连宣抚司法规》（傣、汉文对照本，云南少数民族古籍整理出版办公室编，云南民族出版社，1988 年）。

《勐果占璧及勐卯古代诸王史》（傣、汉文对照本）。

上述所列，系主要的傣文出版物，从中可看到有如下几个特点：

第一，就当前已出版的傣文出版物而言，虽然有 8 个种类，但发展不平衡。社会科学方面，文学艺术类较多，政治经济类较多，并且几乎所有的政治出版物都属于政府的政策法令，同时又都是完全从汉文翻译成傣文的，没有傣族作者的著作。这说明了傣族虽有悠久的传统文化，过去和现代都产生了一批优秀作家、杰出诗人，但却缺乏研究政治、经济的人才，在这方面还没有本民族的学者和专著。在自然科学方面，医药卫生类的出版物较多，农业知识的出版物次之，理工建筑类却是空白，至今还没有一部这方面的傣文出版物。这也说明了在自然科学领域，傣族的医药卫生和农业技术，相对而言，较为发达，理工、机械、建筑则较为落后，目前，这方面的建设，在很大程度上还需要依靠汉族和内地其他民族科技工程人员的支持、帮助。为此，傣族必须加快培养本民族的理工、机械、建筑方面的专业人才，并努力出版这方面的傣文读物。

第二，民族的出版事业，与本民族作家、学者及其编辑人才的成长有密切的关系。傣文出版物的发展不平衡，实际上是傣族学者和编辑、翻译人才发展不平衡的反映；如果再进一步探寻根源的话，还可看到同时也是傣族知识结构乃至整个文化结构发展不平衡的反映。由于傣族社会历史发展的制约，以及宗教的影响，傣族的哲学、文学、史学等社会学科较为发达，留下了许多具有独特见解的专著和优秀的作品（其中的大部分由于尚未翻译整理，还没有出版）。但是，自然科学则较为落后，其中除了医学界过去和现在都涌现出了一批名医，以及医学著作外，其他物理学、机械学、化学、建筑学等领域，还没有出现本民族的专家学者。据有些自治县反映，傣族的理科大学生也比较少，要找一个文科傣族教师比较容易，要培养一个理科教师比较困难。这一切，都说明了傣族知识结构发展不平衡，因而也随之导致了傣文出版物出现不平衡的特点。

第三，傣文出版物的另一个特点是从无到有，发展比较迅猛，产生了一定的社会反响，但尚未形成系列丛书，还停留在有什么稿件出什么书的阶段。这一现象，有关出版界已经意识到，并开始重视。今后应有计划地、分门别类地出版一系列有价值的丛书，以促进傣族文化的进一步繁荣和推动傣族地区经济建设的发展。

三、著名出版物

傣族较为著名的出版物，有如下几种：

（一）《论傣族诗歌》

傣族古代文艺理论专著，作者祜巴勐，写于16世纪初。内容涉及语言的起源、诗歌的起源、傣族诗歌的种类、傣族诗歌的艺术特色和民族特色、傣族诗歌与佛教的关系等方面，内容丰富，有独特见解。汉文译本于1981年由中国民间文艺出版社出版后，引起国内外的极大关注，约有20个学者分别写了研究、评论文章，认为此书"在中华民族的文学宝库中占有重要的地位""填补了傣族文学理论的空白""为研究我国少数民族文学理论提供了许多宝贵资料"。汉译本远销日本、泰国等地，国外学者也很重视。

（二）《泐史》

《泐史》又名《车里宣慰世系简史》，是傣族比较完整的史学专著。至今为止，有9种版本。

1.《泐史》，李拂一译，云南大学西南文化研究室印，1947年2月出版，分上、中、下3卷，上卷系勐艮藏本，中、下卷系勐海刀忠汉藏本。

2.《车里宣慰世系》（傣、汉文对照本），著者刀正宗等，译者李拂一，云南大学西南文化研究室编，文建书局，1947年4月出版发行。

3.《傣族宣慰使司地方志》，著者佚名，译者傅懋勣、刀忠祥，载《傣族社会历史调查》（西双版纳之三），云南民族出版社。

4.《叭贞以后各代的历史记载》，著者佚名，译者刀国栋、吴宇涛，载《傣族社会历史调查》（西双版纳之三），云南民族出版社。

5.《叭贞及其后代的历史散记》，著者佚名，译者刀述仁，载《傣族社会历史调查》（西双版纳之二），云南民族出版社。

6.《召温勐至召孟空钪历史》，著作佚名，译者刀国栋、吴宇涛，载《傣族社会历史调查》（西双版纳之九），云南民族出版社。

7.《续泐史》（西双版纳近百年大事记），著者叭翁雅纳翁，译者张公瑾，载《傣族社会历史调查》（西双版纳之九）。

8.《西双版纳召片领世系译注》，著者佚名，译者高立士，载《民族学报》，1982 年。

9.《西双版纳召片领四十四世始末》，高立士译，载《民族调查研究》，1984 年第 1 期①。

此外，还有一个新版本：《车里宣慰世系简史》，西双版纳州政协民族文史组译，载《版纳文史资料选辑》第一辑。

上述各种不同版本的《泐史》，均属研究 12 世纪以后的西双版纳傣族历史的珍贵资料，公开出版后，在民族史学界引起了较大反响，一致认为是傣族难得的史书。

（三）《德宏史志资料》

《德宏史志资料》（第 1～10 集），德宏州史志编委会办公室编，德宏民族出版社出版。这是较为完全的德宏傣族史志资料，10 集近 200 万字，内容丰富，资料翔实，出版后也引起社会科学工作者的极大关注。

（四）《巴嘎麻塔捧尚罗》

《巴嘎麻塔捧尚罗》（傣族创世史诗），分傣文版和汉文译版

---

① 朱德普：《〈泐史〉校补》，载《傣族社会历史调查》（西双版纳之十），第 121 页，云南民族出版社。

两种。内容涉及傣族最初的原始宇宙观、世界观，最初的哲学思想、伦理道德、风俗习惯，以及傣族先民的大迁徙等等，是研究傣族古代社会的百科全书。

（五）医药书籍

《傣医验方选》《古傣医验方译释》《西双版纳傣医志》《西双版纳药用植物名录》，均属傣族医学系统的著名出版物，出版后，全国医学界都很重视。

第十一章　医药卫生

　　傣族的医学有悠久的历史，它是傣族人民在数千年的历史长河中，不断认识大自然、了解大自然，并同大自然和各种危害人类的疾病做斗争的智慧结晶，是傣族整个文化遗产中最珍贵的部分。

　　傣族的医学，既有独特的奇方良药，又有独特的医学理论体系，形成了较为完整的傣医药学。特别是在利用动植物和矿物等药物资源方面，傣医学积累了极其丰富的经验，有自己独特的见解。傣医学的理论体系，大都是从治病防病的实践中总结出来的，对人体生理病理、人体组织结构、疾病诊断、药物种类与功能等各方面都有论述。在数量众多的傣族贝叶经和其他傣文古籍中，有一部分是傣族医学的专著，例如《档哈雅聋》（意为"大医药书"）等；此外，还有不少医学知识分散记述于傣族其他经典著作里。总之，傣族医学知识十分丰富，有较高的学术价值。当前，许多中外专家都想了解傣族医学，研究傣族医学。而作为傣族灿烂文化遗产的重要组成部分的傣族医学，也在向着新的科学领域发展。过去它对社会做出过巨大贡献，今后也将对社会做出新的贡献。

第一节　傣族医学的产生与发展

如前所述，傣族源于百越族群，因而在医药文化方面，也有与百越族群相同或类似之处。然而，由于居住环境的不同、社会发展的不同，以及宗教信仰的不同。所以，傣族的医药文化虽然与百越民族的医药同源，但却不同流，具有自己独特的发展规律和独特的文化特征。

傣族先民自从定居于澜沧江流域、怒江流域、瑞丽江流域、元江流域之后，除为了寻找食物、生产食物，必须跟自然界做顽强斗争外，遇到的另一个难题是：亚热带丛林虽然土地肥沃，易于植物生长，但同时也是烟瘴之地，疾病也很繁多，死亡率极高。这样，傣族先民为了生存、繁衍和发展，就必须在与大自然搏斗的同时，还要与疾病做斗争。否则，就难以生存。

在争取生存和与疾病做斗争的长期过程中，傣族先民通过仔细地观察自然现象、观察动植物的生活生长规律，并在不断地实践之后，便在动植物和矿物中发现了一批药物，懂得了能用药物治病的知识。然而，古代的傣族社会，长期以"万物有灵论"为基础，即使佛教传入之后，有神论仍然是傣族社会的精神支柱。大多数人都认为患病是由于触犯了神灵或身上的灵魂失落所致，治病不知求医，只知求神。这样，便又严重地影响了傣族医学的发展。因此，可以说，傣族的医学理论、医药事业，是在与唯心有神论的斗争中发展起来的。它的产生与发展，大体可分为以下几个阶段：

一、远古时期傣族对医药的发现

远古时期的傣族社会，傣族先民们作为人类已经存在，并且已经开始在实践中积累和产生了各方面的知识，赖以生存繁衍。但这些知识尚处在起源萌芽时期，是幼稚而又比较朴素、直观、笼统的。

据《罗格牙坦》(坦乃罗)[①] 记述：千万年以前，原始的傣族先民主要以草根树皮，野生植物的叶、花、果、籽，作为充饥的食物，即"神农尝百草"时代。在长期的生活实践中，先民们认识到各种植物种类的不同，果实味道的差异，以及食用后给身体带来的不同作用（产生种种生理现象上的变化），从而获得了各种植物药的知识。这是人类最初阶段认识和了解自然所进行的基本活动方式。同样，傣族先民通过与兽相随的生活，猎取各种动物，分食其肉、血和各种组织器官，认识了不同的动物和动物不同的器官、不同的作用，从而获取了动物学的知识；通过采植物叶、皮和动物的皮毛做衣御寒，获得了保健知识。后来，又由于火的发明和应用，改变了原始的饮食方法，且促进了饮食和药物应用加工的技术，产生了对动、植、矿物的区别与分类命名。

这既符合于人类共同进化的一般规律，又具有傣族区域环境的特点。傣族人民亦是在历经了人间无数沧桑烽火中，把祖宗原始的传统医药知识一代接一代地传授了下来，并随着岁月的更替又不断地向前发展。

据傣族文献《阿尼松桑顺细点》《登达格》《茫格嫡巴尼》等史料记述说：面对密密浩大的绿色世界，最初的傣族先民们对植物的种类，叶、花、果、皮的苦、涩、酸、甜、咸，并非开始就认得清楚，而是经过千百万年的艰苦实践—认识—再实践—再认识的过程，对各种植物服食的经验，根据其复杂的味道，逐渐产生了理性认识，并给予命名，一直延续到今天。植物药的产生就

---

①《罗格牙坦》(坦乃罗)：意即医学真理书，书中包括了文学艺术、天文地理、哲学、语音学、医学、药物学、气功等内容。

是在"神农尝百草"的基础上点点滴滴地积累起来的。

动物药的起源产生也是如此，原始群时期的傣族社会，居处在茫茫的原始森林之中，除了种类繁多、茂密苍天的植物外，还有种类众多的动物。许多毒蛇猛兽又是当时傣族先民的天敌，原始傣族先民们为了生存，必须防御和猎取这些毒蛇猛兽，捕杀以保全自身，同时也是天然副食的主要生活来源。经过长期的猎食使他们认识到了动物本身的价值，对不同的动物进行命名分类，并具体地认识了动物骨、肉、皮、血、胆等脏器的不同药用价值与功效。通过对猎得动物的分割食用，逐步建立了动物器官学和原始解剖学的概念，这就是傣民族动物药的起源和解剖学产生的最初萌芽阶段，至于矿物药和保健药的起源与发现，也同样产生在这个远古的时代，当时为了适应恶劣的气候环境，傣族先民依据不同的季节，常把一些御寒、解暑、可预防疾病的植物用来煎煮当茶饮，这种简便易行的办法，世代相传，一直延续到今天。

二、原始社会时期的傣族医学

傣族的原始社会，一般是指公元前的漫长岁月。在这个时期里，傣族仍然处在比较原始的状态，虽然他们把早先时期已经认识了的医药知识传授延续下来了，但是由于没有文字，只好靠口传心授，而且医学思想是建立在万物有灵论、灵灵相通的原始宗教基础之上的，"神药两解"的现象十分突出。随着人类的文明与进步，在原始宗教末期，傣族医药学的发展已经得到了明显的升华，据《档哈雅聋》《罗格牙坦》(坦乃罗) 等傣医文献记述说：早在 3000 多年前傣族民间就有八大名医，他们各自都创造了自己的"阿巴"(药物)，也称"巴雅""平岛"(处方之意)，俗称"八大要方"。如帕雅比沙奴研究创立了"雅麻哈比扎哈聋"，意为治大病很有效的方药；帕牙迪沙把莫哈阿章研究创造了"雅叫维细萨腊苷"，意为治疗胸闷、腹泻的神圣宝药；帕纳来创立

"雅阿他纳来"，意思为治疗风热毒邪所致疾病的方药；波迪先研究创立"雅勒罗松桑"，意为"天下宝药"或治疗天下所有疾病的宝药；腊西达俄研究创立了"雅伞"，意为"气功""轻功"药（实为兴奋药），同时他还创立了"雅叫扎苦"，号称此方是专治眼病的"慧眼"药；腊西达迭研究创立了"雅借尖达巴帕"，意为"儿药""宝儿药""宝康药"；腊西达菲研究创立了"洒随"，意为"口功""火功"药（实际是"雅借"即解毒药），常用来治疗皮肤病、解毒、消炎、杀虫、止痒等疾患；腊西达叫研究创立了"雅迪哈板雅"，意即"智慧药"（实际上是补益药），此外，他还研究创立了用于调气和胃、止痛安神、消除脘腹满闷、恶呕作痛、全身酸痛、烦躁不安、头晕、心悸、虚弱乏力等症的"雅叫帕中补"，意译为"亚洲宝丸"（本方已于1974 年收载入《云南省药品标准》一书），以及号称"通天宝药"的"雅叫罗发"一方。在《罗格牙坦》（坦乃罗）、《档哈雅聋》等文献中记述说：一直沿用至今的"雅叫哈顿"，意为"五宝药散"或"五株宝药"就是由"八大名医"中的帕牙迪沙把莫哈阿章献出"南母贝"（一种木兰科植物 Manoliasp）皮，腊西达俄献出"管底"（蔓荆子 Vitextrifnlial.）叶，腊西达迭献出"麻新哈布"（马连鞍 Streptocanlon griffitii），腊西达菲献出"麻巴闷烘"（苦冬瓜 Benicasa hispda），腊西达叫献出"那罕"（羊耳菊 lnula cappa）。"哈"为傣语的"五"，五人共同创方，五药合用故定名"雅叫哈顿"。这个时期的傣族医药学完全是建立在自身的文化基础之上，植根于民众之中，是傣族先民长期与疾病做斗争的过程中总结积累起来的智慧结晶，为后来的文字记载奠定了坚实的基础。

　　人类的知识，都是在生产实践中积累起来的，是一个有机相连的整体。因而，医药知识与农耕知识关系密切，人们在农耕中发现医药，懂得了某些动物、植物可以治病的原理。反过来，医药的发展又促进了农业的发展。

傣族是一个最早学会种植水稻的民族，农耕技术比唐代记述的时间更早，可追溯到秦汉甚至更远的时期。一个 2000 多年前就学会种植水稻的民族，他们的医学文化必然也要伴随而发展。相传在 2000 年前，傣族部落首领就曾以象牙、犀角等药物，向中原王朝"入贡于汤"，既说明了傣族医药文化确实源远流长，历史悠久，又说明了傣族的医药文化与傣族的农耕文化有密切关系。傣族农耕文化的产生与发展过程，亦是傣族医药文化的产生与发展过程。

三、中世纪以后的傣族医药

到了 8 世纪前后，随着南传上座部佛教的传入，给傣族地区带来了大量佛经和印度古代文化，扩大了傣族的视野，活跃了傣族思想。特别是傣文产生之后，促进了傣族各种文化形态的迅猛发展。在这一大环境下，傣族的医学文化也随之进入了用文字记载医药知识、用文字论述医药原理的时代。历代傣族名医所撰写的、流传至今的众多医学论著，就是从这个时候开始的，因而当今的医学史学家，均把这一时代称为傣族医学发展的新纪元。

历代编纂傣族医药著作的学者，大都是高僧，或原是僧人后又还俗后的民间傣医。例如，近代已发掘和清理出来的几部医药论著：《嘎比迪沙滴巴尼》(意为"傣医诊断书")、《刚比迪萨可菊哈》(意为"看舌诊断书")、《刚比迪萨萨可》(意为"幼儿摸诊书"，相似于近代医学的儿科诊断)、《档哈雅聋》(意为"大医药书")、《档哈雅囡》(意为"小医药书") 等论著，据考，都是先在佛寺里出家当和尚后又还俗的民间傣医撰写的，并且大都不是个人的著作，而是经过多人的合作，即靠师徒、父子的相继承传，一代接一代撰写出来的。撰写出来后，各自然村的傣医又来借去传抄，传抄中各自然村又增加进自己临床实践中所积累的医药知识。如此不断相互交流应用，不断将各自积累的知识增编入手抄稿本中，这样便使得流传下来的傣族医药著作更加完整和丰富。

从上述所提到的几部傣族医学著作来看，共同的特点是：从各个侧面论述了病理生理、辨证论治、立法配方等方面的知识，使得古朴的傣族医学，从探索与实践进入了总结出自己独特的医疗理论体系的阶段。许多主要依靠口传心授的药物，已被组合成方。

傣文产生之后，对傣族传统医药的记录、传播、普及，提供了工具，打开了方便之门，大大加速了傣族医药的应用与发展。可以说，这个时期是傣族医药知识理论被集中整理记录，并编纂成册的最兴盛的"黄金时代"。例如，《阿皮路麻基干比》《萨打依玛拉》《罗格牙坦》(坦乃罗)、《帷苏提麻嘎》《嘎雅桑哈雅》《档哈雅聋》《巴腊麻他坦》等医药文献，都是在这一时期编著成册的。经当地一些傣医学家考证，认为这类傣族医药经典均系民间名医所著，著后又把它作为一种宝贵知识，奉献给佛寺，因而打上了佛的烙印，被编入佛经后作为佛的知识加以传播。

当然，傣族医药与佛教的关系不仅如此，而是更为亲密。佛教传入后，几乎每个傣族村寨都建立了佛寺，傣族男子从 7 岁起便要到佛寺里当和尚，学习经书。经书不仅讲述佛的教义，还有天文、历法、数学、地理、医药等科学知识，这样，不仅培养了一般傣族知识分子，还培养了一批傣医。这一结论，可从当前的傣医大都出身于"还俗的和尚"（当地人称为"康朗"），亦可得到证实。

此外，在随同佛教传入傣族地区的佛经中，确实也有一些医药著作或夹杂着某些医药知识。例如，现今西双版纳州民族医药研究所收藏的贝叶经《桑比打嘎》(意为"三论经学")便是其中的一部。这部贝叶经书共分五册：第一、二册论述人类生命的起源、机体的成长、发育过程和人体的基本组织结构；第三、四、五册主要讲述天文地理、历史典故、宗教故事、民间传说、诗歌、谚语等；最后还介绍了编纂此部经书的过程。据书中介绍，这部著作是释迦牟尼的4个弟子，即"四嘎听"，也就是嘎扎牙纳听、阿能达听、莫嘎纳听、帕牙佤级腊别4人，根据原始宗教时期（口头）祖传下来的医药学理论知识，集中整理记录并编纂成册的。又据西双版纳州民族医药研究所的研究人员考证，该所收藏的这部"带有医药学理论知识"的经书，是1938年一个叫波杰的傣族文人，从原南传巴利语梵文原著的西双版纳傣泐文（即西傣文）音译注释本转抄的。波杰除转抄原著外，还介绍了"1900多年前西双版纳的帕雅召勐"① 为了促进民族文化交流，曾派出一个使团到印度考察佛教和佛经，据说，使团中的阿杰马和乌达嘎佤②二人，就是随同使团考察并带回《嘎牙桑哈牙》的成员。但返回途中，不幸病死于"勐嘎凉"（今新加坡）。波杰还在转抄本中说：本书在用文字转抄前，阿能达听等人曾多次向佛拜承请愿，并广泛征求了各教派的意愿之后，才将荟萃于民间的有关人类生命的起源、生理组织结构方面的医药常识集中编著而成。成书之后，他们又在一次空前的佛教盛会上向众僧（包含当地的许多官员）宣布了本书编著的经过及内容，肯定了历史上的5个学派对医药文化所做出的贡献，同时高度颂扬了佛祖释迦牟尼的丰功伟绩。

上述资料，为我们研究傣族医学的发展过程，特别是傣族医学与傣族佛学的关系，提供了一个极其宝贵的重要线索，虽然还需要做进一步考察，但毕竟已有了一个基本依据。

---

①原文如此。1938年时说的1900年前，即今1954年前。帕雅召勐是当时傣族首领。

②"阿多马"和"乌达嘎佤"：系巴利语人名译音，含有坚强意志之意。

　　随着中原文化的传入，这一时期的傣族医药，也与内地的汉族医药文化和其他兄弟民族文化相互交流、相互借鉴，并吸收了汉族医药和其他少数民族医药的许多有益营养。如傣文医书《刚比迪萨萨可菊哈》（直译为看舌诊断书）中云："吹菊哈（看舌尖），知疾病在心肺"；"稿菊哈，呗麻恒朗（看舌后根），则知肾脏之疾患"；"短坑宁（看舌边），可知肝胆病"；"短甘宁（看舌中部），可知脾胃病"。这跟中医的舌诊方法，内容十分相同。在用药方面，也有部分外来药，如中药"阿魏、丁香、毕拔、明矾、硫黄、雄黄、朱砂"等，傣药中也常使用。这些都是傣族医学与其他民族医药文化交流、融合、补充、发展的体现。

　　傣族医学虽然在历史上有了较大的发展，并形成了自己的一套独特的医药学理论体系，但由于傣族社会停滞不前，经济落后，因而制约了傣族医药科学的正常发展。直至中华人民共和国成立前夕，傣族还没有一所傣医院或傣医诊所，几乎所有的傣医都在自己家里替患者看病，或者请傣医到家里看病。采药和加工，也全用手工操作。由于没有储备的地方，存药很少；有时甚至替病人看了病，才到山上采药，常常影响治疗时间和效果。更严重的是医药卫生知识难以普及，不少傣族群众，特别是较为偏僻的村寨，神灵意识还根深蒂固，患病只知叫魂求神、不知求医吃药的现象仍然很普遍。因而，就整个傣族地区来说，医药卫生仍然较为落后。特别是由于傣族地处高温、多雨、潮湿地区，蚊虫易孳生繁殖，疟疾、痢疾、霍乱、天花、鼠疫等各种烈性传染病经常流行，其中的疟疾（当地人叫"打摆子"）更是长年不断，因而被称为"蛮烟之地""瘴疬之区"，内地人一谈到"夷方"就变色，甚至还有"要到车佛南，买好棺材板"之说。这一切，直到中华人民共和国成立后，才彻底根除，大为改观。

第二节　傣族传统医学理论及其特点

傣族医学具有丰富完整的理论体系，记述在大量实用经①和《档哈雅》之中，其形成如前所述，有悠久的历史。傣族医学首先产生于民间，植根于民众，各种民族文化思想的产生和发展都离不开民众这块最肥沃的土壤。在这个坚实的基础上同时吸收、接受了其他民族文化，并随着历史的更替，人类的文明与进步不断地进行补充和完善。近年来，我们经过大量史料的收集、考证，无论从医药技术及特点、医学价值都更加证明了前面这个论点的可塑性。经广大傣医及傣医研究人员多年的研究，一致认为傣医在生理、病理、人体组织结构、辨证论治、识药采药、用药、立法配方等方面的理论，有如下几个特点：

一、导致人类发病的四大因素

1. "嘎麻"（巴利语下同，gǎ mā），意译"先天"，即指因先天遗传的一类综合征。在《坦乃罗》一书中傣医利用历算法手段，用傣文声韵母注释了反映人体生理机能活动和产生各类疾病原因的 41 个医学代号，每个代号都有它特定的范围，包括了"心、肝、脾、肺、肾、胃、大肠、小肠、皮、毛、筋、骨、肉"等。如代号中的"ॐ"（a）和"ॐ°"（ǎ）、"ॐ"（i）和"ॐ"（ǐ）4 个代号，前两个指的是由父性传给的物质，后两个指的是由母性所传给的物质。另外，"e"（e）代表颈部，把头

---

①实用经：不属佛教经典范畴，它是民间名人所著，有学者认为，这些著作成书之后，由作者作为宝物供奉给佛寺收藏并传播，而故名。

部和躯干相连接的部分称作“命关”，也属母性所传给。傣医把这种奇妙的现象称作“基达西”(jidaxi)，意即“遗传因素”。认为如果母性的这种遗传因素缺陷或不足，则可在后天的生长发育过程中出现与这种遗传因素有关的综合征。又如“ဩ”(o)，是主宰（统领）41 个医学代号（实为人体内的 41 种物质）的作用，从生理的角度上讲，它有统一、综合、造作、派生的性能，傣医称“玛诺”（mǎ nuò），意译即“脑和心”（相当于中枢神经系统的机能活动)，当临床症出现时，用固定数码进行加减乘除，然后用运算的结果（数码）与这些代号进行对照便可知疾病是在某脏、某腑，是先天不足，还是后天所致。如代号中的“ဩံ”(ŋ̊) 意译“昂”，它具有促进、总合集中协调的作用；如果构成机体各种物质生成的这个物质元素缺乏或不足，则可见到“嘎麻”（先天)、“基达西”（遗传）的疾病。就后天而言，如果“ဩံ”(昂) 的协调、判断作用失调（相当于正气不足，免疫能力低下）时则可因季节、气候、环境的变化、饮食不节（洁）等等而发生各种异常反应。

这些奇妙的归纳总结验算之谜有待进一步深入探讨。

2. “基达”（jidā)，意即“情志”，傣医指由心而致病，实质上是精神、情绪因素变化所致的各种疾病。

3. “乌嘟”（wū dū)，意译“自然”，即指自然、季节、气候、环境变化所导致的各类疾病。这一理论有很浓的地方特点和民族特色，古傣医根据热带、高温、湿气大的气候特点，以及体内“四塔”（风、火、水、土）的失调情况，临床上把一年分为三季，傣语称“腊鲁档三”，每季 4 个月。傣历一至四月（公历 11 月至次年 2 月）为“腊鲁闹”（冷季)，这个季节因气候寒冷、干燥，土气易损，即因机体的生理机能失调，好发伤风感冒，易感风寒，出现筋骨麻木等疾患；5 ~ 8 月为“腊鲁皇”（公历 3 ~

6月），此季由于气候炎热，多为火气过盛，易患肠道传染病、疟疾病及其他热性病；9～12月（公历7～10月）为"腊鲁芬"（雨季），此季由于雨水多、湿度大，极易导致水气失调，出现腹泻、湿热癣疹等诸疾。根据不同的发病季节和致病因子，再结合"四诊"（望、闻、问、摸）所得的临床资料，把人体内的血性和肤色分为5种，胆汁的性质分为3种，以此作为采药、用药的依据。

（1）肤色红者，为辣性血，傣语称"普勒批"，胆汁是苦的，这类人一般体质较好。如若患病，冷季选用咸味、涩味的药，热季选用甜苦味的药，雨季选用涩苦味的药。

（2）肤色黄白者，血为酸性，傣语称"普勒宋"，胆汁是苦的，这种人的体质较弱，经常有头昏眼花，不思饮食。患病时冷季选用咸味药，热季多选甜味药，雨季多选用苦味药。

（3）肤色黑红者，血是咸的，傣语称"普勒京"。此类人血是咸的，平素体质较好，一旦生病，热季宜用苦味药，雨季宜用涩味药，冷季宜用辣味药。

疾病的发生与自然季节的交替变化分不开，傣族称"腊鲁堕岗"，发病率最高，如热季（傣历五月、六月、七月、八月）肠道疾病、疟疾病及其他疾病都较高，故在史料中有"青蛙叫，傻尼不下坝；谷子黄，病倒床"的说法。用药时也采取一些相应的变化，如热季多用清热解暑、凉血解毒、消炎抗菌的苦味药；冷季易患伤风感冒、咳嗽、寒湿痹痛，多选用带辛辣味的药，以起到温中散寒、止痛之作用；雨季易患痢疾、腹泻及其他湿热病，故多选用带涩味的药，起到收敛、除湿之功效。

（4）不同年岁与用药的关系。傣医认为，由于年龄不同，人体的生理机能也有差异，因而用药把人分成3个年龄段：

1～20岁为生长发育最旺盛的时期，傣语称"巴他麻伟"（ba ta ma wei），这个阶段因体内黏性多，生病时应选用甜味药。

21～40 岁，这个阶段精力充沛，体魄壮实，傣语称"麻息麻伟"，生病时可多选酸味药。

41～60 岁以上，此时因体质逐步衰弱，生理机能活动减退，傣语称"巴期麻伟"（bā qi ma wei），生病时宜选咸味药。

（5）"啊哈腊"（ā hā lā），意译"食物"，即指因饮食内伤所致的各种疾病。

二、傣医"塔都档细"的理论原理

"塔都档细"①，即"巴他维塔都"（巴利语下同，pathavidhatu），傣语"塔拎"（tha 1ing），意为"土"；"啊波塔都"（Apodhatu），傣语"塔喃"（tha nan），意为"水"；"爹卓塔都"（Tejodhāttu），傣语"塔菲"（that fǎi），意为"火"；"佤约塔都"（Vayo dan tu），傣语"塔拢"（that lum），意为"风、土、水、火、风"现简称"四塔"，临床医疗中傣医把它称为"四大要素"或"四大生机"，也有学者称"四塔体属"。

"四塔"理论是傣族传统医学基础理论的重要组成部分。在《帏苏提麻嘎》《巴腊麻他坦》等实用经中有系统的记述，在南传上座部佛教的经典《大念处经》（mahāsatipatthāne）、《大象迹喻经》（mahāhatthipudūpama）中谓之"四界"，即"地界""水界""火界""风界"。有的学者认为："傣医这一理论是从佛教的佛学思考'四元素'中脱胎而出。"也有学者认为："由于佛教的传入，同时传播了古印度医学思想而逐步形成自己的民族医学理论体系的。"还有少数学者则认为："这一理论是先起源于民间，后来才被记录于佛经和其他经典中的。"但倾向于前两种意见的更为普遍，后者也不无道理，在此不做讨论，但有一点值得明确，傣族医学理论与古印度医学思想有着亲缘关系是毫无疑

---

①塔都：巴利语，意即元素、要素、物质本源、界种等。

义的。

在与自然和疾病做斗争的过程中，傣族后世医家充实完善并发展了"地、水、火、风"四塔理论，如"塔都档细杭禾"（that^{33}tǔ^{33}tǎŋ^{41}si^{35}xǎm^{11}xak^{35}），意即机体内"风、火、水、土"四塔过盛引起的种种疾病；"塔都档细软"（that^{33}tǔ^{33}tǎŋ^{41}si^{35}xǎm^{11}xak^{35}），意即机体内"风、火、水、土"四塔不足所致的各种疾病；"塔都档细迭"（that^{33}tǔ^{33}taŋ^{41}si xǎm^{11}xak^{35}），意即机体内"风、火、水、土"四塔衰败崩溃所导致全身多脏腑生理机能严重失调而出现的全身衰竭之症等。这些都是补充、完善、发展了的理论，它是傣医对人体和自然界一切事物性质及其发展变化规律的认识范畴。傣族历代医家把"风、火、水、土"用来解释人体的生理现象和病理变化，用对立统一的辩证观点说明了人与天地相应的整体观念，并把它作为重要的基础理论贯穿于傣医学术体系的各个方面，具体地落实到了人体生理学、解剖（脏象）学、病因学、诊断学、立法配方等学说上，并且做了规律性的描述。

傣医认为土属物性，有形，以坚为性，犹如世间大地，能载万物，代表着人体的五脏六腑及各种组织器官，它是人类生命发育延续的基础，是"四塔"中最重要的一个塔都，并指出："没有土万物难生。"故称之为"四塔之本"。"土"实质上是指整个人体的代称，是构成人体的第一物质本源，它包括心、肝、脾、肺、肾等重要生命脏器。在生理上这些脏腑和器官有机地结合，共同完成人体的生理机能活动。在土塔中，心脏是最重要的一脏器，血液的运行赖以心脏日夜不停地推动，因而得以往返迁流不息，使各种"荒补"（傣语，即各种营养物质）到达全身各处。除上述功能外，傣医认为心脏还有精神、思维、意志活动的作用（相当于高级神经中枢的机能活动），认为人的一切行为均由心所主；胃肠管受纳食物、消化吸收水谷、化生各种营养物质、促进人体的生长发育；肾脏管生水、排水，同时也管血和其他物质，这些物质包括"塔菲"（火）、男女媾和之精气；肝能调节血液（实为储血），生产分泌胆液；脾统血、帮助消化、促进水血的运行，维持"啊波"（Apo 水）的平衡；肺管出息入息（呼吸），是推动和维持生命活动的重要物质，认为机体各脏腑机能的正常运动均与肺的出息入息密不可分。在病理状态下，如果人体各脏腑的机能活动失调，临床上便可见到心慌、心悸、不思饮食、消化不良、面黄肌瘦、筋骨无力、听力减退、视力减弱、大小便失禁等病象，傣医认为这是"土气不足"所致，临床上称为"害蚌哉献"。如果"土气"过盛时，临床上可见温觉消失或减退、全身或局部冰冷、僵硬疼痛、恶心呕吐、腹痛便秘、失眠等症，这些现象傣医称"害闹献"。

"啊波塔都"（水）。以黏结性和流动状态的，湿之为性而到达全身各处的即为水。代表着体内的胆液、体液、血液、汗水、泪水、尿液等 12 种物质成分，是人体重要的物质本源。在临床医疗实践中傣医已明确指出："没有水就没有生命。"在体内起着滋润濡养脏腑、保护组织器官的作用。与"命根"（维持生命存续的其他物质）结合，保护具生的"色"（形体），从而维持人体的正常生理机能活动。傣医认为："水以湿为性，能溶万物。"当人体内的"水气"（真水、真阴）正常时，可见口唇、皮肤红润，有光泽，弹性好，精神饱满，活力充沛。如见口渴、皮肤干燥无华、发热、精神萎靡、便秘、少尿，这种现象傣医称"阿波塔都软"（即水气不足）。临床上为了说明水的重要，明确指出："没有水万物可以枯死。"如果水气过盛时多见水肿，泻泄尿频，身体困重，形寒肢冷，咳喘痰鸣，皮肤苍白发亮，破流黄水等与水相关的各种疾患。

"爹卓"（火）。傣医记述说："有遍熟性或暖热性的，以它而熟、而热的，以它而使食的、饮的、嚼的、尝的得以消化的，以它而烧使之发育长大的，以它而衰老、皮皱发白、根坏力竭的谓之'火'。"它是人体生命的根本和维持生命活动的物质要素，即相当于现代所指的"热量""能量"。这一"塔都"（元素）有11把代名火组成，史料详述的有4把"火"即"温哈革"（wun-hagi，巴利语梵文下同），此火谓之消化之火，它可以温化腐熟水谷，化生气血，产生热量，濡养机体。如果这种"火气"不足，可见纳差、胃脘满闷、疼痛、消化不良、乏力消瘦、虚弱等。"巴基革"（pacigi），此火为主管体内热量的散发，促进人体的生长发育，增强抗病能力。如果这把火的"火气"不足，可见发育迟缓、痴呆、迟说话、慢走路（相当于中医所指的先天禀赋不足）。

"基纳革"（jiānaāgi）。认为这把火是人体生命活动的"动力"之火，它日夜不停地"燃烧"，能使人终生有热量。如果这把火的"火力"不足，则可见到未老先衰，皮皱发白，精神萎靡（相当于中医所指"命门火衰"）。

"基纳腊革"（jilānagi）。此火为父母先天所给，它能维持人体的正常温度——体温。主人体所摄取物质的正常吸收、分泌和排泄。从生理机能上看既有"先天之火"的作用，也有"后天之火"（即通过脾胃将各种食物消化吸收转化为热能）的作用。

傣医所论述的4把火，它们是对立统一的有机体，任何一种火都对另一种火起着辅助、支持、牵制、约束和俱生的作用，以此来维持相对的动态平衡而起到温养机体的作用。傣医认为：有"火"（热能）才有可能产生人类的命体，生命才能正常地生长发育，进行有效的物质摄取，消化吸收，分泌与排泄。这是指人体内正常的具有生气的生机旺盛之火，它包括了"先天之火"和后天通过脾胃之火（物质摄取后所转化的热量），从而成为生命活动、新陈代谢过程中的"动力"。但是在病理状态下体内的"火"可以亢奋和不足，使人得病。

"佤约塔都"（风）。有支持性或动性的、吹动性的故名风。在人体内共有六股"风气"：即主管脐以上器官的风气，主管五脏六腑的风气，主管脐以下器官的风气，胃肠内风气，主管人体各系统生理活动的风气，肺中呼出、吸入之风气。傣医所指的"风气"相当于中医"正气"的范畴。众多的《档哈雅》记述说：风性尚动，易流动游走，无处不到，可以带来，也可以带走。从广义上讲，主要指生命活动在外的表现；狭义上讲，则主要指机体内起着输导作用的风（气）所主，它包括了人体内流动着的富有营养的各种物质，以及生理机能活动能力。这六股风气在正常情况下分别具有支持、资助、孕育生殖，促进新陈代谢，促使受纳食物，吸收营养成分，推动研磨食糜，产生饥饿排空，使机体生长发育迅速，能站立、坐卧、行走、说话、哭笑、跳跃等作用。病理状态下如果脐以上的风气失调时临床上可见头晕、眼花、恶心、呕吐、头痛、耳鸣；脐以下的风气失调可见排便无力，二便失禁，孕育生殖能力差；胃肠内的风气失调时可见纳呆、腹胀、消化不良、嗳气；五脏六腑的风气失调和不足时可见发育迟缓、生长缓慢、痴呆瘦小、运动无力，这种现象傣医称"佤约塔都软"（意为风气不足）。在"四塔"理论体系中，有关阐述"风"的内容最为丰富，除如前所述之外，还认为：当饮食、起居失常、季节气候环境变化，该上行的风不上行，该下行的不下行，该动的不动，就会发生与风有关的各种疾病达 1 000余种，目前初步翻译整理出的有近 300 种，临床上傣族将这些复杂多变的风症（病）分为"帕雅拢皇"（热风症）、"帕雅拢嘎"（冷风症）、"萨巴拢"（杂风症）三大类。临床辨证时又根据每类风症（病）的不同性质将其分为若干种，如偏食辛香燥烈之品、气候炎热、风热毒邪上攻咽喉、下注胃肠、口角生疮、血痢、疮痒疔毒、湿热癣疹，以及高热后出现的神经、精神系统症状归为"热风症"范畴，亦称"拢洒烈坝"。秋冬之季易患"冷风症"，临床常表现筋肉痉挛、麻木萎软、瘫痪、半身不遂、口眼歪斜等症。这类风约近10种。杂风症（病），临床上具体分为四类：一类为"拢旧"（即风湿、类风湿）；二为"拢批勒"（妇科诸疾，含月子病）；三为"拢扭"（即指泌尿系统结石及尿路感染）；四为"拢批坝"（指瘟症、癫痫、精神分裂症、眩晕症）等。此外还有41种定位性发病的风症，走窜无定，无处不到，有滞于某脏即在某脏生病的特性，傣医称此类病为"拢细西越赞波"。总之，傣医对各种风症（病）记述甚多，目前正在进行这方面的专题研究。

傣医"四塔"理论（风、火、水、土理论），在相互关系上，《帏苏提麻嘎》一书中，用"缘起"学的观点指出："土"以水摄之，以"火"做保护，以"风"来支持，是"风、火、水"3种元素的住处所缘；"水"以土而住，出没于地（机体）中，以火做保护，以风来支持，是"土、火、风"3种元素的结着（结合、联系）所缘；"火"以土而住，以水摄之，以风来支持，是"土、水、风"3种元素的遍熟（能量、资助、腐熟）所缘。

傣医文献《巴腊麻他坦》《帏苏提麻嘎》云："风、火、水、土"四塔存在于人体内和宇宙（自然界）之中，正常的时候"依照具生，相互依止，互不离缘"。又云"地、水、火、风共成身，随彼因缘招异果，同在一处相危害，如四毒蛇居箦……""我今此身，四塔和合，四塔各离，今者身妄（亡）"。以此说明人身无常、无我、不实等生理病理变化。这种朴素的整体认识方法和中医理论的"五行"学说中的"阴阳互根""阴阳消长"颇有相似之处。是古代人们认识事物的思维方法，《尚书·洪范》记载："水曰润下，火曰炎上，木曰曲直，金曰从革，土爱稼穑。"用取类比象的方法来归类和演绎出不同事物属性，并阐明事物之间的相互共存联系，即"相生""相克""相侮""转化"

的相互关系。傣医认为"风、火、水、土"四塔，只有保持相互间的动态平衡关系人体才能相安无事，一旦这种平衡关系失调，如一方面太过就会引起另一方面的不足，一方面的不足也会导致另一方面的太过，从而产生此盛彼衰、此消彼长的"动"的病理变化。

所谓"四塔"平衡与否，包括两层含义：一是机体内风、火、水、土相互之间的平衡；二是体内风、火、水、土4种物质元素与自然界的"风、火、水、土"4种元素的平衡关系，认为人与自然为一体，自然界的风、火、水、土平与否，决定着人体内各种物质的盛衰。也就是说，人类必须遵循和适应不断变化的自然客观规律。如果违反了自然法则，人体内的4种物质元素就会逆乱，就会百疾丛生，重者则夭折流产。可见人体内的"四塔"和自然界的"四塔"，既是促进和构成人体生命的根本要素，又是导致各种疾病产生的致病因子，世界万物既可以以它而生，又可以以它而灭，由此说明了人体自身的整体观，人与自然界的整体观，把人体的机能变化和自然界的运动变化看作是统一的整体，即宇宙万物的生长变化均依赖于大自然，充分认识到自然界风、火、水、土的变化与人体的病理生理机能变化是密切相关的，这种形象思维的整体观念，无论是过去、现在和未来都起着重要的指导作用。

"四塔"理论，除用来形象地解释人体的生理现象和病理变化之外，还用于临床辨证论治。在傣医诊断书《嘎比迪萨嫡巴尼》一书中明确指出："谁要当好摩雅，首先必须精通'四塔'，方知病处，才能正确下药。"因此，提出"四塔辨证"的独特方法（即辨明是因风、火、水、土致病），根据风、火、水、土变化的情况以及饮食、劳伤的不同致病因素分别创立了治疗"四塔"病的"四塔方"的主方"雅补塔都档细"，亦称"雅塔巴聋"（即总方大方）和4个不同类型的相应固定成方，统称"雅塔"[1]。如用于治疗因风失调而致病的方剂称"佤约塔雅塔"（风塔方），这类方最多，目前初步掌握的约有1 000个，药物达数百种，用于治疗因火失调而致病的方药称"爹卓塔雅塔"（即火塔方），用于治疗因水失调而致病的方药称"啊波塔雅塔"（水塔方），用于治疗因土失调而致的方药称"巴他维塔雅塔"（土塔方）。在四类"雅塔"中，每类雅塔又有一个基础方（主方），施治时按各个塔都不同病情的需要，在基础方的基础上灵活加减应用。每个"雅塔"有方剂数十个乃至数百个，每个方子的药物配伍少则3～5味，多则数十味不等，具体应用时还将其划分为："雅塔都杭禾"（ya ta du dang Xie）、"雅塔都软"（ya ta du ruan）、"雅塔都迭"（ya ta du die），意为"四塔过盛""四塔不足""四塔衰败——崩溃"三大类方剂，并根据某一病症的需要而下药治之，以调平患者体内的风、火、水、土，使之恢复相互间的动态平衡关系而达到治病的目的。

三、傣医"夯塔档哈" xǎn⁵⁵thǎ³³tǎŋ⁴⁴ha¹³

"夯塔"（巴利语），意即"蕴、诸蕴、积聚、堆积"；"档哈"（傣语），意即"五"；"夯塔档哈"（即五蕴）以下简称"五蕴"。具体包括了"鲁巴夯塔"（形体蕴）、"稳然纳夯塔"（心蕴）、"维达纳夯塔"（受觉蕴）、"先牙纳夯塔"（知觉蕴）、"山哈腊夯塔"（组织蕴）。与佛教的"五蕴"论"色、受、行、想、识"多为相同，"五蕴"一词是梵文skandna的意译，是佛教教义分析研究的基本对象，为现实人的代称，指物质世界和精神世界。傣医"五蕴"学说与"四塔"学说一样，是丰富发展了的理论，它侧重从人体生理、解剖组织结构精神现象等方面系统地进行了

---

[1]"雅塔"：傣语，"雅"即药；"塔"有组合之意。

记述，是傣医基础理论中重要的组成部分之一。包括的内容十分广泛，论述了五蕴分别具有坚、实、暖、动的属性和感受、知晓、思维、理解、判断、支配等精神意识活动的功能。用朴素的唯物辩证观点来阐明人体结构及各种组织器官所表现的生命现象和生理机能活动。《帷苏提麻嘎》一书中云：" '夯塔档哈'（五蕴）的产生，存在既是自然生理现象，又是社会生活现象。"又云：" '五蕴'不是单一的独立体，也不是后天才产生的。"认为："凡是一切有生命的东西，都有着奇妙的情感，都必须在生命体形成之前就有促成一切动物和其他一切生物生成的各种物质成分（即构成各种生命所需要的物质基因）为先决条件，包括在风、火、水、土'四大要素'的协调作用下'夯塔档哈'（五蕴）才能顺当地生成。"

《嘎牙维腊底》《俄佤达——干酸》《嘎牙桑哈雅》等傣医文献生动地描述了促使五蕴生成最重要的特殊物质为"稳然纳夯"（巴利语 $vin^{41}ja^{41}na^{41}xǎn^{55}$）。这种"稳然纳夯"有两层含义：第一种为男性体内存在的特殊物质"喃鞍宰"（傣语），意即"精水"（精子）和女性体内的另一种特殊物质"喃鞍英"（傣语），意即"经水"（即卵子）。两者通过"桑维塔度嘎牙塔"（巴利语 $sǎŋ^{55}vi^{33}that^{33}tǔ^{55}ja^{41}$），意为经过两性交配之后，精子与卵子结合而形成"巴敌先体"（胚胎组织）。第二层含义是指"沙门塔水"和"骂洒"（指精水与卵水中的某种特殊物质）二者相遇结合之后受精卵子在母体内演化变成胎儿，并在"迪罢佤巴拉塔他、沙帕佤坦"①（$ti^{41}pǎ^{41}pǔla^{41}thǎ^{55}va^{41}thǎm^{41}$）的作用下，促使胎儿不断吸收各种营养物质，发育长大的生理现象。

《帷苏提嘎》云：男女媾和（交配）之后，必须有身表、语

---

① 指胚胎形成和胎儿生长过程中长出头颅、四肢、皮毛的演变过程。"坦"，泛指规范、模式、方法等（相当于遗传基因或染色体）的作用。

表、男根、女根等 24 种所造色和"四大种"(地、水、火、风),傣医称 28 种生命物质要素;构成筋、骨、皮、肉、毛及五脏六腑的 32 种元素(佛教称 32 分身)[1];"心蕴"中的眼、耳、鼻、舌、前后阴、四肢关节等 21 个器官;眼识、耳识、鼻识、舌识、身识、领受意识(感觉)、推度意识(效应)、藏识(大脑皮层)等 89 种生命物质元素随"喃鞍宰""喃鞍英"(精子、卵子)共同进入母体,结合之后,并在"鲁巴坦""那马坦"[2] 的作用下才能形成"巴敌先体"(胚胎),并产生不同的形体(如生男、生女),此时"五蕴"随着生命体的产生而存在,280 天(10 个月)后,在一种称作"干玛沙宛"(一种可将胎儿挤送出母体的风〈气〉)的作用下胎儿即降生。之后"夯塔档哈"跟随着新的生命而成长延续终止。

"夯塔档哈"(五蕴)中的"鲁巴夯塔"(形体蕴),是指人体的形状外貌,形影(样子),如长短、方圆、粗细,标志男女不同的容姿容貌、独特的语音、行为动作、颜色等等。

"稳然纳夯塔"(心蕴),是"夯塔档哈"中最重要的一个夯塔,它以了知为慧,知晓各种事物的变化,通达事理,决断疑念,取得决定性认识的作用,可以辗转变现一切,具有灵敏功能,有主宰、统领、推度(支配)、派生(确定)其他 4 个"夯塔"的功能。在《帷苏提麻嘎》一书中明确指出:"任何识,任何受,任何知,不论是过去的(形成之前),未来的(形成以后),现在的均由心所主⋯⋯"又曰"心不生而无生,由心现起而生存,心灭则世间灭,生命与身体的存续均依心而立"。"此生则彼生,此无则彼无,此灭则彼灭"。可见傣医把心蕴描述得

---

①觉音著:《清净道论》,第 226 页。

②"鲁巴坦":(巴利语),意即"雄性、阳性";"那玛坦",意为"雌性、阴性"。指胚胎形成和胎儿生长过程中长出头颅、四肢、皮毛的演变过程。"坦",泛指规范、模式、方法等(相当于遗传基因或染色体)的作用。

何等重要，认为一切从"心"而生。它包含着一切精神现象的种子作用，是一种无形的"潜能"（即包括了中枢神经系统的特殊功能在内）故有"稳然纳夯塔"是"五蕴"的倡导者之称。"五蕴"的生成除心蕴的特殊作用外，还依从"食"而生，即依赖于各种营养物质的濡养；三是从"时"而生，即依赖于自然界的风、火、水、土和母体内的风、火、水、土"四大要素"的温熙、滋润、濡养、支持、资助而得生。这些认识和联想能力足以说明傣族医学理论的丰富程度了。

"维达纳夯塔"，主要指"受觉蕴"，包括了"喜受""乐受""苦受""忧受""不苦不乐受"等等。狭义的受觉指接受、受纳、获得东西；广义的受觉，包括了识与知的范畴。指由眼、耳、鼻、舌、身、意等六触而引申出来的相应的六种感受，是精神、思维、情志对外界事物的反应。傣医认为这种精神、情志、思维活动如果长期受到过度强烈持久的刺激也会导致疾病的发生。正常情况下通过眼、耳、鼻、舌、身对"色、声、香、味、触"所引起的情欲（见、闻、嗅、尝、处），从而产生"领受"等受欲活动。这种受不闻他教而获之。

"先牙纳夯塔"（知觉蕴），指经过直接或间接的观感映现于脑中所产生的灵感性，感觉到某一物体是什么，由此产生记忆。认为这种知觉行为是通过实践训练而形成的，它可以建立，也可以消退，数量可以增减，当生活环境改变时，也可随之改变，比受觉蕴有较大的灵活性，更适应于复杂多变的生存环境，产生新的记忆储存。

"山哈腊夯塔"（组织蕴），在傣医理论中系统地记述了人体毛、发、爪（指、趾甲）、齿、皮、肌肉、腱、骨、骨髓、肾、心、肝、脾、膈膜、肺、胃、大肠、小肠、舌、胆汁、黏液、浓水、血、汗水、脂肪、汗垢、眼水、唾液、清鼻涕、渗出物、关节滑液、尿、虫类等32种组织器官和物质结构。在《玛驽萨罗》

《帷获提麻嘎》等傣文献中具体分述了他们的形态、结构、毗邻关系和生理功能，是目前发掘出来论述人体生理解剖组织结构最为完整的文献。书中云：人体有 500 万根头发，900 万根汗毛，20 枚指（趾）甲，28～32 颗牙骨，聚如缅枣之量大的皮，肌肉 900 片，900 根腱，300 块骨头，笋状的骨髓，2 个肾，如莲蕾的心 1 个，3 块（叶）肝，32 片肺肉，32 手（约 5～7m）大小肠，妇人 28 手（4～6m），形如水囊的胃 1 个，舌 1 条，组成人体支架形象。同时用较大的篇幅叙述了人体各种组织器官里的小虫，傣语称"哈滚暖"。这些小虫共分 10 类，80 个支系，1 500 多种，随着形体的产生而产生，又跟随着人类生命的结束而消亡。

《巴腊麻他坦》《帷苏提麻嘎》云：人体内的小虫存在于头发根部，能使头发变白脱落；生在脑内，使之变成鼻涕；长在眼内，使之产生眼泪及眼屎，视物不清；生于鼻腔内，能使之喷嚏、流涕；生在牙根，可使之发生牙痛、腐坏脱落；生在筋内（含血管神经韧带等），可使肌肉、筋骨酸痛、麻木、伸曲困难等；生在心、肝、脾、胃肠、血中、胆囊之内的，会促使人产生饥饿、口干思饮、想吃东西等等。傣医所指的这些"虫"究竟是一种什么物质？从目前发掘到的史料看，一般都认为全身各处的虫共同破坏人体，使人发生疾病、衰老死亡。进一步深入研究认为，这种虫大体上可以分为两大类型：一类为有害于机体的虫（即各种寄生虫）；另一类虽肉眼看不见，但能参与机体的生理机能活动，是一切生物生成和发展的基本结构单位，是组成人体的结合物。正常情况下，它们每时每刻都在活动，所以构成了五彩缤纷的生命自然界。然而人体物质的生命是有限的，这些小虫的生命也是有限的，在一定的条件下，如果破坏了它们的生活规律，便可产生与之有关的各类病象，如脱发、牙松动动脱落等。从生物进化的观点来看，这些虫实际上是自然演化的产物，它们的活动包括了现代医学中微生物、寄生虫、各种细胞的病理生理作用。

四、"四塔"与"五蕴"的相生关系

傣医学认为"五蕴"与"四塔"的关系是"生于种""现于种""种与种"的关系,即"五蕴"的聚合(人体的形成)在雄性与雌性交配精卵结合产生"巴敌先体"(胚胎)为"生于种";89种生命物质在两性交配之后共同进入母体"互为缘生",在"稳然纳夯"(心蕴)的统领下产生完整的"鲁巴夯塔"(形体),此为"现于种";"五蕴"形成的过程中,在母体内风、火、水、土四大生机(元素)的支持、资助、润养、温熙作用下,保持机体生理机能的衡动状态,从而使机体各器官健全地发育,增大这一演变过程谓之"种与种"。由此可见,"五蕴"的生成离不开风、火、水、土四大要素的"生"功能。没有风、火、水、土就没有生命自然界,只有有了风、火、水、土4种元素"五蕴"方能得生起,才能得赎生。同时说明了人类生命起源、生成的整个过程中构造、组织是如此精严。

"五蕴"理论是从整个恒动状态转变到人体状态的物质实体出发的,就主体而言,它以思辨原则为基础,无论从生理的角度,还是解剖组织的角度都有其实体。因此,"五蕴"又是构成人体的5种基本物质要素。在病理变化方面,傣医明确指出:"凡由五蕴变化所致的种种疾患的原因(情志、精神因素)谓之'内因',凡由外界的寒暑、时节(主要为风、火、水、土偏盛偏衰)而致的疾病谓之'外因'。"这些理论的提出,对我们今天进一步了解傣医学、认识人与自然、指导临床医疗都起着积极的作用。

五、傣药的采集加工制作与剂型

诊病靠医、治病靠药,在《档哈雅聋》(大医药书)、《腕纳巴维持》(医经)等文献中详细记录了识药、采药、加工制作等理论，可惜《档哈雅聋》这本 2000 年前的综合性原始巨著，贝叶刻写本现在流落异国。如今收藏的多为转抄的版本《档哈雅》，记录的内容仍然相当丰富。认为医者治病除要掌握疾病的变化规律、疾病发生的原因和本质外，必须熟悉掌握药物性味、用药原则、组方原则，才能解决治疗问题，施治方可有的放矢。否则，轻病变重病，一症并发多症，重症会更加危险。经过千百年的实践摸索，为了便于后人学习应用，编著了许多指导性用药理论的书籍。

（一）对植物药的生长环境与效用的认识

1. 凡生长在悬崖峭壁、带肿节的药物，大都可治疗骨折和跌打损伤。

2. 凡生长在深箐沟的药，多能清热解毒和治疗风湿病。

3. 凡生长在树上的寄生物，多有抗过敏和节育等作用。

4. 凡生长在水塘边的药，多有治疗风湿和利水消肿的作用。

5. 凡开红花，带红色的药，多可作为止血、补血、提气、调经的作用。

6. 凡开白花、流白浆的药物，大都有安神、镇静之功效。

7. 凡带黄色的药物，大都有治疗肝炎、解毒、补血、补气的作用。

（二）药性与药味

药性分类与药味分类是对症下药的基础，临床上将药性分为"雅黄"（热性药）、"雅嘎因"（凉性药），治疗时提出"热病用寒凉药，寒病用温热药，虚病用补益药"。

药味分为"宋"（酸）、"万"（甜）、"发"（涩）、"井"（咸）、"烘"（苦）、"闷"（麻）、"批"（辣）、"荒"（香）等 8 味。

（三）傣药的采集与加工制作

傣医采集用药很注意季节变化规律，认为由于季节时辰交

换，药性所在部位也可随之转移，故总结了季时、周时、日时 3
种时间。

1. 冷季，傣历一月、二月、三月、四月（公历 11 月、12
月、1 月、2 月）药性多在根部，故多采根部药用。

2. 热季，傣历五月、六月、七月、八月（公历 3 月、4 月、
5 月、6 月）药性多在叶、花、果部位，故宜多采这些部分入药。

3. 雨季，傣历的九月、十月、十一月、十二月（公历 7 月、
8 月、9 月、10 月）药性多在茎皮、枝干，故宜多采茎皮、枝干
入药。

4. 周时采药与日时采药附表 1～1

采药部位 日时 \ 星期	日	1	2	3	4	5	6
上午	全株	根	叶、皮	全株	干、心、叶	根叶	全株根
中午			叶		皮		
下午	根、皮	皮	茎、枝	干、心	根、皮	皮、心	皮、叶

以星期日为基数，7 天为一轮，到第 8～14 日又按日至 6 的
时间类推，对临床医疗用药起着积极的指导作用。

5. 傣药的加工制作

傣药的加工制作是一项传统的制药技术，仍然是历代医家口
耳相传、一代接一代地保留下来的。最常用的分为"达"（晒），
"每阳"（露）日晒夜露，"何"（刮）即削片，"干坝火坝罕"（度）
切成长短、厚薄、大小适度的标准，"贺"（炒），"抛"（煅），"罗"
（煨），"摩"（焙）等法。但一般采取单加工的方法较多，将净选
后的药物切成各种类型的块状（相当于中药的"饮片"），以供
调配处方使用。随着与各民族民医，特别是与汉医的交往，许多

加工炮制方法都有相同之处，如将药物直接置于火上烘干就与中医的煿法相同，还有矿物的烧石膏、烧明矾实际就采用与中医的煅法是一致的。不过傣药的加工现在还延续着原始的手工操作。

（四）傣药剂型

傣药治疗用药方法很多，除一般的内服、外擦、外包之外，还根据药物的性味功能，差异采取最为行之有效的治疗方法，研究创造了20多种独具民族特色的剂型，如"雅鲁"（丸剂）、"雅捧"（散剂）、"雅牢嘎雅达"（酒浸剂或酊剂）、"雅烘"（气雾熏蒸剂）、"雅能暖"（蒸睡药制剂）、"雅芬"（水磨制剂）、"雅渣"（外擦剂）、"雅果"（包敷剂）、"雅啊"（溢洗剂）、"雅喃嘎雅"（煎剂或汤剂）、"雅喃满"（油制剂）、"雅贯滚"（栓剂）、"雅奔"（药饼剂）、"雅给腊"（茶饮制剂）、"雅命朋"（线剂）等20余种剂型。在这些剂型中大都具有使用方便、安全、无副作用，深受广大患者的欢迎。在热带地域，气候炎热，湿度大，且人们喜冷饮凉浴。因此，易被湿邪侵入，患湿痹、痿痹、风湿热痹、中风等诸症，类似现代医学（西医）所指的风湿、类风湿性关节炎、周围神经炎、重症肌无力等疾患。因此，傣医根据特殊的地理气候给人带来的疾病而创造了"雅能暖"（蒸睡药）的剂型，选用傣药文珠兰、长序岩豆树、松风草等数十种鲜品植物药，切碎煎煮和炒热铺于药床上（温度以患者能忍受为宜），令患者睡在药渣之上，再盖上被子待其出汗为止（体弱者微汗），每次30～40分钟，5～7次为一疗程。本法原理为通过药物的热能向深部组织渗透、传导，以发汗开腠理、通血脉、活气血、祛寒邪、消肿痛、利关节，增强新陈代谢，激活神经系统功能的恢复，使机体的机能动态平衡而达到治疗目的，疗效十分满意。此外，傣医根据季节的变化特点而总结创造出"雅给腊"（茶饮剂），有病可以治病，无病可防病健身，如冬天选用御寒的药物泡水当茶饮，夏天选用清热解暑、凉血解毒的药当茶饮，农忙时节选用舒筋活络、行气解肌止痛的药当茶饮，妇人产期选补气、补血、通乳的药当茶饮等等。各种剂型的组方十分严谨，且很有民族特色和地方特点。经过千百年的顽强努力，傣族利用传统的"草草棒棒"治疗骨折、风湿偏瘫、水火烫伤、虫兽刀伤、皮肤病、妇科诸症、结石、疟疾、痢疾等各种疾病，为自身的繁衍生息做出了历史性贡献。

第三节　傣族历代医学家

傣族医学的起源与发展，是历代傣族医学家历尽无数人间沧桑总结出来的智慧结晶。流传于后世的傣族医药学论著表明，各个历史时期傣族都涌现出了不少杰出的医学人才。可惜的是：过去的傣族史学家只注意到统治阶级的兴衰与消亡，很少把不从政的傣族名医载入史册，即使偶尔有载入，也只记录其姓名，对他们的生平以及他们在医药事业上的贡献很少提及。这是过去史学家以帝王为主的修史思想所造成的结果，使得今天我们对历代傣族杰出的医药专家的生平事迹难以考证。尽管如此，当今的傣族人民仍然知道并传颂着一些古代杰出的名医。

一、"八大名医"

据传，傣族古代有"八大名医"，他们是：帕雅比沙奴、帕雅迪莎把莫哈阿章、帕纳莱、波迪先、腊西达俄、腊西达迭、腊西达菲、腊西达叫。可惜他们的生平，后人难以考证，只知道他们生活的年代还没有产生傣文，他们所发明的药方或治病的知识，都是靠口耳相传。由此可以推论，他们全都是佛教传入以前的傣族古代的名医，但不一定是同一时代的人，有的可能出生更早、有的可能出生较晚、有的可能还带有师徒关系。这一切，目前有关学者正在研究，在不远的将来一定会明白。至于他们对医药的贡献，流传至今的主要是本章第一节中所述的《罗格牙坦》，以及"八大要方"等医药学遗产。当然，如前所述，这些傣族医药学遗产编纂成册，是产生了傣文以后的事。但就连编书的人也承认并在书中表明：书中所编入的傣医方剂，都是这"八大名医"口耳传授下来的，他们只是用文字加以记录和整理而已。这就证实了"八大名医"确实是傣族医药学的始祖。

二、龚麻腊别

龚麻腊别的具体生平也不详，只知道他通晓傣文，这就必然是生于产生了傣文以后的年代。现存的许多傣文医药学资料，都说他是综合性的傣医学巨著《档哈雅聋》的作者。同时，他还把古代"八大名医"所创立的许多方子做了认真的实践应用，并进行增减。例如"八大名医"创立的"雅叫哈顿"（五宝药散），组方时只有五味药，龚麻腊别经过临床反复应用，在实践原方中加了一味"咪火哇"（蒟蒻薯 Tacca shantrieri Andre），形成了事实上的"雅叫贺顿"①。又例如，现在常用的"雅西里扪挪（图）""滚嘎先恩"等著名的方子，也是他在帕雅迪莎把莫哈阿章所创原方"雅西里扪嘎罕""怀厅雅刚浓"的基础上进行加减组配而命名的。许多文献记述说："龚麻腊别是一千多年前傣族医学理论的主要编著者、传播者，他不仅在中国傣族地区有很高的声誉，在泰国等东南亚国家的民间也有传颂。"②

①贺顿：傣语，"贺"即六，"贺顿"即六散或六剂。此方已按原方名"雅叫贺顿"于1977年收载入《中华人民共和国药典》。
②有关龚麻腊别在西双版纳地区以及东南亚泰国一些地区的传说，已收入《西双版纳傣族药物故事》一书，云南人民出版社，1986年。

三、当代傣族著名医生

随着科学技术的飞速发展，当代傣医专家也层出不穷，中华人民共和国成立之后国家培养了一批业务素质较高的傣族专业人才，成为医疗工作中的骨干力量。如西双版纳人民医院的傣族医生刀素珍（女），现年48岁，她先后被送到思茅卫校、昆明卫校、北京医学院学习，业务上有了很大提高。1979年她被提升为西双版纳自治州人民医院的副院长。

康朗腊，现年60岁，景洪曼海人，当过佛爷。20世纪70年代末被招入西双版纳州民族医药研究所，从事傣医药研究，他利用祖传的医药知识育人带徒，积极研究傣医学理论，几十年来他勤奋学习，总结积累了大处方（通治方）140多个、小方（单验方）5 000多个，他和其他民族的科研人员一样醉心于傣医的研究整理之中，多次参加全国性的学术会议。1985年当选为全国中医学会理事，1986年当选为云南中医学会常务理事，1987年当选为西双版纳州政协委员，现任西双版纳州民族医药研究所傣医科主任。

李廷芳，现年50岁，他是中华人民共和国成立后国家培养的新一代傣族大学生，他勤奋学习，努力工作，在现代外科临床医疗中做出了积极的贡献，被提为德宏傣族景颇族自治州医院院长，1989年被授予"全国劳模"的光荣称号。

波玉波，景洪县勐罕镇人，现年64岁。当过和尚，学过傣族天文历法、医学，精通老傣文。20世纪60年代当过乡村"赤脚医生"，20世纪70年代招入景洪县傣医傣药研究所工作，他与汉族医药人员合作，翻译整理并由云南民族出版社出版《傣医验方选》《档哈雅》等著作。

龚玉贤，盈江县人，现年79岁，中华人民共和国成立前，曾在缅甸的曼德来学习了13年的佛法教义，能背通40本规定的经书（包括医经）。中华人民共和国成立后回国，回国后一直从事民间传统傣医工作，深受群众的欢迎。

岩拉，现年60岁，勐海县人，现在勐海乡曼扫合作医疗站工作，是专治骨伤科的有名傣医。当过去的"合作医疗"解体时，他是唯一坚持把合作医疗办到底的乡村医生。在他的带动下，重新自由组合，收带徒弟3人，打破了"教会徒弟，饿死师傅"的旧观念，毫不保留地将祖传的接骨医药技术传授给青年一代。每年到曼扫找岩拉师徒医治骨伤疾患的病人成百上千，他们从不拒收，都给予精心治疗，治愈率达100%，受到群众的高度赞扬。

第四节　现代傣族医药卫生事业

中华人民共和国成立前，傣族传统医药虽在医疗、预防、保健等方面都发挥了一定作用，但由于社会环境和技术条件的限制，傣族卫生事业仍然十分落后。中华人民共和国成立后，党和人民政府十分重视民族医学的发展，制定了"继承祖国医学遗产，并努力发掘提高"和"发展民族医药，拯救民族医药遗产"的具体措施。从20世纪60年代起，乡村的傣医大都进了"合作医疗站"当"赤脚医生"，他们利用传统的傣药为各族群众医治伤病，很受群众的欢迎。但是"十年浩劫"中由于"极左"思潮的影响，许多珍贵的医药手稿被当作"四旧"焚毁，一些老傣医得不到重用，导致傣医药的发掘研究整理工作步履艰难。粉碎"四人帮"之后，特别是党的十一届三中全会以后，随着改革开放的深入发展，国家对弘扬民族文化更加重视，对拯救傣医学采取了一系列有力措施。1977年，西双版纳成立了民族医药调研机构；1979年以后，西双版纳、德宏、思茅相继成立了民族医药研究机构，景洪县还成立了傣医傣药研究所，勐腊、勐海两县先后成立了民族医药推广站，组织力量重点对傣医药进行发掘整理研究。傣族聚居多的乡（镇）卫生院招入一部分著名老傣医带徒，并多次召开学术经验交流会和研讨会，鼓励傣医献技、献策、献书、献方，学术气氛很活跃。

1983年，原国家卫生部部长、中顾委委员崔月犁同志视察西双版纳时指出：傣医学具有鲜明的民族特色和地方特点，有独特的文字理论体系，也有独特的临床疗效，并分别为州傣医院和景洪县傣医傣药研究所作了"保持和发扬傣医特色，把傣医院办好""为发展各民族传统医药学而奋斗"的题词。1982年年底全国民族医药学术会在景洪召开，这对傣医学的深入研究奠定了基础。1984年4月在内蒙古召开的全国少数民族卫生工作会议上又正式把傣医列入全国"四大"（蒙、藏、维、傣）民族医学之一。从那时起傣医学的发掘、研究、整理、继承、发展进入了鼎盛时期。更可喜的是：1990年11月，"云南省首届傣医学发展战略研讨会"在景洪召开；1991年10月，傣医学作为一个专题又参加了"北京国际传统医学大会"，并在会上向世界各国的专家学者介绍了傣医学历史地位与作用、传统的诊疗、制药方法等，部分傣药在会议期间进行了展销。国家卫生部长陈敏章参观傣医展室时作了"发展传统医药特色、为人民健康服务"的题词。几年来，傣医的学术性论文分别于1990年10月和1991年10月在"国际第二届民族生物学大会""北京国际传统医学大会"，以及在国内的学术会议和报刊杂志交流发表，为中国的傣医学最终走向世界迈出了第一步。

在重视继承与发展傣族传统医药遗产的同时，傣族地区的自治州、自治县人民政府也很重视引进和吸收当代的先进医学，拨出专款创办了各种类型的现代医院，并努力培养新型的民族医务人员，热情欢迎内地的医务工作者到边疆安家落户，建功立业。因而50年来，在国家关心、地方政府支持和内地医务工作者的大力帮助下，傣族地区的医药卫生事业有了迅猛的发展。

一、基本消灭了各种传染流行病

如前所述，中华人民共和国成立前的傣族地区，是"烟瘴之地"，气候炎热，多雨潮湿，蚊虫易于滋生，疟疾、痢疾、霍乱、天花、鼠疫等各种传染病经常流行。加上封建统治阶级只顾压迫人民，不顾百姓死活，傣族地区缺医少药现象十分严重。县城和村寨医院很少。在这种恶劣的环境下，傣医的活动范围也很小，只能医治一般的疾病，对烈性传染流行病毫无办法。因此，那时候流传着这样的民谣："要到傣族坝，先把老婆嫁。"意思是说，去者必病死，难以返回。有一句形容患疟疾的民谣更为可怕："谷子黄，病上床，闷头摆子似虎狼①，旧尸抬出未下土，新尸又在竹楼旁！"对傣族坝子的疾病，内地群众如谈虎色变，个个都视为畏途。据中华人民共和国成立初期调查："这些地区的疟疾发病率高达50%以上，因患疟疾而脾肿大的成年人占95%，12岁以下的儿童达100%。"② 据《明实录》载："公元1457年，明朝把军队调进西双版纳，遇'春暖瘴高'之季，不敢轻进。驻扎在这里的官兵死于'瘴气'的不计其数。公元1766年驻守在九龙江（允景洪—橄榄坝之间）外的清兵瘴死者不可胜数、官弁夫役死亦过半，马匹并多瘴毙。"

恶性疟疾流行时惨不忍睹，勐海坝曼来寨，总共才有25户，一年因患疟疾全家死绝了的竟达9户之多！有一年六七月勐遮坝瘟疫流行，仅曼行一个小寨子就有40%的人丧了命。勐旺坝原

①摆子：即疟疾，云南人的俗称。
②《西双版纳傣族自治州概况》，第183页，云南民族出版社，1986年。

有20多个寨子，1万多人口，1929年疟疾流行，有5 000多人丧生，到中华人民共和国成立前夕只剩下6个寨子，有14个寨子变成了荒村，一片凄凉的景象。在疟疾流行季节过往的商人也可因"中瘴"死于他乡。勐混坝子有一年鼠疫和天花流行，死了上千人。

中华人民共和国成立前，西双版纳和其他傣族聚居地区没有一所完备的医院，国民党在佛海、车里、易武办了几所"医院"仅有一两个医务人员，是专为政府官员和当地上层土司头人服务的。20世纪40年代初美国的传教士曾在车里办过一所教会医院，药费十分昂贵，给病人打一针阿的平收费高达20个银圆，打一支盘尼西林要10个鸡蛋。各族群众看病只能靠民间草医。许多人得了病只好求神拜佛，把求生的希望寄托在鬼神身上。因此，封建迷信活动十分猖獗。

中华人民共和国成立以来，党和政府十分重视边疆民族地区卫生事业的发展。1950年，解放军医疗队首先进驻勐海、耿马、保山等地，免费为各族群众看病，无偿提供药品，这一服务形式一直延续到20世纪70年代中期。1951年云南省卫生厅、西南区分别派出医疗队、防疫队赴边疆少数民族地区配合工作队深入村村寨寨宣传发动群众，一面为群众防病治病、一面帮助培养少数民族卫生保健骨干。后来，这批医务人员留在边疆建立了各种卫生机构，到1953年仅西双版纳就有卫生院4所，妇幼保健站2所，防疫和卫生所各1所。之后，逐步开展了驱"瘴"斗争，开展对传染病的防治工作。1955年成立了第一所州人民医院（当时称民族医院），经过5年的努力，到了1962年，对人民健康危害最大的疟疾发病率从1954年的11.6%下降到了9‰。进入20世纪60年代中期，农村普遍办起了"合作医疗站"，各村公所（大队）都有了"赤脚医生"，保证了疟防工作的持久开展。到1977年全州疟疾发病率下降到了5.9%，天花、霍乱、鼠疫等烈性传染病已经绝

迹。1958 年国家为超高疟区农村培养了大批卫生员，每个村一个
保健员，每 5 ~ 8 户有一名抗疟员，形成了抗疟网。1977 年以来，
北京医疗队受国务院的委托，分期分批到西双版纳，在各县办了
许多卫生训练班和进修班。1974 年起上海医疗队也分批赴西双版
纳，热情地为各族群众服务，对各民族民间医药事业的发展，特
别对傣族医学的发展起了积极的推动作用。如今又编出新的民谣：
"谷子黄，喜洋洋，闷头摆子无处藏；党的光辉照万家，竹楼变成
新瓦房；改革春风润沃土，边疆一派新气象。"

二、医疗卫生网的形成

在党和政府的关怀下，50 年来，医疗卫生事业飞速发展，
从州、县到公社（乡、镇）、生产大队（村公所），以及国有农
场总场、分场，都建立了不同形式的卫生机构，形成了一个从上
到下的医疗卫生网，培养了一批批少数民族医务人员。据 1985
年统计，西双版纳州已建立全民所有制的卫生机构 205 个，病床
2 597 张，医务人员 3 180 人，其中少数民族 458 人、傣医药人员
291 人。县以上的综合医院 14 所，乡（镇）卫生院 40 所，卫生
防疫站 4 所，妇幼保健站 4 所，药品检验所 4 所，麻风皮防站 3
所，州民族医药研究所及景洪县傣医傣药研究所各 1 所。以后由
国家卫生部、省卫生厅、州政府投资 100 多万元于 1988 年 4 月
又建立了全国独有的西双版纳州傣医医院 1 所，民族医药推广站
2 所，州卫生学校 1 所，其余为国有农场、分场一级的医疗
机构。

德宏州现有州县医院 8 所，乡（镇）卫生院 56 所，病床
2 504 张，民族医药研究所 1 所，州县都设有药检所、防疫站、
保健站，医务人员 3 056 人，其中少数民族 495 人（大部分是傣
族）。思茅地区成立了"民族民间医药研究所"，现有职工 20 多
人。临沧地区的双江县设立了民族医科，虽然只有 2 人，但仍坚

持用传统傣药为群众医治伤病。

1979 年以前，西双版纳州有 193 个大队实行了"合作医疗"，有"赤脚医生"682 人，在 266 个生产队中有卫生员 1 596 人、接生员 933 人，他们为农村的初级卫生保健工作、防病治病做出了突出贡献，深受广大群众的拥护和爱戴。

1980 年以后，随着农村生产责任制的调整，"赤脚医生"的报酬和口粮未得到相应的解决，有 40 多个"合作医疗"关了门，170 多个赤脚医生回家务农了。随着商品经济思想的不断渗透，赤脚医生继续动荡，到 1981 年州卫生局抽样调查 14 个乡（镇）的 123 个大队中，能坚持合作医疗的只有 24 个，占 19.5%，合作医疗解体的有 62 个大队。因此，一些乡村又出现了疾病回升的现象。针对上述情况，州卫生局向州委、州政府、省卫生厅写了《关于巩固发展我州合作医疗制度，解决好农村基层卫生组织人员报酬》的报告，各级认真讨论和研究了恢复合作医疗的重要性和办法，初步解决了赤脚医生的报酬问题，于是许多赤脚医生又回到了"合作医疗站"，关了门的合作医疗又重新开了门。此间，还涌现出许多不领薪的摩雅，他们无私奉献，自由组合，把被丢掉的"草草棒棒"重新拾起来为群众防治疾病，截至目前，95% 的大队（村办事处）已恢复"合作医疗"157 个，设简易病床 205 张，昔日的赤脚医生又活跃在农村第一线，为实现 2000 年人人享有初级卫生保健的宏伟目标辛勤地工作着。

三、傣族医务人员的成长

中华人民共和国成立以来，国家很重视傣族医药卫生技术人员的培养，50 年来除分期分批送到昆明、北京、上海进修学习外，还重视培养土生土长的民间草医，鼓励他们带徒，据 1990 年调查仅德宏和西双版纳两个自治州现有少数民族医药人员 964 人，其中傣医 592 人（含在职人员）。为了加速傣族医药的继承和发展，从根本上解决后继乏人、乏术的问题，1986 年秋季经云南省卫生厅、教育厅批准，在西双版纳州卫校招收了首届傣医中专医士班学员，西双版纳 33 人，德宏 10 人，学制 3 年，学习中医基础理论、西医生理解剖、植物学、傣医基础理论、傣药方剂与治法等专业课和临床课，已于 1989 年分配充实到两州的民族医药研究所。目前，西双版纳州民族医药研究所（院）已有 97 个职工，其中专业技术人员 75 人，占 78.94%。75 人中傣族 28 人，占 37.33%，主要从事傣医药工作。

四、傣医药发掘研究整理有新的突破

粉碎"四人帮"以后，西双版纳、德宏都很重视民族医药，特别是傣医药的发掘、抢救、继承、研究工作，设立专门机构，做了大量的调查研究，收集到傣医药书籍《档哈雅》200 余册；基本查清了傣医和其他民族医药人员的分布活动状况；收集傣药大方 145 个，小方 5 000 多个，各种植物药 1 000 余种，制傣药标本 700 余副。几年来，西双版纳编写出版了《古傣医验方注释》1 集、《西双版纳傣药志》1～4 集（州内印刷 1～3 集），景洪县编写出版了《档哈雅》《傣医验方选》《傣医常用动物药》《西双版纳家庭卫生常识》《傣族药物故事》《嘎雅山哈雅》等。在省有关单位的努力之下还编著了著名傣药肌肉松弛剂"亚乎鲁"（傣语）、《傣肌松》专辑。1991 年底，西双版纳州民族医药研究所完成了解释人体生理现象和病理变化的《傣医夯塔档哈和塔都档细的理论研究》一书（待出版），德宏州出版了《傣药名录》，现在云南省又组织编纂《中华本草》的组成部分《傣本草》，它将成为傣族医药最高层次的出版物。

如今众多的有识之士，正以饱满的热情，在改革浪潮的推动下，加紧基础研究和开发性应用研究，傣医学将在祖国医药的百花园中盛开。

第十二章　建筑名胜

第一节　傣族建筑的产生与发展

远古时代的采集经济时期和狩猎经济时期，傣族先民还没有学会盖房，只能成群地居住在天然的山洞里，或者巢居在树上。到了农耕初期，随着农耕经济的发展，开田种地需要定居下来，因而促使傣族先民学会了定居建房，这便是傣族建筑的开端。

傣族建筑文化虽起步较早，但由于受到生产水平低下和先民们生活经验积累不足的局限，发展较为缓慢。仅以建筑住房而言，便经历了三个艰苦的阶段。

第一阶段是：狗坐式房——很骂奄。

有关傣族住宅建筑的起源，汉文史籍和傣文史籍都很少有记载。傣文古籍《寨神勐神的由来》，虽然提到"自帕雅桑木底提出'盖房建寨，定居种瓜'的主张后，我们祖先便结束了几千年的游动生活，走向人类扎寨安居的最了不起的新时代。这个新时代，就是我们傣族历史上说的'档曼过勐'的开始"。但却没有记下傣族第一代房子的式样，以及建盖的过程。

然而，民间有许多有关傣族住房演变的传说，傣族盖房工匠"夏拉很"也有许多祖传的建房"古根"。无论是民间传说或是木匠世家的"古根"，都认为傣族的第一代住房是"很骂奄"，意即"狗坐式房"。关于这一房式的起源,有这样一个传说:由于居住在山洞的傣族先民没法抗拒狂风暴雨的袭击,决心要寻找一个能"挡风避雨的新住处"。可是,森林里除了山洞外,没有任何能"挡风避雨"的地方。后来,他们从针织鸟身上得到启示:针织鸟虽小,但不住在崖洞里,而是用草筑成一个很结实的窝,住在里面,风吹不进,雨淋不着。于是,先民们便学针织鸟,不靠天然山洞,也要自己动手筑一个能挡风避雨的"窝"。可是,这个"窝"怎么筑呢?他们试了几次,都不成功。起先,他们砍了4根木头,搭起一个平顶的"棚子",用野芋头叶、野芭蕉叶和茅草铺在棚顶上面。可是,这"棚子"只能遮太阳,不能挡风避雨,一刮风"棚子"便会倒,一下雨水就往里淋,也不是睡觉安歇的好地方。有一天,先民们的首领桑木底带着一只猎狗去打猎,下雨时,狗坐在地上,伸直着前腿,高昂着头,狗身形成一个坡度,雨从上面淋下。于是,桑木底又受到启迪,仿照狗坐的姿势,将"树棚子"的前柱搭高,后柱砍矮,使之有一个坡度。果然,这样的茅草棚,一点也不漏雨,比平顶的"树棚子"好多了。不久,桑木底创建的这种房子,便逐渐传开,先民们高兴地给它取了一个名字,称它为"很骂奄"——狗坐式的房屋。

这虽是传说,但也有一定依据。从狩猎进入农耕的初期,先民们一方面想定居下来,开荒种地,自己生产食物,另一方面也没有完全放弃狩猎活动,仍然要上山寻找猎物。因此,将狩猎中从雀鸟、猎狗身上受到启迪和积累起来的知识,应用在农耕的"定居建房"上,也是十分自然的事。对此,傣族人民深信不疑,认为"狗坐式房"实属傣族先民创造的第一代最古老的房子。

第二阶段是:凤凰房——"很烘"。

随着农耕经济的巩固与发展,定居建房越来越普遍,形成了傣族社会向前发展的一个标志。换言之，由于农耕面积的逐渐扩大，以及农耕技术的不断提高，人工生产的食物逐渐取代了天然食物，这就用不着先民们整天在森林里奔波，可以拿出一部分时间和精力来改善居住环境。于是，促进了傣族住宅建筑的发展。

据民间所传，到了这一时期，傣族最古老的第一代"狗坐式房"，便演变成第二代的"很烘"——凤凰房。

如何演变，也有许多传说，其中一则是"天神派凤凰来帮助人类"。据说，傣族创建的"狗坐式房"也很简陋，而且不牢固，狂风一吹就会倒。傣族先民想再创建一种更新更好的房子，但却想不出办法，很苦恼。天神知道后，很同情，派了一只凤凰来启示傣族先民创造一种既牢固又美观的新房。凤凰扇着翅膀，从天空飞落到傣族居住的河边草地上，将高高的双脚站稳，将美丽的翅膀伸开，形成房架的姿态，并对人们说："想得到新房的人呀，请看我的翅膀，它既能挡风避雨，又玲珑美丽。"此时，天上猛然落下大雨，倾盆的雨水淋在凤凰身上，但凤凰却一点也不在乎，所有的雨水都从它两侧的翅膀中间滚滚落下。雨晴后，凤凰身上一点雨水也没有。于是，人们又受到启迪，高兴得不得了，立即上山砍来许多木料，割来许多茅草，仿照凤凰站立的姿态，又创建出另一种新的房屋。这就是傣族的第二代居民住宅——"凤凰房"。

第三个阶段是：高脚干栏房——"很绍当"。

与第一代住宅相比，凤凰房又前进了一步，可以抗拒狂风暴雨了。但傣族自古居住在河谷地带，喜欢傍水而居，因而湿度大，水灾频繁。为了预防潮湿，抗拒洪水，傣族先民需要不断改进自己的房屋建筑。经过一段时期的摸索，傣族先民将凤凰房的柱子不断加高，改为楼下拴牛马，楼上住人。于是，凤凰房便逐渐演变成"高脚干栏竹楼"。由于傣族的第三代住宅是从凤凰房演变而成的，不可能抛弃原来的基本容貌，因而至今仍保留着凤凰房的基本结构和建筑程序，从外形看，仍然很像凤凰房，只是比凤凰房更高大、更新颖、更适合亚热带炎热的气候和傣族人民的生活习惯。

傣族认为，住宅建筑是整个建筑文化的基础，因为人类首先要有了住的地方，才会去想别的，首先要建盖生活住宅，然后才去建盖别的建筑物。所以，傣族住房的产生与发展，实际上也是傣族建筑文化的产生与发展。

第二节　傣族建筑的类别

傣族建筑，历史悠久，类别繁多，归纳起来，可分为住宅建筑、宫廷建筑、佛寺建筑、佛塔建筑、桥梁建筑、公共设施建筑六大类。无论从建筑思想、建筑设计和建筑风格等方面看，每一种类别都自成体系，但又互相渗透、互相协调，都从不同的角度体现了傣族建筑的总体艺术特色，而受到世人的关注。

一、住宅建筑

古代的傣族住宅建筑，基本统一，大都是近水而居，架竹为房。也就是说，住的都是以竹子为主要建筑材料的干栏式竹楼。明代旅行家徐霞客到达广西壮族地区时，曾在他著名的《徐霞客游记》里写道："土人架竹为栏，下畜牛猪，上爨与卧外之所托焉。架高至五六尺，以巨竹槌开，经尺余，架与壁落俱用之。爨以方板三尺铺竹架之中，置灰蒸火，以方块支锅，而饮之上三四尺，悬一竹筐，日炙稻而春，用巨木刳为小舟形，空其中，以双杵捣之。"徐霞客所描绘的这一壮族住宅，与傣族居住的竹楼基本一致，可见干栏建筑确实是古代百越族群中诸民族共同创造的住宅文化。但是，百越族群中其他民族的住宅，早已随着时代而演变，只有傣族至今仍保存着较为完整的高脚干栏式竹楼住宅。

傣族的高脚干栏建筑，俗称"竹楼"，一般高约八九公尺，占地面积约 50～90 平方米，分上下两层。下层拴牛马或放置农具；上层是主人的居室，包括卧室、会客室及煮饭的厨房。较为古老的竹楼全都以竹子和茅草做建筑材料，即柱子、横梁、围墙，全都用竹子，屋顶以茅草编成草排覆盖。此类竹楼建筑，造价低廉，技术简便，不需用更多的工具，只需要几把大刀便可完成，故建盖此类竹楼的人，素有"大刀木匠"之称。但随着生产的发展和生活水平的提高，竹子加茅草的建筑结构已基本淘汰；到了近代，大多数高脚干栏式建筑，都已改为木瓦结构，即房柱、横梁、围墙，全都采用木料，房顶则用傣族自己烧制的挂瓦覆盖。这样，所谓"竹楼"，只是一种传统的称呼，实际上整个建筑物没有一根竹子，全都是坚硬的木料。当然，少数地方也还有用竹子编成精致的篱笆做围墙的，但这种情况已逐渐减少，因为竹制篱笆无论如何都没有木板围墙结实、美观。用木代替竹，用瓦代替草，不仅仅是建筑材料的变化，同时也是建筑技术的飞跃发展。因为建盖木瓦结构的高脚干栏式楼房，造价较高，工艺较为复杂，从平整地基到预算材料的数量和规格，都有一定的程序和比例，必须请具有专门建筑知识的人来帮助精心设计和指导施工。这样，便促进了本民族"土建筑师"（傣族号称为"夏拉很"）队伍的诞生与壮大，从而推动了整个傣族建筑业的进步与发展。

傣族住宅建筑（即竹楼）的内部结构，各地虽有差别，但总体上基本相同：一般都分正房、走廊、晒台3部分。正房又分隔为两室：内室是主人的卧室或重要钱物的存放处；外室又称"客厅"或"堂屋"，是接待客人的地方。外室的左上角，即与走廊一壁相隔的部位，置一火塘，做煮饭、烧水、取暖之用，相似于厨房。走廊正面与上楼之楼梯相接，左右与正房和晒台相通，是出进正房和晒台的必经之道，一般家庭都设有长排背椅，既是走道也可做休息或接待客人之用。晒台相似于内地的阳台、露天，一般做洗晒衣服、装置水罐之用，当然也是洗脸、洗脚的地方。

在阶级社会里，傣族高脚干栏式竹楼，还设有等级之分：普通百姓的竹楼，其房柱不得超过32棵；一般官员或村寨头人的竹楼，其柱子不能超过64棵；只有土司以上的"召勐"，才能建盖100棵以上柱子的大竹楼。因此，傣族有句俗语："房柱多，地位高。"只要数一数竹楼的柱子，便可知道主人的社会地位。当然，这已成为历史的痕迹。在当代，竹楼已经没有等级烙印，富裕起来的普通劳动人民，建盖七八十根柱子的竹楼现象越来越多。

傣族高脚干栏式的住宅建筑，是热带丛林地区的产物，适应于热带丛林雨量多、江河纵横、气候炎热的自然环境，有防潮、防震、防洪的综合功能。但是，融人舍、畜舍、厨房为一屋，下拴牛马，上住人家，虽有能充分利用建筑空间的长处，但却又影响住宅环境卫生，易生蚊虫，对人的健康不利，有待进一步改进。近代，由于生活水平的提高和科学知识的增长，多数人家已另盖牛厩，将人的住宅与畜舍分开；有些人家不仅如此，还另盖厨房，将煮饭的炊具移到屋外，使客厅更为清洁舒适。这样便出现了各式各样经过改建后的新式住宅。例如景谷傣族经过改造的楼房：下层仍然采用高脚柱子，但已不做牛厩，不拴牛马，只做谷物农具储藏室；上层走廊之前方，另盖一间厨房，内与走廊相连，外与晒台相接，正房、厨房、晒台仍然连成一体。这种经过改造的住宅，既保留了高脚干栏建筑的基本传统特色，又适合于现代生产活动和生活习惯，因而深受人们喜爱。

接近内地的某些傣族地区，因与汉族、彝族和其他民族长期和睦共处，受汉文化影响较多，在住宅建筑方面也吸收了汉族和其他兄弟民族的有益经验，早在18世纪前后便将高脚干栏竹楼改为砖瓦结构的平房住宅。此类住宅，吸收了汉族建筑和白族建筑的优点，相似于内地的小四合院：大门对面是一屋三室的正房，两侧是厨房或磨房，中间有一个庭院。从外形看，基本上属于内地汉族的建筑风格，但在柱梁结构和室内装饰等方面，仍然保留着傣族住宅的某些特点。

元江、新平一带的傣族，属傣莱支系，俗称"花腰傣"，因长期与彝族、哈尼族杂居，无论生产、生活都相互受影响，因而其住宅建筑大都改为平顶的土掌房。这说明，自然环境对住宅建筑具有一种强大的影响力。

二、宫廷建筑

傣族宫廷，傣语称"贺召"，即"召"居住的地方，泛指历代"召片领"的住宅和办事机构，以及明代以后各地傣族宣慰使、各勐土司的衙门。

由于傣族居住分散，各地生产发展水平不一致，物质基础差距较大，因而各地的傣族宫廷建筑也不尽相同。但从总体上讲，凡是被称为"贺召"的土司宫廷，建筑规模都比较宏伟、辉煌、庞大，形成较为完整的建筑群。若以建筑结构而论，则可以简明地分为傣式干栏宫廷和中原楼阁宫廷两大类。

傣式干栏宫廷以车里宣慰司署为代表，西双版纳各勐的土司宫廷也属于这一类。车里宣慰使署坐落于景洪坝子东南，澜沧江九龙滩边，依山傍水，地势险要。该地址傣语称为"允帕罕"，意为"金岩之城"，有许多著名的动人传说。该建筑物傣语称为"贺召片领"，意为"召片领之宫"。据傣文史籍载：一世召片领叭真的宫殿，是建在今允景洪旁的曼景兰，到了17世纪前后，才移至今宣慰街即金岩之城"允帕罕"。保存到近代的"召片领宫廷"，汉语称"车里宣慰司署"，傣语却一直遵照传统之俗，称为"贺召片领"，是一巨大的傣式干栏建筑群，主要由宣慰司署、宣慰使议事厅、宣慰使住宅3部分组成。宣慰司署是召片领即宣慰使处理政务和接见重要官员的地方，是整个宫廷建筑的主体。木结构，瓦顶，整个建筑用了120棵圆形木柱，80多根横梁，纵横交织，构成一幢巨大的高脚干栏式楼房。楼顶呈六角形，楼身呈长边四方形。四周以木板为壁，壁上雕刻有各种图案。壁外留有一米宽的长廊，可沿壁而走，四壁相通。壁内是一个宽敞的大厅，装饰精美，设有各种等级的座位；召片领接见重要官员时，均按其本人之等级对号入座。这一主体建筑，除了占地面积比普通竹楼大数倍，内部装饰更精美外，其外部形状跟普通竹楼没有什么区别。因此，被称之为傣式的干栏宫廷建筑。

宣慰使议事厅在宣慰司署前，也是一幢干栏式高脚楼房，但形状与宣慰司署大楼略有不同，楼顶采用了折叠式的两层偏厦，第一层偏厦的斜度较大，第二层偏厦的斜度较小，形成一种逐渐展开的"人"字形风格，带有泰国北部某些建筑的特点，可以说是傣族吸收了东南亚建筑艺术的象征。宣慰使住宅也就是召片领宿宫，在宣慰司署大楼之后，也是木柱、木楼、瓦顶，其外形与普通百姓居住的竹楼一样，只是柱子更高大，工艺更精湛，气势更雄伟。

上述3幢建筑物，与其他一些附属建筑连在一起，构成了一组完整的宫廷建筑群。因它们都不用砖石，没有房墙，全都是高脚木柱。所以，被称为"傣式干栏宫廷"。

盈江土司、芒市土司、孟连土司、耿马土司和景谷土司的宫廷，则是另一种模式、另一种风格。在建筑材料上，采用了砖木结构或土木结构，即砖墙、木柱、青瓦、木窗；在布局上，采用了始于中原的内地官府衙门模式，即大门之前是照壁，大门之后是耳房，耳房之后才是四合院式的大厅；梁柱上的雕刻图案，以傣族喜爱的大象、凤凰、孔雀为主，但也有中原喜爱的龙、狮和其他图案。据载，这一类土司宫廷，大都是请内地的汉族技术人员和工匠帮助设计建筑的，虽然继承和吸收了某些傣族建筑传统，但无论在结构和形式上都属于内地风格。所以，被称为"中原式的楼阁宫廷"。

民族建筑是民族总体文化的一个重要组成部分，是民族智慧的最显著体现之一。傣族的宫廷建筑，有的吸收了东南亚的建筑艺术、有的吸收了中原的建筑艺术，说明了傣族是一个很善于吸收外来先进文化的民族。

三、佛寺建筑

佛寺，西双版纳傣语称"洼"（vat），德宏傣语称"奘房"（tsbŋ^2），有的地方翻译为"缅寺"，含有从缅甸传来的寺庙之意。近代，经佛学部门及有关专家规范后，统称为"佛寺"。

傣族的佛寺，数量众多（基本上每一个寨子有一座），大小不一，造型各异，丰富多彩，是傣族整个建筑文化中最富有民族特色的部分。

以建筑规模而论，无论是大小佛寺，都由佛殿（傣语称为"维汉"）、僧舍（傣语称为"烘"）、藏经亭或僧侣晋升亭（傣语称为"窝树"）3部分组成，级别较高的佛寺，还有听经厅、长廊和寺门，形成一个完整的建筑群。

佛殿是整个佛寺的核心建筑，高大雄伟，外形不统一，视各地建筑设计师的设计才能和风格而定：有台阶折叠式的，如景洪曼赛大佛寺；有并排"丁"形式的，如勐龙洼罕大佛寺；有两檐歇山顶围栏式的，如勐罕的曼孙满大佛寺；有两檐歇山顶多边折叠式的，如勐遮曼短大佛寺；也有中原楼阁式的，如芒市大奘房和景谷的迁糯大佛寺。总之，建筑结构多种多样，建筑形式丰富多彩。然而，外部形式虽然不统一，各有风采，但殿内的设置却又基本一致，都是佛殿内的正中靠右处，设有一莲花佛台，台上供奉着一尊高大的释迦牟尼塑像；塑像顶端和四周有幔帐、佛幡等陈设；殿内的右侧，沿墙壁设一长形平台，高约2尺，是众僧侣诵经朝佛的位置；佛寺四周有围墙，墙上绘着各种壁画，内容包罗万象，主要有释迦牟尼成佛图、佛本生故事和一些民间传说。由于佛殿是众僧侣和众教徒进行佛事活动的主要场所，因而比较宽敞高大，勐级以上的佛寺大殿，建筑面积一般都在七八百平方米，普通佛寺的大殿，最小的面积也在四五百平方米左右。以建筑材料而言，大都是砖木结构，即木柱、木梁、瓦顶、砖墙。

僧舍是僧侣食宿的生活区，其规模视住寺僧侣的数量而定。兴旺昌盛的佛寺，高僧云集，和尚众多，需要逐年增建僧舍，因而僧舍一幢接一幢；荒凉的佛寺，僧侣较少，僧舍自然也就少，一般只有一两间。西双版纳地区的僧舍，受到民间住宅的影响，大都是木柱瓦顶楼房，因楼下无用途，楼柱较矮，故有矮脚楼之称；接近内地的僧侣，同样受到民间住宅习惯的影响，大都是土木结构的平房。从建筑艺术的角度看，僧舍极为普通，显示不出民族建筑风格。

"窝树"是傣族佛寺中最有特色的建筑。它既是藏经亭、诵经亭，又是举行僧侣晋升仪式的场所，由于十分神圣，所以建筑十分精致、辉煌。以建筑造型或建筑式样而言，有两檐四角亭，如景谷勐卧大佛寺"窝树"；有两檐折叠式六角亭，如景洪曼阁大佛寺"窝树"；有三檐塔式三角亭，如勐龙曼飞寨大佛寺"窝树"；有多边塔式八角亭，如景真八角亭"窝树"等等。造型各异，风格独特。

"窝树"是整个佛寺建筑中最为壮观的部分。因此，建筑地点也在最为显著的位置，一般都建在大佛殿的正面，或接近寺门的右侧，最多隔大佛殿20余米。楼亭的底部，均用砖石精工砌成；上部为木结构，瓦顶。建筑面积，大的"窝树"约60平方米，小的"窝树"约40平方米。楼亭的柱子和横梁，大都有彩雕或其他图案；四周围墙为洁白色或金黄色，给人一种神奇、庄严、肃穆的感觉。

傣族的佛寺，数量众多，较有名的有车里宣慰街大佛寺、曼听洼巴姐佛寺、勐海城子大佛寺、勐海曼喷大佛寺、德宏芒市大佛寺、景谷迁糯大佛寺、勐连城子大佛寺等。早期建造的佛寺，由于年代久远，多次遭到破坏，资料大都已经遗失，有关建寺年代、建寺资金，以及设计施工过程，均难以考查。目前只从出土文物中，知道"勐海大佛寺建于祖腊历九年（647年），勐海曼喷大佛寺建于祖腊历十六年（654年）"①。当然，这也只是一种推论，是否确切，有关专家仍在研究考证。晚期建造的佛寺，资料更较为完整，例如景谷迁糯大佛寺，不仅有文字记载，还有其他文物佐证，其建造年代更较为确切。

据载景谷迁糯大佛寺始建于清乾隆四十三年（1778年），复修于清道光七年（1828年）。整个建筑由佛殿、僧舍（又称"僧房"）、诵经亭（又称"戒堂"或"僧侣晋升亭"）、寺门（又称"山门"）4个部分组成，占地面积共3 960平方米。大殿（即佛殿）为三檐歇山顶围栏式建筑，长22.5米，宽15.2米，高约30米，面阔5间，进深5间，覆盖青灰瓦，羽角上翘，檐下有斗拱；内栏格扇一米高，半墙为红砂石支砌须弥座，座上有丰富多彩的图案浮雕；上部是精美细致的彩雕格扇窗，六株头的格扇门雕有各种图案；走马板，上坎，挑檐与顶棚藻井上有彩色浮雕，殿内壁上有金粉图案。工艺精细，式样雄伟，色彩辉煌，具有较高的建筑艺术价值。1987年12月，云南省人民政府已公布为省

---

①刀永明著：《傣族文学与佛教》，载《傣族文学讨论会论文集》，第110页，中国民间文艺出版社，1982年。

级重点文物保护单位。

四、佛塔建筑

傣族地区，佛塔林立，金光闪闪，与青山翠竹相映生辉，呈现出一种独特的地方民族景色。

据文献载，建塔之俗源于印度，是佛教徒为了分散保存释迦牟尼的"舍利"而在各地兴建起来的建筑物。后佛教经斯里兰卡、东南亚传入我国傣族地区，建塔之俗也随之在我国傣族地区兴起。由于这一原因，傣族地区所建的塔，都与释迦牟尼的传说、佛教的典故，以及当地重要的佛寺活动有关。

傣族地区究竟有多少佛塔，无确切数字，据文物管理部门统计，仅西双版纳地区已列为文物的佛塔便有近百座，德宏、景谷、孟连、耿马、双江等地区的佛塔，目前尚未全面统计，加在一起最少也近千余座。这些数量众多的佛塔，以建筑材料而言，多数属砖石结构，实心，表面涂石灰涂料，绘彩贴金，少数属砖木结构，即底部由砖石砌成，上部用木料架成；以建筑平面而言，有方形塔、圆形塔、六边形塔、八边形塔、十二边形塔、折角亚字形塔等；以塔的建筑层次而言，有单层塔、双层塔、多层塔等；以塔的建筑规模的组合而言，有单塔、双塔、三塔、五塔、群塔等。由此可见，傣族佛塔，种类繁多，形状各异，千姿百态，体现了傣族佛塔建筑设计的多样化，以及佛塔建筑艺术的丰富多彩。

由于数量众多，难以全面描述，只能选其具有代表性的建筑，作如下介绍：

（一）塔庄勐

傣语译音，勐指地方或坝子，庄是"尖顶"或"最高点"，塔庄勐，意即景洪坝子最高点之塔，包含有最神圣、最重要或社会地位最高之意。坐落于西双版纳州景洪县原宣慰街召片领宫殿背后的曼勒山上。建塔年代不详。传说是释迦牟尼涅槃后，佛的子弟"帕雅阿索"派"阿腊憨打"于佛历二四四年（公元前300年）主持修建的。又相传，塔下有一地宫，宫内有一宝盒，盒内装着释迦牟尼佛的头盖骨灰。因而更为神圣，名传四方，在东南亚佛教徒中也颇有影响。据地方志《南四本勐景洪》载，此塔初建时仅高2米余，后经历代召片领多次复修，才逐渐增高。现存之塔高约10米，砖石结构，塔基正方形，高0.5米，塔身分上下两部分，下部呈须弥座式环状体加折叠，上部由十瓣复钟置于下半部须弥座的顶端，塔刹呈"串"字形，一节比一节小，以宝瓶饰塔顶。据有关部门鉴定：属"窣堵坡"式佛塔建筑，源于印度。此塔建筑设计独特，塔形雄伟美观，被民众列为景洪地区"九塔十二城"中的"九塔之首"，不仅是佛教徒的朝佛圣地，同时也是西双版纳地区的一大景观。

（二）塔 糯

傣语称谓译音。傣语的"糯"即汉语的"笋"，"塔糯"意即"笋塔"。这是根据塔的外部形状而得的名。坐落于西双版纳州景洪县曼飞龙寨后山上。据西双版纳州文物管理站发现的傣文古籍《贝叶经》载："塔糯建于傣历五百六十六年（1204年，宋嘉泰四年），是勐龙坝子最早建造的佛塔之一。"[1] 砖石结构，外涂白色涂料，底层贴金。基台由两层素平圆台组成，分上下两段，下段是圆形平面须弥座，上段向8个方向伸出8个两坡顶的小龛，每个小龛内都供有一尊小佛像。基座的中心是高大的主塔，俗称"母塔"，四周八面有8个子塔，很均匀地环绕着中心的母塔，形成完整的建筑群体。中心主塔的本身基座，由3个须弥座叠成。母塔与子塔风格统一，协调一致，具有完整的艺术造型。中心母塔高13米，周围子塔高9米，组成节节高的竹笋形

---

①罗廷振：《西双版纳的塔》，内部油印资料。

状，故得名"笋塔"（傣语即"塔糯"）。

建塔的起因，相传是释迦牟尼巡游世界时，曾经过此山，站在山顶上瞭望勐龙坝子，因而留下佛的脚印。为此，傣族善男信女集资建造了此塔，以供后人朝拜佛经过此山时留下的足迹。因而，此塔乃是朝佛的圣地之一。"文化大革命"期间，笋塔遭到严重破坏，现已修复，重显雄姿，并被国务院公布列为国家级重点文物保护单位。

（三）金狮塔

坐落于德宏傣族景颇族自治州瑞丽县姐勒寨。砖石结构，外涂石灰涂料、贴金。以建筑规模而言，与西双版纳笋塔一样，也属于群塔建筑，但二者风格各异。金狮塔的中心主塔更为高大，分两段，下段呈折叠"亚"字形，上段呈圆形，依比例逐渐缩小，直至顶端。子塔的数量较多，并分两个层次：4个角的4个子塔较大，两侧又有两个小塔，形成小塔、中塔、大塔3级；小塔、中塔有序地紧紧环绕着大塔，即主塔，诸塔相映生辉，构成一个完整的艺术群体。无论从造型设计或施工技术等方面看，都称得上是傣族佛塔建筑之珍品。

为何要建此塔？又为何以"金狮"命名？这一切都源于佛本生故事与当地的民间传说。

据传，古时的瑞丽姐勒一带，是茫茫的大森林，里面住着一头金狮。这头金狮是释迦牟尼未成佛前的化身，心地十分善良，从不伤害人类和其他鸟兽。一天，有一个猎人上山打猎，跟金狮同宿于一棵大树上，并结成了好朋友。过了一会，老虎来了，对金狮说："人的良心很坏，专打我们兽类，我俩应该联合起来将人捉住，以作美餐。"金狮不听虎的挑拨，要保护人。虎的阴谋未得逞，待金狮入睡后，反过来挑拨猎人："人呀，金狮的心很坏，它想吃掉你，我俩应该联合起来，将狮打死。"人轻信了虎言，一脚将金狮从树上踢下。然而，金狮是佛的化身，洪福无边，虽摔下树但平安无事。虎的凶恶面目暴露了，人也醒悟到做了坏事，立志要修身行善。后来，人们为了纪念佛的化身——金狮，集资修建了此塔，并命名为"金狮塔"。由此可见，此塔的修建，与佛教在傣族地区的兴盛有密切关系。但是，建造塔的具体年代，至今仍然不详。据有关文物部门的专家根据现存的资料和塔的建筑技术推测，可能建于傣历六九八年（1336年）前后，即傣族首领思可法取得勐卯政权，接替麓川路军民总管之时，也就是麓川政权最强盛的时候。

（四）树包塔、塔包树

这是傣族最独特的佛塔建筑。德宏瑞丽县有两座，景谷自治县也有两座。其中以景谷自治县勐卧大佛寺前的"树包塔、塔包树"最为壮观、最具有代表性。从佛塔建筑的规模与组合而言，此属双塔建筑，一左一右，两塔之间，相距约六七十米，平行屹立在佛寺大殿之前，十分观壮。

双塔均为砖石结构，实心。塔基呈四方形，全用褚红石块精工砌成，上有各种鸟兽浮雕图案，高约2公尺；塔身呈圆形，用砖石砌成，形成多层塔阶，由下向上逐渐缩小。左塔之顶植一棵菩提树，树根向外生长，树干向下低垂，树根和枝叶将大部塔身团团围住，因而称之为"树包塔"；右塔之顶同样植一棵菩提树，但树的根须全部插入塔心，一丝也不外露，高大的树干从塔尖而起，直插蓝天，故称之为"塔包树"。

"树包塔、塔包树"是傣族在佛塔建筑上的一种独特的创造，具有较高的研究价值。就佛学的角度而言，菩提是佛陀借以修身成佛的宝树，傣族视为是释迦牟尼成佛前的化身，而塔则是佛的"舍利"，即佛涅槃（逝世）后的骨灰。"树包塔、塔包树"的设计者，巧妙地将菩提与塔结合成一体，也就是将佛的生前化身和涅槃后的"舍利"结合成一体，使佛教徒既能朝拜菩提，又能朝拜舍利，达到了两全其美之目的，这对研究佛教的教义和传教方式都具有重要意义。从建筑设计和建筑技术而言，为何会出现这样的奇观？是建塔时就有意在塔顶上植下菩提树苗还是建塔之后菩提的种子偶然落在塔顶而自然生长出树来？再者，菩提是高大乔木，树干和树根都很粗大，茂密粗大的树枝重万余斤，塔身为何支撑得住？粗大的树根插入塔心，而塔心也不破裂、坍塌。最后更值得一提的是：塔和树都有300多年的历史，为何无土栽培之菩提经历了这样漫长的时间而常绿不衰？为何承受万斤重压的佛塔经历了如此漫长的岁月而不倒？这一切都蕴藏着傣族人民的建筑智慧和建筑才能。因此，具有研究傣族古代建筑思想、建筑设计、建筑技术的重要价值。

（五）金宝塔

坐落于德宏州芒市坝子中心，因而当地傣族又称为"广姆刚勐"，意即坝子中心的塔。建于清乾隆年间，具体年代不详。塔基占地面积225平方米，用300多块方石镶成；塔身为实心，高23米，四周有28座小塔，紧紧围绕着主塔，形成宏伟的塔群，相互辉映，十分壮观。无论主塔或子塔均属砖石结构，全用方石和红砖砌成，外涂石灰涂料。主塔分3层，每层有5个方块佛龛，均供放着佛像和供物。工艺精细，造型优美，是傣族地区具有代表性的群塔建筑。

（六）曼勐町塔

坐落于德宏州盈江县马鹿场，距县城约3公里，也是一座大型的群塔，除主塔外，周围还有44座小塔。主塔高约20米，分塔基、塔身、塔刹3个部分。塔基座为方形五级台阶，底层边长19.3米。第一层台上共立小塔28座（每边7座）；第二层至第四层逐渐缩小，均为方形须弥座，每层的四角立小塔一座；第五层为"亚"字形折角台座，其中心部位建高大的主塔。主塔的塔身为金钟式，上有莲瓣浮雕。塔刹由仰莲浮雕、华盖、标杆、风球组成，华盖边缘系有风铃。该群塔规模宏大，气势雄伟，具有傣族传统的群塔建筑风格。

（七）僧侣墓塔

按照傣族的习俗，佛爷以上的高僧死后，尸体要火化，骨灰要装入一只土罐埋葬，在埋葬骨灰的地方，要建一座塔，以作纪念并供后人瞻仰。这即是僧侣墓塔。

傣族的僧侣墓塔，融墓与塔为一体，既是墓又是塔，小巧玲珑，造型别致，实属一种特殊的建筑物。此类墓塔，形状各异，有圆形的、有方形的、有四边形的，也有六边形的，但有一个严格的规定：不能比当地的佛塔高，因为僧侣只是佛的子弟，其墓当然不能高于佛的"舍利"。所以大多数僧侣墓塔的高度，一般在 2～3 米左右，最高的也不超过 5 米。与其他种类的塔一样，僧侣墓塔绝大部分都是砖石结构，古代的外涂石灰涂料，近代的涂一层水泥沙灰。墓塔的正中有一块石碑，上面刻着死者的名字、尊号和简要生平，相似于墓碑。

傣族的僧侣墓塔，除个别地方外，一般都不建于佛寺之内，而是在村寨外的险要之地；也不需要集中，特别是德高望重的著名高僧，要选择风水最好、环境最优美的地方单独建墓塔安葬。因此，建有此类墓塔的地方，无形中变成了一种人们喜欢游览、瞻仰的风景区，这也从另一个侧面反映了傣族历史文化的某些特色。

五、桥梁建筑

傣族世居河谷平原，大小河流纵横，沟渠密布，因而桥梁建筑显得尤为重要。一个坝子之间往往有一条或数条河流穿过，如果没有桥梁，便会影响生产活动和民间来往。

傣族的桥梁建筑，数量最多的是竹桥，其次是木桥和石桥。

傣族的竹桥，始于 2000 多年前的农耕初期，历史悠久。傣族创世史诗《巴塔麻戛俸尚罗》中所唱的"架桥过河，划筏渡江"，指的就是农耕初期傣族先民建造的竹桥、制作的竹筏。由于傣族地区遍地是竹，取材方便，造价便宜，加之架设竹桥的技术较为简便，只要具有劳动力的男子，一学就会，容易普及，因而傣族的竹桥发展很快，长久不衰。凡是有河流的地方，几乎每个村寨都有一座竹桥。较为著名的有流沙河竹桥、勐腊河竹桥、梭罗江竹桥、小黑江竹桥、打洛江竹桥等。

较为古老的竹桥，全都是竹结构，不用一根木或一块石，即桥柱全用竹子架成，桥面全用竹子铺成，然后在圆形竹子铺成的桥面上，加一层用竹片编成的竹笆，使其更平稳，方便行走。中华人民共和国成立前此类竹桥数量众多，每个村寨都有，不胜枚举。但是，由于不牢固、不耐久，遇到洪水便被冲垮，需要重建，因而历史上名的竹桥很难保存到现代，目前较为完好的只有打洛江竹桥。打洛江竹桥位于国境线的打洛江渡口，有 20 架竹桥柱（即桥墩），宽 1 米余，长 90 多米，是傣族地区最长的竹桥之一。打洛渡口的竹桥，始建于古代，据传已有 1 500 多年历史。嗣后，一代接一代，每年都要复修或重修一次，并形成了习俗沿袭至今，因而后人才有幸能看到横跨打洛江的竹桥英姿。

傣族的木桥，产生于竹桥之后，是傣族的第二代桥梁。民间有一句俗语："狗在牛先，木在竹后。"并由此产生了许多神话传说作为解释。其意思是说：在畜牧业方面，傣族饲养狗在饲养牛之前，在应用植物盖房架桥方面，使用竹子在使用木料之前。这很符合人类的生产活动规律，具有历史真实性。然而，木桥的产生，并不能全部取代竹桥。因此，只能与竹桥并存于世，相互相辅相成，各自发挥其作用。

傣族的木桥，可分两类：一类是大木桥，一类是小木桥。大木桥一般架设在较大的江河渡口，以高而长为特点，例如中华人民共和国成立前的威远江木桥，长约 200 米，高约 30 米，横跨在滔滔的威远江上；又如流沙河勐海地段曼少渡口的木桥，也长百余米，横跨在流沙河之上。此类大木桥，其建筑结构与大竹桥相似，只是材料不用竹子，而用能耐水的上等木料。架木桥不用清基，但要选择两岸地基都较牢固的地方。桥与木柱为基础，木桥柱以水筒粗的两根木料为一架，下部用木槌打入河底，上部用一横杠相连。如此类推，河面宽的渡口，要打10～20架木柱。木柱架好后，再铺桥面。此类大木桥，虽然比竹桥结实、安全，但只能供人行走和一般马帮通过，车辆不能通行。小木桥以短小为其特点，一般架在较小的河流之上。有的地方，还在桥上盖了简易的房子，叫"桥亭"，人们过桥时，可在桥上歇凉、休息。傣族地处热带丛林，森林资源丰富，巨大乔木众多，建筑木桥可就地取材，因而潜力很大。有的小型木桥，材料结实，宽阔牢固，能支撑数千斤压力，车辆均可通行。

傣族的石桥，始于中世纪以后，是傣族第三代桥梁建筑。西双版纳地区较少，德宏、景谷、双江一带的傣族地区较多。其形式有单孔拱桥、多孔拱桥或石墩木面桥等多种。架桥技术，大都从内地引进，有的是请汉族石匠直接帮助修建，因而桥梁风格基本上与内地汉族地区的石桥风格相同。因此，可以说，傣族地区的石桥建筑，是汉族、傣族文化交流的结晶。

当然，上述只是傣族历史上的桥梁建筑，带有历史的局限和痕迹。到了当代，傣族地区的桥梁建筑已有飞跃的发展，古老的竹桥、木桥，已成为古迹，取而代之的是现代化的钢筋混凝土大桥，如澜沧江大桥、瑞丽江大桥、威远江大桥、梭罗江大桥、勐腊河大桥、流沙河大桥等等，均可称为当今最优秀的桥梁建筑。特别是被称为"澜沧江—湄公河第一桥梁"的允景洪大桥，可供4辆汽车并排通行，宽阔高大，造型优美，像彩虹一般横跨在激流奔腾的澜沧江之上，日夜车辆往来不绝，为加速傣族地区的经济建设，做出了巨大贡献。

更值得一提的是：傣族人民以修路筑桥为美德，至今仍有不少群众自愿出资、出力在乡村小道上修筑简便的竹桥、木桥。因此，傣族的桥梁，雅俗并举，土洋并存，既有现代化的建筑，也有古老的建筑，传统桥梁与现代桥梁网罗密布，体现出傣族地区特有的风光和当代的新气象。

六、公共设施建筑

傣族的社会活动，历史上大都以佛寺为中心。因此，公共设施建设，也主要以佛寺为主。除佛寺外，傣族的公共设施，便只有风雨亭、街亭、井亭为代表建筑。

风雨亭：傣语叫"萨拉"，是建筑在村旁或路旁，专供过路行人避雨、休息，以及方便外地人借宿的建筑物。此类公共设施，既方便本地人，也方便外地人。中华人民共和国成立前，特别在18世纪末19世纪初，傣族地区商业兴起，前来傣族地区做生意的商贩和马帮增多，但客店却很少，有些商贩或马帮不想到村寨里借宿，便在称之为"萨拉"的风雨亭里住宿。此类公共设施建筑，一般是木柱瓦顶的四方形亭子，占地面积不大，约有20～30平方米，四周有半围墙或半木板围栏，内有简易木凳和盛水台，台上有一口土罐，每天都有热心公益、乐于行善的人，自愿挑水放入罐内，供过路行人享用。就建筑风格而言，属于一般凉亭，较为简朴，但也有设计得很精致优美的，如景洪曼赛萨拉亭便是一例。此亭下部由16根木柱组成，呈四方形，四周底部先以1米的半围墙做基础，后又加1米的木板围栏。上部是三檐折叠式，瓦顶；第二檐折成5个方块，第三檐也折成5个方块，相衬对应；正方有一出入之门，敞开，不设门扇；门上端的第一檐和第三檐，加一折角"人"字形偏厦；亭子的顶端，还以串铃为饰，使整个建筑物更显得玲珑小巧，精美别致。在边ița炎热的地方，这样的公共设施，确实是一个最理想的借宿之地，

所以很受外地过路人，特别是自带有锅碗行李马帮的欢迎。当
然，到了现代，经济蓬勃发展，到处都有旅店，过路人在风雨亭
借宿现象早已绝迹，因而风雨亭又起到了专供过路行人避风雨的
作用。

街亭：傣语叫"听嘎"，意为赶街地方的亭子，是专供外地
或远处村寨进城赶集使用的公共建筑物。唐宋之后，傣族商业便
逐渐兴起，就连李京的《云南志略》也有记载，说当时傣族地
区"交易五日一集，且则妇人为市，日中男子为市，以毡、布、
茶、盐相互贸易"。然而，那一时期，无论是城镇或村寨都还没
有固定的商店，人们只能约定一个时间，在同一个地点交易。这
种交易，傣语称为"豪嘎"，意为赶街或上街。街子不一定在城
里，有的地方是在郊外的平地。因此，需要在赶集的地方建盖一
些亭子，供赶街的外地人歇宿、交易。这就是街亭（听嘎）的
来历。街亭，一般是木柱、瓦顶的平房建筑，没有围墙，四方敞
开。亭子虽然十分简朴，但却是很有社会效益的公共设施，特别
是雨季，前来赶街的乡下人不受雨淋，可以安心交易，因而很受
群众欢迎，对繁荣傣族地区的初级贸易起到一定促进作用。

井亭：是傣族地区最普遍的一种小型公共设施建筑，有的地
方设计成塔的形式。所以，又有井塔之称。傣族地区过去没有自
来水，特别是古代，各村寨的饮用水都靠水井，而水井又多在路
边、沟边、箐边，容易污染或受到牲畜破坏。为此，傣族人民大
都给水井建盖了井亭或井塔，作为保护水井的公共设施。井亭包
括井栏、井台、井盖3部分。富裕的地方，建筑的井亭面积较
大，既可供挑水人避雨，还可供在井边洗头发的姑娘挂衣物；当
然，井亭的作用，主要是保护水井，防止周围污水流入井内，但
也起到方便打水、挑水的作用。

井亭或井塔：大都以村寨为单位，集体出资出力修建，但也
有热心公益、乐于行善的人自愿出资修建的。

第三节　傣族建筑技术与风格

一、建筑技术

傣族的建筑技术，与热带丛林的自然生态环境有密切的关系。因为傣族世世代代居住在热带丛林，无论是生产或生活，都受到热带丛林炎热气候、雨量集中、杂草茂盛、昆虫繁多等因素的深刻影响，在建筑上，不得不考虑这些实际问题。由此，可以这样说，傣族的建筑技术，是在逐步认识和适应热带丛林自然生态的实践中发展起来的。主要体现在如下几个方面：

（一）选材技术

建筑材料，是建筑的基础和关键。每一个民族，都有根据自己的自然环境就地取材的本能，傣族也如此。热带丛林最适宜植物生长，特别以竹类众多和乔木茂密而著称。根据这一特点，傣族选中了竹木为自己的主要建筑材料。但是，竹木种类繁多，有优劣之分、软硬之别。如果以劣质的竹木作为材料，建筑物便不牢固、不耐久，一两年后便要重修；如果以优质的竹木作为材料，建筑物就经久耐用，百年不倒。再者，即使是同一类优质竹木，由于砍伐的时间不同，以及砍伐后及时处理不当，也会变质，无法使用。为此，在建材工业不发展、缺少钢筋水泥，只能使用自然建筑材料的傣族地区，选材技术更显得尤为重要。

在长期的建筑实践中，傣族在这方面积累了丰富的经验。首先，傣族对森林里的各种竹木的坚硬性、耐水性、抗腐性了如指掌，凡是具有选材技术能力的人，都知道哪几类竹木最坚硬、最耐水、最抗腐，虫不会蛀，白蚂蚁不会吃，盖房屋只能选用这样的材料；其次是砍伐的知识，不论是竹木，都不能在长新芽、发新枝的时候砍伐，因为这时候，即使是数十年的老树，木质也是嫩的，在此时砍伐，虫最爱吃。有些树，若在此时砍伐，只过半月，还来不及使用，便被虫吃成一堆灰。因此，根据傣族长期积累的选材技术知识，砍伐竹木的最佳时期是每年竹木枝叶最老的时候，具体时间是十一月、十二月前后，并且以月黑时候砍伐为最优。砍倒树后，要立即将树梢砍断，让树浆凝结在所需要的树段，这样木料的质量便会更好。总之，傣族积累了一套完整的选择竹木建筑材料的技术，这是他们长期观察和认识植物世界的结果。

（二）制作技术

傣族的建筑，中华人民共和国成立前还没有发展到事先要设计方案、绘制图纸，然后再施工建筑的现代科学阶段，但这一系列程序，傣族都有，只是没有把它付诸文字，形成书面而已。

远在原始社会的农村公社时期，傣族便产生了"章埋"（木匠）、"章列"（铁匠）、"章恩"（银匠）、"章哈"（会唱歌的人，即歌手）、"章雅"（又称摩雅，即医生）、"章摩"（又称波摩，即祭祀首领、巫师）6种能人，而会建盖房屋的"章埋"（木匠）又被列为这6种能人之首，可见傣族木匠在当时已占有很高的社会地位。

被称为"章埋"的木匠，实际上只指傣族最初最会盖房子的能人，也就是原始的建筑技术员。后来，随着技术的进步和建筑业的发展，又出现了"夏拉很"。傣语的"夏拉"一词，带有"师傅"或"专门家"的含义，"很"是房子，"夏拉很"意即"会盖房子的师傅"或"会盖房子的专门家"，相似于现代的建筑技术员或建筑工程师。获得这一称呼的人，必须具有选择优等材料、测量地形、根据主人的愿望要求设计房子式样的全面知识，以及掌握墨线、使用各种木活工具的技能，以便指导普通木匠施工盖房。因此，从"章埋"的诞生到"夏拉很"的涌现，实际上是傣族建筑制作技术发展的标志。

由于傣族的建筑材料以竹木为主，因而傣族的设计、施工技术，最显著之点，也体现在对竹木的应用和制作上。首先，傣族的"夏拉很"（盖房师傅）能较为准确地计算出每棵房柱的承受力，并根据房子上部的梁、檐、柱、瓦、木板，以及主人要存放食物的重量，决定房柱的大小尺寸和数量。这对高脚干栏式建筑来说，十分重要，因为高脚干栏楼房没有墙，所有重量全靠高脚房柱支撑。如果房柱太小、过少，房子便不牢固，会被压倒；如果房柱太大、太多，又费材、费工、费资金。一定要按比例计算，准确用材。其次，在穿、榫、打眼等方面，傣族"夏拉很"也有高超的制作技术，梁柱穿插有一定规律，尺寸合理，接口处不差分毫，即使是大型建筑物，也不用一根钉子而又架设得十分牢固。再次，也是最独特之点，是傣族具有不用起重机或升降机，只用简单的杠杆原理，也能将千斤重的木料抬到楼顶的技术。据载，这一技术在傣族地区已有1 000多年历史，古时傣族建筑佛寺，佛殿的大圆柱长六七米，两围粗，重数吨，单靠人力根本无法搬动，于是傣族采用了"堆沙举高"的办法，先在建筑工地堆一沙山，然后再用数十根木杆，将巨大的柱子顺着沙山往上撬滚，直至达到一定高度，待建筑屋架搭好后，再把沙山搬开。如今，"堆沙举高"之法已被淘汰了，但应用杠杆举木的技术傣族仍普遍使用。这就是傣族没有起重机、升降机，也能将大型的沉重横梁抬上房顶的原因。

（三）装饰技术

建筑物的装饰，是建筑艺术的重要体现。

傣族的装饰技术，最普遍的是雕刻，特别是较为重要的建筑物，如佛寺、门、梁、柱、窗，都要雕刻上各种象征性的图案。民间住宅也注重雕刻，例如，在房屋的柱子下端，雕一只跪卧着的"象"，称为"象柱"；在房窗两侧雕一对象的长鼻，很巧妙地合在一起，称为"象窗"；或将竹楼梯子的两侧木板，雕成龙的形象，称为"龙梯"。从技术上看，佛寺建筑和宫廷建筑的雕刻较为精致、高雅，百姓住宅的雕刻较为粗犷、大方；前者具有华丽之美，后者具有古朴之美。由于傣族建筑喜爱雕刻，为适应社会需要产生了一批具有较高雕刻技术的傣族雕刻工，专门从事各种建筑装饰雕刻。

制作竹篱围墙、竹篱天花板、竹篱挡风扇，也是傣族擅长的建筑装饰技术。竹子纤维长、轻便、耐重，特别是做住宅隔墙，既通风又凉爽，很适合热带地区的生活习惯。所以，即使是富裕人家的竹楼，也喜欢用竹篱做部分围墙。傣族的竹篱围墙或竹篱天花板的制作方法：一般都是先将竹子破成均匀的竹片，并在水中浸一段时间，浸水时可通过水染成不同的颜色，然后取出编织成带有各种图案的竹篱。以技术而言，破竹是第一关，编织图案是第二关。为此，要想掌握竹篱装饰技术，首先要从破竹开始。由于群众的喜爱，傣族各村寨都有一批善于编制竹篱的竹匠，同样也形成了一支具有广泛性的建筑装饰队伍。

二、建筑风格

傣族的建筑风格，从总体上讲，是在传统的高脚干栏建筑的基础上，大量吸收了东南亚的建筑艺术和中原地区的建筑艺术，从而形成一种独特的傣式风格。但具体而言，有的建筑物吸收东南亚建筑艺术的因素较多，因而更显示出具有东南亚的建筑风格；有的建筑物吸收中原建筑艺术的因素较多，因而更显示出具有中原建筑风格；有的建筑物受外地的影响较少，因而更多地保留着古老的传统风格。总之，每一个地区都有自己的特点，中外建筑文化都在傣族地区相互渗透、相互融合、相互交流。因此，要想全面了解傣族建筑风格，只能以具体的建筑物，做具体的分析。

（一）传统型建筑风格

这是我国傣族人民创造的属于傣族原有的传统建筑，由于较为适应热带丛林的生态环境和人民的起居习惯，虽有数千年历史仍保持至今，故具有古朴之风格。目前，西双版纳广大农村的居民住宅，基本上属于此类风格的建筑物，因而带有广泛性和普遍性。也就是说，在傣族地区此类建筑风格数量最多，基于主调。

（二）东南亚型建筑风格

我国傣族与东南亚诸国的文化交流，源远流长，相互影响极深。加之在漫长的历史长河中，我国傣族的土司贵族与泰国、缅甸的土邦首领和上层贵族通婚联姻的现象较为普遍，双方常互派工匠能人，帮助对方建盖宫廷、住宅或佛寺，因而泰国、缅甸吸收了不少我国傣族的建筑艺术，我国傣族也吸收了许多东南亚的建筑艺术。目前尚存的西双版纳八角亭、德宏的潞西风平塔、景洪的曼赛佛寺等，便属于此类风格的建筑物。当然，所谓东南亚型风格，并不是说全部仿造东南亚的建筑模式，而是说，相对而言，更多地受到东南亚的影响而呈现出东南亚的建筑特色。

（三）中原型建筑风格

远在秦汉时期，傣族便与我国中央王朝往来密切，在建筑方面也受到中原文化的巨大影响。特别是元明之后，随着中央王朝的戍边政策，需要建盖较多的军营和流官的衙门，给边境地区带来了许多内地的建筑工匠。这些建筑工匠，由于交通和其他原因，大部分都没有返回内地而在边境安家落户，与傣族人民和睦相处，并把他们的建筑技艺传授给傣族人民。这是傣族地区在建筑方面受到中原文化影响的一个主要渠道。其次，傣族历史上的一些领袖人物，常到内地向中央王朝和各级地方官员进贡，对内地的楼阁建筑，从了解进而喜爱，愿出巨资请内地的工匠前来帮助建盖宫廷，也是傣族地区在建筑方面受中原文化影响的一个不可忽视的因素。这样，在傣族地区便出现了一批具有中原风格的建筑物，例如，勐连土司的衙门和住宅、景谷土司的衙门和住宅，以及德宏芒市大佛寺（当地人称"奘房"），便是此类型的建筑物。其特点是在傣族传统建筑的基础上，采用了中原三檐或两檐楼阁式的模式和工艺，特别是屋脊上的"鸱吻"装饰，均为中原古代传说中能喷浪降雨的鱼或龙的变异。

傣族是善于吸收外来文化的民族，上述所介绍的东南亚建筑风格和中原建筑风格，都是傣族学习外来文化、吸收外来文化的成果。更为可喜的是：傣族在学习外来文化时，并不生搬硬套，而是吸取其精华后融化为自己的营养。这一点，在建筑方面尤为突出，不管吸收了外来的多少东西，都将其融化在自己传统文化之中。因此，无论是带有东南亚风格或带有中原风格的建筑物，都没有离开傣族式，而是使傣族式的建筑物更加多样化和更加完美。

第四节　名胜古迹

傣族名胜古迹，与傣族地区的重大历史事件，以及著名的历史人物、著名的佛教建筑，紧紧连在一起，从另一个角度反映了傣族的历史文化。

一、周总理纪念址·春欢公园

周总理纪念址，坐落于西双版纳州首府允景洪城郊"春欢公园"旁，跟"春欢公园"连在一起，是傣族地区最著名的游览胜地。

1961年4月，周恩来总理带着党中央对边疆各族人民的无限关怀，来到西双版纳首府允景洪，与傣族人民一起欢度傣历新年。4 月 14 日，是泼水祝福的日子，周总理穿上一身傣族服装，乘车到曼听村视察工作，视察结束后就在"春欢公园"旁、曼听大佛寺前的场地上，与各民族群众一起泼水祝福，充分反映了人民的总理与人民心连心的动人情景。西双版纳自治州各族人民为了永远怀念周总理，在周总理当年泼水的地方，修了纪念址，塑了一座高大的总理铜像，列为文物保护单位。

纪念址占地约 400 平方米，由基台、铜像、喷水池、站屏 4 部分组成。基台呈长方形，分两台：第一台长 23 米，宽 18 米，高 0.6 米；第二台长 17 米，宽 11 米，高 0.6 米。基台的平面均属水磨石装饰，既朴实，又美观大方。第二层基石的前方有一长方形的喷水池，后方塑着周总理的铜像。铜像高 3 米，身着傣族服饰，左手端银钵，右手举着泼水的绿枝，真实地再现了当年周总理与各族人民一起泼水祝福的动人神态。

总理纪念址旁的"春欢公园"，原是历史上专为召片领宫廷种植鲜花、供应水果的基地，现已变成各族人民的游览乐园。1975 年，泰国王姐干拉雅妮·瓦塔娜公主到西双版纳参观访问时，曾在园内植下一棵常青菩提树，如今菩提树已长大，枝叶茂盛，绿树成荫，象征着中泰两国人民深厚的友谊和两国友好关系的新发展。

由于这些具有纪念意义的重大历史事件，总理纪念址和春欢公园早已远近闻名，成了傣族地区最吸引人的游览胜地，中外游人络绎不绝。当地的各族人民则不仅单纯地去游玩，还把总理纪念址当作向老一辈革命家学习和进行革命传统教育的课堂，各民族青年学生常在这里举行各种有意义的活动，以瞻仰总理的风采和缅怀总理的功绩。

二、李定国祠

李定国祠坐落于西双版纳州勐腊县城东北角的一个山坡上，

当地群众称为"汉王庙"。

晋王李定国是明末清初太平天国农民大西军的著名杰出将领。据《圣祖实录》卷7载："康熙元年十月己未（1662年11月29日）云南巡抚袁懋功疏扶，车里宣慰使召孟祷呈报：明朝晋王李定国由景线奔向勐腊地方时，染病身亡。晋王李定国病故后，勐腊各族人民奉定国为神，遂在勐腊后山，复建'汉王庙'，岁时致祭，礼极隆重。"这一记载，与民间之传说基本吻合。民间传说，汉族大将军率部来到勐腊，军纪极好，当地群众很敬佩。不幸病逝后，余部大都在当地落户，并与当地傣人通婚，逐渐变成本地土著人。李定国祠就是他的余部与当地群众，为了纪念他的业绩和精神而修建的。初建时是木架结构、土墙，简拔瓦顶。因年久失修，多处已倒塌。中华人民共和国成立后，人民政府已拨专款重新修复。1987年12月，由云南省人民政府公布列为省级第三批重点文物保护单位。

修复后的李定国祠，总面积1 820平方米，前面的平地，是当年李定国的练兵场，后面的山坡，是当年李定国作战时挖掘的丁字槽古战壕遗址。过去，每年农历正月初一，各族人民都要穿上节日盛装在这里举行祭"汉王庙"活动，祭礼十分隆重。祭礼完毕，还举行物资交流和赶集等民俗活动，规模十分壮观。现已成为西双版纳旅游景点之一，不少旅游者都喜欢到这里进行历史、民俗考察。

三、边境重镇——畹町

边境重镇畹町位于德宏州中缅边境的畹町河边。自18世纪以来，便是云南边疆各少数民族抗击帝国主义侵略者的重要军事基地，周围的山川都是当年的古战场；抗日战争时期，是滇缅公路的国内最终点，盟国支援我国的物资都经此地输入。横架河界上的畹町桥，始建于1938年，原为单孔石拱桥，毁于抗日战争，

1946年重建钢架桥，1979年再次维修加固。现在的界桥高9米，长20米，宽5米。1956年在芒市举行中缅边民联欢大会时，周恩来总理曾从此桥上陪同缅甸总理步行入境。如今，该镇仍然是中缅两国边民往来的重要通道和贸易口岸。由于有许多文物古迹，因而凡到德宏州旅游的人，都要到畹町边镇参观。

四、南甸土司署

位于德宏傣族景颇族自治州梁河县城，占地面积约10亩，大小房屋上百间，是傣族地区较为古老的建筑群。进入大门后内分四院，称为"大堂""二堂""三堂"和"正印土司官院"，最后还有花园。整个建筑雕梁画栋，威严肃穆。附近的九保，原亦为土司署在地，有古榕一株，"相传为宋元时物"。树下留有"永历帝跸驻处"石碑，是明末清初永历帝逃亡缅甸时曾居住过的地方。中华人民共和国成立后，在该地发掘出永历帝的3枚铜印章，系很有价值的文物。司署所在地的村尾有一座佛寺，寺中有黎元洪题的"太平寺"石刻；因是参加辛亥革命的李根源先生的诞生地，故村中还立有一座辛亥革命纪念碑。

目前，无论是南甸土司署的建筑群，还是周围的石刻、石碑，都被视为傣族地区的珍贵古迹而得到保护。

五、孟连土司府

坐落于孟连傣族拉祜族佤族自治县老城内，是孟连刀氏土司的衙门和亲属住宅。最初建于明永乐四年（1406年），清末被烧毁，又于清光绪五年（1879年）重建。目前保存的，亦是清光绪五年重建之古迹。整个建筑物属中原型的砖木建筑结构，内分正厅、议事厅、后厅、厢房、门堂、谷仓、厨房、监狱等间。主体建筑是议事厅，系三檐歇山顶建筑，长24米，宽15.8米，高10.26米，厅中央有一佛龛，龛下陈列着宣抚（即孟连刀氏土司）的大坐椅和案桌。议事厅后面是后厅，一楼一底，屋角雕刻细密，纹饰精美。就建筑的风格而言，是在傣族传统的干栏建筑的基础上，吸收了内地的中原建筑模式，综合设计修建而成，因而具有独特的风格。现已列为省级文物保护单位。

六、景真八角亭

　　傣族的八角亭很多，其中以勐海县景真八角亭最为著名。据景真地区的傣文史籍载，该亭建于傣历一〇六三年（1701年），既是景真地区中心佛寺的诵经亭，又是举行僧侣晋升仪式的重要场所。亭子为砖木结构，呈八角形，亭身有32个角，每个角都覆盖着挂瓦。8个亭角偏厦自下而上，层层收缩，重叠美观，别具一格。

　　景真八角亭所坐落的景真，不仅是历史上佛教活动中心，同时还是部落征战时代的古战场，傣族著名悲剧叙事诗《葫芦信》所描述的"勐遮景真之战"，就发生在这里。据说，距亭子约2里的田坝上，有2座土坟，亦是安埋悲剧叙事诗中惨遭杀害的勐遮王子和景真公主的地方。因此，景真八角亭不仅是一座古迹建筑，同时也是考古的重要场所。

七、三仙洞

　　三仙洞位于德宏傣族景颇族自治州芒市东南部勐戛镇境内，因建有三仙寺而得名，距芒市41公里。有上下两个洞口，整个洞体发育在厚层块状石灰岩中，地质时代属晚二叠纪，形成时间距今约数百万年。洞内宽0.7～50米，一般在3～10米；高1.2～30米，一般3～15米。上下洞构成天然进出风口，洞内空气新鲜，凉而不冷；景色秀丽，造型神奇；横断面有半圆梯形、三角形、多边形，洞中有洞，曲径通幽，每洞各式景观千姿百态，美不胜收，游人常流连忘返。三仙洞不仅是傣族地区的古迹名胜，同时也是旅游景点，到此参观旅游的人络绎不绝①。

八、车里宣慰司署

位于西双版纳傣族自治州首府允景洪南郊 3 公里处，面对澜沧江九龙滩，背靠南联山峰，地势险要，是古代兵家必争之地。建于 17 世纪，傣语称"贺召片领"，意为"召片领宫廷"，汉语称为"车里宣慰司署"，系历史上西双版纳傣族的政治、文化中心，历代召片领（宣慰使）都住在这里。主要建筑物有宣慰司署、宣慰使议事厅、宣慰使住宅，建筑规模宏伟，造型独特，是傣族地区重要古迹之一。因历史上战乱损坏，加之年久失修，建筑物均已倒塌，只剩遗址。目前正在修复之中。

九、勐乃仙人洞

位于景谷傣族彝族自治县正兴乡、弥宁公路芒谷段至小黑江段东侧方圆 10 公里的山峰河谷地段内，海拔 1 844 米，有大小石灰岩溶洞 20 余个，系一组巨大的溶洞群。景致最美的有青树洞、天窗洞、仙人洞、地河洞、谷穗洞、田蚯洞、花仙洞、团仙洞等，洞内钟乳、石笋千姿百态，犹如地下宫殿。洞口的山脚下有一条清如碧玉的小溪，两岸风光绮丽迷人。

勐乃仙人洞有很多传说。据传，释迦牟尼神游世界的时候，曾住在洞里诵经传教，因而成为历史上佛教活动中心之一，国内傣族地区和东南亚部分地区的佛教徒，都闻名而来这里朝拜。每年傣历四月十五日至三十日这段时间，是景谷傣族的朝仙节，各地游人前来游览者甚多。现属景谷傣族彝族自治县重点风景保护区，同时也是重点开发的旅游景点②。

①《改革开放中的德宏》，德宏民族出版社。
②《思茅地区文化志》，第 327 页，云南民族出版社。

第十三章 政治和军事

第一节 政 治

中华人民共和国成立前的傣族，经历过原始社会、家长奴隶制社会、封建领主制（封建地主）社会3个历史发展阶段，并建立过自己的地方政权，有其独特的政治制度和职官制度。

原始社会阶段十分漫长。家长奴隶制社会极不成熟，并很快就向封建领主制社会过渡。然而，尽管如此，它仍然是傣族社会分化和产生阶级的重要时期，要了解傣族历史发展的特殊规律，以及傣族各个历史时期的政治制度、职官制度，必须从这里开始。

一、社会的分化和阶级的产生

傣族的原始社会，经历过氏族公社和农村公社两个发展阶段，然而这两个阶段的划分又不明显，而是相互交递并存。无论是氏族公社或原始公社，从总体上讲，都有如下特点：第一，土地和其他生产资料都属于公社集体所有，也就是公有制；第二，所有公社成员都要参加集体劳动，并可分配到一份同等数量的食物；第三，公社的首领是公社成员的公仆，由全体成员直接选举产生，没有什么特权，同样要参加劳动，并分到与公社成员同等数量的食物，落选后便成为一般公社成员，没有继承权。由此可见，无论是氏族公社或农村公社都没有私有观念、私有财产，也就是还没有阶级，还没有剥削，是东方最典型的原始社会。

但是，随着社会的发展和生产能力的提高，集体种植的粮食和饲养的牲畜，除平均分配给公社成员维护基本生活外，还有部分剩余。于是公社首领们便由此而产生了私有观念，想将这些剩余的物质财富占为己有。私有欲是一种怪物，一旦产生后便会膨胀，难以满足。有了私有欲的公社首领们，除了占有分配剩余的物质财富外，接着还占有了产生物质财富的所有土地和工具，以及用以保卫公社集体的武装。这样，原来的公社首领便占有了所有生产资料和财富，并不再参加劳动，从公社的公仆变成了新兴的阶级——奴隶主；而原来的公社成员则失去了一切生产资料和财富，从公社主人变成了奴隶主的奴隶。这就是傣族的第一个阶级社会，即家长制奴隶社会。在这个阶级社会里，新兴的奴隶主为了缓和原公社成员的反抗：政治上采用了原农村公社的组织形式和管理办法，表面上似乎仍像农村公社一样民主，但实权早已操纵在奴隶主手里；经济上采取劳役剥削的方法，将土地分成各种"份田份地"（又称"负担田""负担地"）分给有劳动力的人耕种，凡耕种"份田"的人，便要给土地的主人奴隶主负担各种官租和劳役负担。因此，沦为奴隶的原农村公社广大社员虽丧失了土地和政治权利，但没有完全失去人身自由，完全失去人身自由的只是少数居住在奴隶主周围的"奴隶主家奴"（傣语称"滚很召"）。这就是傣族家长制奴隶社会的特征，这个特征说明了傣族的家长制奴隶社会是在农村公社的基础上建立起来的、不成熟的阶级社会，并且很快便向封建领主制社会过渡，演变成了封建领主制社会。

傣族的封建领主制社会，如上所述，是在不成熟的东方型的家长奴隶制的基础上建立起来的，它不仅带着家长奴隶制的某些躯壳,同时还带着农村公社的某些躯壳,如按户分种"寨公田"等。从总体上讲,它有如下几个特征:第一,政治上,最高领主是最高的统治者,拥有指挥军队、发布政令、分封官员、剥夺百姓人身自由乃至处死的一切权利;第二,经济上,所有的土地、河流、森林都是最高领主的财产,即"普天之下,莫非王土",就连最高领主的亲属和官员,也只能分享最高领主分给的"领地",而最高领主又有随时可收回的权利;第三,最高领主可世袭,一般由长子继承,无子由其弟继承,这又带有封建世袭的特点。由此可见,傣族的封建领主制,是一个极为复杂的社会,既有奴隶制的因素,又有封建制的因素,还有原始社会农村公社的某些躯壳。

二、历代傣族地方政权

从远古时代起,傣族先民在艰苦的长途迁徙中,因受到自然界的各种制约,头尾难以相顾,最后形成3个分布区:即澜沧江流域分布区、怒江和瑞丽江流域分布区,以及红河—元江流域分布区。

这3个分布区的傣族先民,在历史上都建立过自己的民族政权,但有的政权史书上没有记载,史书上有记载并影响较为深远的只有"景陇金殿国"和"果占壁勐卯王国"两个政权。

(一)景陇金殿国

11世纪以来,南部傣族即洪蛮区域的政治、经济迅速发展,至傣历五四二年(宋淳熙七年,1180年),在今西双版纳出现了一个著名的傣族地方政权——勐泐。汉文史料称为"景陇金殿国"。这是西双版纳傣族历史上建立的第一个统一的民族政权。汉、傣文献对于此事都有记载。

在景陇金殿国未建立之前,在南部边境傣族的各部落中,以景陇的地域为最广大,人口也最多,其首领名叫爱兰,在景陇建立了一个村子，并命名为景兰。后来，一位名叫帕雅真的部落首领，进入勐泐，经过了族与族、部落与部落之间的战争，帕雅真战胜了爱兰，以及附近周围的各个部落，就在景兰建立了景陇金殿国①。帕雅真是西双版纳傣族历史上的第一代召片领，是第一个在西双版纳地区建立统一政权的人②。

勐泐国所管辖的疆域较为广大，即除今西双版纳地区外，还有兰纳（今泰国北部的清莱、清迈一带）、勐交（即交趾，在今越南北部）、南掌（今老挝浪勃拉邦一带）、景尖（今缅甸南掸邦）等地，都是同一语系的各部落，首府在景兰（今允景洪曼景兰一带）。大理国主段智兴不得不承认帕雅真的势力，并"制发虎头金印，"命其为一方之主"③。这一地方政权，实际上是一个庞大的政治、军事联盟。正如《傣族简史》所说："帕雅真战胜此方各地以后，故各地首领会商劝进，'推帕雅真为大首领'。这里不仅是小泰地区域北部的政治军事中心，也包含着接受统治的其他少数民族。"帕雅真登基时，举行了隆重的滴水仪式，前来参加庆祝活动的人很多。有来自澜沧江江东的，也有江西面的，有来自上游地区的，也有下游地区的；有孟艮的，也有勐新等地的；有汉族、傣族，也有山区的其他民族。在所管辖区域内的人民共有844万人，有白象9 000头，马97 000匹。

勐泐国实行的是世袭制，王位就在直系子孙中承袭。子孙们都分别领有土地和百姓。帕雅真有4个儿子，长子名叫老日冷，封地为勐南掌、兰纳；次子叫艾洪（"洪"傣语，即老鹰，因艾

①参见西双版纳州政协编：《车里宣慰世系简史》。
②"召片领"：傣语译音，意为广大土地的主人。初本泛称地方上的部落首领，后专指西双版纳最高统治者，1180～1950年，即封建王朝所封的车里宣慰使而言，自帕雅真（又称"叭真""召叭真"）为第一代召片领，子孙世袭，到刀世勋止共传43代。
③李拂一译：《泐史》，及其所著《车里宣慰世系考订》。

洪少儿时代，非常喜爱鹰，故而得此名），其封地是勐交；三子称为伊罕冷，封地是在景尖；四子叫桑凯冷，留守景洪，继承父亲王位为国王。勐泐主帕雅真和几个儿子的关系，类似后来召片领和各勐的召勐关系。实际上是后来傣族封建领主制度的萌芽。

勐泐国对于地方的神，即相当于部落的神，实际上是每一个坝子的神，十分崇拜。第三世召片领艾公，将企图阴谋篡夺王位的弟弟艾伊耿杀死后，被百姓尊为"奢勐""披勐"，即勐的最高保护神，每年都要郑重其事地举行大规模的祭祀。至今还在进行。

这一时期，已经开始出现征收徭役、税赋的行政单位——版纳。据《车里宣慰使世系集解》中所记载的："长子艾公继承王位，次子艾伊耿（为帕雅真之孙）食邑勐混、勐海、勐遮三版纳。"依照"版纳"这种行政单位而征收到的税赋，一部分给朝廷进贡，所余部分则留下自己用。

手工业方面有所发展，已经达到一定的水平。村寨里出现了能工巧匠，如章埋（木匠、竹匠）、章恩（银匠）、章罕（金匠）等。当帕雅真被推举为大首领时，全勐举行了隆重的滴水仪式，在景兰新建了一座高达35拏（合17.5丈）的王宫，宫内放置了一个广阔各3肘，高亦3肘，重量达五兰四先（版、闷、先、兰均属傣族计量单位。一版为33两，一闷为330两，一先有3 300两，一兰有33 000两。五兰四先有178 200两）的金水瓮。瓮的四周镶嵌着7种彩色珠宝。另外，还有77笼十分精美的金幡幢。这些东西已足见当时的手工艺水平。

景陇国自建立之日始，就和"天朝"（指大理国）保持着良好的臣属关系。《泐史》记载，帕雅真在征服或联合了各部落，建立景陇国时，"召龙法制发一虎头金印，命为一方之主"。"诏龙法"为傣语，意为"天之下的王"，这里是对大理国王的尊称。帕雅真逝世后，其幼子桑凯冷继位，"宋孝宗曾遣使者（傣语称来使为召龙法勃提衍）前来祝贺，宋孝宗封桑凯冷为勐渤王，赐予虎符金印。并规定向宋朝五年一小贡，九年一大贡"①。桑凯冷按时进贡，关系较为密切。总之，西双版纳最初建立的景陇国，是一个庞大的政治、军事联盟，也是西双版纳傣族形成一个单一民族的第一步。

（二）果占壁勐卯王国

果占壁勐卯王国，是傣族先民在云南西部瑞丽江流域建立的一个较为强大的地方政权。果占壁系傣语译音，意为"产香软米的地方"，勐卯是今瑞丽，果占壁勐卯王国，意即在"产香软米的勐卯建立的王国"。这一傣族地方政权，汉文史籍称为"麓川政权"，记载颇多，但评说不一。

公元 568 年，"傣人根仓、根兰来到南卯江（瑞丽江）畔，至七世纪，根兰的孙子在此建立了勐卯国。公元 956 年，混岛昂仓为勐卯主，国势大振。公元十世纪末，勐卯、勐兴古、勐生威、勐兴色联合建立了果占壁王国"②。傣历六九二年（1330年）勐卯主罕静法遣使向元中央王朝进贡，被授职为麓川路军民总管府总管。傣历七〇二年（1340 年），一位叫混依翰罕的傣族青年，接替了麓川路军民总管的职务，并以猛虎曾跃过头顶而自号为"思翰法"③。《麓川思氏谱牒》及汉文史书则称其为"思可法"。自此揭开了统一西部傣族地区的序幕。

思翰法即位以后，另建新都，因在建城时曾征用民工近百万（傣族称为"兰"）故命名为"允遮兰"，意为百万都城（在瑞丽江南岸，今属缅甸领地）。并集中精力加强政权建设，扩充军队，势力日益强大，先后征服了勐英、勐密、景老等傣族部落，

①《版纳文史资料选辑》，第一辑。
②《德宏傣族景颇族自治州概况》，第 44 页，云南民族出版社。
③龚肃政、杨永生：《银云瑞雾的勐果占壁简史》。

随后又兼并了西南的木邦、勐莫、勐养等地。然后又向东北方向的茫施（今芒市）、镇西（今盈江）、平缅（今陇川）、南甸（今梁河）扩展势力，并占领了金齿司所属的一些地区。思氏的发展惊动了元朝，于是从1342～1348年间，多次发兵征讨，都以失败告终，此后元王朝再也无力征讨了。

由于思翰法所代表的是新兴的封建领主阶级利益，又以统一民族，建立傣民族自己的政权为口号，在战争中又执行"以各甸赏有功者"的政策。因此，得到广大人民拥护，军队斗志旺盛，又多次击败元朝军队，一时军威、国威大振。思翰法又乘势向东南和西南扩张，车里、勐老、卯润、景线、仰光等地都交纳贡赋。"不久，又命其弟西征，以勐养往西，经双顺、戛里、伦达养等地北上，直到阿萨密附近的坎底"①。此时，怒江和伊洛瓦底江之间的傣族部落大部分合并到勐果占璧王国，形成了一个庞大的国家。傣文史料《麓川傣族简史》中记载："开拓疆土，一年比一年扩大，国运兴盛，犹如盛开的花朵。"傣历七一七年（1355年）思翰法派其子莽三入朝进贡请求封赐。元皇朝承认了这个地方政权，"乃立平缅宣慰司"，封思翰法为平缅宣慰使。为勐果占璧王国的进一步发展壮大，打下了坚实的基础。

傣历七三二年（1370年）思翰法逝世，子思并法继为勐果占璧王，几年之后，思氏家族内部发生了互相杀戮、争夺王位的斗争。傣历七四三年（1381年）莽三之子（思翰法之孙）思伦发被拥立为勐果占璧王。翌年春，思伦发派遣刀令孟为首的使团到京城进贡，缴销元朝所赐的印信，请求明王朝加封给印，朝廷同意，并派特使到勐卯，册封思伦法为麓川宣慰使。由于和明王朝的关系比较融洽，于是，在傣历七四六年（1384年）思伦法又被升任为麓川平缅军民宣慰使司宣慰使。

---

①杨永生：《勐卯果占璧》。

　　思伦发是继思翰法之后又一位有宏图大志、有作为的首领。在归附明王朝，接受土司官职的同时，积极地扩张势力范围，加速推进兼并联合傣族各土司区域的步伐，派出亲信头目控制各勐土司。召鲁汉煖到孟定，召鲁刀算党到威远，大闷法到镇康，刀景发到湾甸。孟养、大候、孟琏、潞江、干崖和芒市等勐，全部兼并了麓川。除车里等几个极少数的傣族地区外，几乎所有的傣族居住的勐，都被麓川兼并①。虽然车里以及八百媳妇等地区未直接合并入麓川，但也承认麓川的地位，以番属的地位向其纳贡。这一时期，是勐果占壁王国思氏傣族政权领土版图最大的时期。明李思聪《百夷传》说："百夷即麓川平缅也，地在云南之西南，东接景东府，东南接车里，南至八百媳妇，西南至缅国，西至戛里，西北连西天吉刹，北接西番，东北接永昌。"如此广大的领地，和思氏统治集团的政权巩固、经济发展、军事力量强大是密不可分的。思伦发时代是傣族历史上繁荣强盛的时代。傣历七六一年（1399 年），思伦发去世。其子思行法袭职。由于刀干勐的叛乱，几经反复，果占壁的国势逐渐衰落，原被兼并的傣族各部，纷纷脱离果占壁而自主；另一方面，明朝廷感到边境出现强大的地方政权威胁过大，于是采用了分而治之的政策，先后划出了木邦、孟养和孟定三府，南甸、大候二州，潞江、干崖、湾甸、孟连和者乐甸 5 个长官司②。傣历七五五年（1413 年），明朝廷批准思行发的请求，以其弟思昂法承袭宣慰使职务。思昂发，傣语称为"色昂发"。汉文史书中则称其为"思任发"，意为"虎翼王"。《嘿勐沽勐——勐卯古代诸王史》是这样记述的："思昂法是个雄才大略，很有作为的国王，他时时思念恢复祖先统治时代的盛业。那时，勐卯国地大物博，人口众多，国家强

---

　　①江应梁：《傣族史》。
　　②见《瑞丽史志丛刊》第 2 期。

盛，百姓丰衣足食，附近各国都来称臣纳贡，就连大理国都还年年进贡；可是现在，土地丧失，地少人稀，国困民穷，受人欺凌。思昂法前思后想，决心恢复祖先的盛业。"自傣历七八四年至八○一年（1422～1439年），先后收复了南甸、潞江、孟养、孟定、湾甸、景东和孟连等地，基本上恢复了思伦发时代的果占璧的所属领地。待"古地"恢复之后，思昂法立即派遣使团赴京进贡，报告复故地的原委和情况，请求赦罪。同时，也向云南总兵报告，陈述对官兵的几次进兵被迫还击的原因。明英宗朱祁镇御批"降敕赦其罪"，才结束了这场是非[1]。此后，果占璧王国进入休养生息欲发展繁荣的时期。可是，两年之后，即1441年，明朝廷却突然发起了征伐果占璧王国的战争，这就是中国明代历史上著名的"三征麓川"的开始。最后于傣历八一○年（1448年）结束。

三征麓川后，思昂法的后裔仍偏居孟养，曾多次给明朝廷进贡，力争归顺，但是朝廷却予以拒绝。缅甸方面时常派人索地并不时出兵骚扰，处境十分艰难。至傣历九六六年（1604年），缅甸大举进兵孟养，思轰战死，其后裔放思祖回到内地，寄食于干崖[2]。至此，思氏统治才全部结束。果占璧地方王国，从思翰法执政开始至三征麓川结束，近100年，在历史的长河中，这段时间并不算长，但却是傣族历史上一个极其重要的发展时期。

果占璧王国的兴起，揭开了傣族历史上的新篇章，有其积极进步的意义。

1. 统一强大的封建领主政权组织的建立

果占璧兴起之前，德宏地区情况复杂，"其众各有部领，不

---

① 见《瑞丽史志丛刊》第2期。
②《瑞丽史志丛刊》第2期。

相统属"①。各个部落各自为政，彼此之间时常发生战争，互相掠夺和仇杀。元朝的统治集团对当地的各族人民进行残暴的镇压，民族关系非常紧张。所以，在元朝统治时期，经济的发展较为缓慢。果占壁兴起之后，逐渐改变了这种状况，统一了割据一方的地域广阔、分散的傣族部落，形成了统一的力量，结束了一盘散沙的割据局面，有利于傣族的政治、经济和文化的发展。果占壁在每征服一地之后，即选派亲信或部下有能力的官员去管理，并"任其徭赋"，这样逐步形成了一套比较完整的封建统治制度。最高的统治者国王尊称为"混贺罕"②或者"召弄"。如召弄思翰法，正如《百夷传》中所说："犹中国之称君主也。"凡是思氏官家血统的男性，均称为"召"，女性则称之为"媂"。在召下面设"陶勐"，"以总统政事，兼领军事"，陶勐之下为"召鲁"，领万余人"赏罚皆任其意"；以下则逐级分设，"召刚"领千余人，"召八"领百余人，"召哈希"领50人，"召准"领10人。还有"召莫""召几""召付总甲"等等；遇有战事，还委任一个"召录令"，配合协助陶勐统领军队。这些大小不一的官职，都是为适应频繁的战争需要，而按照严格的军事组织原则而设置的。他们各有份地耕种，平时为民，把其所辖的地方管理好，战时则领兵作战。果占壁实行的是全民皆兵的制度，平时没有多少常备军。正如《百夷传》一书中所说："无军民之分，聚则为军，散则为民。"对于村寨中的广大农民，也根据军事原则组织起来，平时参加生产劳动，完成各种劳役负担。每当遇有战斗时，即从3~5人中，选一个身强力壮的作为作战的士兵，其他的都做后勤兵。"故军行五六万，战者不满二万"③。正是这种

①钱古训：《百夷传》。
②"混贺罕"：是指小国或部落的首领，可译为"大君主"或"国王"。
③钱古训：《百夷传》。

军事制度，才使果占壁动员庞大的人力、物力，进行较大规模的战争。为了适应战争和经济、文化发展的需要，果占壁建立了自己的通信、联络制度，各个勐都设置了驿路交通网，在各条主要的交通干线上，每隔一里或半里，即设一个邮站递步哨，每哨建盖有一幢小竹楼。有"五人坐守，虽远千里，报在旦夕"。这就密切了各地之间的联系，改变了各自为政的情况。

随着封建社会的日益成熟，等级制度也明显地体现出来。思氏的宫廷礼节和生活，大都效法于当时的朝廷；"混贺罕"所戴的帽子（笋簜帕）上要嵌镶宝塔式的金宝顶；陶勐以下的官员来见时，均要跪行进出。贵族阶层才可以穿着丝绸，可使用金银制作而成的器皿，文身范围可达乳房；而平民百姓只能穿布衣，用陶器，文身只能在腿部；"混贺罕"出行都要乘坐大象，上撑以锦幛盖，"象马仆从满途"。一般老百姓，凡在路途中遇到比自己高贵的人，都必须让路，并合掌而拜。"陶勐以下见其主，则膝行以前，二步一拜，退亦如之"。

为了维护社会秩序，果占壁规定了较为严厉的刑罚：轻罪罚款，重罪处死。凡是杀人犯、犯奸者都要判处死刑；凡偷盗者，要全家处死，有强盗的全村寨的人都必须处死。因此，当时的社会风气出现了道不拾遗、夜不闭户的良好景象。

2. 经济得到了较大的发展

果占壁的兴起结束了长期的混乱割据局面，社会安定，人民安居乐业。另一方面，果占壁处于内外交往的中心区，北面与内地关系密切，南面与缅甸来往频繁，经济出现了繁荣发展的新景象。据傣族史诗所记述："在召弄思翰法时代，城市和农村都非常逸乐兴旺发达，千千万万的百姓都摆脱了疾苦，官城内日日夜夜有赶街的人群来往"。"良田数千数万亩，人烟稠密竹楼成排成行，国家正趋向富强的时代，犹如刚露出水面的金荷花，昂首怒放"①。

首先是农副业方面有所发展。果占壁地处亚热带地区，自然条件十分优越，"地多平川沃土"②，农业以种植水稻为主。由于内地汉民族的大量移居，较为先进的农业耕作技术也自然传入傣族地区，使其农业生产有了新的发展；另一方面，在农业生产中普遍使用金属制作的农具——镰。这无疑是提高耕作效率的一个重要因素。加之广大农民，特别是傣族妇女的"尽力农事，勤劳不辍"③，粮食十分富足。史载三征麓川时，明军攻破鬼哭山大寨，仅此一寨，就一次"得积谷四十余万石"。百姓家中多余的粮食则用以酿酒。

农副产品主要以棉花、蔬菜、茶叶、水果为主。水果品类繁多，有芒果、羊奶果、菠萝、菠萝蜜、芒贺等等，各勐均有自己独特的品种，陇川产大芋、芒市的甘蔗、勐卯的香橙和白莲。矿产也不少，有金、玉、宝石、银等。"芒市亦产宝石、产银""干崖产玉"。

随着农业的发展，畜牧业也较为发达。村寨中普遍饲养象、马、牛等，平时象、马均用于供乘骑或运输，"出入或象或马""俗以乘象为贵"④。象还是耕作的主要畜力，即"象耕"⑤。战时，象和马都是作战的重要工具。《腾越州志》卷10记述说，在"定边战役"中，"思伦法悉其众，号三十万，象百余头"。同时象、马还是较贵重的进贡佳品。"定边战役之后，果占壁一次贡

①方克志、方一龙等：《麓川傣族简史》。
②《百夷传》。
③李京：《云南志略》。
④钱古训：《百夷传》。
⑤"象耕"：傣语称为"章越拉"，并不是用象拉上犁耕田，而是将象驱入泡好的水田中，反复进行踩踏，使土质松软成泥状。

马一万五千匹，战象五百头，牛三万头"①。1413年，思昂法为
麓川宣慰使，给朝廷贡象6头，马百匹。洪武二十二年，杨大用
至麓川，思伦法听命贡象马白金方物。又宣德三年，各处遣使来
朝，贡马、象、方物。这些情况说明，畜牧业的发展已经到了一
个较高水平。

　　手工业也相当发达。在纺织方面，这时的傣族妇女不仅能织
出一般的"满界"，即汉文史书中称为"白叠布"，而且已经能
够织出精致美观的"夷锦"，傣语称为"撒"。白叠布是麓川的
特产，"平缅路，产白叠布，出缥甸及罗小思庄，坚厚缜密，类
细然，云南无贵贱通服之"。最为著名的是干崖出产的"干崖
锦"，"境内甚热，四时皆蚕，以其丝染五色织土锦充贡"②。这
是傣家妇女的杰作。贵族妇女用锦来制作筒裙、衣服，十分绮
丽。其他手工艺也有发展，已经能够大量地制作各种陶器，虽然
式样不怎么美观，但民间"所用多陶器"。金属工艺方面，已有
用金银制作的酒器和其他器皿，用玻璃所造的器皿也出现。"惟
宣慰用金银玻璃，部酋间用金银酒器"③。给朝廷进贡大多是用
金银器皿。金属装饰品也极有特色，有锻花金银带、金铃、银
铃、铜铃、银镜、银钉、金花金钿；另外，在兵械的制作方面，
也比元代进步，元代时期果占壁还没有铜铁甲胄，但到明初，果
占壁的士兵已能穿上了"裹革兜，披铜铁甲"。其他兵器主要有
长镖、大刀、铁矛、手弩和铁铳等。

　　在手工业的带动下，商业也呈现出繁荣的景象。傣族史诗
《麓川史》描述道："山路水路、马帮商船，源源不断地来来往
往，城镇的街巷条条热闹异常，白天黑夜都有人经营，地方繁华

────────

①《傣族简史》，第89页。

②《傣族简史》。

③钱古训：《百夷传》。

有连续不断的摆场。"这一时期，金属货币已普遍使用。《百夷传》记述说："凡贸易用银，杂以铜，铸若半卵状，流通商贾间。"各个勐都建立了集市贸易的场所，这样更便于民间贸易的进行，大大促进了商品经济的发展，市镇人口也有所增加。"民一甸率有数十千户，众置贸易所，谓之街子"[1]。每5天为一街，日中为市。由于商业的兴起，在傣族中出现了依靠经商致富的大富翁——"沙铁"。来自巴利语"Setthi"，在民间流传的长诗和故事中，常有专门叙述"沙铁"故事的。另外，因贸易市场的繁荣，当地的多种贵重土特产品，如宝石、琥珀、麝香、犀、金等，吸引了大批的内地汉族商人，加强了与内地商品经济的联系，出现了较大的集镇。章凤街亦"因官兵驻扎巡守……遂于该处设立街期，任听群众交易"，以至于"集市最盛"[2]。

3. 促进了文化艺术的发展

在社会经济的发展，商业贸易的不断扩大，广大民众对于文化娱乐的要求，加之统治者很懂得把文化艺术纳入其享受之中，原民间的音乐、舞蹈就素有传统，故始终得到提倡而较为盛行。

傣文字已经使用。《百夷传》载："大事作缅书，皆旁行为记。"这里所指"缅文"，应当是傣文字，习惯称傣文为缅文、佛寺为缅寺、傣纸为缅纸。缅文、傣文都是拼音文字，字母同来源于印度的巴利文。而真正的缅文则称之为莽文字。至今缅甸的掸邦等部分地区，我国的瑞丽、遮放等地区还使用同一种傣族文字"来多门"，意为圆体傣族文字。

音乐、舞蹈也比较发达。《百夷传》说："乐有三，曰百夷乐、缅乐、车里乐。""……作则众皆拍手而舞"，"舞牌而乐"。

器乐方面种类较多，具有浓郁的民族特色。《百夷传》中所

---

①钱古训:《百夷传》。
②王昶:《征缅纪略》。

提及的有琵琶、胡琴、等笛、响盏、笙阮、箜篌、铜铙、铜鼓、大小长皮鼓、芦笙、大鼓等10余种。所指的长皮鼓，即为现在的象脚鼓，傣语称为"光"，因其形状似象的脚，汉族则称其为"象脚鼓"。所谓"芦笙"，即现在的葫芦丝，傣语称之为"筚南道"。其音质独特，适合于演奏悠扬、细腻、缠绵的曲调。

4. 良好的民族关系

由于果占壁的兴起，周围的各民族都前来归顺，这样逐步形成了一个多民族的王国。据《百夷传》所记载的有"大百夷""小百夷""蒲蛮""哈剌""古剌""漂人""缅人""弩人""阿倡""结些"等10余种。大小百夷都是现在的傣族，蒲蛮是傈僳族的先民，古剌则是景颇族的先民，而哈剌当为德昂族，阿倡就是今天的阿昌族。内地去的汉族也不少，据时间稍后的《西南夷风土记》所记载，在果占壁居住的汉族工匠，"居货""游艺"的人较多。

果占壁民族之间的关系较好。思伦发非常重视、尊重有技术专长的人。曾先后委任汉人张保为缅箐招附总甲，赵义为下南甸招已。对于从金齿逃来的，能够制作火铳、火炮的工匠，其地位和僧人一样，都在部长之上，并赐予金带。在果占壁的武力所达之地，留下了不少的傣族士兵，他们和当地的各族劳动人民和睦相处，互相帮助，结成了兄弟般的友谊，共同发展了当地的经济、文化。各少数民族之间语言、风俗习惯等方面有所不同，各有特点，但是"然由大百夷为君长，故各或效其所为"[1]。

总之，勐卯果占壁地方政权的形成和发展，对德宏傣族地区及其他孟连、耿马、孟定等傣族地区的社会经济文化的发展，都起了积极的促进作用。虽然出现过一些矛盾和战争，但是其成就是主要的，必须给予肯定，是不可磨灭的。

---

①钱古训：《百夷传》。

三、政治制度和职官制度

傣族历史上建立的地方政权，统治机构极为严密，政治制度和职官制度均较完整。在西双版纳地区，最大的统治者召片领是领主政权的最高代表。以召片领为首，以血缘宗法为纽带，组成了一个领主统治集团。

宣慰司署的议事庭，是西双版纳的最高行政机关，傣语称为"勒司廊"。由四大"怀郎"八大"卡贞"和各勐的重要头人组成。四大"怀郎"是："召景哈"，即议事庭长，主持议事会；"怀郎曼洼"管行政、财务和税收；"怀郎曼轰"负责司法、户籍；"怀郎庄往"管粮食、杂务。八大"卡贞"是：召竜帕萨（财政总管）、召竜纳掌（饲象官）、召竜纳花（右榜副元帅，军事首领）、召竜纳贺（军械、武器管理官）、召竜纳过（秘书官）、召竜纳干（侍从官，负责管理弓箭、狩猎）、召竜夏（管理市场、主祭街鬼）、召竜纳偏（仪仗队领队）。此外，还有负责修水沟的监督官、管理犯人的典狱官，以及管交通运输祭祀的接待等等，近30个文武官员。议事庭每年定期召开两次会议："豪瓦萨"（关门节）一次、"奥瓦萨"（开门节）一次。遇有紧要事务或重大问题，则可临时召开。一般议事庭会议的主要内容：召片领和各勐土司的袭职和废立，各勐之间的矛盾争端，行政区划的修改，村寨头人的任免，制定或修改补充规章制度，召片领交付的事项，分配中央皇朝的贡赋，以及有关全区的重大问题。

召片领不出席议事会，但所研究的需要处理的事项，事前需向他请示，待议事会议定各种事项之后，报请召片领批准执行。如果召片领不同意，可以否决，也可以提出意见重议。同样，召片领提交议事庭讨论的事项，如议事庭不同意，也可否决。

各勐的勐议事会，则由各勐主要官员和各村寨头人代表组成。召勐不参加议事会，会议主要讨论和决定全勐重大的政治、经济问题，所议决的事项需报召勐批准才能实施。

除宣慰司署议事庭至村寨议事会这一垂直行政系统之外，在各级议事会与地方政权之间，还有一种特殊的统治方式——"波郎制度"。"波"译意为"父亲"，"郎"即指拴牛的树桩，寓意为管理约束百姓的父母官。召片领把议事庭大小官员当作波郎，他们代表召片领监督各勐的召勐、各级头人和百姓。各勐的召勐也委派亲信为波郎，监督"陇""火西"及村寨头人和百姓。波郎有"波郎勐""波郎陇""波郎曼"和"波郎纳"4种。各村寨的百姓，有事需先通过其波郎处理，如解决不了，再送交议事庭，各村寨头人不能够直接向议事庭要求解决问题。议事庭有什么安排布置，也必须经过波郎传达到村寨。对于村寨的小头人，波郎直接委派，中等的头人经波郎提出后报议事庭审批备案，大头人波郎可以推荐。可以看出，波郎制度是召片领集权的重要工具之一①。

自元明两代以来，宣慰使司一直是西双版纳最高政权机构，召片领是最高的统治者，管辖着30多个勐（12个版纳），一直沿袭至近代。

德宏地区的土司（傣语称为"召发"）政权和西双版纳地区有所不同，各个勐的土司互不统属，各自为政各拥地盘。各个土司是其辖区的最高统治者，是政治、经济和军事的首领。大权集于土司一人。其下设有各种官员：一是"护印"，由土司同胞兄弟中年长有威望者担任，协助土司处理日常行政事务，有的勐护印也有自己的官署，称为"二衙门"。如因土司出缺或者年幼还不能理事，则由直系亲属中（一般是嫡亲叔父）推举一人，替土司暂行使职权，待土司呈准袭职或年幼土司达到承继年龄时，

---

① 见《傣族社会历史调查》西双版纳之二。

便将政权交还。代办在摄政期间，一切权力与待遇都和土司相同。二是"召朗"，又称为"属官"。土司委任其最近的亲属、有办事能力的族属为召朗。这些人又根据血缘的亲疏，以及资历声望、年龄的大小等条件，分为"勐""准""印"3个等级。年龄在40岁以上，资历声望都较高的，封为"召勐"；年龄在40岁以下的，封为"召准"；年龄较轻则封为"召印"。在干崖土司辖区，勐级、准级只授予土司的叔伯、兄弟和最近亲属的贵族属官，印级一般则授予非贵族血统的属官，分别由管、冯、李、寸、尹5姓分享。召朗的主要职权是：在土司衙门内负责处理日常事务，审理民刑诉讼案件，出差到各村寨办理土司所指定的事项，接待宾客，充任土司的咨询。他们分管若干个村寨，负责收取租税，如其所辖村寨的群众有问题，需到土司司署解决，必须先经过召朗，由其带进司署。土司司署尚有"总管""库房""杂务""财务""文案""教读"等政务人员，分别负责管理财粮、课征和各种勤杂事务。

　　土司衙门之下的一级政权为"畹"，相当于乡①。每畹由土司委派"布畹"（又称为"畹头""贺畹"）一人，"项畹"一人（又称为"畹尾"为副职），共同管理畹内的事务。畹的主要职责是：为土司司署征收粮钱赋税；管理辖区内土地的分配、调整等事项；调解、裁判各种民事纠纷；给土司司署调派各种夫役；向群众传达土司的命令、文告等。畹有大小之分，大畹一般有10多个村寨，小畹三五个村寨。畹之下为寨，每寨设寨长"布幸"和副寨长"布皆"各一人，管理寨内行政事务。其他的公务人员还有文书"节利"，负责通信联络的"布朋"，管佛寺的"布庄"，还有男女青年的负责人"贺冒""贺少"等。

　　"布畹""布幸"都是土司在村寨中的代理人，土司拨给他

---

　　①"畹"：为傣语音译，是一级政权的名称，相当于现在的村公所、办事处。

们一定数量的土地或者"官谷"，作为俸禄，并免除各种负担。

在芒市地区，"布畹"和"布幸"的任命较为隆重，土司在正式颁发任令状书后，指派属官到布畹、布幸所在的村寨，召开村民会并在会上宣读任令状书。被任命的布畹、布幸要举行庆祝会，设宴款待属官，村寨中的长者参加作陪。并要根据职务情况给前来的属官送白布一块、银两若干，以示感谢。

在汉族、景颇族、德昂族、傈僳族聚居的山区，则实行"练"，设"练头""练尾"，相当于傣族的畹头、畹尾。由土司委任当地的村民担任。练以下的村落，每村设村长一人。由练头推荐土司批准后任职。南甸土司对山区实行"抚夷"制，抚夷拥有对所辖地区政治、经济和行政管理权。有权收派各种租款，可拥有少量的武装，有权调派兵役，是一个小土司。

德宏各勐土司对于景颇族的山官采取羁縻政策，对景颇族的剥削方式则采取按年征收"坎色"（即谷物、豆类等实物）。对于距离司署较近的地区，则委派召朗去代替山官，实行直接统治；较远的村寨，则由景颇族山官治理。有时土司为了缓和矛盾，划出部分村寨，由有势力的景颇族山官当"保头"，征收"老刀该板"（大意是"收鸡米"，即"保头税"），形成交错统治。

南甸、干崖、芒市等土司衙门内设有"三班六房"。所谓三班是：吼班，由堂官、巡长和差役若干人组成。在土司升堂时排班，出入堂门、坐堂审案时呐喊，土司出巡时呐喊助威；属官班，由召朗和司署职员组成，负责办理好各种行政事务，遇有民事诉讼，召朗处理后，上报土司审查批准，若土司坐堂审案则陪坐审讯，早晚陪同土司开饭；亲兵班，由抽到司署的亲兵组成，主要职责是做好对土司、司署的安全和服务工作。有的司署还设有乐班和轿班，乐班负责司署起床、用餐、就寝的司号；轿班是专门为土司抬轿。六房：一是书房，是办理文牍和教育土司子女的机构，分别设有傣文师爷和汉文师爷。二是军库房，主要负责武器、弹药及装备的保管、采购和修理。三是库房，掌管全司署的财政收支事项，在各种职官中，库房的权力最大。四是候差房，主要负责逮捕、拘押和看守犯人，催收钱、粮。五是门房，其职责是收发各种往来信件文件、收租票、传达通报情况和接送宾客。六是茶房，负责巡更、烧水、打扫清洁卫生。

耿马、孟定、孟连傣族地区的政治组织制度具有西双版纳和德宏两个类型的特点。基层的政权组织仍保存着原始公社的形式，各个村寨在形式上仍保持着土地的村社所有。但是村社议事会已不存在，处理村寨事务的权力，已由土司任命的头人"火头"（金平为"刀曼"，沧源勐董为"棒"）掌握。火头虽然操纵了村寨的一切权力，但在处理重大事务时，在形式上仍然要召开"村社民众会"决定。火头是土司统治集团中基层的重要成员之一，火头无世袭权，一般由新爷、郎爷推荐，土司批准，并赐予一份火头田作为俸禄，不纳任何租税，如火头去职，火头田交还土司。火头的主要职责是：负责本寨内的土地分配、调整；主持重大的祭祀活动，如"祭色勐""祭色曼"；替土司收取官租，分派各种负担、劳役等等。寨内还设有文书、"和尚郎"（负责管理寨内婚丧等的小火头）等公务人员，协助火头工作。

村寨以上的政治组织，各地区均有差别。在耿马，由若干村寨组成一个"圈"，设有大小"圈官"；大圈官又管小圈官。在孟定，"火头"以上设有"陶勐"，作为基层村寨上一级的行政官员，"陶勐"管数寨，可以直接和土司联系，辖于土司衙门。在孟连，则设有"召根"，由土司进行分封，共有11个，都领有不同数量的寨子。在召根与火头之间还有"召浪"，与火头共同直隶于"召根"。

"圈官""陶勐""召根"之上即为土司衙门。是当地土司辖区内最高的统治机构，土司是最高的统治者。耿马和孟定土司衙门里，都设有太爷、新爷等属官，其在职期间由土司赐予数量不等的"私庄"或"采邑"作为薪俸。耿马的太爷、新爷还分片统辖"圈官"，类似西双版纳各勐的"波朗"。所有的太爷都是土司衙门要人，其中掌太爷是土司一级的高级官员，由土司的叔伯及兄弟担任，总揽全勐的行政、经济、军事大权。而新爷也是土司统治集团内重要的官员，由外姓亲属南、宋两家担任，宋家为文职官员。南家是武职官员，在孟定则是刀、金二姓，一文一武。对于新爷，虽然规定不可世袭，即如新爷去世后，其子必须由土司重新任命，不然不能成为新的新爷，但实际上是世袭的。孟定土司衙门规定，新爷中有能力、有威望的，可提升为"彭勐"，其职务类似各朝代朝廷中的宰相，帮助土司管理一切军政大事，并且还保留着每 5 天一次有全体太爷、新爷、陶勐、火头出席的议事会，对某一事项形成决议之后，由土司盖署印信，即交各新爷、陶勐、火头到各地传达实施。孟连土司署也保留着长期沿袭下来的称为"司廊"的议事会，并由 3 位资历较深，由土司封为世袭"召根"的贵族家臣轮流担任"萨的龙"兼议事庭长。"萨的龙"统率全境的大小头人，管理全境内的一切政务。这些地区，既存在着原始"议事会"和氏族联合专政的残余，同时土司的集权统治也存在，主要是以后者为主。

傣族地区所有的土司职位都是世袭的。凡原任土司因死亡、年老、多病、精力不支不能理事，被革职（未革去世袭职位）的，即可由嫡长子承袭土司职位。如长子夭折或出现其他意外情况未能任职的，则由次子承袭。如果无子，可以让嫡亲兄弟的长子来承袭。土司需年满 16 岁方可正式袭职，未到年龄的，设代办代理司务。出任代办大多数必须是土司的叔父、舅父、姑父担任，待应袭人达到世袭法定年龄后，再将政权交还。

土司袭职有一套严格的规定，在明代，无论土司距朝廷即使远在万里之外，也必须亲自到朝廷进贡谢恩。到了嘉靖年间，此种规定废除，袭职程序，仍需由府县转申上报省院，省院又申奏朝廷，后朝廷审核批准，发给印信，才得以承认为正式任职，方得称为正印土司。在民国时期，土司的袭职，基本依照明清时所规定的程序，首先由土司上报县政府或者设治局，后转呈殖边公署或者专员公署，再转呈省政府经核准，发给委任状。

西双版纳宣慰使的承袭仪式一般多在傣历一月（阴历十月）举行，具体仪式日期，则请佛寺的长老选定。事前，由议事庭和各勐的土司合资筹备金蜡条12条、银蜡条12条、金刀12把、银刀12把、金矛12支、银矛12支、洋枪12支，各种专用的鲜花若干作为献礼。宣慰使在接位时，首先举行受洗仪式，之后，接受礼官捧来的大印，以及世传御用的宝刀、金伞、月牙斧、金瓜杖、孔雀尾和各勐土司议事庭所献的各种礼品。自承袭接位之日起，宣慰使备酒席宴请大小官员3天。各勐土司的承袭仪式与宣慰使承袭仪式大体相同。仪式之后，土司需前往宣慰司署，给宣慰使呈献银30两、马1匹、委任状费9元、银30两呈献议事庭各官员。返回本勐后，举行庆祝活动。

明末清初曾对傣族土司制度实行"改土归流"，但是失败了。国民党时期，在傣族地区推行了殖边设治和保甲制度。云南军阀于1913年在西双版纳设立了思普沿边行政总局，积极地搞"改土归流"，力图对傣族地区实行更直接的统治。1925年，改行政总局为"思普殖边总办专署"，将西双版纳设为车里、佛海、五幅、镇越、象明、普文、卢山7个县。先后委派流官（汉族）前往充任县长，企图代替土司统治。设县以后，国民党新旧军阀之间、军阀与土司政权之间，形成了错综复杂的关系，致使民族矛盾和阶级矛盾进一步深化。

德宏地区于1913年设置行政区，委派汉族官员前往管理。至1932年云南的国民党地方政府在德宏地区设置了潞西、瑞丽、盈江、梁河、陇川、莲山6个设治局，统属于"殖边督办"，并在基层强制推行保甲制度，在耿马、孟定、孟连地区也设局或划归邻县管辖。由于历史上长期的民族之间的矛盾、土司统治势力与实力较为强大，无论是行政委员或是设治局长，均无法行使其职权，正所谓"政命不出街头"①。特别是对于保甲制度，遭到了傣族地区上层人物的抵制、广大人民群众的反抗，未能达到其取代土司政权的目的。相反，不仅土司政权仍然存在，土司仍然掌握着当地的实权，而且基层政权也为原来土司的大小头人所控制，这种情况，一直沿袭到中华人民共和国成立。

四、民族区域自治

傣族的居住地，相对而言，还是比较集中，多居住于河谷平坝。但从大的地理范围而言，仍然是与各少数民族杂居在一起。西双版纳是以傣族为主的多民族聚居区，德宏是以傣族景颇族为主的多民族聚居区，景谷是以傣族、彝族为主的多民族聚居区，孟连是以傣族、拉祜族为主的多民族聚居区，其他地区的傣族，也与哈尼族、布朗族、拉祜族、彝族、苗族、瑶族、白族、基诺族等少数民族聚居在一起。

远在古代，居住在一起的各少数民族经常互通有无、互通婚姻，以及交流各种生产知识和文化生活知识，往来密切。从总体上讲，各少数民族的关系是好的。但是，由于历代统治者一贯歧视少数民族，实行民族歧视政策，挑拨民族关系，制造民族分裂，因此各少数民族与汉族之间，以及少数民族与少数民族之间，曾产生过某种隔阂，相互不信任，甚至发生过民族械斗、民族战争，播下了各种各样的民族仇恨。

中华人民共和国成立后，中央人民政府十分重视解决历史上遗留下来的民族问题，并把解决民族问题当作社会主义革命和社

---

①《傣族简史》，第84页，四川民族出版社。

会主义建设的一个重要组成部分。根据《中华人民共和国宪法》关于"少数民族聚居的地方，可实行区域自治。自治机关的形式，可依照区域自治内大多数人民的意愿决定"的精神，经过广泛讨论、充分酝酿、反复协商和认真筹备，1953年1月23日，西双版纳傣族自治区正式成立（当时称"西双版纳傣族自治区"，1956年改称为"西双版纳傣族自治州"），紧接着于同年7月24日，德宏傣族景颇族自治区正式成立（1956年改为"德宏傣族景颇族自治州"）。此外，傣族与其他各少数民族聚居的孟连、景谷、耿马、元江、双江、新平、金平等地，也先后成立了以主体民族为主的自治县。至此，傣族地区基本上已全部实行了区域自治。

建立民族区域自治，是消除民族隔阂，解决民族争端，增强民族友谊，促进民族团结，建立新型的社会主义民族关系的开端。西双版纳傣族自治州虽以傣族为主体，但还有哈尼族、布朗族、拉祜族、佤族、瑶族、基诺族、彝族、回族、壮族、苗族、汉族等民族；德宏傣族景颇族自治州除傣族、景颇族外，还有阿昌族、傈僳族、德昂族、佤族、白族、回族、汉族等民族；景谷傣族彝族自治县虽以傣族和彝族为主体，但还有哈尼族、拉祜族等民族。由此可见，无论是自治州或是自治县，都是由多种民族共同组成的民族大家庭。为此，自治州或自治县很重视疏通民族关系，加强民族团结，号召聚居在一起的各民族相互尊重、相互支持、相互学习和共同进步。其具体措施是：

1. 自治州或自治县内的各少数民族，政治上一律平等，并按《宪法》"在多民族杂居的地方，自治机关应有各个民族的适当名额的代表"的规定，不仅每一个少数民族都有自己的人民代表，同时在自治机关里还有自己的干部或工作人员。这样，既体现了各少数民族无论人口多少在政治上都一律平等，同时还为共同当家做主、商讨自治区域内的大事创造了条件。此外，在自治州、自治县内某些少数民族聚居的地方，可按自治条例成立自治区或自治乡。例如，西双版纳自治州便在哈尼族较为集中的格朗和成立了哈尼族自治区，在基诺族较为集中的悠乐山成立了基诺族自治区，在布朗族较为集中的布朗山成立了布朗族自治区，在拉祜族较为集中的南朗河成立了拉祜族自治乡。这样，各少数民族无论人口多少都实现了政治上一律平等，从而增进了民族团结。

2. 经济上互通有无、相互支援、共同开发、共同繁荣。由于历史的原因，居住在同一区域的各少数民族，占有的自然资源不同，有的地方甚至悬殊较大。例如在西双版纳，傣族占有坝区的可耕地面积比较多，其他民族则比较少；哈尼族占有森林和山地比较多，其他民族则比较少。这样，便经常发生相互争夺土地、水源等现象。若遇到这样的事件，政府和有关部门便依照"相互尊重、相互理解、相互谦让、互助支持"的原则，积极帮助协商调解。于是变相互争夺为相互帮助，逐渐建立起一种新型的社会主义民族关系。

例如，勐海地区，居住在山上的哈尼族、拉祜族没有水田，只有旱地，粮食不够吃，坝子里的傣族便让出一部分挨近山区和水源的水田，送给哈尼族和拉祜族耕种；哈尼族居住山区，掌握着水源，过去常用水"卡"坝子里的人，我用剩了才给你用，现在则先想到坝区，因坝区天气热，栽秧季节早，总是尽量给坝区傣族先用水。

又例如，居住在山区的基诺族、布朗族人民只会种山地，不会种水田，坝子里的傣族便牵着牛、扛着犁，教他们犁田、栽秧；而到了坝子繁忙季节，山区的民族又常常带着劳动工具，到坝子里帮傣族修水库、挖水沟。

此类相互支持、相互帮助的事例，在德宏地区、孟连地区和景谷地区也很多，这无疑是新型的社会主义民族关系的最本质的体现。

3. 在发展经济共同繁荣的同时，积极开展文化交流。无论是山区的少数民族，或是坝区的少数民族，都有自己的宗教信仰、风俗习惯、伦理道德，以及独特的服饰文化和饮食文化。过去，由于宗教的排他性和狭隘民族主义的影响，信佛的看不起祭鬼的，祭鬼的看不起信佛的，互不往来、互不通婚。如果傣族青年爱上了哈尼族或布朗族姑娘，便要受到整个社会的指责和嘲笑；反过来，哈尼族等少数民族也不与傣族通婚，至于其他方面的文化交流就更谈不上。中华人民共和国成立后，各自治州、自治县人民政府在大力发展民族经济、改善人民生活的同时，积极发展民族教育，特别为山区的少数民族创办了许多学校。随着教育的发展和民族干部的成长，傣族医生上山替哈尼族、布朗族人民治病，哈尼族、布朗族拖拉机手，在坝子里替傣族运输货物的现象日益增多；特别是在民族杂居的地区，同一个学校，有各个民族的教师和各个民族的学生；同样，同一个机关或事业单位，也有多民族的干部在一起工作和生活。于是，通过经常性的文化交流和感情交流，各民族间逐渐建立起兄弟般的情谊，相互歧视、猜疑、淡漠或不信任现象已基本得到消除。现在各少数民族与汉族通婚、各少数民族之间相互通婚的现象逐渐增多，相互访亲串友也逐渐增多，各地都出现了民族和睦的新气象。

总之，通过采取上述措施和经常性的思想政治工作，傣族地区的各民族干部和各族人民都认识到：民族歧视、民族隔阂是旧社会遗留下来的病根，应该共同努力消除；共产党领导的社会主义社会为民族平等、民族团结创造了良好的条件，在建设"四化"中，少数民族离不开汉族，汉族也离不开少数民族，各少数民族更是相互离不开。因此，只有互相支持、互相帮助，团结一致，才能达到共同繁荣、共同进步的目的。

第二节 军 事

傣族的军事组织，产生于原始社会氏族公社或农村公社时期。氏族公社或农村公社，都是以血缘为纽带的社会生产组织。在原始社会末期，这样的社会生产组织很多，相互间为了争夺土地、水源，以及狩猎的猎区而常常发生械斗，甚至有相互抢夺粮食或其他食物的现象。因此，需要组织武装保护本公社，防御外族的入侵，这便产生了军事和军事组织。进入家长奴隶制社会后，奴隶主为了扩大自己的统治范围，掠夺更多的财产，因而不断扩大自己的军事力量，发动各种类型的战争，这又使得傣族的军事组织有了很大的发展。

一、军事建制

原始社会时期，氏族公社或农村公社，既是生产组织，也是军事组织。可以说，实际上是全民皆兵。民族首领既是生产首领又是军事首领，每个民族成员既要参加生产，又要负责保卫本氏族的安全。换言之，和平时个个都是百姓，有战事时个个都是士兵。

到了家长奴隶制时期，奴隶主将生产的人与打仗的人分开，于是，开始出现不从事生产而专门从事打仗的军队。其士兵主要是奴隶主所管辖下的男性奴隶，或所俘获的战争俘虏。家长奴隶制时期，傣族社会没有统一的地方政权，各地"召勐"（奴隶主）都自称为王，割据一方。割剧一方的召勐，既是政权的首脑，又是军队的最高统帅；召勐之下设置"乃悍"或"帕雅乃悍"，意为士兵之首，直接负责训练士兵或指挥作战。乃悍下面的士兵，以寨子为单位，一个寨子的士兵设一个头目，称为"乃悍冈"，意为士兵的小领头。"乃悍冈"直接由"乃悍龙"领导。

到了封建领主时期，傣族的军事武装主要分为两部分：一是召片领的宫廷侍卫队；二是作战部队。召片领的宫廷侍卫队，傣语叫"滚课"，有的史书译为"御林军"，其任务是保卫召片领及其家属。成员大都是召片领的家臣和波朗的子弟，也就是极其可靠的人。为此，召片领还专门制定了一条规定："凡是家臣和波朗的儿孙，从佛寺还俗后未升任头人以前，都要为召片领服侍卫役。"也就是说，家臣和波朗的子弟，要事先到召片领的侍卫队里当一段时间的兵，然后才能提拔当头人。召片领的侍卫队由"召火哈"（侍卫官）和"召火哈西"（副侍卫官）统领。

作战的军事武装，傣语统称为"昆悍"，按照字面直译："昆"是官，"悍"是兵，意即包含官兵在内的总称。在无战争的和平时期，一个勐最多有 50～60 个脱产的常备兵，负责巡逻村寨或维持社会治安；到了发生战争时，便立即动员各村寨的男性青年入伍。在一般情况下，凡有男青年的人家，一户出一人；但在战事十分紧急的情况下，则要动员所有的男性参军，共同抗击入侵者。这种"平时为民，战时为兵"的兵役制度，也是傣族社会历史发展的产物。傣族的历代地方政权虽然拥有一定的军事实力，但主要是用于保卫自己，很少用于扩张领土侵略别人，加之傣族生产发展缓慢，经济实力不强，为此，平时没有钱也没有必要养活大量的军队，但遇到异族入侵的时候，人人都有责任保卫家乡，故要参军入伍，共同抗击敌人。

封建领主时期的傣族军事管理系统和武装部队指挥系统，自成体系，在召片领直接领导的最高政权机关——宣慰使司署，设置有 3 个最高武官："召竜纳花，即右榜正元帅；召竜纳洒，即左榜副元帅；真悍，即先锋将军。"① 负责统管和指挥西双版纳各个勐的所有武装。在 3 人之下，又分为"勐""陇""寨"3 级。"勐"级（一个坝子的行政单位）设一个叫"帕雅悍"的武官，负责管理和指挥该勐的武装力量；"陇"级（由六七个寨子组成的行政单位）设一个叫"乍悍"的武官，负责管理整个"陇"的武装力量；"寨"级（即一个自然村）设一个叫"鲩悍"的基层武官，直接管理本寨子的"昆悍"（士兵）。这样就形成了既简明又有效的管理与指挥合二为一的如下体系：

召竜纳花（最高指挥官）—召竜纳洒（最高副指挥官）—真悍（前线指挥官）—帕雅悍（勐级指挥官）—乍悍（陇级指挥官）—鲩悍（寨级指挥官）—昆悍（士兵）。

由此可见，这一军事武装管理系统与指挥系统，与封建领主政权机构和村社组织紧密地结合为一体，形成了最显明的军政合一。

在傣族历史上，除前面所述的步兵外，还出现过战象和象队，并有"大骑兵劲旅"之称。这是傣族历史上武装力量的佼佼者，在傣族军事史上写下了光辉的一页。

远在家长奴隶制时期，奴隶主们每次发动掠夺性和兼并性战争，都以象队为主要的攻击力量。以反映傣族历史上"海俸战争"为主线的傣族英雄史诗《厘俸》，前前后后共有 20 多处关于象阵和象战的描写，例如，"海罕按照天意出征，威武的战象在坝子里布成象阵"，"厮杀开始了，战象冲锋在前，只见象脚踏出一条条血路，染红的长鼻在风中飞舞"，这是多么壮烈的象战场面！在这一历史时期里，拥有战象的多与少，是衡量奴隶主

————————

①召片领宣慰使司署设置的 3 个最高武官的称谓，有多种不同的译文，各种研究文章又有不同的注释。这里采用的是中共思茅地委和中共西双版纳工委联合调查后所撰写的《西双版纳宣慰使司署及勐景洪政治情况概述》一文的译文。

强大与弱小的主要标志。奴隶主为了战争需要，将其战俘或原有的一部分奴隶，分散到荒郊野外建立各种各样的养象寨或驯象寨，以便供应战争使用。这样，客观上也促进了傣族养象业的发展。

中外史籍也有许多关于傣族战象的记载。最著名的要算13世纪70年代发生于傣族地区的"干崖—永昌象战"。当时，干崖和永昌都隶属元朝统辖，1273年，元明派纳刺达丁统帅一支部队前来镇守边疆。对此，境外的缅王十分不满，决定先发制人，派了一支以战象为主的军队，向大汗军队进攻，两军展开了一场血战。结果，纳刺达丁大获全胜，缴获了对方200多头战象。此次象战的过程，《马可波罗游记》有详细记载。

当然，傣族的战象，除了用于部族之间的争斗外，绝大部分都用于保卫傣族家乡。由于战象在保卫傣族村寨、保卫部落安全的战斗中屡建功勋，因而在傣族人民心目中成为了勇敢的象征。

关于傣族战象的建制，史书记载不全，有的已遗失，目前只见到部分零星的资料。据载傣族的战象一般分为"摆""滑""姆"3级。傣语中的"摆"有多种含义，这里是指一片或一个方面。也就是说，一"摆"战象即一个片的战象或一个方面的战象。据说，一个"摆"（亦一个片）约有100～200头战象，可以独立布成象阵、独立作战。傣语中的"滑"，其本意是"厩"，即牛厩、马厩的"厩"，显然，这是借用民间计算畜牧业数量的单位词汇，作为象队建制中的一个名称，据说一"滑"（亦一厩）大约有20只的战象。傣语中的"姆"，泛指群，"姆能"亦"一群"，"双姆"亦"两群"，显然，这也是借用民间的数量单位作为象队建制中的最基层名称，因而译为队比群更贴切。据说，一"姆"（亦一队）大约有5只战象。这样，我们便可得出如下的公式：

一个战象集团分若干个"摆"（片）的象营，一个"摆"（亦片）的象营分 4~5 个"滑"（亦厩）的象队，一个"滑"（亦厩）的象队分 4~5 个"姆"（亦队）的小战象队。

古代的傣族聚居区较为宽广，上至怒江、瑞丽江流域，下至澜沧江下流，以及澜沧江中游的景谷、双江一带，都是傣族战象劲旅的活动范围。这样，各地的象队建制及其名称亦有可能不同。上述的象队建制，只是从古籍的零星记载和反映象战的史诗中得到的资料。

二、兵器种类

傣族使用过的兵器，主要有如下几种：

（一）刀 剑

长刀和利剑是傣族古代最常用的武器，凡是傣族士兵，都要配备一把长刀、一把短剑。傣族冶炼技术有悠久的历史，早在唐代以前便能自己制造长刀利剑。至今，傣族每一个坝子，或每一个较大的中心村寨，都有一两户善于生产各类刀剑的铁匠。傣族生产的刀剑，以轻快、锋利而称著。傣族古代士兵佩刀剑之风，也一直沿袭至今并演变成傣族男子都要带刀的习俗。

（二）弓 弩

弓弩也是傣族古代最常用的武器。傣族的弓弩都是自己制造的，具有弓力大、射程远的特点。由于傣族地方盛产箭毒木，平时弓弩所用的箭大都插在村外的箭毒木树干上，到了战时才取出使用，因而每支箭头都带有箭毒木的毒液，射中对方时，只要擦破皮流一滴血，毒液便会顺着血管迅速流遍全身，数分钟便死亡。所以，杀伤力比较强，是傣族古代战争最厉害的武器。近代多用于打猎，并且多限于打比较凶猛的野兽。到有了枪等现代武器之后，弓弩便逐渐从兵器的行列里退了下来，变成了体育运动和娱乐活动的用具，当然在一些边远的村寨，仍然在用作防身与保卫寨子的武器。

（三）长　矛

傣族的长矛，矛身为木质，矛头为铁质，全系傣族制造。此类武器古时较为常用，近代则只有召片领的仪仗队用，民间则只作为娱乐玩耍之工具。

（四）火　枪

19 世纪末 20 世纪初，傣族的武装便开始配备火枪，俗称"铜炮枪"。傣族学会使用火药的历史比较悠久，例如用火药制造各种爆炸物，以及过新年时制造的"高升"等等，已有数百年的历史。因此，19 世纪末火枪从西欧经东南亚传入傣族地区时，傣族除了枪管外，其他零配件都会自己制造。所以，只要进口钢管，傣族便自己会造出火枪。其弹头用铅制造，分独子和散子两种，独子的弹头如手拇指大的钢珠，散子弹头则像粗沙粒一般，一枪可塞数十粒。这种火枪弹头，傣族自己也会制造。

自 20 世纪初，此类火枪及其古代遗留下来的刀剑，便是傣族武装部队的主要武器，傣族曾用这些武器在边境上与入侵的敌人进行过多次战斗。

第十四章　商业贸易

第一节　傣族地区商业贸易源流

　　商业贸易，是社会生产力发展的必然结果。任何一个民族或任何一个地区，当社会生产力只能生产自给自足的产品，还不能促使产品变成商品的时候，便不可能产生商业贸易。反之，只有当社会生产力发展到一定的阶段，有能力促使社会产品变成社会商品的时候，才可能产生商业贸易。

　　在傣族原始社会的最初阶段，社会生产力极为低下，傣族先民每天生产（包括采集野果、捕鱼和猎取野兽）所获得的食物，只够氏族或部落群众的生存所需，没有剩余的东西。因此，这时候，尚未产生私有财产、私有观念，自然也就没有阶级和特权。包括氏族首领在内，人人都必须参加集体劳动，然后人人又都可以分到一份维持生存的食物。在这种情况下，社会产品不可能变为商品，当然也就无商业贸易可言。

　　但是，随着社会的发展，到了原始社会末期，特别是进入农耕经济以后，傣族先民一方面逐渐在河谷平坝建寨定居，开始种植水稻，从单纯依靠天然食物变为能自己生产食物，这无疑是一个巨大的变革，促进了傣族种植业的生产与发展。另一方面，傣族先民在学会种植的同时，仍继续上山狩猎，并将活捉到的或暂时吃不完的活猎物关起来饲养，从而又产生了以饲养家畜、家禽为主的畜牧业。

种植业与畜牧业的迅速发展，促使傣族社会出现了剩余产品，出现了剩余产品被私人占有的现象。私人占有剩余产品之后，必然引起相互间的交换，即将这些产品变成商品。这样，傣族原始贸易便随之产生。

与其他民族一样，傣族原始贸易产生之后的第一个阶段，是"以物易物"，即某一部落成员用自己多余的产品与其他氏族成员交换，也就是互易。据傣文古籍载，那时候"以物易物"最频繁的产品，主要是盐巴、谷物、兽皮，以及原始陶器，也就是本地人统称的"土锅"。这种原始贸易有两大特点：一是尚未产生货币；二是没有固定的易物地点，即当今所说的集镇或市场。易物的目的，也只是互通有无，并不是为了谋取利润，但已具有流通商品的功能，因而可称之为商业贸易之萌芽。

商业贸易的产生，推动了傣族地区的经济发展；反过来，傣族地区经济的发展，又促进了傣族地区商业贸易的不断发展。到了秦汉时期，傣族地区已成为内地商人与国外通商的重要通道。"当时，内地商品经永昌运往印度的主要通道有两条：一是由保山过怒江，经芒市、盈江等地，过缅甸境而达印度之阿萨密地区；另一条则由腾冲西行，经缅甸而入印度。这两条通道都必须经过傣族分布区"①。因而傣族人民也参与了这些商业活动，将本地区出产的茶叶、盐巴、槟榔及其他土特产投入市场，通过往来的商人，往下运至印度，向上运至内地。

到了唐宋时期，内地到傣族地区经商的商人逐渐增多，傣族地区的土特产运销内地的数量和种类也逐渐增多。樊绰在《蛮书》中说，唐代内地商人羁旅怒江傣族地区欲归不得，因而吟出

---

①江应梁：《傣族史》，第 165 页，四川民族出版社。

了"冬时欲归来,高黎贡上雪;秋夏欲归来,无那穹赕热;春时欲归来,囊中络赂绝"的歌谣。这些都是内地商人到傣族地区经商后,留居在傣族地区的历史痕迹。

到了元代,傣族的商业贸易便具有一定的规模,有了固定的集镇、繁华的市场。当时,傣族地区"交易五日一集,且则妇人为市,日中男子为市,以毡、布、茶、盐互相贸易"。与傣族做生意的人,除内地和境外的商贩外,还有元朝的驻军和官吏。

商业贸易的发展,对傣族地区的交通和城市建筑也起到了极大的促进作用。到了明代,从内地到达傣族地区,从傣族地区通往泰国、缅甸、印度的商业马帮络绎不绝,并且规模很大,一般都以100匹马为一帮,多的则达到500多匹。由于马帮运输业的蓬勃兴起,马店、饭店、旅社等服务行业也随之兴起。当时,从大理、保山经芒市、畹町到缅甸瓦城一线,以及从思茅经景洪、勐海到缅甸、泰国一线,沿途都有马店可供往来马帮住宿;在一些重要的交通要道,还形成了繁华的商业城镇。这方面,《马可波罗行纪》和《西南夷风土记》均有详细记载,如《西南夷风土记》说:"宝藏之富,生齿之繁,莫如孟密;五谷之饶,布帛之多,莫如缅甸、八百;鱼盐之利,贸易之便,莫如车里、摆古。"勾画出了傣族商业城市的剪影。

傣族地区地处我国边境,与东南亚诸国为邻,又是我国最早的南方丝绸之路的通道。早在明代,民族商业资本便有所萌芽,其标志除了民族商人的涌现和民族商品集市的繁荣外,还有手工业的发展和工矿业的兴起。手工业主要是织布、打铁、制陶和编织的竹具,其中又以织布最为普遍。从流传至今的一些民歌中,可知那时的傣族寨子,"早晨捣米声不绝,傍晚织布声不断"。几乎家家都有手工织布机,织出的傣锦"幅宽五尺,洁白不受污",是当时最畅销的商品。

关于这一时期傣族开采的工矿业,史书也有许多记载。《蛮书》说"威远城、奉逸城、利润城，内有盐井一百米所"，又说"蛮法煮盐，咸有法令，颗盐每颗约一二两"。这是唐代以前的事，到了明代，傣族地区开采的小盐矿，数量更多，仅威远城（今景谷傣族彝族自治县）周围便有香盐井、益香井、抱母井、歇孔井等处。据《永昌府志》载，这一时期在滇西傣族地区开采的矿业有"梁河勐捧大竹山银矿""腾冲明光赛银矿""保山户算铜矿""保山双河铜矿"等。开矿需要资金和技术，开出来的矿需要冶炼成商品出售。因此，工矿业的发展，实际上也是商业资本发展和商业贸易发展的一种体现。

明代以后，中央王朝在云南少数民族地区推行"改土归流"，即废土官设流官。此政策因直接触犯到傣族土官（即领主、土司）的政治地位和切身利益，因而遭到强烈反抗，有些地方甚至发生了武力冲突。从总体上讲，"改土归流"以失败而告终，未达到目的，但却削弱了土官的一部分权力。于是，失去某些政治权力的土官，便利用仍然拥有的经济权力，转而集资经商，在国内或到境外的缅甸、泰国开设商行。这样就产生了被称之为"波乃戛"的民族商人、民族资本家。据初步统计，在缅甸北部或泰国北部开设大小商行的傣族商人，至少有100户，他们境内、境外都有家，有的已与缅甸人、泰国人通婚，但仍然经常回国做生意。这种由土官转化为商人的现象，到了清朝末年民国初年仍在继续发展，并且不仅是土官转化为商人，一些富裕人家也纷纷组成马帮到境外做生意。此浪潮直到中华人民共和国成立前夕，均未减退。

第二节　货币的产生与发展

货币既是贸易的媒介与桥梁，同时又是商品价值的表现形式，其本身就包含有商品价值。

傣族先民虽然不懂得经济学，但知道凡是有用的物品都有其价值，可以拿出与别人交换。可是，所交换的物品，需要具有相等或者相似的价值，才有交换的基础，否则就难以交换。例如，假如不知道一斤盐的价值等于多少谷子的价值，就不晓得一斤盐应该换几斤谷子。其他物品可由此而类推。然而，在以物易物初期，傣族先民既没有统一的容量和计量方法，又没有计算物品价值的标准，因而只能根据生活所需，本着互通有无，只要两种物品接近于同等价值，例如一块盐大体与一箩谷子的价值差不多，便可交换。但是，到了后来，随着生产的发展，可供交换的产品日益增多，人们便发现以物易物的贸易方式很不方便，有时候一挑盐换得一大堆兽皮，既运不了，又用不完；有时候捕到鱼的人，想与对方换谷子，而对方想吃鱼却又没有谷子相换，难以用其他物品取代。在这种情况下，傣族先民们从交换实践中创造了一种与所有物品具有共同价值的可帮助社会进行物品交换的价值表现形式——货币。由此可见，傣族货币的产生，是傣族社会以物易物的原始商品交换行为的不断扩大和发展的必然结果。

傣语称货币为"恩"，带有"银"的含义，为此有人误认为"银"是傣族最早的货币。其实，"金银天然不是货币，但货币天然是金银"[①]。根据傣族史学家考证，傣族最早的货币不是银，而是贝。其依据有三：

一、出土文物

"1964年10月，在（西双版纳）曼景傣寨曼迈乡粮站后面，挖出一个贮贝陶罐。……出土时陶罐尚完整，约有半罐海贝，海贝之上覆有五只青花瓷碗。……海贝，背部皆磨孔，形状与安阳

---

①马克思：《资本论》，第107页，人民出版社。

殷墟及其他殷周遗址出土的贝壳基本相同。陶罐则是当地傣族一般使用的陶罐：泥质红陶，扁圆形，腹部皆拍印蓝纹，只是纹饰比现代的细密。……从海贝的储藏形式看，系属货币，而不是一般装饰品，从埋藏的地层看，系属贮藏，而不是墓葬的殉葬品"[1]。在傣族其他地区，也先后发现过出土货贝。此贝乃是傣族最早货币的一个依据。

二、文献记载

元代《马可波罗行纪》记金齿州说："其货币用金，然亦用海贝，其境周围五日程之地无银矿，故金一两值银五两，商人多携银至此易金而获大利。"

《皇朝文献通考·钱币考》说："（云南）明有金银之课，而铜之开采尚少，且民间日用，多以海肥，而未当用钱。"

《图书集成·戤方典》载："市中贸易，多用贝，俗称肥子。"

三、民间古俗

傣族历史上长期流行着喜爱贝的古俗，不仅在民歌民谣中留下许多赞美贝的诗句，视有贝的人家为富户，同时还以贝为装饰物戴在身上，以显示美观、富有。傣语称"贝"为"怀"，傣族古代货币单位也称"怀"（有的地方译成"甩"，这只是由于发音不准而用了不同的汉字）。因而有人推测：傣族货币单位的"怀"来自于贝，"一怀"就是一个"贝"。

上述三方面，即是傣族曾用贝做过货币的主要依据。至于傣族为什么要用海贝作为货币，这与傣族历史上早就与东南亚沿海诸国以及境内周围各少数民族有商业交往有关，因为云南各少数

---

[1]出土的货贝实物，现藏西双版纳文物管理站。此段文字引自邱宣充：《西双版纳考古拾零》，载《云南民族文物调查》，第20页，云南民族出版社，1988年。

民族和东南亚一带的国家，在古代也都用贝做货币，在商业交往中，自然会相互受到影响。

贝之后，傣族转而用银作为货币，但这已是明代以后的事。明王朝为了巩固其统治，对边疆各少数民族采取"以夷治夷""分而治之"的政策，甚至不惜使用武力镇压。这样，便削弱了少数民族土司制度的权力，加强了明王朝对边疆少数民族地区的统治。在这种情况下，明王朝为了便于在傣族地区征收税款，在经济上剥削傣族人民，实施了统一的货币。这亦是傣族使用银为货币的主要原因。在这一时期，傣族地区银矿所产的银，大都用作货币上缴给明王朝，仅麓川军民宣慰使司一处，每年便上缴岁征银 6 900 两。

明末清初，傣族地区除继续以银为币外，同时还使用过明王朝和清王朝发放的铜钱，两种货币同时在市场上流通。

到了清末，由于清政府的腐败，地方势力崛起，以及帝国主义的侵略，对傣族地区的政治、经济造成了极其严重的影响，因而货币金融也趋于复杂化。一方面，在国内，云南地方政权发行的滇币和银圆（俗称"半开"），逐渐流传到傣族地区，普遍在傣族城乡使用；另一方面，在境外，英国已占领了缅甸，在缅甸推行殖民主义的经济政策，使其英镑逐渐占领了缅甸的市场，于是通过边境外贸等各种关系，英镑也逐渐流入傣族地区。因此，形成了各种货币交叉混杂使用的现象。可以说，这亦是边疆少数民族地区沦为半封建半殖民地社会的显明标志之一。

从上述傣族货币之产生及其发展过程中可以看出：傣族生产力发展较为缓慢，商品经济不发达，虽然曾有过自己的货币，但却受到境内外各种币制的强烈影响，未形成自己的金融体系。除清光绪三十三年（1907 年），干崖宣抚使在干崖开设过"新成银庄"，发行过"新成银庄银票"外，其他傣族地区均未出现过金融组织以及有影响的银行。

"新成银庄"建立于1807年，总铺设在干崖（今盈江新城），嗣后，准备到其他傣族地区开设分铺，但未实现。银庄有较为充裕的资金，发行过"一两""五两""十两"等10多种票面价值的银票。银票的背面印有汉、傣两种文字的"银票简章"，其中有如下之条文："本庄所出纸票，均以值钱为定额，皆有确实资本，经干崖土司承认担保。万一本庄有不幸事以致倒闭，可执向该土司兑取银钱。"银票发行后，获得百姓信任，已在市面通用。后因刀安仁先生忙于国民革命，几度出国，难以顾及"银庄"，故"银庄"未能继续发展而关闭。

干崖傣族"新成银庄"的建立，是傣族金融史上的一个创举，具有深远意义。首先它说明了傣族人民不仅有创办金融实体的智慧和才能，同时积累了较为充足的资金；其次，它说明了创办金融实体，必须遵循社会发展规律，在商品经济不发达、自给自足经济占主导地位的情况下，私营的任何金融实体都难以生存和发展。只有待商业资本发展到一定相当发达的水平，才具有创办金融实体的客观条件。

第三节　当代商业贸易的兴起

中华人民共和国成立后，中央人民政府采取了一系列抚助边疆少数民族地区的政策，傣族地区的文化教育和交通事业大为改观，不仅公路四通八达，还修建了芒市、景洪两个机场，与外界的来往日益频繁，因而工业、农业、畜牧业和手工业等生产物质产品的行业蒸蒸日上，促进了当代傣族地区商业贸易的迅猛发展，其主要标志有如下几个方面：

一、推动了城乡市场的繁荣

同其他少数民族地区一样，由于历史的原因，傣族地区的社会生产发展极不平衡。有的产品奇缺，购买不到；有的产品过剩，找不到销路。因此，民族地区商业贸易的基本任务之一，是促进工农业生产的发达，繁荣城乡市场，为生产单位提供充足的生产资料，为城乡人民提供丰富的生活资料，也就是通常所说的"发展经济，保障供给"。在这方面，自治州、自治县人民政府采取了一系列行之有效的政策措施。例如：对主要农副产品实行最低保护价，以促进农民生产的积极性；对主要工业品实行最高限价，价格差额部分由政府财政补贴；对某些农副产品的生产和一些商品的流通环节，实行减免税收和低息贷款等政策。因此，推动了生产的发展，繁荣了城乡市场，整个傣族地区，购销两旺，基本上满足了城乡人民日益增长的生活需要。

据有关方面统计，1990 年，德宏傣族景颇族自治州"社会商品零售总额达 6.21 亿元，其中：对居民和社会集团的消费品零售额 5.54 亿元，对农民的农业生产资料零售额 6 630 万元；社会商品零售额 5.79 亿元，农民对非农业居民零售额 4 195 万元"①。西双版纳傣族自治州，1990 年内"社会商品零售总额32 932万元，增长 1.3%；集市贸易总额 13 098 万元，增长28%。耿马傣族佤族自治县 1990 年社会商品零售总额达8 682.41万元，集市贸易成交额达 2 891.39 万元。景谷傣族彝族自治县1990 年社会商品零售总额达 7 076 万元，集市贸易成交额达2 087.5 万元"②。至此，傣族地区的商业机构遍布城乡，县以上的城镇商店林立，商品丰富，就连最偏僻的村寨也有供销店或

①《云南年鉴·1991》，第 612 页，云南年鉴杂志社。
②《云南年鉴·1998》，云南年鉴杂志社。

销售点，基本上形成了较为完整的商业网络。既促进了工农业生产，又满足了人民群众的生活供应。

进入20世纪90年代，随着改革开放的不断深入和旅游业的蓬勃兴起，傣族地区的商业贸易又迈入了一个新的发展阶段，国营和私营并存，共同发展，边民互市活跃，经营规模和范畴不断扩大，营业额年年逐步上升。截至1997年，西双版纳州社会商品零售总额达11.99亿元，其中国有经济29 223万元，集体经济10 822万元，个体私营经济46 163万元，其他经济33 652万元。德宏地区1997年全州社会消费的零售总额为15.2亿元，其中批发零售贸易8.5亿元，餐饮业1.1亿元，制造业1.4亿元，其他4.2亿元①。

二、对外贸易逐年增长

傣族地区与缅甸、老挝接壤与泰国近邻，是我国通往东南亚的重要通道，从古代起便与东南亚诸国有着密切的外贸关系。

据文献载：1926年，仅德宏地区便购进缅甸棉花63 000多公担，同时又向外售出了相当数量的土特产品。20世纪30~40年代，西双版纳地区的七大茶庄——鸿济茶庄、恒盛公茶庄、可以兴茶庄、云生祥茶庄、利利茶庄、复兴茶庄、堂阶茶庄，所生产的茶叶产品，特别是用上等春尖制成的圆茶，绝大部分都运往东南亚诸国销售。为此，上述茶庄均分别在缅甸、泰国开设有商场。其他傣族地区，如孟连、耿马、江城等地的边境贸易也很频繁，从"驮运货物出境的马帮一次达数千匹"的情况来看，其贸易额也不算少。然而，由于历史的原因，到了抗日战争时期，几乎所有的对外贸易都中断了。中华人民共和国成立后，傣族地区的对外贸易又重新起步。1953年，德宏州在瑞丽设立了进出

---

①《云南年鉴·1990》，第589页、第635页，云南年鉴杂志社。

口贸易小组，下属有几个专门对外的商号，但只经营小额贸易，其目的是满足各民族某些生产、生活必需品的需要。到了 20 世纪 60 年代，德宏和西双版纳两个自治州所属的县市，都相继建立了外贸机构，德宏州还在盈江的旧城、油松岭、昔马、铜壁关和陇川的章凤建立了外贸站。至此，傣族地区的对外贸易便有了新的进展。

当时，傣族地区对外贸易的出口商品主要是茶叶、枫茅油、香茅油、紫胶，进口商品主要是轻工产品、矿产和化工产品。到了 20 世纪 70 年代，德宏地区生产的水果珍品"菠萝脯"和手工艺品"筒帕"（挎包），也成了最受国外消费者欢迎的出口商品，1979 年，出口的"菠萝脯"罐头达 500 多吨，工艺品"筒帕"还远销日本等国。到了 20 世纪 80 年代，盈江的碎云母、梁河的绿柱石、西双版纳的樟脑、景谷的松香，都是外商最喜欢的出口商品。总之，对外贸易额开始逐年增长。1990 年，德宏州边境贸易进出口总额达 9.65 亿元。其中：进口总额 3.52 亿元，出口总额 6.14 亿元。西双版纳州出口总值达 2 931 万元，边境贸易进出口总额达 3 209 万元。

随着对外贸易的日益繁荣，边民互市的日益增多，国家在傣族聚居的畹町、打洛、磨罕 3 处对外交通要道设置了边境口岸。

畹町位于滇缅公路中国境内的终点，是傣族地区最繁华的边境口岸之一，每天都有缅甸边民近千人前来购买中国货物或进行其他商业活动。进入改革开放新时期后，畹町的边境贸易发展更为迅速。1985 年的边贸出口额为 3 050 万元，以后又以每年5 000 万元的速度增长，到 1991 年边境出口额已达 2.8 亿元。1992 年 7 月，云南省在该市举办了首届边境商品交易会，缅甸、泰国、新加坡、越南、香港、台湾等地区工商界人士，以及国内的北京、上海、广东、福建、黑龙江、吉林、河南、山东、深圳等地区的企业界代表，参加了交易会。据《春城晚报》报道：

这次边境商品交易会的"参展洽谈项目有 180 类,2 100 多个品种,1 亿多元的商品。准备的期货现货较为充足,经济洽谈项目在 370 多个,展销的产品主要是(云南)省内的名、特、优、新产品,适应边境口岸特点的适销对路产品,以及(云南)省内传统的拳头产品"①。举办边境商品交易会期间,在昆明出席五省区七方经济协调会的代表,也到畹町进行了实地考察,对畹町的边境贸易十分关注。

为了进一步推动对外贸易,畹町已绘制了新的蓝图,决心要把畹町建成一个既有边疆民族特色又有现代化设施的新型城市,使之成为面向东南亚市场的边境贸易口岸。为了实现这一目标,有关部门根据中央有关精神,已制定了《畹町边境经济合作区税收优惠规定》《畹町市边境经济合作区土地使用优惠规定》《畹町市边境经济合作区户口管理暂行规定》等优惠政策,水电、交通、邮电也有较大改善,为外商投资创造了更好的环境,因而国内外商界纷纷前来洽谈贸易。可以预料,在不久的将来,畹町的边贸和经济建设,将会有较大的腾飞,成为云南边疆最繁华的边境口岸之一。

打洛位于昆明至打洛的昆洛公路终点,与缅甸的勐马接壤,是西双版纳地区历史上的边境口岸。据载,西双版纳历史上的最高领主召片领到缅甸朝佛、迎亲,均从这里出境;缅甸掸邦土司到西双版纳探亲、游览,也从这里入境。因而随着双方上层人士的亲密来往,边境贸易也较为兴隆。缅甸北部山区和泰国北部山区的土特产,大都运到这里销售,我国云南思茅普洱地区以及西双版纳的土特产,也大都在这里出口,运至缅甸、泰国销售。然而,在很长的一段时间里,由于交通不便,进出口货物全靠马帮运输,到了雨季,山路中断,来往十分艰难,因而制约了边境贸

---

①《春城晚报》1992 年 7 月 21 日第 1 版。

易的发展。中华人民共和国成立后，国内的昆洛公路已全线通车，出口货物可从昆明直接运至打洛；对岸的缅甸地区也修通了公路，这样打洛便成为云南通往缅甸的又一个交通要道。

随着交通的改善，进一步促进了打洛边境贸易的发展。到了20世纪80年代，特别是改革开放以来，打洛加快了市镇建设的步伐，经营、投资环境有了较大的改善，加之西双版纳自治州政府对打洛的开放施行了较多的优惠政策，因而中缅双方的边民来往逐年增多，国内外的企业界、工商界纷纷前来该镇洽谈贸易，开办商店，以及建立各种商业、外贸办事机构，促使打洛的市场逐渐繁荣。

磨憨位于西双版纳自治州勐腊县与老挝接壤的边境。历史上即是西双版纳通往老挝的边境口岸。过去因不通公路，交通不便，边境贸易往来不多。20世纪60年代初修通了公路后，边民往来才随之频繁，对外贸易也随之而日益活跃。磨憨是一个理想的边境口岸，地理位置十分重要，如今交通已很方便，上可直达云南省会昆明，下可直通老挝首都万象，与泰国、缅甸边境也很接近，是云南通往东南亚的陆路窗口。自改革开放以来，随着中老两国友好往来日益增多，磨罕边境口岸便日益显示出它的活力。

三、建立了较为健全的金融体系

金融与商业贸易关系密切。中华人民共和国成立初期，中国人民银行、中国建设银行、中国农业银行，便先后在傣族地区的自治州、自治县建立了分支机构，接着又在农村开办了信用合作社，金融机构遍及傣族地区的城镇和农村。对工商企业，除了开展发放流动资金贷款外，还发放中短期设备贷款和商品流通贷款，对发展生产、搞活经济、繁荣市场、促进商业贸易发展起到了十分重要的作用。1982年，德宏州银行给商业部门发放贷款

4 600多万元，保证了商业粮食部门采购粮食、采购农副产品，以及工业品进货的资金需要，使这些部门当年就获利润达900多万元。

近年来，傣族地区个体商业户发展迅速，不少个体商业户在资金周转上遇到不同程度的困难。金融部门通过贷款等形式，及时给予了有力的支持。据不完全统计，德宏地区帮助发展了100多家个体商业户，西双版纳地区帮助发展了数十家个体商业户，其他自治县也帮助发展了一些个体商业户。由于有金融部门的支持，这些个体商业户生意兴隆，对繁荣傣族地区的贸易起到了重要的补充作用。

第四节　民族特需商品的供应

满足少数民族对民族特需商品的需求，是边疆地区商业贸易不可推卸的责任。

傣族地区的民族特需商品，概括起来，可分为宗教特需和生活特需两大类。

一、宗教特需品

绝大部分傣族地区，即西双版纳、德宏、孟连、景谷、耿马等地，都信仰佛教。因此，所谓的宗教特需商品，主要用于宗教信仰，即从事佛事活动。这一类商品，计有佛像、佛珠、银树银花、蜡条、灯碗等品种。

佛像：具有美术工艺品的特征，是宗教徒视为最神圣之物。由于原料的不同，佛像又分为玉佛像、石佛像、金佛像（用铜铸成后外表再涂上一层金粉），以及木雕佛像多种。此类产品，主要来源于缅甸和泰国；某些傣族地区，虽然也有民间艺人能够制作，但数量少，满足不了佛教徒朝佛活动的需要。佛像中以玉佛（即用玉石雕刻而成的佛）价格最高，一般都在数百元至上千元。由于宗教信仰的原因，此类产品每年都有一定数额的需求量。国内，一般商店都不经营，大都由私商从境外运入。

佛像是宗教性特需品中最普及的商品，中华人民共和国成立前，基本上来源于东南亚，中华人民共和国成立后，转为内地供应。此特需品的特点是价廉物美、小巧玲珑，可作为礼品赠送给信仰佛教的友人。

银树银花：是傣族朝佛活动的一种特殊供品，一般不在市场上公开出售，大都由需要者请当地银匠精心制作；但有些地方也有银匠事先制作好后拿到集市上出售的。

蜡条：主要用于朝佛活动，但也有用于生活习俗的，如结婚仪式等均要用蜡条。此产品傣族村村寨寨都会生产，市场上有出售。但由于需求量大，一次群众性的朝佛活动大约要消费数千支蜡条。因此，需要供应大量黄蜡生产蜡条，才能满足群众的需要。

灯碗：有的地方译作灯台或神灯台，属陶器用品，高约3寸，下部有一灯座，上部呈碗状，盛上油后亦可点灯。主要用于朝佛时摆设在大佛像前，一次要摆设上百盏。所以，需要量也比较大。但工艺简单，凡能制造陶器的傣族村寨均能生产，可以满足社会需求。

傣族宗教性特需商品的总特点是：主要用于佛教活动。因此，佛教活动越频繁，此类产品的需求量就越大。反之，如果宗教活动有所减弱，此类产品的销售量就减少。总之，经常随着佛教活动的兴衰而起伏。

二、生活特需品

傣族的生活类特需品，主要用于傣族妇女的穿着，以及民族节日活动的消费。此类特需品计有银腰带、金银耳环、提花包头巾、各类花色筒裙布、各类花边，以及火药、火硝等。

银腰带：属于工业产品，傣族地区的银匠都会制造，市场上有出售。按照傣族的穿着习俗，每个妇女都必须系银腰带。因此，有女儿的家庭，当女儿长到10岁左右，便要给她购置银腰带，有的一人要购置两三条。所以，此产品在傣族地区很畅销。有的在市场上购买不到，便只好购买白银，请银匠专门制作。

金银耳环：是傣族妇女最喜爱的装饰品，也是显示财富的一种象征。家庭较富裕的，以金耳环为饰；家庭较贫困的，以银耳环为饰。西双版纳、德宏地区的金银耳环较为小巧玲珑，一对金银耳环只有3钱左右；景谷和孟连一些地区的金银耳环比较大，呈两寸左右直径的圆圈，一对金银耳环的重量约有1两。

提花包头巾：是傣族妇女的头饰，绝大多数傣族妇女都要包头巾。但到了当代，各地有所不同，形成了较大的差异。德宏地区中年以上的妇女喜爱包黑色的头巾；景谷和西双版纳勐海一带的妇女喜爱白色或淡红色的提花包头巾；景洪和勐腊一带的傣族妇女喜爱较薄的四方纱巾。尽管各地喜爱有别，但总的来说，提花包头巾都是傣族妇女的生活特需品。

花色筒裙布：是傣族妇女制作筒裙的布料。过去，傣族妇女穿的筒裙，绝大部分都靠自己手工生产，特别是傣莱（即花腰傣），只穿自己织的筒裙。近代，随着纺织工业的发展，这种意识已逐渐改变，大部分妇女都以内地生产的或从境外进口的纺织品用为筒裙的原料。因而，此类花色筒裙布的需求量较大。

花边：是傣族制作衣裙的装饰物。过去，傣族地区不能生产花边，也很少有外来货。因此，大都以刺绣装饰衣裙；现代，由于花边产品较为充足，花色品种又多，因而大都以花边作为衣裙的装饰。

火药和火硝：是傣族过傣历新年，制作高升的主要原料。过傣历新年时，西双版纳地区（其他傣族地区也有类似的情况）每个村寨都要制作 20～30 枚高升。因此，需要一定数量的火药和火硝。过去，傣族一部分地区能自己用土法制造土火药和土火硝，但数量很少，因而每到傣历新年前夕，各村寨便要派人到外地购买火药、火硝。中华人民共和国成立后，改为由国营有关部门，按照民族节日特需品供应，每到傣历新年前夕，各村寨可按计划到国营有关部门购买。

综合以上所述，无论是宗教类特需商品，或是生活类特需商品，都有一个共同特点，即其中的某些品种，需要白银作为原料。因此，供给白银，是生产这些特需商品，满足傣族人民特殊需要的关键。这个问题，各自治州、自治县人民政府都很关心、重视，每年都要特批一定数量的白银供生产民族特需商品所用。仅德宏傣族景颇族自治州一地，自 1982 年起，"年年都供应二万两"白银①。西双版纳傣族自治州，每年供应数也在万两以上。景谷、孟连、耿马等地区，每年也要特批出一定数量白银，由商业部门组织银匠生产民族银首饰。因此，傣族地区的民族特需商品，货源充足，基本上满足了群众的需求。

---

①《德宏傣族景颇族自治州概况》。

第十五章　交通通信

第一节　古代交通

一、古代的交通管理

有人的地方便有路，路是人们为了生存繁荣而创造出来的。有了路，人们才能上山采集狩猎；有了路，人们才能下河捉鱼，下田种植。为此，路是人的"生存之道，衣食之本"。这是傣族先民对路的最原始的认识。

在这种意识的支配下，傣族地区远从帕雅桑木底的农村公社起，直到建立"勐泐金殿国"的帕雅真时代，都很重视造桥修路的公益事业，形成了一套原始的交通管理制度。

（1）以乡规民约的形式规定，寨子内的路和本寨子通往本寨田野的路，由本寨子负责修筑；两个寨子之间的路，以两寨的分界线为界，分别由两寨共同修筑；两个勐（即两个坝子）之间的路，以两个勐的分界线为界，分别由两个勐修筑。寨子边的小型桥梁（一般均为竹桥或木桥），由经常过路的寨子共同修筑；勐与勐之间较大的桥梁，由召勐和各级头人负责派款，各村寨出劳动力共同修筑。雨季天，若遇到山洪把路冲垮，原负责修路的寨子要负责及时修好。

（2）修路时不能堵塞水源，破坏水源。若遇着水井、水沟，能避开的要避开，能绕道的要绕道。路旁的树不能砍，路边的石头不能挖，搭桥的木头、竹子不能抬走，桥和路都是大家的，人人都要走过，个个都要爱护。

（3）心灵不干净，拿别人的东西、偷邻居鸡鸭的人，结了婚还与情人通奸的人，除了罚款外，还要罚修桥、修路。

（4）傣家人认为修桥铺路是行善的事业，修一座桥，铺一段路，相当于赕一次佛。为此，自愿捐钱修桥筑路的人不少，官方也鼓励百姓以修桥铺路行善积德。

上述措施或规定，虽很简单、原始，但仍不愧为傣族的古代交通管理制度，它从侧面反映了傣族先民对交通管理的重视，以及对道路与生产、生活的辩证关系的认识。

二、古代的交通工具

傣族地区的古代交通工具，可分为陆路和水路两个方面：陆路以畜力，即牛、马、象为主；水路以竹筏、木船为主。

傣族坝子土地宽阔，森林密布，水草资源丰富，适宜饲养牛、马、象等牲畜。每个村寨都有饲养牛、马和大象的习惯，少则五六头，多则数十头。牛主要用于耕田，马和象则主要用作交通工具，即运输货物和代人步行。12世纪前后，"召勐骑象，头人骑马，坝子里的来往人群都骑着大象"，已成为傣族地区的一大风景。当然，到了后来，由于社会动荡，大象多数都被统治集团占有，编成象队，用于战争。但在民间，仍然有用象拉木料运货物的现象，只是数量逐渐减少。

随着边境商业的发展，贸易的增多，对交通运输能力提出了更高的要求。因此，牛马的运输也从个体发展到群体，即由单一的牛或单匹的马，发展到大牛帮、大马帮，并出现了有一定实力的牛帮老板或马帮老板，专门从事为商家运输货物，也就是专业的运输队。

牛帮的组织，一般以 10 头牛为一"把"，较小规模的以 5 "把"组成一队，较大规模的以数十"把"组成一个队；每"把"由一个赶牛人负责，每队由一个老板或管理人率领。马帮一般以 5 匹马为一"把"，5"把"以上为一马队，每"把"由一个赶马人负责，每队由一个老板和数个押运人员率领。马帮速度较快，每天可走 30 公里；牛帮速度较慢，每天一般只走 15 公里。可连续行走一个多月，行程两三百里，主要用于长途运输盐、茶叶、布匹和其他土特产，是当时的主要交通运输工具。那时候，从内地到边境，从边境到东南亚诸国的进出口货物，大都由牛帮和马帮承担。这种现象，一直沿袭到 20 世纪 40 年代。

傣族地区的水上交通工具，主要是竹筏和木船。傣族世居澜沧江流域、瑞丽江流域、元江流域和威远江流域，习于水性，水上交通源远流长。早期的竹筏，主要用作运输木料；早期的木船，主要用于运输农作物。大都是个体所有，没有形成团队。但在江河的重要渡口，如澜沧江的曼阁渡口、南北渡口、威远江的曼娥渡口等，不仅具有摆渡两岸货物、方便两岸行人往来的重任，同时对守卫边防也具有重要意义。为此，有关当局专门设置了摆渡的竹筏和船只，配备了专职摆渡人员。

到了清朝末年民国初年，地势较为平坦、经济较为繁荣的傣族坝子，如西双版纳地区的景洪、勐海、勐罕，德宏地区的芒市、盈江、瑞丽，逐渐出现了木轮牛车或马车，但由于道路的限制，一般都只在较为平坦的村寨里使用，并且多用于个体运输谷物和建房木料，还不具备商业的运输能力。尽管如此，从人背、人挑到利用畜力驮运，从牛马驮运到牛车、马车的出现，无疑是傣族地区交通史上的一大突破，值得给予记载。

值得一提的是：抗日战争时期，为了抗击日本侵略者，以及整个国际反法西斯斗争的需要，云南于 1938 年修通了滇缅公路。

滇缅公路从昆明西行至德宏地区的畹町，进入缅甸，横穿整个德宏傣族地区，实属傣族地区历史上的第一条公路。当时曾一度繁荣，对德宏傣族地区的经济发展具有一定的积极作用。但抗日战争胜利后，便年久失修，路况十分低劣，有的路段已无法通车，处于废弃之局面。

第二节　现代交通

中华人民共和国成立后，傣族地区的交通事业发展十分迅速，50 年来，无论是西双版纳傣族自治州、德宏傣族景颇族自治州或是孟连、景谷、双江等自治县，所有乡以上的城镇和绝大部分村寨都通了公路，水上运输和航空运输也有了很大发展。可以说，整个傣族地区都已摆脱牛驮马运的原始运输方式，全面进入使用汽车、船舶、飞机等现代化交通工具的新时期。

一、公路交通

中华人民共和国一成立，便十分关注边疆少数民族地区。为了改变西双版纳地区交通闭塞、经济落后、运输困难的状况，国家于 1951 年便开始修建昆洛公路，经过数万名民工的艰苦奋斗，于 1953 年修通普洱公路，1954 年修通勐海公路，当年年底，基本上全线通车，从此结束了西双版纳傣族地区没有公路，百姓没有见过汽车的历史。紧接着又于 1955 年修了勐养到勐腊的养腊公路、勐海到澜沧的海澜公路。1962 年以后，又先后修通了景洪至勐龙、景洪至勐罕、景洪至整糯、勐海至勐宋、勐海至巴达、勐海至布朗山、勐海至格朗和、勐海至勐阿、勐腊至勐满、勐腊至尚勇、勐腊至瑶区、勐腊至象明的公路。至此，在西双版纳境内，所有乡级以上的城镇都有了公路，通了车。可以说，昔日以"牛、马、象为主要交通工具"的西双版纳，已彻底改变了交通闭塞的状况。据有关部门统计，1989 年，全州公路通车总长为 3 259.63 公里，年货运量为 144.9 万吨，年客运量为 401.3 万人次，年货物周转量为 27 640.8 万吨公里。到 1997 年，全州公路通车里程又增至 4 095.8 千米，258 个村公所全部通车，各类运输工具完成货物运输量 606.34 万吨，货物周转量 61 384 万吨/千米，旅客周转量 88 928 万人/千米。

德宏地区的陆路交通发展更为迅速。20 世纪 50 年代在原滇缅公路的基础上，先修通了畹町至瑞丽、腾冲至梁河、瑞丽至陇川 3 条公路，接着又于 20 世纪 60 年代修通了芒市至勐戛、遮放至芒海、瑞丽城至弄岛以及盈江城至芒元、铜壁关、昔马等公路。到了 20 世纪 80 年代，全州修筑干线公路和乡间公路 72 条，通车里程 2 100 公里；修建大中型桥梁 39 座，总长 2 500 多米，其中横跨大盈江的拉虎链钢筋混凝土大桥，全长 371 米，与西双版纳允景洪澜沧江大桥并列为云南最长的公路桥梁。1997 年，全州所有行政村已全部通车，全州公路密度达每百平方千米为 30 千米，大大高于全省平均水平。全年货物运输量 1 012 万吨，货物周转量 72 864 万吨/千米，旅客运输量 531 万人次，旅客周转量 28 143 万人/千米①。

景谷傣族彝族自治县的公路建设也取得了辉煌成就。20 世纪 50 年代，由国家投资修通了从景谷到临沧圈内的国道——景圈公路，以及从弥渡到普洱的省道——弥宁公路。这两条公路贯穿景谷全境，形成四通八达的主要交通干线。从 1965 年起，又先后修通了景谷县城至永平、民乐、边江、钟益等乡镇的 6 条公路，截至 1975 年，便达到乡乡通公路。到 1989 年，自治县内共

①《云南年鉴·1998》，第 454 页，云南年鉴杂志社。

有国道、省道、县乡、乡村 4 级公路共 1 348.5 公里，平均每百平方米有公路 17.3 公里，形成以县城为中心的四通八达的公路网。1987 年，被云南省人民政府表彰为"1985～1987 年县乡公路建设先进单位"。

二、水路交通

傣族地区江河纵横，云南著名的四大江河：澜沧江、怒江、瑞丽江、元江，都流经傣族地区，给傣族地区的水路交通创造了有利的条件。

澜沧江发源于青海唐古拉山，全长 4 880 公里，其中在我国境内的河道里程为 2 161 公里，在云南境内的里程为 1 247 公里，从西双版纳傣族自治州勐腊县 244 号界桩处流出境外，始称湄公河，是流经中国、缅甸、老挝、泰国、柬埔寨、越南 6 个国家的国际河流。傣族称澜沧江为万象之河，自古便是傣族水上交通的要道，但历来都只有木船来往。中华人民共和国成立后，西双版纳傣族自治州十分重视澜沧江航道的疏浚、治理工程，早于 20 世纪 50 年代便成立了航运公司。在省航道工程处及全州人民的大力支持下，经过几年奋战，开阔了河床、疏通了险滩，至此，从上游小黑江与澜沧江汇合处的小橄榄坝至下游的官木，长达300 多里的水面，汽船、汽轮均可自由行驶。景洪航运公司还筹集资金，引进技术，先后建造了一批具有现代设备的客轮和货轮，从 20 世纪 80 年代起，便活跃在勐罕至景洪的航道上。

随着经济体制改革的不断深入，对外开放的不断扩大，国内外旅游业的不断兴起，云南省政府和西双版纳州政府都很重视"澜沧江—湄公河国际航运"的开发。1989 年 12 月，云南省省长与老挝经贸部部长在万象签署了《关于考察湄公河琅勃拉邦以北航道的意见》。1990 年 5 月 8 日至 6 月 7 日，"中国—老挝湄公河联合考察组"，对西双版纳州南腊河口以下至老挝琅勃拉邦市，长约600公里的河段进行了实航考察，并认为："河段内无一道断航滩险，不存在瀑布和大跌坎，利用现有设备和技术力量，便可开展澜沧江—湄公河'粗通'前的试航运输，以达到进一步熟悉航道，及时沟通贸易渠道和友好交往的目的。"① 此次考察，对进一步开发"澜沧江—湄公河国际航道"具有重要意义，西双版纳自治州立即筹资扩建景洪航运码头，思茅地区也开始修建小橄榄坝思茅码头。1995年，全州各种机动船已发展到74艘，总吨位3 419吨，载重吨位1 287吨，客位1 620个，总动力达7 459千瓦。1993年客运和货运量分别达到27 220人和5 593吨。自1990年起，版纳客货轮已多次往返老挝的会晒、琅勃拉邦和万象等地，掀开了傣族地区水路航运史的新篇章②。随着国际航运的开通，随着云南省与周边国家经济交往的日益扩大，西双版纳地区利用澜沧江—湄公河这一水上运输通道，与东南亚国家进行经济交流和文化交流也随之更加频繁。

三、航空交通

20世纪60年代初，思茅地区修建了思茅机场，20世纪80年代末90年代初，西双版纳和德宏又分别建成了景洪机场和芒市机场。至此，傣族聚居的两个自然州和傣族与其他民族杂居的地区，都有了飞机场，通了航班，从昆明飞思茅只需40分钟，从昆明飞景洪或芒市，也只需50分钟。目前，西双版纳地区已开通了景洪至昆明、景洪至北京、景洪至广州、景洪至香港、景洪至成都、景洪至大理的航线；德宏地区也开通了芒市至昆明、芒市至北京、芒市至广州等航线。

航空业的发展，缩短了傣族地区与外部世界的距离，为发展

①《澜沧江—湄公河国际航道》，第144～145页，云南民族出版社。
②《辉煌15年·西双版纳篇》，云南美术出版社。

傣族地区的经济、文化事业，把傣族地区建成现代的国际旅游中心提供了良好的条件。

第三节　古代通信

通信是人类在进行生产活动和社会斗争中相互联系的一种手段，与人类获取食物、争取生存有着密切的联系。

远在采集或狩猎时期，傣族先民为了采集野果、野菜，围捕猎物，经常满山遍野地奔跑，甚至要长途迁徙。这样，老幼和体弱者，便会脱离群体，失踪失散；即使是体力强壮的人，也会因奋力追捕猎物而失去与他人的联系，这就需要有一种手段、一种方法来相互照应、相互联络。若遇到外来氏族部落的入侵，或掠夺本氏族的妇女和猎物，更需要相互通报消息，共同抵御。于是，原始的通信，便在原始的生产活动和社会斗争中诞生。

纵观历史，傣族的古代通信，有史料记载，使用得比较广泛的有如下三种：

一、绿叶符号与绿叶信

古代的傣族聚居地区，都是茫茫的原始森林，傣族先民世世代代生活在森林中，朝夕都与树木为伴，不仅熟悉了各种树木的生态和形状，而且产生了一种亲切的感情。因此，利用森林中的绿叶，作为传递信息的手段，便显得十分自然。

绿叶符号是走在前面的人群，将路旁的树叶摘下一枝或数枝，按事先共同商定的方式，丢在路上，作为一种符号和信息，告诉后面的人群。后面的人群看到前面的人留下的绿叶符号后，能根据绿叶符号的位置、数量，以及叶片枯萎的程度，知道前面的人群是从哪个方向往前走，大约已走了多少时间。这种通信方法，无疑是产生于还没有文字之前。但因为简便、实用，沿袭了很长时间，到了20世纪40年代，不少傣族群众到森林里伐木、狩猎，或因故到外地出远门，仍然在使用这种原始的通信方法。长途跋涉的马帮、牛帮和部分商人，在路过森林时，也普遍使用这种首尾联络的通信手段。

绿叶信是以森林里的阔叶作为纸，用竹片刻上符号，或用树浆、果汁之类有彩色、有黏性之物，绘上各种能表达信息的图案，托人带给对方。据傣文史籍载，产生了象形文字之后，"便在芭蕉叶上写上文字"，请人或请鹦鹉传给对方。这已经接近于书信通信了，产生的时代不会太久远，可能是佛教传入傣族地区之后，并创造出了傣文这一时期。

二、火炭信与葫芦信

傣文产生后，很快便得到某种程度的普及。到了14世纪前后，傣族社会已经产生了一定数量的傣族知识分子，他们用傣文抄写经书、用傣文记录史籍、用傣文发出官方的布告、用傣文创作诗歌等等。随之，用人力传递的官方公文来往，以及民间的书信来往也逐渐增多，用人力传送的书信，已成为傣族社会的一种通信方式。

所谓的火炭信和葫芦信，实际上只是傣族书信通信中的一种书信形式，但由于它们的称谓具有显明的特色，并且大都是在非常的时候使用。所以，民间对这种书信印象深刻，傣文史籍也给予记载，不少傣族古典文学作品又做过大量描写，因而便成了傣族书信通信中的一种代名词。

火炭信，顾名思义，即写好信后，将一片已熄灭的木炭跟信包在一起，派人迅速送到对方，用于加深对方了解信的内容。这种形式，多用于传递地方性（特别是勐与勐之间）的紧急公文或紧急战事。但民间也普遍使用，例如，某家庭的老人病危，需要立即告知在外地的儿子及时赶回奔丧，在没有电报、电话，也没有邮政机构的时代，写好急信附上一片木炭请人飞速送到儿子手里，儿子接到信后便知道事态像火炭一样紧急，会连夜起程赶回家。

葫芦信也只是傣族书信通信中的一种类型，因将信放在葫芦里传递而得名。这种形式不普遍，多半用于军事或传递秘密公文，特别是在社会动荡、各地召勐为了争权而发生战争的时候，多用这种形式传递信息。葫芦信的特点是便于躲避沿途关卡的搜查，带在身上过河、过江或遇到下大雨也不会将信淋湿，可以较为安全地传送到目的地。据傣文地方史籍记载：历史上勐遮与景真发生战争时，景真公主曾将勐遮要进攻景真的日期，以及军队调动情况等情报，放在葫芦里，沿勐遮河传递到景真，景真得到消息后立即采取措施，积极防御，因而粉碎了对方的进攻。这件事被后人作为文艺题材写成一首长诗，书名就叫《葫芦信》。应该说明，傣族社会有将信放在葫芦里以便传递的通信方式，这是生活的真实，而长诗中所描述的某些情节，则是艺术的虚构。

三、鸽信与鹦鹉信

傣族居住在森林，熟悉鸟类，历代都有饲养鸽子和鹦鹉的习惯。据载，鸽子和鹦鹉经过饲养驯服之后，能听懂人的语言，可替人送信。于是，在傣族古代，人们写好信后，将信纸卷成一团，用布包好，拴在鸽子或鹦鹉的脚上，让鸽子或鹦鹉将信送到对方。这便是被称之为"鸽信与鹦鹉信"的古代通信方法。

上述种种，说明了通信在人类生产、生活中具有重要的位置，人类要生存发展，就必然要通信。即使在对各种自然现象还不了解、缺乏科学知识、没有通信机构和设备的时代，人们也离不开通信，从而创造出了各种神奇的原始通信方法。从某种意义上讲，这是前人的创造，是古人的智慧结晶。

第四节　现代通信

现代的通信，以邮电机构的兴起和电报、电话的普及为标志。

20世纪以前，所有的傣族地区都没有设置邮电机构和通信部门。20世纪初，即1905年，中英签订了《中英滇缅电线约款》，规定"中国腾越、英国周岗（实为缅甸领土）为两个接线之局，芒允为中间之局"，嗣后，便架设了自缅甸周岗经中国盈江、梁河至腾冲的线路。至此，傣族地区才开始有了电报、电话①。1930年以后，当时的国民党政府在德宏的盈江、陇川、章凤，西双版纳的车里（今景洪）、佛海（今勐海）、南山桥（今勐遮）、镇越（今易武）分别设立了邮局或邮政信柜。然而，抗日战争爆发后，由于日军入侵我滇西边境，德宏地区的所有邮政业务便全部停止，其机构也不复存在。西双版纳地区的邮局或邮政代办所，虽然还开展着业务，但运送报、递信件或邮政包裹，因不通公路，全靠人背、人挑，从景洪寄一封信到昆明，至少要3个月时间才能到达。

由于缺少现代的通信工具和手段，这一时期傣族社会，在本民族内部，即县与县之间、勐与勐之间、村与村之间、个人与个人之间，大都继续采用原始的传统通信方法。

中华人民共和国成立后，傣族地区的邮电事业发展十分迅速。远在20世纪50年代，傣族地区县以上的城市，均建立了邮

---

① 《德宏傣族景颇族自治州概况》，第189页，云南民族出版社。

电局，区、乡所在地的城镇，均建立了邮电所或邮政代办处。从此，历史上遗留下来的傣族传统通信方式宣告结束，傣族人民迈入了使用电报、电话等当代先进通信工具的时代。特别是党的十一届三中全会以后，傣族地区的现代化通信设备越来越多，邮电业务不断扩大。

德宏地区，"以自治州首府芒市为中心的通信网络基本形成，邮路和电信四通八达，纵横交错，条块结合，及时准确。各县市都已安装了载波机、电传打字机、电子自动发报机等先进器械，架设了无线电台，安装了自动电话，许多重要地段和城区还埋设了地下电缆"①。1997 年，全州邮电通信已实现了"统一通信网、交换程控化、传输光缆化"。当年，全州邮电业务总量 10 138 万元，比上年增长 47.7%。市内电话达到 37 921 户，与上年比增长 31.6%；农话达到 7 444 户，比上年增长 63.7%。为推动边疆民族地区的经济繁荣、社会进步、民族团结，德宏地区的现代通信能力仍不断在向前发展。

西双版纳现代发展最快的时间，始于 20 世纪 70 年代末 80 年代初。"1978 年，勐腊县率先实现了市话自动化，景洪、勐海也相继更新了设备，进入了全国自动转报网，随后，州邮电局又筹资数百万元，先后两次引进日本 NTT 纵横制设备，改制扩容，实现了国内国际直拨，市话容量由 1 700 门增至 10 000 门"。从1995 年起，州邮电局开办了礼仪电报、直拨传真、集群电话、移动通信数字、中文寻呼等多项业务。据统计，早在 1993 年，全州电话普及率便达 1.55 部/百人，市话占有率达 12.8 部/百人②。

景谷傣族彝族的现代通信建设，于 1977 年便实现了市内电

---

① 《德宏傣族景颇族自治州概况》，第 191 页，云南民族出版社。
② 《辉煌 15 年·西双版纳篇》，云南美术出版社。

话自动化，安装了 905 纵横自动交换机 400 门，市内话机 267 部，共有长途实线、载波电路 47 条，电报通信已进入全省自动转报网。

傣族地区的现代通信事业，本着"经济振兴通信先行"的精神，沿着"科技兴邮"的道路。以发展为主线，以建设为中心，以服务为宗旨，正朝气蓬勃地向前发展。

第十六章 经济生产

第一节 经济形态

中华人民共和国成立前的傣族地区经济形态，由于各聚居区所处的历史条件不尽相同，社会生产的发展亦不尽相同，因而不同的地区具有不同的经济形态，并呈现出不同的特点。从总体上讲，可划分为如下三种类型：一、以西双版纳地区为代表的封建领主经济；二、以德宏地区为代表的封建领主向封建地主过渡的经济；三、以元江、新平、景谷等地为代表的封建地主经济。这三种不同的经济形态，有各自不同的特点。

一、西双版纳的封建领主经济

西双版纳的封建领主经济形态，是在原始社会农村公社份地分配制基础上发展而形成的，它既有向封建社会过渡的经济因素，又保持着较为浓厚的农村公社的某些躯壳。其主要特点如下：

（一）西双版纳辖区内的所有土地都属于
最高领主召片领所有

据帕雅龙往收藏、西双版纳州政协文史组翻译的《车里宣慰世系简史》载：西双版纳的第一世召片领叫帕雅真（有的版本译为叭真），他于傣历五二二年（1160 年）在允景洪城郊的景兰建立了景陇金殿王国，从此便被尊称为"召片领"，以后世袭了41 世，历时 790 年①。这就是说，从一世召片领帕雅真开始，便正式确定，召片领是西双版纳地区的最高统治者，所有的土地、森林、江河、矿藏，以及在陆地和水里生存的一切动植物，都属于召片领一人所有。民间有句谚语："滴召领召。"意为"所有的水和土地都是召片领的"。因此，在西双版纳辖区之内，凡耕种召片领土地的农奴，都必须"金纳巴尾"（吃田出负担）。不耕种土地的，即丧失了劳动力的成年人，也要"色南金、色领带、色的欲的暖"，意为"买水喝、买路走、买地住家"，并按照规定出成年人一份负担的三分之一。因陆地和水里的一切生命都是召片领的财产。所以，人们上山狩猎，无论获得麂子、马鹿，或其他猎物，都要把落在地上的那一半奉献给领主。下河捕到鱼，同样要把最大的奉献给领主。与此同时，还以法典的形式规定："凡是召片领领地以内的百姓，从头到脚都是召的奴隶，亿万根头发都是召的财产。"因此，终身都必须在召片领的土地上劳动。更甚之，勐阿的召勐，还有权继承农奴死后遗留下来的财产。所有这些，既真实而又充分地反映了封建领主土地所有制的实质，同时又体现出了封建领主经济形态的显著特征。

（二）以份地为核心的土地管理制度

这是封建领主经济形态的又一个主要特征。所谓的份地制度，即封建领主将他所占有的绝大部分土地和他所统治的劳动力结合起来，通过村社组织，将可耕种的土地以"份地"的形式分给农民耕种，而凡耕种领主之"份地"者，都必须按规定服劳役和各种负担。凡有劳动能力者，不能拒绝耕种"份地"。否则，要受到严厉惩罚；而失去劳动能力者，则要把"份地"收

---

① 《车里宣慰世系简史》，载《版纳文史资料选辑》（第一辑）。

回，因他没有能力替领主服劳役，因而没有资格耕种领主的份地。

在法律和观念上，虽然整个西双版纳的土地都属于最高领主召片领所有，但由于这种领主经济是在农村公社的基础上发展而形成的。因此，在土地的占有和管理上仍然带有农村公社的躯壳，加之召片领常把他所占有的土地分封给他下属的领主或亲友管辖，故在土地占有方面，便出现了"领主所有""村社所有""个人所有"3种形式并存的局面。也就是说，领主所有的土地制度已受到冲击，在不断发生演变。

（三）劳役地租和实物地租

封建领主经济形态的第三个特征是实行劳役地租和实物地租。无论是耕种"份地"或是耕种"寨公田"的农民，都必须给领主服劳役和缴纳各种贡品。也就是说，要用服劳役和上交实物的形式作为地租。

耕种"份地"的农民所服的劳役，分为三个层次：第一层是替召片领服劳役，称为"召片领劳役负担"；第二层次是替勐一级的土司服劳役，称为"召勐劳役负担"；第三层次是替波郎服劳役，称为"波郎劳役负担"。

替召片领服劳役的项目十分繁多，除经常性的宫廷劳务外，凡召片领出巡、出游，以及召片领及其家属过生日、结婚，或过傣历新年、开门节、关门节、做佛事活动等等，都要由波郎通知各寨百姓到宫廷服各种劳役。若有违抗者，均会受到严厉惩罚。至于以召片领名义征派的赋税，名目更为神奇，除经常征派的"向天朝朝贡费""招待天朝官员费""宣慰使办公费""宣慰使出巡费"外，就连召片领及其亲属结婚或到佛寺赕佛，也要征派各种费用。

如果遇到战争或民族与民族间、勐与勐之间的械斗，各勐的土司或波朗，除了加重征派银钱外，还可直接下令征招农民当兵，参加作战。

按照领主法规规定："耕种召的田，就要给召服劳役。"服劳役是耕种领主土地所应付出的代价，因而被称为劳役地租。但是，这种劳役地租也不是固定不变，而是随着时代的发展不断向实物地租转化。例如，召片领或各地召勐，根据各个等级的农民所耕种的"份地"的多寡，将"份地"的子种面积划分为三等来收取谷租，一般是每石子种的"份地"征收 4.5 石谷子。此类实物地租，因为直接交给召片领或召勐，所以又称为"官租"。傣语称的"考朗召"，种波郎田的也一样，逐渐转化为以征收谷子为主的实物地租，只是称谓不同，凡是种波郎田而征收的谷子，都统称为"考马纳"，意为"交俸禄田的谷子"。

二、德宏地区的过渡性经济形态

德宏地区的经济发展很不平衡，从总体上讲，处于封建领主经济向地主经济过渡阶段。

德宏地区的遮放、瑞丽、陇川等傣族地区，基本上属于封建领主经济形态。土司（傣语称为"召法"）是其辖区内土地的最高所有者，所有农民都要向土司（即召法）讨地或领出地来耕种。土司分给农民耕地的一般称为"领田"或"官田"，但也可称"份地"。农民耕种土司的土地，必须向土司提供各种负担。土司占有的土地，分为两部分：一是领主土司直接经营的，如"拉早法"（土司田）、"拉布畹""拉布辛"（薪俸田）和其他官田等等；二是农民耕种部分，主要有"拉吉格牙"（领来的田），又称"份地"或"领田"。此外，还有寨公田、佛寺田和"纳冒少"（男女青年田）。农民耕地"份地"的条件主要是：不迁徙、不拖欠官租、不变卖和不反抗土司等。遮放、瑞丽的官租，按产量收缴，一般是以每年产量的 35% 计收，或者"每一箩谷种的田，交十箩谷子的地租"。此外，还必须按"份地"数量的多少，交"门户捐""毫波浪"（管爷费）、"山官保头费"，以及其他苛捐杂派，如给土司纳家禽、送柴火等生活日用品。

随着社会生产力的发展和受汉族地区地主经济的影响，上述地区也不同程度地出现了土地买卖、阶级明显分化和剥削形式改变的趋势。村寨头人往往利用职权强占份地，他们凭借着拥有土地、耕牛、农具等优势，对农民进行雇工、出租耕牛和放高利贷。同时，由于各个村寨土地占有不平衡，因而相互间出现了租佃关系。在遮放，出租的土地，占该地区耕地总面积的20%左右。租佃形式总的分为"对分制"和"定租制"两种，对分制亦所谓的对半开，即收500千克，地主分250千克，佃户分250千克。定租制则双方商定一定数量的田租，无论丰收或歉收，都不能变动。

上述地区，尽管出现了土地买卖和租佃关系，但从总体上讲，领主经济仍占优势，当然，这种优势也正在逐步向地主经济发展。

德宏的芒市、盈江、梁河等地区，由于受汉族地主经济和商品经济的影响，地主经济发展较快，但同时又保留着领主经济的残迹。例如，在芒市地区，仍然保留着部分"领田""属官田""薪俸田"和"私庄"，土地还未完全摆脱土司的控制。但领主土地所有制已受到极大的打击，土地的私人占有权已相对稳定，农民对自己占有的土地，在缴纳官租的前提下，可以自由买卖、抵押、租佃和典当。官租随土地转移，即便土地荒废也可以，只要有人缴纳官租。

在盈江、梁河，由于土司首先出卖土地，民间也不断卖田卖地，因而出现了大量可以不交纳官租和其他负担的私田。土司及其亲属还将自己所拥有的一部分土地即私庄田，化整为零，租佃给农民，从中收取固定的租额。由于土地私有制的形成，村寨中的阶级分化急剧加深，土地逐渐地集中到部分人的手中，广大劳动人民反而失去了土地，这一切说明了封建地主经济已发展壮大，并已逐步取代了封建领主经济。

综合上述，德宏傣族地区，既有封建领主的经济形态，又有封建地主的经济形态。因此，从总体而言，正处于从封建领主经济向封建地主经济过渡的阶段。

三、景谷、元江等地区的地主经济

居住在景谷、元江、新平等地的傣族，受汉文化影响较深，生产水平较高，社会发展较快，基本上已进入地主经济。

这些地区的傣族人民，虽然具有强烈的民族感情，在宗教信仰、风俗习惯，以及服饰等方面，仍然保持着傣族的传统文化，但由于与汉族、彝族、白族等民族往来较为密切，因而在生产技术、生产方式，特别是在集市贸易和金融货币等方面，均受到周围较为先进的上述民族的影响。加之，明清两个王朝，都用武力在这些地区强行推行"改土归流"，当地的领主土司政权基本上被摧毁或者削弱，并以新的流官，即新的地主阶级的政治代表人物所代替。因此，这些地方的土地兼并十分严重，原来属于领主土司的土地，大都落到了掌握政权的流官地主的手里。这些流官地主将他们强占到的土地，出租给傣族农民（或其他杂居的少数民族农民），收取实物地租，个别地区还收取货币地租。在流官地主争夺和兼并土地的过程中，除了借助政权以武力强占外，同时还用经济实力压制，即用金钱收买的办法。因此，土地买卖也较为盛行。这一切，都是封建地主经济的特征。

第二节 农 业

一、历史上的傣族农业

傣族的经济，从古至今，都以农业为主。

据有关文献记载，源于百越族群的傣族先民，自古就善于耕作，从商周时代起，就以农业生产为主要的经济部门。当代的农学家、史学家，也以翔实的资料证实，远在"二千年前，傣族就已从事农业生产，是我国最早种植水稻的民族之一"①。

傣族人民的聚居区，绝大部分都是热带或亚热带河谷平原，俗称"坝子"，气候温和，雨量充足，江河纵横，土地肥沃，很适宜种植水稻，这一优越的自然环境，是傣族农业得以迅速发展的重要原因。据有关部门统计，仅西双版纳勐遮坝子，便有耕地60万亩，平均每人占有15亩左右，这说明傣族地区的耕地确实十分富足，发展农业的潜力很大。

农业，特别是以种植水稻为主的农业，与水利和畜牧业生产有着密切关系。没有水便无法种植水稻；没有畜牧业的发展，就无法利用畜力代替人力耕种。傣族人民在长期种植水稻的实践过程中，不仅创造了一整套适合本地区的种植方法，同时在水利灌溉和利用畜力耕作等方面也积累了不少经验。

在耕作技术方面，大约在2000年前的农耕初期，傣族先民无疑也经历过刀耕火种的原始农业阶段，但很快便放弃了种旱稻，进入用锄头开挖水田的阶段，嗣后不久，随着以饲养牛和象为主的畜牧业的发展，傣族又学会了利用象和牛等畜力代替人

---

① 诸宝楚：《云南水稻的栽培起源》。

耕。到了明代，内地的农耕技术，逐渐传入傣族地区。另一方面，"傣族8世纪以来已经普遍使用犁耕，又懂得制作武器，他们必定制作了不少金属农具，使用于农业生产"。由于生产力的进步，有力地促进了农业的飞跃发展。

在生产活动中，傣家的男女分工较为明确，男子主要负担犁田、耙田、盖房、撒秧、堆谷、打谷、砍柴、割草、种菜、捉鱼、编竹器、做木器等较为繁重的体力劳动及部分家庭副业。到了50多岁以后，主要精力就不用于田间劳动了，只承担种菜、编竹器、看管田水、放牛等较为轻松的劳动。妇女主要以家务劳动为主，主要项目是：挑水、做饭、喂养家禽、舂米、纺织、洗衣物和带小孩，也参加部分重体力劳动，如：拔秧、薅秧、打谷、挑柴、赶街做小生意等。老年妇女帮助做家务劳动、照料小孩、纺线织布和饲养家禽。儿童从小就学习各种劳动，男孩十一二岁就参加割草、砍柴、挖地、放牛、捉鱼等农活，十五六岁开始驾犁耕田。西双版纳、孟连和耿马等地，男孩七八岁入佛寺学文化，两三年后还俗参加劳动。小卜冒（未婚男青年）必须掌握犁田耙田等一整套耕作技术，还要会编竹器、盖房屋等方能赢得社会的信任。至于女孩子七八岁开始就打猪草、背娃娃、采集野菜，到了十五六岁即可独立地从事织布及从事各种生产、生活活动。尽管这种纯然是家庭内部的以性别、年龄的基础分工，田间、地上较为沉重的工作多由男子承担，妇女则担任较轻但琐碎的劳动，但是却提高了劳动生产率。

傣族在农业生产活动中，有着互助合作的良好习惯，在栽插、收割、薅秧和盖房子等需要较多的劳动力的活计时，都进行互助协作或互相换工，以户为单位，邀请亲友邻居帮忙，这种互助的特点是建立在情感、良善及原始睦邻道德的基础上，不计较对等的换工数量和劳动力的强弱，也没有任何形式规定的约束，主人负责饮食就可以了，对于生活比较困难的，适当给点酬劳、送点礼物。这种互助方式在村寨中十分普遍，是傣族地区生产方式的重要内容之一。还有以村寨为单位的集体互助，互助后计工，不论劳动力的强弱也不分男女，平等综合计算后，劳动力出得少的一方，要付给多的一方报酬或加足工数。

在水利灌溉方面，傣族也从生产实践中创造了一套挡坝、挖沟、引水的科学方法，积累了较为丰富的经验。据傣文史籍载，傣族历史上最早出现的社会分工中，就有专门管理水利的人，称之为"盘南"（即运水员）。德宏、西双版纳、耿马和金平等地都设有管理水利的官员。西双版纳召片领的内务总管就是全境最高的水利长官，各勐土司署以至各村寨也都设有专管人员。各勐的水利官，称为"勐当版闷"，对每一条主要的大沟渠，设有正副水官各一名，称为"版闷龙""版闷囡"。在灌区内的各村寨，设有"版闷曼"，并推选沟渠首尾两寨的"版闷"协助管理。由召片领的最高水利长官，到各寨的"版闷"，构成了一套管理水利的垂直系统[1]。村寨中的老波弄（大爹）说："种田必须有水沟，先有水沟后有田，田靠水沟，好（饭）靠酒。"修整水沟是十分重要的公共劳动。每年春耕之前，召片领即要求各级水利官员带领百姓修挖沟渠，待疏通后，要举行试水仪式，检查工程质量。傣历一一四〇年（1778年），西双版纳最高政权机构曾发布过一个兴修水利的命令，内容具体，辞令坚决，足见召片领对水利建设的重视。

分水是水利事业中重要的一环，其原则是按田亩的多少及其距离水渠的远近，综合计算，用一种特制的木质分水器，测量水量。德宏、金平、潞江等地则用各种不同口径的竹筒进行分水。做到近水渠的田不占便宜，距水渠远的地方不吃亏。在西双版纳

---

[1]《西双版纳傣族社会经济史料译丛》，第43页，人大民委办公室编印，1958年。

地区，还制定有《农田水利灌溉管理使用法规》。规定受益村寨应负担修建水利的劳役数量，用水应遵守的事项，及违反规定的处理办法等。在《民刑法规》中规定，对破坏水利设施者、偷水者，修沟渠不参加但用水却很多者，都要酌情惩罚。这一套水利管理制度几乎遍及整个傣族地区。

在农业生产中，耕牛是极为重要的生产工具。傣族农民十分珍视耕牛。农具分木制、竹制、石制与铁制4种，主要有犁，犁架用木制作，犁头用铁铸成，景谷地区还有双犁。耙有两种：一种为手耙；一种为踩耙。耙架用木制作，耙齿则用较老的竹子做成。边境一线的锄头，大部分使用的是从缅甸购进的，德宏称之为"贺戛拉"。其他的还有砍刀、镰刀、斧头、手磨、脚碓、水碓、织布机、纺车、各种渔具以及打谷所用的弯棍、扬谷扇、掼槽等，使用最广泛的是一种一尺左右的尖刀，可用于砍竹、破竹，以便编制竹箩、竹筐、竹篮、竹囤、竹担、竹绳等农用工具。这些简易的农用工具，在某种意义上，也是傣族水稻文化的一种象征。

二、近代傣族农业

随着中华人民共和国的成立，傣族社会进入了一个崭新的发展时期。1955～1966年，德宏、西双版纳地区完成了和平土地改革，其他傣族地区也完成了各种社会改革运动，废除了封建土地所有制，将土地分给了农民，农民成了国家的主人，成了土地的主人，生产热情大为高涨。与此同时，自治州、自治县政府都分别设置了农业局、农业科技所，以及农机、农资供应站等机构，推动了傣族农业的大发展。

首先，改变了传统种植习惯。过去，傣族地区，一年只种一季水稻，收割后土地即闲置。

至今，大部分傣族地区都进行复种，大大提高了土地的利用

率。西双版纳地区自 1953 年试种双季稻，至 1986 年双季稻面积
达 25 万多亩，其产量占全年水稻总产量的 22.7%①。除种植双
季稻之外，其他如小麦与水稻、蚕豆与水稻、豌豆与水稻的水旱
轮作也有较大发展。如小麦，在傣族地区历史上从未种植过，至
今也终于在傣乡安家落户。傣族农民还特地给小麦取了一个傣族
名称，叫作"毫罕扰"，意为长尾巴的谷子。1991 年，德宏地区
复种面积指数达 16% 以上②。

其次，种植的结构趋于多样化。以橡胶、甘蔗为主体的经济
作物种植业异军突起，发展迅猛。在西双版纳地区，民营橡胶已
达 57 万亩③。而这些橡胶绝大部分分布在傣族地区，成为我国橡
胶的主要产地之一。过去傣族地区很少种植甘蔗，20 世纪 70 年
代以后，由于国营糖厂的建立，甘蔗的种植面积大大增加。现在
甘蔗已成为傣族地区的一种主要的经济作物。此外，还有砂仁、
依兰香、樟脑等经济作物，以及芒果、菠萝、香蕉等水果。单一
的农作物种植结构正朝着有利于充分发挥当地的自然优势、有利
于提高经济效益的方向发展。

自 20 世纪 80 年代以来，傣族地区出现了新的变化。由于旅
游业的发展，促进了傣族的传统手工业的恢复和发展，特别是在
边境一带的傣族地区，多年被闲置的织机又重新被踏响；许多著
名的传统产品，如"傣锦""挎包"和各种竹编制品又获得新生。
自 20 世纪 50 年代后，就完全消失了的手工行业，如木（竹）
匠、银匠、烤酒等又重新出现。景洪、潞西、瑞丽、孟定等地
区，近年来，由傣族农民自己兴办的独具特色的餐馆、饭店，如
雨后春笋，许多村寨都开展了传统手工艺品的生产。傣族人民在

---

① 谭乐山：《西双版纳傣族社会的变迁与当前面临的问题》。
②《云南年鉴》，第 627 页，1991 年。
③《改革开放在云南》，第 95 页。

改革开放的浪潮中，旧的传统小生产观念在不断地改变，新的商品生产意识和生活的文明度在不断地提高。

再次，农业生产技术有所改进和提高。50年来，傣族地区的传统生产技术已发生了较大变化。首先，是在农村中广泛使用了拖拉机、柴油机、碾米机、打谷机、汽车、播种机、喷雾器等农业机械，大大提高了生产效率和技能。到1990年，德宏州农村中拥有农业机械总动力26 432万瓦特，各种大、中、小型拖拉机已达30 310台，载重汽车339辆，排灌动力机械171万瓦特。西双版纳州拥有各种拖拉机8 475台，碾米机、磨面机5 025台，汽车843辆。其次，各种肥料和农药也广泛使用。"施了肥的谷子不好吃，挑了粪的姑娘是臭人"的落后观念，已逐渐消失。改变了过去的种田不施肥，种"卫生田"的习惯，一方面施用农家肥、种植绿肥；另一方面合理使用各种化肥。西双版纳地区，1990年化肥施用量已达32 267吨。德宏地区达22 310吨。再次重视水稻品种的改良和良种的推广，过去，傣族农民种植的是以"毫勐享""毫木希"等为代表的老品种。这种品种，虽然有耐旱、耗肥量小、米质优的特点，但因秆长穗大、易倒伏、抗病能力差、产量较低。自推广既高产又有老品种特点的良种后，深受傣族农民的欢迎，能自觉种植。德宏地区种植的"滇盈一号""滇盈二号"，西双版纳推广的"珍白54"等良种，均获得了大面积丰收。随着生产条件的改善，随着粮食生产水平的提高，林业、养殖业，以及茶叶、甘蔗等经济作物，也有较大的发展。据有关部门统计，截至1997年，德宏州"粮食总产量46.6万吨，比上年增长1.3%；甘蔗249万吨，增长13.3%；茶叶5 224吨，增长3.6%；水果11 119吨，增长8%；水产品7 047吨，增长28%。全州拥有农业机械总动力38 029万瓦特，农用大中型拖拉机1 114台，农用小型拖拉机2 442台，农用运输车507辆，机动脱粒机1 644台。全年农村用电量2 985万千瓦/小时，化肥施用量38 623吨，新增农田有效灌溉面积85 000亩"[1]。标志着德宏地区的农业，正朝着现代化的农业迈进。

西双版纳地区的农业、林业、渔业和橡胶业的发展速度也很喜人。据档案资料载，1951年全州粮食总产量仅为75 275吨，到了1997年，已达到353 000吨。其他经济作物也得到稳步发展：1997年，甘蔗产量达117.78万吨，与1996年相比，增长32.6%；茶叶13 589吨，增长9.8%；水果27 002吨，增长10.7%；畜产品肉类总产量20 498吨，增长1.2%[2]。

在县一级中，景谷傣族彝族自治县的农业成就最为突出。1997年，全县粮食总产已达10.53万吨，甘蔗32.73万吨，生猪存栏27.85万头，肥猪出栏98 118头，大牲畜出栏4 673头，肉类总产量8 373吨[3]。

孟连、耿马、双江、元江、新平等傣族地区的农业，都有较大的发展，特别在建设基本农田和兴修水利方面，条件更为优越，成就更为突出。

第三节　手工业

傣族的手工业生产，历史悠久，种类繁多，与傣族的生活习俗、宗教信仰有密切关系，远在唐代，傣族的手工纺织品、手工竹编、手工陶器、银器，便开始流传到周边地区，为周边地区的少数民族所赏识。到了元明时期，傣族的手工业便发展到了一定规模，特别在织锦和刺绣方面，工艺更加精湛，由于宫廷和贵族的喜爱和需要，产品的数量也有所增加，甚至还出现了专门为宫

---

①②③见《云南年鉴·1998》，第454页、第432～436页，云南年鉴杂志社。

廷、贵族织锦、刺绣的手工业者。但从总体上看，傣族社会并没有出现专业的手工业者，更没有形成一个独立的产业。也就是说，傣族地区，从事手工业的手艺人，都是从事农业的农民，他们绝大多数都在完成了农业种植之后，到了农闲时期才去从事手工业劳动。由此可见，傣族的手工业，是从农业中的副业发展起来的。在历史的长河中，傣族的手工业从未脱离过农业，一直到了当代，为适应社会的发展，才脱离了农业形成一个独立的产业。

一、傣族传统手工业

傣族的传统手工业，种类繁多，主要有如下几类：

（一）手工纺织

20世纪40年代以前，由于交通不便，内地的机械纺织品很少流传到傣族地区，傣族的服饰和床上用品主要依靠自己生产。所以，那时候，傣族妇女基本上个个都会从事手工织布。形成这种现象的原因除了社会生产力的影响外，还有社会习俗和伦理观念等因素。历史上傣族男女分工较严，"男耕女织"不仅是男女分工所形成的习惯，并且是傣族农业经济的一个特点。在傣族家庭里，女孩长到10岁左右，便要跟随母亲学习纺线、织布、绣花，有的人家还专门为女孩制作了小型的纺车和小型的手工织布机。所以，傣族妇女从童年时代便会织布，长大后个个都是善于织布的能手。

傣族用手工织成的布，大体可分为两种：一种是用棉花织成的"白色粗布"，织成后先洗净漂白，然后再用蜡染或靛染成所需要的彩色或图案；另一种是傣锦，主要原料是彩色丝线，一次便织成各种精美的图案，不需再染色，织成后即可制作嫁妆或各种床上用品。傣族的织锦，"其精致艳丽，不亚于江南"，远销国内外。

（二）竹 编

傣族地区盛产竹，竹林几乎成了傣族村寨的标志。傣族居住的竹楼，在19世纪以前，全都是用竹子建成，柱子、横梁、墙壁、楼梯、门窗，都用竹子做成。由于傣族喜欢竹并善于用竹，所以，傣族的手工竹制品很多，生产用具有竹箩、竹筐、竹囤、竹风扇（做扬谷子用）；生活用具有竹篮、竹盒（竹盒又有各种形状，可分为竹饭盒、竹针线盒、蜡条盒、槟榔盒等）；此外，还有美工方面的竹具，也很有特色。

（三）陶 器

据傣文献载，远在2000多年前的农耕初期，傣族先民便学会了用泥巴烧成土碗、土锅，随后这种原始的手工制陶工艺，又不断有所发展。到了元明时代，傣族不仅能制造各种土碗、土锅、土罐，还能制造各种美工陶器，如陶象、陶马、陶牛、陶灯等。这些手工陶制品，形象生动，风格古雅，很受群众喜爱。

（四）银 器

用白银制造成各种生活用具和妇女装饰品，是傣族手工业的重要组成部分。由于社会需要，产品畅销，傣族地区产生了许多银匠，有些坝子，一个村寨便有一两户从事银器手工业。

傣族的银器手工艺品，种类也很多，较为普遍的计有银碗、银杯、银筷、银壶、银盒、银腰带、银手镯、银耳环、银项圈、银锁、银扣、银刀鞘等等。这些银器手工艺品，无论式样或花纹，都具有浓厚的傣族风格，其工艺也很精细。

（五）手工打铁

傣族的手工打铁，也有一定的规模，大多数傣族寨子，都有铁匠。中华人民共和国成立前，傣族地区所使用的铁制农具，如铁犁、锄头、斧头、砍刀、镰刀、铁耙齿等，傣族均能自己生产。

（六）手工食品加工

傣族地区盛产大米，用手工将大米加工成各种可口的食品，是傣族最普遍的家庭手工业。例如，将大米泡软、磨细后，加工成一种半液体状的食品，本地人称为"凉粉"，是傣族人民最喜爱的一种食品，傣族城镇或村寨经常有人摆摊出卖。又例如，将大米泡软、磨细后，加工成一种外形与粉丝相似的一种食品，当地人称为"米线"，也是傣族地区最普遍的一种家庭手工业。此外，还有不少做豆腐、酱酒、烤酒等作坊。

与上述手工纺织业、手工竹编业、手工制陶业不同的是：手工食品加工业已逐渐脱离了农业，成为一种独立的行为，有的坝子甚至还出现了米线寨、豆腐寨、烤酒寨等。但这些寨子的人，仍然以从事农业种植为主，家庭食品加工，仍然只是农业中的一种副业，尚未脱离农业形成独立的产业。

二、傣族当代手工业

中华人民共和国成立后，傣族地区面貌焕然一新。随着人民生活的日益提高，对手工业生产提出了新的需求。在这一形势下，各自治州、自治县人民政府清醒地意识到：发展手工业，不仅可以繁荣市场，满足人民群众生产、生活的需要，同时，也是促进少数民族地区社会经济发展的重要措施，因而十分重视。

德宏地区于1953年建立自治州后，便立即抽调干部，拨出资金，积极组织手工业生产。根据盈江县在历史上擅长生产傣锦的有利条件，首先在盈江旧城开办了第一个民族织布厂，购置了16台木织机，招收职工16人，专门生产当地各兄弟民族最喜爱的棉布，当年就生产了19 000多米棉布。各类银首饰、各类木器、各种竹编，是人民生活不可缺少的生活用品；锄头、镰刀、犁，以及其他小农具，是农业生产不可缺少的工具。这些小型手工业产品，需求量越来越大，为了满足社会的需要，德宏傣族景颇族自治州于 1957 年兴办了织布、缝纫、农具、民族银首饰、食品加工等 10 多个手工业行业。与此同时，西双版纳地区也先后成立了民族服装厂、农具厂、竹篾合作社等手工业企业。至此，傣族地区的手工业迈入了一个新的台阶，傣族当代手工业开始形成一个具有显明特色和旺盛生命力的独立行业。仅德宏傣族景颇族自治州，到了 1966 年，手工业企业便已发展到 117 个，从业人员 2 700 余人。此时的手工业企业，不仅数量增多，规模扩大，工艺和技术也得到更新和提高。盈江县织布厂已使用自动织布机和铁木织布机生产，民族刀具、民族银首饰也开始使用锻压设备代替了繁重的体力劳动。整个傣族地区的手工业系统，出现了欣欣向荣的景象。

进入改革开放新时期后，随着边疆民族地区旅游业的兴起，旅游市场的繁荣，又给傣族地区的民族手工业带来了新的机遇。傣族织锦、傣族刺绣、民族木雕、民族木器、民族乐器、民族金银首饰等各种美术工艺品，成了旅游商店中最畅销的商品。出售这些手工业产品的商店，像雨后春笋般遍布德宏地区和西双版纳地区的大小城镇。盈江、陇川和芒市等地生产的手工藤篾用具，不仅在自治州境内十分畅销，还销往昆明和省外。德宏和西双版纳都生产傣锦——傣族挎包。织工精致，图案新颖，随着旅游业远销国内外。

随着体制改革的不断深入，随着对外开放的不断扩大，民族手工业已成为傣族地区发展经济的重要组成部分。

第四节 工 业

一、傣族地区工业的萌芽

清朝末年，曾追随孙中山先生投身于反帝反封建斗争的刀安仁，在日本留学时，结识了许多同盟会员，看到日本明治维新后工业兴起，国势日盛，很受感触，认识到要振兴民族、振兴国家，必须要有工业。因此，从日本归来后，他利用担任"干崖宣抚使"的权力，变卖了大量属于他管辖的"领地"，筹集了大量资金，从日本引进一批现代技术和设备，在干崖城西首先建盖了一座丝绸厂，安装组机20余台。与此同时，刀安仁还成立了"干崖实业公司"，除丝绸厂外，还计划兴建火柴厂、印刷厂、银器厂、机械修理厂。为了给上述实业计划筹集资金，刀安仁开设了"新成银庄"，发行通用银票。银庄规模大，资金也较充裕，为"干崖实业公司"的发展，起到了推动作用。这是傣族地区历史上最早出现的实业集团及所开办的工厂。虽然规模不大，并且寿命不长，到了20世纪30年代初便全部倒闭，但它却象征着傣族地区工业的萌芽，在傣族工业发展史上留下了一席之地①。

抗日战争时期，中国飞机制造厂曾一度迁到瑞丽的弄岛，专业装配飞机，这虽是在傣族地区出现的较大的机械工厂，但主要管理人员和工程技术人员都是美国人，没有吸收当地人参加，对当地的经济未产生影响②。

---

①刀安禄、杨永生著：《刀安仁年谱》，德宏民族出版社。
②《德宏傣族景颇族自治州概况》，第177页，德宏民族出版社。

1937年卢沟桥事变后，南京、武汉相继沦陷，国民党政府迁都重庆，国民党政府直属企业，相继从内地大量迁到云南。此时，不少军政财团看到了傣族地区丰富的资源，都相继前来争夺和开发。首先由"直属国民党政府经济委员会管理的中国茶叶公司，在佛海（今勐海）县建立了一座茶厂，有职工120人，安装有柴油发电机、制茶机、揉茶机、烘茶机等机械，出产绿叶、红茶、精装茶等，每年产茶约750吨"①。这是20世纪30年代，由国民党官僚在傣族地区开办的第一个带有垄断性的茶厂。随后，于1939年初，原国民党云南省财政厅厅长陆崇仁财团，又在佛海的南糯山建盖了一座"思普茶厂"，配备有从外国进口的柴油发电机和多种制茶机器，年产茶叶500多吨。

景谷傣族地区的制盐工厂，据史料载，虽始于"清雍正二年（1724年）"，但规模小，设备差，多为手工土制，"到清嘉庆八年（1803年），全县年产食盐为1 930吨"。以后便一直停滞不前，遇到战乱年月，产量便大减，直至1949年，仍然不景气，全县的工业总产值仅有53万元。

傣族地区虽有丰富的矿产资源、丰富的水利资源和丰富的生物资源，历史上也有人想在这块肥沃的土地上兴办工业，但由于种种原因，大都以失败而告终。傣族地区刚刚开始萌芽的工业，全都随着那一时代的消逝而凋谢，只留下一片空白。

二、傣族地区工业的发展

中华人民共和国的成立，为边疆少数民族地区的经济发展、社会进步创造了良好的条件，开拓了广阔的道路。自治州、自治县各级人民政府意识到：要全面发展民族经济，不仅要有现代化的农业，还要有现代化的工业。因而制定出了在傣族地区发展工

①《景谷傣族彝族自治县概况》，第89页，云南民族出版社。

业的蓝图，并决心要努力奋斗，使傣族地区的工业从无到有、从小到大，不断发展。

1956 年，德宏傣族景颇族自治州在芒市创办了一个铁木工厂，主要生产锄头、镰刀等民用农具和货车车厢等。到了 20 世纪 60 年代初，便发展成有木工、铸造、钳工、金属加工等车间，能生产水泵、球磨机、平板闸门等产品。可以说，这是傣族地区工业建设的新开端，为发展傣族地区的工业迈出了可喜的一步。到了 20 世纪 80 年代，德宏地区的国营机械企业已发展到 7 个，有近千名职工，已能制造农副产品加工机械、轻化通用机械、小型机床、水力机械、小型水轮发电机组、农业机械等多种产品。

西双版纳地区于 1954 年创办了景德农业机械厂，开始时只能生产犁头、锄头、镰刀、砍刀、打谷机等小农具，但到了 20 世纪 80 年代初，便发展成拥有 100 多台机床的大厂，能生产发电机、水轮泵、碾米机，以及汽车、拖拉机配件等产品。

在能源工业方面，发展也很迅速。傣族地区拥有丰富的水利资源和煤炭资源，但历史上没有得到充分利用，直到中华人民共和国成立后才得到充分利用，从而使傣族地区的能源工业有了惊人的发展。

德宏地区 1956 年便建成了一座 240 千瓦的发电站、一座 13 千瓦的小水电站。随后经过 20 多年的努力奋斗，先后又增建了 160 多座水电站，总装机容量 25 000 千瓦，年发电量 6 400 多万度。随后又修建一座装机 18 900 千瓦的中型发电站，近年即将完工发电。至此，德宏傣族景颇族自治州已基本上组成了一个较为完整的电力系统，降压、开关等设施也基本配齐。与此同时，作为能源工业的一个重要组成部分的煤炭开采也有了较快的发展，仅在自治州所管辖的区域内，先后由国家开办了 4 个煤矿，接着又由乡镇企业开办了一批小煤窑。目前，全州年产煤 56 000 多吨，虽然还不能满足工农业生产的需要，但大大缓解了能源紧张的状况。

西双版纳地区利用流沙河、澜沧江、勐腊河等水利资源，先后修建了 15 座电站，截至 1990 年止，发电量 13 267 万千瓦小时①。所有的乡政府所在地及绝大多数村寨都有了电灯。

在建材工业方面，从 20 世纪 60 年代开始，德宏州便陆续创办了一批砖瓦厂，1970 年又创办了芒市水泥厂。到了 20 世纪 80 年代，全州年产水泥 25 000 多吨，砖 3 200 多万块，瓦 1 400 多万片，石灰 4 000 多吨，木材 4 800 多立方米，对自治州的基本建设工程做出了积极贡献。

西双版纳地区也先后创建了一批砖瓦厂和一座中型水泥厂，截至 1990 年止，年产水泥为 6.32 万吨。

此外，景谷、孟连、双江、耿马、元江、新平等傣族地区，也先后创建了自己的砖瓦厂和水泥厂。

制茶和制糖工业也随着人民生活的提高，得到相应的发展。傣族地区，既盛产茶叶，又盛产甘蔗，这给发展制茶和制糖工业奠定了雄厚的基础。中华人民共和国成立初期，西双版纳立即在旧政权留下来的简陋茶厂的基础上，采取有力措施，加强设备，不断扩建。此外，又在勐腊、勐遮、悠乐山等地兴建了一批新茶厂。截至 1990 年止，年产精制茶 5 678 吨。德宏地区也先后在梁河和潞西建立了两座红茶精制厂，1990 年生产精制茶 2 757 吨。

由于傣族地区盛产甘蔗，西双版纳傣族自治州、德宏傣族景颇族自治州和景谷、孟连、双江、元江等自治县，都兴建了一批糖厂。为此，民间出现了这样的歌谣："傣乡盛产糖，县县有糖厂。"1990 年，德宏州的甘蔗产量为 124.8 万吨，西双版纳州勐海县为 15.56 万吨，景谷自治县为 15.40 万吨，耿马自治县为 24.51 万吨，元江自治县为 26.29 万吨。这些甘蔗，大都运至糖

①《云南年鉴·1990》，第 591 页。

厂加工成白糖和红糖，供应云南省或省外一些地方。

　　傣族地区的工业，虽然起步较晚，大都在中华人民共和国成立后才开始兴建，但发展速度快，成就辉煌。截至 1997 年，德宏地区"工业总产值达 12.58 亿元，其中国有经济产值 8.49 元，增长 21.8%；集体经济产值 1.72 亿元，增长 17.9%；其他经济类型产值 2.37 亿元，增长 34.8%。轻工业产值 8.83 亿元，增长 19.8%；重工业产值 3.75 亿元，增长 33.2%。西双版纳工业总产值（现价）79 714 万元，比上年增长 13.2%。同时，固定资产投资力度加大，全社会固定资产投资 12.64 亿元，增长 8.7%"①。

①《云南年鉴·1998》，第 436 页、第 454 页，云南年鉴杂志社。

第十七章　文化交流

第一节　与印度和东南亚的文化交流

傣族居住于云南边境，与东南亚的缅甸、老挝相连，与泰国、柬埔寨也很接近。历史上，傣族与缅甸的掸族、泰国的泰族、老挝的老族，具有共同的族属渊源，同属于一个文化区域，因而具有许多共同的文化特征，例如建筑文化基本相同、饮食文化基本相同、语言也基本相同等等，这便为友好往来和文化交流创造了良好的条件。

傣族与东南亚及印度的文化交流，主要通过三个渠道：一是佛教僧侣的传教和民众的朝佛活动；二是商业往来；三是通婚和迁居。根据出土文物和古籍记载，6世纪前后，佛教僧侣便极其频繁地从缅甸、泰国，进入我国傣族地区传教，到了7世纪，傣族地区便开始信仰佛教，开始修建佛寺、佛塔。建于祖腊历九年（647年）的勐海大佛寺，以及建于祖腊历十六年（654年）的勐海曼喷大佛寺，便是这一时期留下的历史痕迹。紧接着，到了10世纪以后，傣族地区便出现了到缅甸仰光、泰国清迈和柬埔寨吴哥朝佛的热潮。这便是傣族与东南亚进行文化交流的第一个渠道、第一种方式，亦宗教渠道和传教方式。

傣族地区位于西南丝绸之路的重要隘口，有两条路直接通往东南亚，一条从成都经大理、保山，在德宏畹町镇出境到缅甸的瓦城、腊戍，再到印度；另一条从昆明经玉溪、通海、思茅，在西双版纳打洛出境到缅甸景栋，泰国密赛、清迈，再转柬埔寨、越南。这两条商路从唐代起便很热闹，马帮、象队、商贾小贩一年四季络绎不绝，通过他们促进了境内外的物质交流和文化交流。这是傣族与东南亚进行文化交流的第二个渠道、第二种方式，亦商业渠道和贸易方式。

傣族上层人物与缅甸、泰国上层人物，历来有联姻关系，傣族人民与缅甸、泰国、老挝人民历来也有相互通婚的习俗。据《车里宣慰世系简史》载，西双版纳第十五世召片领奢陇法有9子6女，"次女名嫡窝坎菲，嫁给兰掌（老挝万象）帕雅宰牙松晃"，"六女嫡燕嫁给（泰国）景坎头人先网"；又载，第23世召片领召应勐继位不久，"缅王便派官员至车里说亲，愿将其女嫡苏宛纳巴读玛许配给召应勐为妻……召应勐即派官员到缅甸阿瓦迎接公主前来成婚"[①]。德宏地区也有此类情况，各个勐的土司头人大都与缅甸上层人物有婚姻血缘关系。至于边民的通婚或相互移居，就更为平常。这样，傣族的能工巧匠便常随着访亲串友到缅甸、泰国等地区传艺，缅甸、泰国的能工巧匠也常到中国傣族地区安家定居。于是逐渐形成了傣族与东南亚进行文化交流的第三个渠道、第三种方式，亦通婚的渠道和民间交往的方式。

通过上述渠道和方式，傣族与东南亚及其印度的文化交流，主要以宗教信仰、房屋建筑、饮食服饰、文学艺术为核心内容。

在宗教信仰方面，通过交流，傣族接受了从印度经斯里兰卡、缅甸传入傣族地区的南传上座部佛教，致使西双版纳、德宏、景谷、孟连、耿马、双江等地区的傣族均受影响，开始信仰佛教。从此，上述傣族地区盖起了佛寺，修建了佛塔，成了中国

---

①《车里宣慰世系简史》，第22页、第34页。

大地上的佛国之邦。

在房屋建筑方面，通过婚姻和移民的渠道，从缅甸、泰国传入了东南亚建筑艺术。例如 15 世纪缅王公主媳苏宛纳巴读玛嫁到景洪时，带来了数百名建筑工匠，在景洪修建了一座折叠式塔形的"瓦波罕佛寺"（即后来称之为金莲花的佛寺），及一些住宅竹楼。"瓦波罕佛寺"和缅甸公主的住宅，都具有东南亚建筑之特色，对傣族地区的建筑风格，产生了一定的影响。当然我国傣族的建筑技术和风格，也通过边民往来和移居传到了缅甸、泰国。例如用土窑烧制傣瓦（又称"卦瓦"）的技术，就是从中国傣族地区传到缅甸、泰国的。

在饮食和服饰文化方面，通过交流，从中国传到缅甸、泰国的主要是食品加工技术、烹调技术，如做豆腐、凉粉、米线、腌菜、酱油等。至今，泰北和缅北一带的老百姓，仍然认为做豆腐等技术是从中国传入的，并且连泰语中的"豆腐"也借用了中国傣语的词汇。有关服饰文化之交流，则说法不一。泰国认为，泰国古代之服饰，源于西双版纳，泰国北部博物馆展出的泰国古代服饰，几乎全是西双版纳式样。这可能是古代西双版纳的景陇金殿国与泰国的景达王国（汉文史籍称"八百媳妇国"）关系密切，具有共同文化特征的结果。另一种说法是：傣族的沙笼筒裙是受缅甸影响或从缅甸传入的。各种说法，无论确切与否，都是傣族与东南亚曾有过饮食、服饰交流的见证。

在文学艺术方面，所交流的内容和数量更为壮观。号称有"四万八千卷"的佛经，即是从印度经斯里兰卡、泰国、缅甸传入中国傣族地区；印度和东南亚的佛教神话、故事、传说，以及雕塑、音乐、美术、舞蹈等等艺术，也是在这一时期通过文化交流传入傣族地区，致使傣族的文学艺术受到佛教的强烈影响，带有浓厚的佛教色彩。

由于从远古时代起，我国傣族就与东南亚和印度不间断地、频繁地进行文化交流，因而我国傣族人民与东南亚各国人民具有深厚的感情，认为都是亲戚、朋友、兄弟。

第二节　与国内中原地区的文化交流

傣族先民是古百越族群的后裔，自然而然地要受到百越文化的影响，这是不言而喻的道理，并且早已为新发现的众多新石器时代的遗物所证实。

傣族地区与中原地区的文化交流，也有三个渠道：一是傣族地方政权派遣使者或文化代表团到中原向中央王朝朝贺、上贡，中央王朝也派出使臣到边境慰问、安抚。这一形式可称为"政体渠道"或"官方渠道"。二是商业来往，即通过做生意交流文化，这可称为"通商渠道"。三是通过移民、戍军等措施，将中原文化传播到边疆傣族地区，这可简称为"戍军渠道"。

关于官方的文化交流渠道，史书多有记载。《后汉书·西南夷列传》说："永宁九年，掸国王雍由调遣使诣阙朝贺，献乐及幻人，能变化吐火，自支解，易牛马头。"这是傣族以官方渠道与中原进行文化交流的最早记载。以后，这种官方的朝贺、献贡等活动，更为频繁。1246年，第五世景陇王（亦召片领）岛享龙，"继承父位后，派使者带礼物到京城向宋朝皇帝朝贺，宋朝廷将景陇王岛享龙的'岛'译为'刀'，还赐岛享龙家族姓刀"。1297年，第九世召片领召爱，"遣使向元朝皇帝献驯象及方物"；1326年，"召爱又派其侄艾用向朝廷贡方物，泰定皇帝赐币、袜等物，并赐车里新附官员七十五人裘、帽、靴、袜等物"。总之，傣族地方政权与中央王朝的官方来往十分密切，这对促进傣族文化与中原文化交流起到了积极的推动作用。

关于通商渠道，史书记载更多。从唐代起，傣族地区便是中国南方通往东南亚和印度的主要通道，内地商人经常来来往往，"元末明初，入边区从事贸易者，不仅限于商贩，地方驻军和官吏也经常和傣族发生交易关系"。这些频繁的商业贸易活动，无疑是傣族文化与中原文化交流的一个重要渠道。

移民与戍军，是元以后历代中央王朝安定边塞的一项重要措施。元以前的中央王朝对边疆各少数民族大都采用"分而治之"或"以夷治夷"的办法。这一办法，实际上是利用傣族原有的土司制度，以相互牵制为手段而企图达到治理之目的。但这是一种分裂民族和挑拨团结的政策，除了在傣族内部造成对立和分裂，使统治者之间的争权夺位更加激烈外，无其他好效果。于是，元以后的中央王朝不得不采取别的措施，以调整、缓和它与边疆少数民族的关系。其中，移民与戍军便是采取的新措施之一。应该说，内地人民移居傣族地区或其他少数民族地区，不是从元明时代才开始，早在汉代就有先例，但到了明代却达到了移居之高潮。明代移居傣族地区的移民，最初多是商人、手工业者和部分农民，但后来则主要是戍军之士兵和地方官吏。明代的戍军，不是轮戍，而是与屯田结合在一起，即分给戍军士兵一部分土地，让他们在边疆傣族地区定居，从士兵变为农民。傣族是善良、温和之民族，历来都愿与各民族和睦相处，共同繁衍生息。东汉时移居边疆的内地人民，替傣族人民做了一些好事，因而与傣族的关系很融洽。诸葛亮的"南抚夷越"政策也在傣族地区留下好的印象，因而傣族很敬佩诸葛亮。明代的戍军移民，与诸葛亮的政策有所不同，是以军事征讨为前提，即先用兵征服你，然后再让兵永远与你住下来。据《明实录》载，仅洪武年间便先后调了20多万兵丁进入云南征讨傣族，后来这些士兵大都定居在云南傣族地区和其他少数民族地区。尽管如此，由于在傣族地区戍军定居的士兵，绝大多数都是内地的劳动人民，有的甚至出身也很寒苦，都具有勤劳、善良的品德，因而他们在傣族地区定居后，很快便与傣族人民融为一体，共同开垦荒地、共同保卫边境。在这过程中，他们又给傣族地区带来了大量的内地文化，如建盖楼阁式的庙宇，修筑圆形的石拱桥，过春节贴春联、杀年猪、唱戏、看灯，以及婚礼、丧葬等习俗。这无疑在客观上促进了傣族与内地的文化交流。

与中原地区进行文化交流，虽然受到历代统治阶级某些反动政策的影响，但主流仍是积极的，它使傣族人民看到了我国国土辽阔、人口众多，以及光辉灿烂的古代文化，从而增强了与内地人民的凝聚力。此外，内地文化的传入，对提高傣族人民的知识水平、改革傣族的生产技术、促进傣族社会经济的发展也起到了一定作用。

第三节　各民族间的文化交流

在历史上，傣族不仅重视与东南亚诸国以及国内中原地区进行文化交流，同时还很重视与周围各少数民族的关系，与他们进行文化交流。这些交流，一般来说，都是双向的，即有来有往，相互学习、相互吸收，因而彼此间便不可能不产生影响。

从总体上看，东南亚文化在交流过程中对傣族的影响主要在宗教信仰方面，即使绝大多数（除元江、新平、金平外）的傣族人民，从信仰原始宗教转入信仰佛教，这一影响十分深远。以时间而论，从8世纪就影响到现在，其影响力仍然没有减弱；以空间而论，从思想影响、心灵影响扩散到伦理道德和风俗习惯的影响，范围逐渐扩大。

与此相反，中原文化和周围各少数民族在交流中，对傣族的影响则主要不是宗教信仰，而是生产技术和科学知识。例如，在农业技术方面，傣族虽然很早就学会兴修水利，灌溉良田，但在施肥和防虫害方面却比较落后，甚至由于宗教信仰的原因而采取一些迷信的防虫害方法，与中原文化进行交流，使傣族在这方面的知识和技术都有提高；又如在建筑文化方面，傣族虽然很早就学会盖房子，但发展不平衡，木匠多，石匠少，在与内地进行文化交流中，得到内地石匠、泥匠、瓦匠等能工巧匠的帮助，因而在住宅建筑和桥梁建筑方面均有提高；医药、冶炼方面也如此。特别是开矿，内地人民对傣族人民帮助更大，傣族地区的盐矿、铜矿、铁矿和银矿，绝大多数都是在内地技术人员帮助下开办的。总之，中原文化和周围各少数民族文化，对扩大傣族的视野，增强傣族的知识和技术，以及发展傣族社会生产力等方面曾产生过巨大的积极影响。为此，到了近代，傣族地区掀起了学习汉文化的热潮，具体表现为聘请内地汉族老师到傣族地区教授汉文，或将有才华的傣族青年送到内地读汉书。这一现象，最初范围比较小，仅限于土司头人和较为富裕的家庭，后来范围逐渐扩大，从学习汉文扩大到学习各种生产技术，如请内地汉族铁匠来传授打铁技术，请内地白族石匠和木雕师傅来传授破石和木雕技术等等。这样，随着时间的推移，内地的汉文化和周边各少数民族的文化便交流、影响，而与傣族文化融汇在一起。

各民族的文化交流和融汇，是社会进步的必然现象。当今的汉文化，是在中原文化的基础上，吸收和融汇了各少数民族的文化而发展的结果；今天的少数民族文化，特别是傣族文化，同样也是在本民族传统文化的基础上，大量吸收、融汇了内地的汉文化、境外的东南亚文化而得到发展的结果。由于历史和现实都证实了文化交流不仅能促进友谊、增强团结，同时更主要的还能推动社会进步，使后进的民族跃入世界先进民族之林。因此，在改革开放新时期，傣族人民更加重视与国内外所有的民族真诚地进行文化交流，更加希望能与全世界人民学习到新的知识和技术，以推动傣族地区的经济发展，社会进步，人民幸福，并为建设具有中国特色的社会主义做出新贡献。

参考文献

〔1〕江应梁. 傣族史. 成都：四川民族出版社，1983.

〔2〕岩峰等. 傣族文学史. 昆明：云南民族出版社，1995.

〔3〕德宏傣族景颇族自治州概况编写组. 德宏傣族景颇族自治州概况. 芒市：德宏民族出版社，1986.

〔4〕西双版纳傣族自治州概况编写组. 西双版纳傣族自治州概况. 昆明：云南民族出版社，1986.

〔5〕景谷傣族彝族自治县概况编写组. 景谷傣族彝族自治县概况. 昆明：云南民族出版社，1990.

〔6〕孟连傣族拉祜族佤族自治县概况编写组. 孟连傣族拉祜族佤族自治县概况. 昆明：云南民族出版社，1990.

〔7〕改革开放中的德宏编写组. 改革开放中的德宏. 芒市：德宏民族出版社，1995.

〔8〕徐亚莉主编. 辉煌15年·西双版纳篇. 昆明：云南美术出版社，1995.

〔9〕云南年鉴编辑委员会编. 云南年鉴·1998. 昆明：云南年鉴杂志社，1998.

〔10〕征鹏主编. 西双版纳概览. 成都：四川辞书出版社，1989.

〔11〕刀国栋. 傣族历史文化漫谭. 北京：民族出版社，1992.

〔12〕思茅地区行署文化局编. 思茅地区文化志. 昆明：云

南民族出版社，1992.

〔13〕高发元主编．中国少数民族道德概览．昆明：云南民族出版社，1992.

上述文献、著作，对本书帮助巨大，特向原作者、编者及出版社致以衷心的感谢！

图片摄影：赵　汀　徐何珊　徐晋燕　陆江涛　欧燕生

后　记

　　本书是按照《云南少数民族文化大观丛书》总编委会规定的体例编写的，所有章节的设置和内容的选择都遵照总编委会的统一要求。在编写过程中，得到云南省民族事务委员会及有关部门的关怀和支持，对此，全体编撰人员特表示衷心感谢！

　　本书的撰稿人员如下：

　　罗廷振、刀永明：撰写第一章；

　　何方：撰写第二章和第四章；

　　张公瑾：撰写第六章；

　　李朝斌、温元凯：撰写第十一章；

　　刀保旭：撰写第十三章第一节，第十六章第一、二节；

　　其余均为岩峰撰写并统稿全书。

　　由于本书撰稿人较多，在选择题材上各有不同的角度，在统稿和审定时，本着尊重作者与文责自负的精神，尽量保持其原貌，只在文字上做一些修改，以求风格的统一。

　　傣族文化博大精深，丰富多彩，包罗万象，在一部书内难以概括。由于撰稿者掌握的资料有限，虽尽了力，但仍有不少遗漏的地方，除深表歉意外，还敬请读者指正。

编　者

1999 年 6 月